Nouvelles chroniques de la connerie chronique

Dans la même collection

Les Imposteurs, Cavanna, 2003.
Manuel de self-control à l'usage des parents, Pierre Antilogus, Jean-Louis Festjens, 2003.
Chroniques des choses grandes et magnifiques, morceaux choisis, Alexandre Vialatte, 2003.
Chroniques insolentes, Laurent Ruquier, 2003.
Pas de pitié pour les oncles !, P. G. Wodehouse, 2004.
Chroniques de la connerie chronique, Guy Carlier, 2004.
Textes de scène, Alex Métayer, 2004.
Bête de scène, Guy Bedos, 2004.
Portraits télé, Antoine de Caunes, Albert Algoud, 2005.
Le Grand Sottisier des journalistes, Philippe Mignaval, 2006.
Le Petit Militant illustré, Plantu, 2006.
Journal d'un bon vivant, Philippe Bouvard, 2006.
Éloge du moi et autres pensées, Daniel Prévost, 2006.

Guy Carlier

NOUVELLES CHRONIQUES DE LA CONNERIE CHRONIQUE

Bibliothèque de l'humour

Ultimes chroniques télé

suivi de

Les nouveaux bijoux de chez Carlier

HORS COLLECTION éditions

ISBN : 978-2-258-07389-0
Numéro d'éditeur : 888

Retrouvez-nous sur Internet : www.horscollection.com

ULTIMES CHRONIQUES TÉLÉ

À François Morel.
À Antoine de Caunes.
À Monsieur Moureaux.

C'est ma chouchoute, Sophie Davant, qui a trouvé le mot juste pour qualifier la télévision, alors qu'elle venait à 8 heures du matin dans la session de William Leymergie annoncer le sommaire de sa propre émission. 8 heures, c'est tôt pour Sophie. Elle est arrivée, le rouge à lèvres façon Picasso, le petit caca au coin des yeux gonflés de sommeil... Et quand William Leymergie lui a demandé le sommaire de son émission, elle a eu un trou. Alors, avec cet enthousiasme enfantin qui la caractérise, elle lui a répondu d'une voix joyeuse, sans se démonter : « Aujourd'hui, nous avons un sommaire archivarié ! »
« Archivarié. » Ce néologisme involontaire et magnifique convient parfaitement à la télévision.
Voici donc quelques conneries télévisées « archivariées ».

G. C.

« Le troisième millénaire sera le siècle
de la télévision. »

Alain Delon

ALLÔ QUIZ

Janvier 2002

J'ai découvert un nouveau jeu intitulé *Allô Quiz*, diffusé par TF1 chaque matin à 9 h 20. On se demande comment un être normalement constitué peut se dire : « Tiens, voici une nouvelle journée, l'ami Ricoré va venir, à nous deux la vie ! Et pour démarrer la journée à fond, je vais regarder *Allô Quiz* sur TF1 à 9 h 20 » !

En découvrant cette nouvelle émission sur mon programme télé, je pressentais qu'elle m'apporterait beaucoup de satisfactions. Eh bien, je n'ai pas été déçu…

Le jeu est présenté par une demoiselle nommée Sophie Coste. Pour vous donner une idée, elle ressemble à Annie Pujol, mais en pire. Vous vous souvenez sans doute d'Annie Pujol, la coprésentatrice du *Juste Prix* avec Philippe Risoli – mon Dieu, comme ça paraît déjà loin ! Quand on pense qu'aujourd'hui Annie et Philippe coulent tous les deux des jours paisibles à la maison de retraite Les Myosotis ! Annie Pujol, c'est celle qui avait un rictus, un peu comme si elle était indisposée en permanence… Eh bien, pour être tout à fait honnête, Sophie Coste, c'est Annie Pujol, mais en plus vulgaire !

Je vous explique la règle d'*Allô Quiz* : les téléspectateurs doivent trouver le nom d'un métier, pour lequel Sophie Coste donne aux téléspectateurs cinq indices très difficiles. Hier, par exemple, comme indices il y avait « école primaire », « éducation », « enfants », « tableau noir » et « classe ». C'est vous dire si c'est difficile ! Mais comme les auditeurs doivent téléphoner leur réponse en composant un numéro qui coûte une fortune à la minute, vous l'avez compris, il s'agit encore d'une escroquerie signée TF1 uniquement destinée à recevoir le plus grand nombre d'appels surtaxés !

Sur le plateau, deux candidats sont là pour boucher les trous quand personne ne téléphone. Parce que la plupart du temps, il n'y a pas de gagnant. Vous avouerez que les questions sont quand même difficiles…

Mais surtout, tenez-vous bien, c'est la première fois de ma vie que je vois un truc pareil à la télé : pendant toute l'émission, à intervalles réguliers, on jette un chien à l'animatrice ! Le réalisateur a eu l'idée, pour rendre l'émission plus conviviale et détourner l'attention de la prestation pitoyable de la présentatrice, d'envoyer un chien sur le plateau. Le problème, c'est que la pauvre bête n'a absolument pas envie de se trouver à côté de Sophie Coste ! La première fois, on a vu le chien, poussé dans le champ des caméras, qui freinait de toutes ses forces avec ses pattes avant… Et dès que l'assistant l'a lâché, il s'est enfui à toute vitesse ! La fois suivante, un assistant l'a balancé dans le champ : on a vu l'animal atterrir sur le plateau en hurlant : « Kaï ! Kaï ! », pédaler dans le vide en paniquant parce que ça glissait, et repartir à toute allure ! Et la scène s'est reproduite une dizaine de fois ! Un coup on le jetait depuis la droite, un autre de la gauche… Une autre fois, on l'a vu entrer à reculons dans le champ, terrorisé par les ordres de son maître qui hurlait : « Assis ! » Ce qui n'empêchait pas la pauvre bête de s'enfuir à toute vitesse !

Mais venons-en à l'émission elle-même. D'abord, un terrible constat s'impose : la présentatrice n'a pas compris la règle du jeu. Elle suit donc en permanence ce qu'on lui dit dans l'oreillette. Évidemment, le rythme de l'émission s'en ressent un peu : lorsque la régie lui parle à l'oreille, pour meubler pendant qu'elle écoute, elle fait : « Hum… hum… Ah ! oui, d'accord, eh bien, donc… »

Hier, vingt minutes après le début de l'émission, Sophie demande : « Alors, avons-nous quelqu'un au téléphone ? » Mais il n'y avait personne, car les auditeurs n'avaient toujours pas trouvé la profession avec « école primaire », « éducation », « enfants », « tableau noir », « classe »… Et, comme c'est vrai que c'était difficile, notre amie Sophie a cru utile de donner un petit indice : « Quand vous étiez petit, à l'école, vous aviez affaire à un… ? » On a entendu l'oreillette grésiller. Elle a fait : « Euh… Eh bien, donc… Non… On n'a personne au téléphone… » Et là, elle ne savait plus quoi faire. Les deux candidats sur le plateau attendaient, mais elle ne savait plus pourquoi ils étaient là ! L'oreillette a grésillé de nouveau et Sophie s'est exclamée : « Hum… Hum… Ah ! oui, d'accord ! Eh bien, donc, on joue, euh… eh bien, donc… avec les candidats !… Alors, Alexandre, bonjour, vous faites quoi dans la vie ? » Le candidat : « Bonjour, je suis agent d'escale dans une compagnie aérienne. » Là, Sophie Coste l'a regardé en plissant le front et, après un silence interminable – on devinait que le réalisateur dans l'oreillette lui hurlait : « Mais demande-lui en quoi ça consiste, andouille ! » –, Sophie a fini par dire : « Hum… Hum… euh… eh bien, donc… – à l'oreillette – … Ah ! oui d'accord, je demande en quoi ça consiste, agent d'escale ?… » Le candidat explique, et Sophie enchaîne en lisant sa fiche – oui, parce que, comme la production de l'émission a vu qu'on avait affaire à une pointure, ils ont prévu oreillette plus fiche, plus panneaux brandis par les assistants, plus prompteur ! Elle enchaîne donc en lisant : « Alexandre, il paraît que vous aimez le sport et *moving*… Oh ! mais… Qu'est-ce que c'est, le *moving* ? » On voit le candidat, gêné, qui toussote : « Hum… euh, non, Moving, c'est le nom d'une salle de sport, un peu comme Gymnase Club, vous voyez ? » Sophie : « Euh… eh bien, donc, c'est une marque, on n'a pas le droit de dire Moving, si c'est un nom de salle de sport, Moving ! » À cet instant, réalisant qu'elle avait dit une connerie, elle croit utile de se justifier : « Excusez-moi, y avait écrit

« Moving », alors moi, j'ai lu « Moving », bêtement ! » Oui, bêtement. C'est bien l'adverbe qui convenait. Après avoir répété « Moving » quinze fois, la voilà qui s'illumine : l'oreillette lui annonce qu'il y a enfin un candidat au téléphone. Et pendant ce temps-là, à chaque fois qu'il y avait un plan large, on voyait le chien voler, atterrir sur le plateau, puis s'enfuir à toute allure !

Enfin, ayant jugé que le nombre d'appels nécessaires pour s'acheter un nouveau 4 × 4 était atteint, le producteur de l'émission décide de prendre un téléspectateur à l'antenne. Il prévient Sophie grâce à l'oreillette. Soulagée, cette dernière, s'exclame avec beaucoup de classe : « Ah ! ben, on a quéquin au téléphone ! » La téléspectatrice donne évidemment la bonne réponse et on entend un jingle censé marquer le triomphe. Mais, comme ils veulent limiter les frais au maximum – Sophie est en contrat-jeunes, le décor a été acheté d'occasion à la télévision ukrainienne… –, le jingle consiste en cinq notes pathétiques jouées à l'orgue Bontempi. Après un tel jingle, allez instaurer un climat d'allégresse ! Sophie Coste a beau hurler : « Ouais, gagné ! », l'ambiance reste aussi festive qu'une après- midi d'automne chez Jacques Doillon ! Ce qui n'a pas empêché la gagnante de laisser éclater sa joie. Du coup, elle réveille son compagnon qui dormait et elle lui dit : « Gilles, j'ai gagné 13 000 francs ! » Sophie, qui n'avait rien compris : « Hein ?… À qui ditesvous que vous avez gagné… ? À vous-même ? » L'autre : « Ben non, à mon copain ! Je m'appelle pas Gilles ! » Sophie : « Eh oui, vous avez gagné

2 000 et quelques euros ». On lui donnait le montant dans l'oreillette, mais elle n'avait pas la capacité de retenir tous les chiffres, alors elle a dit : « 2 000 et quelques euros. » Et pour détourner l'attention, paf ! on lui balance le chien ! La pauvre bête atterrit et fait : « Kaï ! Kaï ! », pédale dans le vide et repart. C'était pathétique…

Ensuite, le jeu des syllabes. Là aussi c'était particulièrement difficile, puisqu'il s'agissait de retrouver un mot dont les syllabes étaient écrites dans un mauvais ordre. Le problème, c'est que le synthétiseur qui devait afficher le mot est tombé en panne. Je vous laisse imaginer la détresse de Sophie. Du coup, complètement déstabilisée, elle annonce la fin de l'émission : « Eh bien, *Allô Quiz,* c'est fini, au revoir et à demain ! » Et là on entend grésiller l'oreillette, on voit le chien atterrir, et Sophie : « Euh… eh bien, donc, non, c'est pas fini, je me suis trompée ! C'est la pub !… » Et au moment où la pub va démarrer, on l'entend dire, – elle pensait qu'elle n'était plus à l'antenne : « Ah ! dis donc, j'me suis trompée, j'croyais qu'c'était fini !… » Nous aussi, on l'espérait !

Mars 2002 (1)

En alternance avec Sophie Coste, une semaine sur deux, l'émission *Allô Quiz* est présentée par un dénommé Roblès. Oui, parce qu'un seul être humain ne peut présenter cette… chose en permanence.

En revanche, le chien est toujours le même, et depuis hier ils ont enfin trouvé la solution : ils lui jettent une balle. Du coup, la bête oublie son stress et joue. Sauf qu'à un moment, en courant après la baballe, il a cogné le pupitre de Roblès en faisant tomber les fiches !... Un peu plus tard, le présentateur s'est aperçu qu'il lui manquait des fiches, et en regardant si elles n'étaient pas tombées, il a découvert que le chien les mangeait !

Hier, Roblès énumère des noms de comédiens dont le candidat devait dire s'il avait été ou non « césarisé ». Dans la liste figure Bourvil, qui ne risque pas d'être césarisé vu qu'il est mort cinq ans avant la première cérémonie – mais ça, Roblès ne le sait pas. Alors, à la fin de l'épreuve, le voilà qui soudain s'insurge : « C'est scandaleux ! Un comédien comme Bourvil n'a jamais eu de césar, c'est pas normal ! » On entend le bruit caractéristique du grésillement de l'oreillette, et on devine que le réalisateur lui hurle dans l'oreille : « Mais non, pauv'con, il est mort avant !... » Alors Roblès a une phrase magnifique : « Ah ! oui, il est mort avant les césars, peut-être, mais on aurait pu lui donner autre chose ! »

En tout cas, une chose est sûre : si un jour on décerne un césar de la connerie, Roblès ne mourra pas sans l'avoir reçu pour l'ensemble de son œuvre !

Mars 2002 (2)

Hier, j'ai retrouvé avec plaisir Sophie Coste, présentatrice du jeu *Allô Quiz* sur TF1. On la sentait d'emblée dans un grand jour, puisqu'elle a annoncé : « Et voici notre nouvelle candidate qui s'appelle Jacques… et qui est donc un candidat ! » Jacques était opposé à Micheline et il a fait un sans faute, contrairement à Sophie Coste, qui a déclaré : « Bravo, Jacques, vous avez fait un sans faute. Maintenant, Micheline, il faut faire mieux ! »

À un moment, elle devait donner aux candidats une liste de célébrités, et on devait lui dire lesquels étaient grands-pères. Ça paraît simple. À vous, oui, mais pas à Sophie. Elle lisait et relisait sa fiche en disant : « Attendez un peu que je regarde… pour bien comprendre… Voilà… non… Attendez encore un peu que je relise bien… Qu'est-ce que c'est que cette liste… ? Non, parce que moi je sais pas… » En effet, elle ne savait vraiment pas, puisque dans la liste figurait le nom Hallyday, et qu'à la fin de l'épreuve elle s'est exclamée : « Ah ! ben oui, c'est vrai, Johnny Hallyday, il est grand-père ! Il a eu des petits-enfants !… Il les a eus avec David ! »

Puis la candidate Stéphanie est tombée sur un questionnaire d'une facilité déconcertante pour elle, puisqu'il s'agissait de décalage horaire et qu'elle était hôtesse de l'air. Sophie : « Parmi ces célébrités, lesquelles… Non, ça on a joué avec déjà… Ah ! voilà… Vous allez jouer avec le décalage horaire et vous allez me dire s'il y a des heures en plus ou moins en heures… par rapport à Paris. » Évidemment devant une phrase tellement absconse, la candidate n'avait pas compris si le décalage concernait Paris par rapport à la ville ou l'inverse. Elle a eu tout faux, alors qu'elle connaissait toutes les réponses ! Et notre amie Sophie, faux-cul, de conclure : « Maxi-méga-plantade de Stéphanie, mais c'est pas grave ! »

Mars 2002 (3)

J'ai pris l'habitude de brocarder Julien Lepers, mais que sont les « leperseries » à côté des « costeries » ? Notre nouvelle amie Sophie Coste anime le jeu *Allô Quiz* chaque matin à 9 h 20. Elle pose une question vachement dure aux téléspectateurs en donnant cinq indices. Hier, il fallait trouver un aliment. Les indices étaient : « dur », « sur le plat », « cocotte », « en omelette », « brouillé »... Mais les gens n'appelaient pas ! Au début, j'ai cru bon d'ironiser sur le niveau intellectuel des gens qui regardaient cette émission, vu le temps qui s'écoulait avant que Sophie ne prenne un gagnant au téléphone. Maintenant j'ai l'explication. C'est un auditeur qui me l'a donnée par e-mail. C'est une escroquerie. Voici ce que nous écrit Olivier de Compiègne : « Cher monsieur Carlier... Quel talent... – Bon, je passe le début... – Intrigué par votre chronique, j'ai regardé *Allô Quiz* et je n'ai pas été déçu. Il fallait trouver un sport et les indices étaient "figure libre", "double axel", "Philippe Candeloro", "juges", "glace"... Comme il me semblait étonnant qu'aucun téléspectateur ne trouve rapidement la réponse, j'ai téléphoné pour répondre. En fait il s'agit d'une loterie déguisée : lorsqu'on appelle (0,56 euro l'appel), une voix vous répond : "Votre appel n'est pas sélectionné, veuillez rappeler." » Donc, il s'agit d'une arnaque en bonne et due forme qui fait passer pour un pseudo-jeu de connaissance une simple loterie ! L'animatrice pourrait tout aussi bien dire : « Veuillez téléphoner pour dire le mot pelle à tarte », ce serait pareil ! Vous allez me dire : « Alors, Carlier, vous voyez bien que les téléspectateurs de TF1 ne sont pas si cons que ça ! » En fait, ils trouvent tout de suite, mais ils doivent appeler une centaine de fois pour avoir une chance d'être retenus. C'est-à-dire que pour gagner 500 euros, ils en dépensent 700 ! Non, c'est vrai, les téléspectateurs de TF1 ne sont pas si cons que ça !

Hier, dans la séquence intitulée « Pile ou face », Sophie Coste donnait à la candidate une liste de films, et cette dernière devait dire s'ils étaient interprétés par Bourvil ou Fernandel. Seulement, vous le savez, Sophie nous a révélé qu'il y a bien longtemps qu'elle n'est plus scolarisée, par conséquent elle a beaucoup perdu sur le plan de la lecture. Donc elle annonce le principe à la candidate, mais là elle voit sur sa fiche les titres des films, et s'aperçoit que d'habitude les réponses sont en un seul mot, alors que là il y en a plusieurs ! La panique la saisit. Vous imaginez, lire très vite plusieurs mots écrits à la suite ! Et la voilà qui se met à essayer de gagner du temps pour réviser… Ça donne : « Bon, euh… Ben voilà Éliane… Vingt secondes… Je vais essayer d'aller très vite. » Puis un silence interminable, pendant lequel elle lit sa fiche en suivant du doigt comme le font les élèves de CE 2… Elle finit par dire : « Attendez, je les relis un peu avant pour me les mettre en tête ! »

Vient le tour de l'autre candidat. Là, ça semblait plus facile à Sophie, il s'agissait de lire des noms de fruits, le candidat devant dire si c'étaient des fruits avec ou sans coque. Et elle lui précise : « Vous devez me dire "avec" ou "sans", sinon on va s'emberlificoter ! » Mais elle était tranquille, puisqu'elle n'avait qu'un seul mot à lire !... La voici qui commence : « amande », « banane », « noisette »... À chaque fois, le candidat répondait « avec » ou « sans », tout allait bien. Et c'est là qu'elle s'est déconcentrée ! Sur sa fiche, à la fin de sa liste, il était écrit « fin de liste ». Je vous jure que c'est vrai, elle a cru que c'était un fruit, donc ça a donné : « Pistache ? » Le candidat : « Avec ! » « Cacahuète ? — Avec ! — Mangue ? — Sans ! — Noix de cajou ? — Avec ! — Pignon ? — Avec ! — Papaye ? — Sans ! — Noix de coco ? — Avec ! — Fin de liste ? »... Et là, le candidat la regarde comme si elle était une *alien*. Sophie croyait que « fin de liste » était un fruit ! Heureusement, le réalisateur a envoyé le jingle Bontempi. Du coup, elle a compris son erreur et essayé de rattraper le coup en répétant : « Fin de liste... fin de liste... Ouais !... Extraordinaire !... »

Avril 2002

Je voudrais vous annoncer, non sans une certaine fierté, que j'en suis à mon trente-neuvième jour. Eh oui, trente-neuf jours sans regarder Julien Lepers ! Vous savez que j'ai décidé d'arrêter. Il faut de la volonté, c'est pas facile ! Attention, on ne peut pas y arriver tout seul ! Moi, je fais ça sous contrôle médical, et je dois prendre de la connerie télévisée de substitution ! Le toubib m'a prescrit de la Sophie Coste parce que, même si ce n'est pas de la connerie pure, ça y ressemble bien. Et puis je me suis inscrit aux LA, les Lepersiques anonymes. Ce sont des réunions de personnes qui ont été accros à Julien Lepers, d'anciens lepersiques qui ont décroché… Bon, on voit bien à certains petits signes qu'elles ne sont pas totalement guéries : elles portent d'horribles vestes orange et disent : « Un immense bonsoir à tous ! » Mais c'est très chaleureux. La première fois, vous dites : « Je m'appelle Guy et je suis lepersique. » Et tout le monde répond : « Bonjour, Guy ! », et personne ne vous juge…

Mais le plus dur, c'est que, si on veut arrêter Lepers, il faut arrêter d'un coup. Il ne faut pas dire : « Je vais diminuer peu à peu. » Non. Ça, on ne peut pas…

Je prends donc consciencieusement ma méthadone : je regarde Sophie Coste.

La grande angoisse de Sophie, c'est la partie de *Allô Quiz* dans laquelle elle doit énumérer une liste de propositions que le candidat doit mettre dans une catégorie ou une autre. Dès qu'arrive cette épreuve – c'est le cas de le dire –, elle dit : « Attendez, je révise bien ma liste. » Les candidats, gênés, regardent leurs ongles en sifflotant… Un assistant balance le chien dans le champ pour créer une diversion… Et Sophie prend son temps… On finit par entendre le réalisateur hurler dans l'oreillette : « Alors ?… » Là, Sophie répond : « Je révisais ! » Oui, parce qu'elle n'a pas compris que l'oreillette, c'est fait pour être discret : elle, elle répond tout fort au réalisateur ! Et elle se replonge dans la lecture de ses fiches, on la voit qui relit tout bas en articulant, comme les élèves de CE 2… Et puis elle regarde la caméra et annonce : « Ah ! ben ça commence bien, le premier mot je le connais même pas ! » Là, on entend distinctement dans l'oreillette le réalisateur : « Mais t'es vraiment très con ! » Et Sophie lui répond tout haut : « Oui, d'accord, chui très con[1] ! »

Vous le voyez, Sophie Coste, c'est de la bonne connerie de substitution. Mais j'étais habitué à mon petit Lepers… Quand je pense qu'il est là, chaque soir à 18 h 20… Et surtout quand je pense à toutes ces conneries qui vont être perdues, ça me rend malade !

ALONSO Isabelle

Septembre 2002

Chère Isabelle. Je vous ai vue hier soir dans l'émission de Laurent Ruquier, *On a tout essayé*, sur France 2. Pour ceux qui l'ignoreraient encore, vous êtes la pourfendeuse de la misogynie, une sorte de Jeanne Hachette de la lutte pour l'égalité des sexes. Quand je dis Hachette, je veux parler

1. Authentique.

d'édition, pas de courage. Dès qu'une femme est l'objet d'une injustice, vous montrez les dents. Pour être honnête, vous montrez aussi la mâchoire, l'os parodontal. Et en regardant bien, on peut apercevoir la base de vos sinus, c'est dire à quel point vous êtes indignée !

Hier soir, vous avez avec courage dénoncé une injustice terrible, celle d'une femme bafouée qui croupit en prison. J'ai pris l'émission en cours, car je zappe pendant les caméras cachées de Dan Bolander. Dan Bolander, ça fait des années qu'il fait ça, donc tout le monde le reconnaît. Mais lui, il croit qu'en se mettant un faux nez et des moustaches de farces et attrapes les gens ne vont pas l'identifier ! En fait, à chaque fois qu'il commence une séquence de caméra cachée, un anonyme lui dit : « Ah ! tiens, salut Dan Bolander ! Vous êtes rigolo, comme ça, avec votre faux nez et votre moustache ! » Et lui, résigné : « Bon, on la refait. Dites-moi mon vieux, si vous voulez passer à la télé, vous avez intérêt à faire semblant de ne pas me reconnaître ! » Et le passant : « Ah ! bon, d'accord. Excusez-moi, monsieur Bolander… » En plus, c'est mal filmé. On voit en arrière plan des assistants repousser les badauds qui se marrent…

Bref, je zappe donc sur l'émission de Laurent Ruquier, espérant tomber sur Claude Sarraute ou Isabelle Mergault que j'adore… Bon, c'était vous, chère Alonso. Je me suis dit : « Tant pis, allons-y pour Alonso ! » – je sais, celle-là, on doit vous la faire depuis la maternelle ! Et je tombe sur vous au moment où vous dénoncez avec passion les salauds misogynes qui ont mis injustement une femme en prison. Je me suis dit que vous parliez de Safiya, cette jeune Nigériane accusée d'adultère et condamnée à mort par lapidation dans un tribunal islamique de Sokoto, un des États du Nigeria qui applique la *charia*. Je dois reconnaître que j'admirai votre courage. Vous avez dit qu'une pétition circulait pour la libérer, on devinait que vous étiez prête à prendre le premier avion pour Lagos et que, si vous ne le faisiez pas, c'est parce que vous aviez des raisons majeures – une émission avec Franck Dubosc ou des trucs impératifs du même genre. Mais j'ai très vite compris que vous ne parliez pas de Safiya, mais de madame Edita Rumsas, la femme du coureur cycliste Raimondas Rumsas. Arrêtée par les douanes avec une voiture pleine d'anabolisants, elle a affirmé sans rire qu'ils étaient destinés à sa vieille grand-mère qui souffre d'arthrose en Lituanie !

Chère Isabelle Alonso, vous avez dénoncé cette injustice majeure avec un courage qui vous honore, comme à chaque fois que les femmes sont bafouées, vous, la baroudeuse, qui n'hésitez pas à aller dans chaque endroit du monde, même les plus hostiles – je me souviens notamment de ce raid au Fouquet's lorsque vous avez appris que cet établissement interdisait l'entrée aux putes. Le problème, c'est que votre trajet habituel pour vous rendre dans la radio locale où vous officiez est rue de Rivoli, Étoile, Champs-Élysées, avenue Montaigne. Et les minibus amenant les femmes voilées à la mosquée d'Argenteuil, juste derrière chez moi, vous ne les voyez jamais. C'est pour ça que vous n'en parlez jamais. Pas par lâcheté. En tout cas, grâce à vous il y a très peu de femmes lapidées avenue Montaigne. L'humanité entière vous en remercie.

ARDISSON Thierry

Octobre 2001

Thierry Ardisson se plaint toujours d'être plagié. Lundi, dans *Ça s'en va et ça revient*, c'est lui qui nous a ressorti une émission vieille de quinze ans, *Avis de recherche*. Mais il se l'est offert à lui-même, l'avis de recherche. C'est-à-dire qu'il a retrouvé ses copains de fac, trente ans après, et en les voyant entrer sur le plateau il a fait celui qui n'était pas au courant. Il était incroyablement surpris par les invités mystères. Et il y avait de quoi, puisqu'il ne les avait plus revus depuis... le maquillage !

Ce type est producteur et présentateur de son émission. Vous pensez bien que tout ça a été répété... Il avait même demandé à la maquilleuse de lui mettre un peu de glycérine au coin des yeux pour la larme d'émotion !...

Un jour, Ardisson, avec le courage des lâches qui le caractérise, à osé demander à Michel Rocard si « sucer c'est tromper ». Je ne sais pas si sucer c'est tromper, mais simuler l'émotion c'est nous prendre pour des cons !

Janvier 2002

Thierry Ardisson a lancé une campagne pour la libération de Michael Blanc, emprisonné en Thaïlande pour trafic de drogue. Pour réunir des fonds, il a mis aux enchères des objets appartenant à des célébrités. Par exemple, la victoire de la musique de Johnny Hallyday est partie à 150 000 francs. Généralement, chaque article atteint 100 000 francs. Tout, sauf la guitare de Didier Barbelivien qui a péniblement atteint 3 500 francs... En plus, c'est lui qui doit téléphoner en déguisant sa voix pour surenchérir... Vous imaginez le type qui met une enchère pour acheter la guitare sur laquelle a été composé *Est-ce que tu viens pour les vacances ?* Non, moi je suis sûr, au contraire, que des gens ont téléphoné pour donner de l'argent afin que Barbelivien garde sa guitare ! Si Ardisson avait mis la guitare aux enchères dans ce sens-là, je suis sûr qu'il aurait récolté une fortune !

ARTE

Juin 2002

J'aimerais élever le niveau de cette chronique télévisée, parler enfin de culture en évoquant la thématique d'Arte consacrée aux anciennes républiques soviétiques, plus précisément le documentaire intitulé *Ukraine, ma patrie, ma mère.*

Bon d'accord. Puisque vous insistez, avant ça, on évacue tout de suite une connerie du *Loft* et on revient tout de suite à *Ukraine, ma patrie, ma mère.*

Hier matin dans le *Loft*, le coq avait quitté son poulailler et n'arrêtait pas de chanter, ce qui a énervé notre ami David. Il a dit : « Mais qu'est-ce qu'il a à crier comme ça, ce coq ? » Angela, voyant monter la colère de son amoureux, lui a dit pour le calmer : « Laisse-le chanter, il appelle sa coque ! »

Bon voilà, on est débarrassé des âneries, venons-en à *Ukraine, ma patrie, ma mère.*

Comment ?... Bon d'accord, mais juste une petite leperserie pour se détendre avant la culture...

Hier soir, notre ami Julien tout excité annonce qu'une candidate, Mathilde, présente une particularité. On le voit lire sa fiche en disant : « Mathilde, avant de jouer je dois signaler que vous êtes née... »

Et là, il n'arrive pas à déchiffrer la suite. Pensant qu'elle va l'aider, il répète :

— Vous avez une particularité Mathilde, vous êtes née...

Mais Mathilde n'était absolument pas décidée à l'aider, et elle répond juste :

— Oui !

Alors Julien sort les avirons :

— Mathilde, vous êtes née… Vous êtes née…
Silence prolongé de la dame. Et Julien, sublime :
— Bon, déjà, vous êtes née !…
— Ah ! Ben oui !
Et là brusquement, Julien :
— Vous êtes née avec deux dents.
Elle :
— Oui, comme Napoléon.
— Mais surtout, votre fils lui, est né avec une dent !
— Oui.
— Mais cette dent, vous l'avez sentie quand il est né ?

Et là, on imaginait le nouveau-né mordant le cul de sa mère. C'est ça qui est bien avec Julien Lepers, la vie devient un dessin animé !

Plus tard dans l'émission, un candidat devait répondre à un questionnaire sur les collectionneurs. Julien demandait :
— Que collectionne un philatéliste ?… Que collectionne un numismate ?…
Et le type répondait correctement. Quand tout à coup arrive la question :
— Que collectionne un gazettiste ?
— Il collectionne des gaz ?
Ça, c'est pas un gazettiste, c'est un pétomane !

Bien… Comme promis, voici maintenant *Ukraine, ma patrie, ma mère…*

Bon d'accord, un peu de foot juste avant avec la coupe du monde, et ce commentaire de Guy Roux lors de Brésil-Angleterre : « Quand Beckham fait dix passes, huit sont vers l'avant, deux sont latérales, et le reste en retrait... »

Je ne sais pas si vous avez vu la publicité où l'on voit un type très laid, installé sur une terrasse au-dessus de la mer, qui explique qu'il vient de gagner au Loto et qu'il s'offre ce spot de pub pour envoyer un message à son ex-femme, car elle l'a quitté pour son garagiste. Hier, nouvelle pub, le même gars qui s'adresse à nous : « Excusez-moi de vous importuner avec toutes mes histoires, j'ai dû racheter un peu d'espace télévisé car il faut que je parle à Françoise. Françoise, j'ai un problème, qu'est-ce que je vais pouvoir faire aujourd'hui ?... Je me demande si je vais louer un hélicoptère pour aller jouer au casino à Monaco ou bien louer un jet pour aller me baigner aux Seychelles... Ah ! ma Françoise, toi, tu savais prendre les bonnes décisions !... » Et il s'allonge de nouveau en s'éventant avec ses bulletins de Loto, en chantant : « Loto... Loto, Loto, Loto, Loto, Loto... » Et on se dit que la Françoise a bien fait de larguer un blaireau pareil ! Et, à la réflexion c'est déjà assez humiliant pour les femmes de laisser penser, comme le fait la Française des jeux, qu'elles peuvent revenir avec un con pareil sous prétexte qu'il a gagné au Loto !

Bon, voici enfin *Ukraine, ma patrie, ma mère*. Ça commence par un plan fixe de dix minutes sur la neige qui tombe sur une plaine d'Ukraine un lundi de novembre, avec, au loin, un arbre mort. Une vieille femme, pliant sous le poids d'un fagot, marche sur un chemin boueux. Au loin, un vol de corbeaux s'enfuit au bruit du dernier train qui part pour Doborovska... Ah ! dommage, on n'a plus le temps... Je vous raconterai la suite la prochaine fois !

BERN Stéphane

Septembre 2001

Beaucoup de choses à dire aujourd'hui sur le dernier week-end à la télévision. À cet instant, Stéphane Bern se dit : « Ah ! ben tant mieux, comme ça il me lâchera un peu les poulaines ! » Oui, il ne dit pas : « Lâche-moi les baskets », mais « lâche-moi les poulaines », vous savez, ces chaussures très longues qui rebiquent avec un petit grelot au bout ! Stéphane est soulagé, il se dit : « Avec un peu de pot, pour une fois, Carlier ne va parler que de télé. Si ça se trouve, il ne s'est pas aperçu que c'est l'anniversaire de la mort de Charlemagne et je n'aurais pas à raconter que je suis allé ce week-end à la messe de commémoration à Aix-la-Chapelle, où j'ai communié après m'être confessé. »

Deux ans déjà ! Cher Stéphane Bern, quand je pense que vous êtes arrivé au micro de France Inter quasiment vierge. Sur le plan radiophonique, bien sûr !... Et depuis deux ans, les auditeurs se sont familiarisés avec le petit monde enchanté dans lequel vous vivez : votre compagne, la princesse de Chimay, et tout son appareillage, le Shopi de la rue des Martyrs, et puis cette élégance signée Dormeuil qui évoque irrésistiblement monsieur Maurice Couve de Murville…

Malheureusement, sur le plan télévisuel, vous vivez toujours des jours difficiles. Faisons un point rapide sur votre recherche d'emploi. À TF1 vous êtes grillé, ils ont appelé la sécurité pour vous jeter violemment dehors, les types vous ont balancé sur le trottoir et se sont acharnés sur vous à grands coups de rangers. Concernant France 2, vous n'avez pas de nouvelles. Pourtant vous avez été bon à l'examen d'embauche la semaine dernière, en qualité d'invité dans *On a tout essayé* de Laurent Ruquier, la seule émission dont le montage est réalisé à la tronçonneuse. Je ne sais pas si vous avez remarqué, c'est hallucinant ! On voit une scène où tout le monde se marre et applaudit. Et paf ! l'image suivante, c'est Miller qui parle dans un silence de mort !

Tout ça pour dire, cher Stéphane, que financièrement ça ne doit pas être facile tous les jours. Surtout que maintenant vous avez vidé le livret de Caisse d'Épargne de la princesse de Chimay. Je me suis laissé dire que vous cherchiez un petit boulot d'appoint dans le domaine de la restauration… Si un restaurant italien peut offrir un emploi de pizzaiolo, il peut vous contacter à France Inter ! Rappelons que Stéphane Bern peut également assurer le nettoyage de caves ou repeindre une cuisine – d'aucuns disent qu'il est très adroit de ses mains !

Aujourd'hui vendredi, dernière chronique de la semaine. Pour être franc je n'ai rien fichu. Voilà, je vous le dis franchement, j'ai pas regardé la télé. Ou plutôt si, j'ai regardé le match de foot PSG-Bordeaux en culpabilisant – mais c'était trop bon. Et là je suis dans la position du mauvais élève qui n'a pas révisé et qui doit passer l'oral. Alors que fait le mauvais élève dans ces cas-là ? Il fayotte avec le professeur ! Stéphane, je voudrais vous dire que vous êtes beau, vous êtes le phénix des hôtes de cette radio !... Non, sérieusement... Parlons un peu de vous, de votre actualité télévisée à venir. Ce matin, pendant que vous vous étiez absenté pour quelque miction, j'ai regardé, je l'avoue, votre agenda posé sur votre bureau et j'ai constaté que vos projets télévisés sont aussi minces que l'intégrité de monsieur Balkany. Pour les jours prochains, votre agenda stipule simplement : « penser à acheter des filtres à café » ! Je ne voudrais pas enfoncer le couteau dans la plaie mais, pendant ce temps-là, votre amie Carole Rousseau animera ce soir *Plein les yeux*, l'émission où la caméra est sous la table pour filmer ses jambes croisées... Remarquez, c'est normal, vu que c'est avec ça qu'elle pense ! Vos projets télé sont pour le moins limités, puisque votre prochaine prestation aura lieu le 22 février sur Fun TV. Non seulement c'est dans quinze jours, mais c'est une chaîne que personne ne capte ! Et pourtant, je voudrais que les auditeurs fassent tout leur possible pour regarder ce jour-là. Parce que, mesdames, messieurs, Stéphane Bern va assister à un défilé de lingerie masculine. Il faut dire que, de la même façon que Catherine Deneuve était l'égérie d'Yves Saint Laurent, Stéphane Bern est l'égérie des slips Éminence ! Il est présent à chaque collection, regardant défiler devant lui des hommes de couleur aux muscles luisants d'embrocation et particulièrement gâtés par dame nature – puisque les sous-vêtements qu'ils présentent font des bosses du meilleur aloi !

Sur votre agenda, Stéphane, j'ai vu également que pour la fin de semaine vous aviez noté : « Week-end à Gstaad avec Victor Emmanuel d'Italie qui fête la circoncision de son fils. » Et vous m'avez confié que, tout roi d'Italie qu'il est, il ne finance pas les chambres d'hôtel, et que compte tenu du fait que vous vivez actuellement sur le Codevi de la princesse de Chimay, vous aviez renoncé aux fastes de Gstaad pour finalement décider d'aller plus modestement faire du ski à La Clusaz – et loger en pension complète à l'Edelweiss, hôtel, tabac, Tac-o-tac, sandwichs à toute heure. Alors je voudrais m'adresser à l'office du tourisme de La Clusaz. Si vous pouviez envoyer une voiture munie d'un haut-parleur à travers les rues de la station en annonçant la venue de Stéphane, du genre : « Amis de La Clusaz, demain samedi et après-demain dimanche, une grande attraction, "Stéphane Bern fait du ski" ! Petits et grand, si vous voulez vous divertir, rendez-vous le long des pistes, vous ne le regretterez pas ! » Oui, parce que voir Stéphane skier est un ravissement. Vous vous souvenez des images de Giscard au ski ? Eh bien, là, c'est pareil. Il est tout raide avec le cul en arrière et il descend en chasse-neige ! Pour le reconnaître, c'est facile, il sera vêtu d'une combinaison de marque Dormeuil, modèle JO de Chamonix 1924 !

Nous allons maintenant parler de l'émission de TF1 *Confessions intimes.* En prononçant ces deux mots, je ne peux m'empêcher de penser à une confession intime que nous a fait Stéphane Bern ce matin même, au bureau. Hier soir, Stéphane était invité à la première du film *Huit Femmes.* Il faut savoir que les cartons d'invitation avaient été imprimés il y a longtemps, à l'époque où il faisait encore partie du personnel de TF1. Donc, voilà notre Stéphane qui arrive dans son Dormeuil de cérémonie modèle Alain Poher – avec la petite pince à la place de la ceinture. Il avance majestueusement sur le tapis rouge, entre deux haies de gardes républicains en gants blancs qui le saluent au garde-à-vous, et va s'enquérir auprès d'eux de la qualité de leur uniforme, en demandant si ça se lavait à 30 degrés… Dès qu'il entend les flashes des photographes, Stéphane fait sa tête de Charles Trenet et finit par arriver enfin à l'entrée du cinéma. Là, un type en smoking filtrait les invités en pointant leur nom sur sa liste. En voyant Stéphane, il s'aperçoit que sur la liste, en face de son nom, était inscrit : « Individu licencié de TF1, à refouler sans ménagement. » Pour ne pas vexer Stéphane, il lui dit : « Désolé, mais c'est complet. » Stéphane : « Ah ! mais non ! J'ai mon carton ! Tiens, regardez ! » Le videur : « Non, non, c'est complet… Entrez, monsieur Baudis, allez-y, monsieur Cavada… Faut pas rester là, monsieur, je vous ai dit que c'était complet ! » Stéphane : « Ben… Et eux, pourquoi y passent ? » Le videur : « Bon, ça suffit maintenant, je vous demande de circuler ou j'appelle la sécurité ! » Comme Stéphane continuait à faire du scandale, il a appelé des appariteurs qui, après lui avoir asséné quelques directs au foie, l'ont balancé comme un sac de linge sale derrière les barrières métalliques !… En revenant à lui, Stéphane voit arriver Catherine Deneuve. Au milieu des cris des sauvageons de banlieue en train de faire des doigts d'honneur à l'actrice, on entend la voix fluette de Stéphane qui crie : « Catherine !… Catherine !… Je suis là !… » Elle regarde Stéphane – on voyait bien qu'elle pensait : « Tiens, c'est étrange, j'ai l'impression d'avoir déjà vu ce type quelque part… Je me demande si c'est pas un ancien présentateur de télévision… Non, ça n'est pas possible, pas avec une coupe de cheveux pareille ! » Et elle poursuit son chemin !

Donc, ce matin, Stéphane Bern s'est vengé en nous disant : « J'ai vu Catherine Deneuve hier soir, qu'est-ce qu'elle est boudinée ! » Catherine Deneuve, la femme qui a fait rêver la France entière ! De plus, Stéphane nous a livré ses hypothèses pathologiques sur la raison de ce boudinage. À savoir que Catherine Deneuve « fait de l'aérophagie chronique » – oui, parce qu'il l'a vue roter comme un camionneur polonais – ou bien qu'elle « souffre de constipation passagère » – il lui a d'ailleurs fait porter par coursier une boîte d'Imossel duo !

Mars 2002 (1)

Une fois n'est pas coutume, je voudrais, Stéphane, vous féliciter pour l'excellent score d'audience de votre mariage batave : 6 millions de téléspectateurs ! Soit 45 % de parts de marché ! Un score d'audience d'autant plus méritoire que, comme vous le disiez hors antenne, c'est sûrement pas grâce à l'autre andouille, là, comment s'appelle-t-il, celui qui a un long cou de poulet ?... Jean-Claude Narcy ! Oui, vous nous disiez qu'il a été mauvais comme un cochon ! Et c'est pas non plus Dave et le pasteur qu'ils sont allés chercher dans les Village People qui ont remonté le niveau ! Votre performance, Stéphane, est encore renforcée par le fait que face à vous les autres chaînes avaient sorti la grosse artillerie. Écoutez plutôt : sur France 2, au même moment, ils avaient programmé une émission de bricolage dont le thème était *Comment poser des charnières encastrées* ! Sur la 3, *Bon appétit, bien sûr* proposait la recette du sauté de bœuf aux piments doux ! Et sur la 5e, le magazine de la santé intitulé *Fibrome mon ami*. C'est vous dire si la concurrence était rude !

Mars 2002 (2)

Stéphane Bern s'est encore mis en slip à la télévision française. Mon pauvre ami, depuis qu'à TF1 ils vous ont vous mis dehors, vous sombrez dans le stupre et la décadence ! La semaine dernière, vous étiez ivre à Saumur et, dorénavant, à chacune de vos apparitions télévisées, vous ôtez votre pantalon pour laisser voir à la France éberluée une petite culotte d'un rose layette fort seyant ! C'est ce qui s'est passé vendredi soir à Fun TV. Et voir quelqu'un qui a fréquenté les Habsbourg ôter son pantalon sur une chaîne du câble a quelque chose de pathétique… Ça devient d'ailleurs un fond de commerce : sur ses anciennes cartes de visite de TF1, Stéphane Bern a rayé « TF1 » et a écrit à la place : « Enlève son pantalon en toutes occasions, mariages, baptêmes, circoncisions. »

À propos de décadence télévisée, je vais remuer le couteau dans la plaie. Vous savez qu'Alexandra Bronkers est de retour. Eh oui, elle était l'autre jour chez Laurent Ruquier. Rappelons que, depuis deux ans, l'activité d'Alexandra Bronkers consiste à aller dans des soirées sponsorisées en échange d'un cadeau du mécène. À la fin de la soirée, on lui remet généralement, outre son cadeau, un *doggy-bag* comprenant quelques canapés humides pour le lendemain midi. Le lendemain, justement, elle appelle un copain et lui dit : « Salut, j'ai le nouveau Motorola. Ça t'intéresse ? » L'autre lui en donne 45 euros ! Ensuite, elle déclare dans la presse : « Je ne vais pas dans ces soirées pour les cadeaux, mais parce qu'on y rencontre des décideurs. » Tu parles ! Effectivement, depuis qu'on ne la voit plus à la télé, Alexandra rencontre beaucoup de décideurs qui décident de la sauter ! Mais, jusqu'à présent, il n'y en avait pas un seul qui ait décidé de la rappeler… Miracle ! Ces jours derniers, on lui a demandé de promouvoir un magazine féminin, un truc donnant des conseils de beauté à la con qui va déposer le bilan au numéro 3. Donc, elle est venue chez Ruquier présenter son magazine dont tout le monde s'est moqué, elle a rigolé en gardant les dents serrées comme elle sait le faire, et elle est partie à une soirée où l'on offrait aux invités le nouveau parfum de chez Dior !...

Avril 2002

Hier matin, j'ai regardé avec beaucoup d'intérêt la prestation de Stéphane Bern dans l'émission de Sophie Davant « Télé Mémère ». Émission dont le thème, exceptionnellement, n'était pas le fibrome ou l'ostéoporose, mais les histoires d'amour royales. Voilà pourquoi ils avaient invité Stéphane. Bon, lui était content, car il n'a plus beaucoup d'occasions de se montrer à la télévision. Évidemment, il n'a pas été payé, mais ils lui ont donné quelques Ticket-Restaurant...

Stéphane s'installe en face de Sophie Davant, et on le voit qui se met à faire la gueule en s'apercevant qu'il y avait une autre invitée à la table, une chroniqueuse qui se nommait madame Danielle. Comment vous la décrire ?... Vous vous souvenez d'Isabelle Adjani dans *L'Été meurtrier* ? Bon, eh bien oubliez, c'est pas ça du tout... Vous vous souvenez d'Alice Sapritch dans *La Folie des grandeurs* ? Voilà, c'est exactement ça ! Une sorte de duègne. Mais avec les cheveux plus gras. Dès le début, on a senti que ça se passerait mal entre Stéphane et la duègne. Nos auditeurs qui commencent à connaître Stéphane savent que, dans ces moments-là, il devient de mauvaise foi et s'acharne à dire tout le contraire de son interlocuteur... La première histoire d'amour dont voulait parler la duègne était celle d'Édouard VIII, celui qui a abdiqué pour pouvoir vivre sa passion. La duègne commence et explique, je cite : « C'est une très belle histoire, très romantique. » Stéphane l'interrompt : « Excusez-moi de vous interrompre, mais romantique, c'est vite dit ! Voilà quand même une femme qui était une intrigante ! » La duègne : » Euh oui... mais ils s'aimaient ! » Stéphane : « Oui, si on veut... Mais il faut savoir que cette fille a quand même été initiée aux choses de l'amour dans les bordels de Hong Kong ! » La duègne était décomposée. Alors Stéphane lui assène le coup de grâce : « Et puis elle est devenue la maîtresse du bras droit de Mussolini, et elle avait des sympathies hitlériennes, il faut le savoir ! » Sous-entendu : « Il faut le savoir avant de dire des conneries, pauvre conne ! » Sophie Davant, déçue : « Ah ! oui, donc c'est une histoire moins romantique qu'on l'aurait pensé... » La duègne : « Oui, mais pour elle il a quand même abandonné son trône ! » Stéphane, en colère : « Mais quand vous êtes l'héritier d'un empire, vous assumez, vous partez pas avec une... avec une... fille... Vous dites que c'est romantique, mais non ! Ma pauvre fille, c'est terriblement vulgaire ! » La duègne : « Oui, mais il l'aimait ! » Stéphane, en s'énervant : « Non, partir avec une femme, c'est terriblement vulgaire ! » Sophie Davant : « Bon, alors passons à une autre histoire d'amour. » La duègne : « Une autre histoire d'amour très romantique, c'est celle de la princesse Margaret et de son écuyer Peter Townsend. » Voulant apporter une touche personnelle, la duègne se hasarde à une réflexion : « C'est drôle, les princesses vivent souvent des romances avec leurs écuyers… C'est sans doute le prestige de l'uniforme !… » Stéphane, excédé : « Mais non, pas du tout ! C'est absolument pas le prestige de l'uniforme ! C'est juste que les écuyers sont les hommes les plus proches des princesses, car elles ne vont pas aller chercher un prince charmant dans les boîtes de nuit ! » Sous-entendu : « Mais qu'est-ce que tu peux être bête, ma pauv' fille ! » La duègne : « Oui, mais Margaret a choisi de rester à la cour ! » Alors Stéphane décide de l'achever : « De toute façon vous ne pouvez pas comprendre, il faut avoir été élevé dans le sérail pour supporter la pression médiatique ! Bon, évidemment, vous personne ne vous connaît, mais si vous étiez connue… Tiens, si vous épousiez un prince, par exemple, vous verriez ce que c'est ! » L'autre, quasiment détruite, a tenté sans espoir de dire d'une voix blanche : « Et Charles et Camilla, c'est quand même romantique ? » Et Stéphane a répondu : « Oui, ce qui est romantique, c'est que Camilla est présidente de la société anglaise d'ostéoporose ! » Là, on n'a plus vu la duègne. Elle avait quitté le plateau. À mon avis, elle était partie faire une crise nerveuse en coulisse !

Juin 2002

Je dois vous révéler que parfois je n'ai pas du tout envie d'être méchant avec certaines personnalités. Mais c'est Stéphane Bern qui m'y pousse. Tous les auditeurs se souviennent de cette phrase odieuse :

« Catherine Deneuve est boudinée », qu'il me força à prononcer à de nombreuses reprises, je ne sais pour quelle raison personnelle. Stéphane Bern a développé une animosité à l'égard de la star… Il m'a même demandé – mais j'ai refusé – de raconter qu'un soir, à un dîner, il a entendu Catherine émettre un… Il a même précisé que, pour donner le change, la star toussait au fur et à mesure qu'elle égrenait son chapelet, et que c'était pour ça qu'elle était ballonnée – parce qu'elle a des gaz.

Un autre, dont Stéphane me demande régulièrement de dire du mal, c'est Fabrice Ferment, ce nouvel animateur qui coprésente avec Flavie Flament l'émission sur les tubes du passé. Vous voyez qui c'est ?… Mais si !… Un type un peu brutal au physique de catcheur, une force de la nature… Certes, un peu fruste, c'est vrai, on dirait un peu un camionneur turc… Dans son émission, l'autre fois, Sheila est venue chanter *Love me babe, with devotion*. Évidemment, elle chantait en play-back. Mais le problème c'est que mamie a voulu chorégraphier comme à l'époque de Sheila B. Devotion. Elle était là, entourée de trois danseurs, et on entend « Love me baby, with devotion »… On avait envie de répondre : « Non merci, madame ! » Et bien qu'elle ne chante pas et qu'elle ne fasse qu'un mouvement sur trois, on voyait les soudures au collagène sur sa peau qui pétaient les unes après les autres ! Autant vous dire qu'à la fin de la chanson elle était carbonisée, décomposée, le visage cramoisi, carrément violet – elle n'avait pas retrouvé son souffle.

L'interview avec l'ami de Stéphane fut pathétique : « Alors, Sheila, vous allez bien ? » Sheila : « Haaarg... haarg... Attendez, je reprends mon haarg... souffle... » Fabrice : « Alors, Sheila, ça fait maintenant trois générations de Français qui vous aiment ! » Sheila : « Haarg... Haarg... Pourtant je vois pas le temps passer, je me sens toujours aussi harrg... jeune... » Nous, si. On voyait bien le temps qui avait passé !

Septembre 2002 (1)

J'ai regardé hier la prestation de Stéphane Bern dans l'émission de France 3, *Le Fabuleux Destin de...* présentée par Isabelle Giordano. Dans cette émission ressemblant beaucoup à *Avis de recherche* de Patrick Sabatier, on fait venir sur le plateau les anciens camarades de classe de l'invité, et il y a des invités surprises. En l'occurrence, l'invitée surprise de Stéphane Bern était la princesse Diane de Wurtemberg. Franchement, la princesse Diane, c'était pas vraiment une surprise. La surprise, ça aurait été de voir arriver sur le plateau Madeleine de La Courneuve, dite Mado Jambe-de-laine, la serveuse du bar Le 421 avenue Paul-Vaillant-Couturier ! Elle existe vraiment, Mado Jambe-de-laine – on l'appelle comme ça parce que enfant elle a eu la polio et qu'elle en a gardé des séquelles dans les membres inférieurs...

Pourtant on n'a pas regretté la présence de la princesse Diane. Cette dernière nous a offert son interprétation de la chanson *Paroles, paroles* de Dalida. Une interprétation comment dire...

surprenante… personnelle… surréaliste même… La princesse, figée dans un garde-à-vous impeccable, a récité le texte à toute allure, comme on récite un poème à l'école primaire. Du coup, elle a terminé avec quarante secondes d'avance sur la musique !…

Et puis entendre la princesse Diane dire à Stéphane Bern : « Caramels, bonbons et chocolats, merci, pas pour moi… Mais tu peux bien les offrir à une autre… » ! À cet instant, il y a eu un gros plan sur Stéphane, et on a compris qu'il n'avait absolument pas envie de les lui offrir, ses bonbons !

Mais, dans l'émission d'hier, il y a eu un moment très émouvant, lorsque Stéphane a retrouvé son copain de classe Christophe. Isabelle Giordano : « Alors, Stéphane, il paraît qu'en classe vous vous asseyiez toujours à côté de Christophe ? » Stéphane, tout guilleret : « Oui, je me mettais à côté de lui pour essayer de pomper… » Christophe rougit. On sentait qu'il se disait : « Ah ! bon ? On peut parler de ces trucs-là à la télévision ? Mais c'est personnel, quand même !… » Et Stéphane a conclu avec cette phrase magnifique : « Écoutez, c'est bien simple : moi, pendant toute ma scolarité, je n'ai pas arrêté de pomper ! »

Un peu plus tard dans l'émission, autre surprise : Yves Lecoq est venu expliquer qu'il avait un point commun avec Stéphane Bern, à savoir la passion des ruines. Mais il a aussitôt ajouté : « La différence, c'est que ce ne sont pas les mêmes ruines. » Oui, on avait compris, avec la princesse de Chimay ! C'est étrange, d'ailleurs... D'un point de vue psychanalytique, ça doit s'expliquer cette passion pour les vieilles aristocrates qui portent des couches...

Septembre 2002 (2)

Je voudrais aujourd'hui rendre hommage au berceau de notre civilisation, à la mère de notre culture, à celle dans laquelle nous baignons tous, je veux parler de la Grèce. Et je voudrais saluer la télévision française, plus particulièrement France 3, une chaîne qui, hier soir, a parfaitement rempli sa mission de service public en n'hésitant pas à diffuser, à une heure de grande écoute, un documentaire sur les îles grecques avec des images magnifiques de « ce merveilleux pays gorgé de soleil », comme dit Yves Simon.

Pourtant – pourquoi le cacher ? –, nous fûmes un peu déçus. Aucune évocation de la démocratie sous Périclès, pas la moindre référence philosophique à Platon ou à Socrate. Socrate, vous savez, l'auteur de la phrase : « Connais-toi toi-même. » Un jour, au lycée, j'ai eu 1 en philo sur ce sujet, à cause du contresens classique. Alors toi, le jeune qui nous écoutes, si ta dissert' porte sur ce sujet, évite le piège grossier dans lequel je suis tombé. Du style : « Socrate voulait dire : "Connais-toi toi-même avant de juger les autres" », alors qu'évidemment il s'agit d'apprendre à se connaître seul, ce que Stéphane Bern a mis en pratique lors de son adolescence. Toi, le jeune qui nous écoutes, si tu tombes sur ce sujet, donne un exemple – il faut toujours donner des exemples. Donne l'exemple de Stéphane Bern prépubère, lorsqu'il demandait aux filles de jouer au docteur et qu'elles lui répondait : « Connais-toi toi-même ! » Alors il s'enfermait longuement dans les toilettes et, quand son père frappait à la porte en lui demandant ce qu'il faisait, il répondait : « Je révise Socrate, j'apprends à me connaître moi-même !... »

Donc, hier soir sur France 3, point de splendeur athénienne, point de philosophie, pas même la moindre évocation mythologique dans laquelle on nous aurait montré Poséidon sortant de la mer Égée... Non, on vit effectivement une photo de la mer Égée, mais ce n'était pas Poséidon qui sortait de l'onde, c'était Stéphane Bern qui se tenait debout dans l'onde, de l'eau jusqu'à la taille et levant les bras comme le font les assistantes des jongleurs dans les cirques !

Eh oui, car la saga de Stéphane Bern continue dans l'émission d'Isabelle Giordano ! Et hier, c'était l'épisode « Stéphane en stage de naturisme dans les îles grecques ». En gros plan, à l'arrière du studio, on pouvait voir cette photo de Stéphane totalement nu... Vous allez me dire : « Mais comment savez-vous qu'il était totalement nu puisqu'il avait de l'eau jusqu'à la taille ? » Eh bien, parce qu'il levait les bras ! Or, ce mouvement qui haussait son bassin laissait apparaître le sommet d'une toison pubienne prometteuse... On aurait cru une photo tirée d'un film de Marc Dorcel, vous savez dans les films X, lorsque des naïades courent nues dans l'eau en levant les bras... Isabelle Giordano, impressionnée par la photo, dit à Stéphane : « Sur cette photo, on voit que vous êtes heureux ! » Stéphane : « On ne m'imagine pas comme ça, mais là-bas je ne porte pas de cravate, pas de costume, pas de chemise... » Isabelle Giordano : « Pas de slip ?... » Stéphane, en rougissant : « Non, pas de slip ! » Bon, nous on savait. Mais là, la France entière !... D'autant qu'Isabelle Giordano a carrément donné l'adresse : « Est-ce que je peux dire que votre refuge secret est dans l'île de Páros ? » Stéphane : « Ben, si vous voulez, mais maintenant ça ne sera plus mon refuge secret ! » Manque de pot, on en a parlé, on n'a plus parlé que de ça. Isabelle a fait entrer la surprise, la petite Clotilde, filleule de Stéphane, qui venait lui remettre le diplôme de citoyen d'honneur de l'île de Páros. Giordano semblait impressionnée : « Oh ! un diplôme de citoyen d'honneur ! Bravo Stéphane ! » En fait, il s'agit d'un truc pour gogos qu'on vend dans toutes les boutiques à touristes avec les amphores *made in Taiwan* et les têtes d'auriges de Delphes en plastique ! C'est une sorte de plaquette de bois avec trois lignes écrites en grec ! En fait, ils ont écrit : « Merde à celui qui le lira ! », et en dessous : « Tous droits de reproduction interdits, y compris pour les anciennes républiques soviétiques. » Stéphane était ému de voir sa filleule, mais la douce enfant n'était pas venue seule. Elle était venue avec son chien, vous savez, le fameux chien que Stéphane a ramené dans l'avion comme PPDA avait fait avec l'enfant irakien ! En entrant sur le plateau, le chien a soudain reconnu Stéphane, et afin de lui montrer à quel point il était heureux de retrouver son compagnon de voyage, il a entrepris de faire subir les derniers outrages à sa jambe gauche ! Stéphane devait tout à la fois parler à la petite Clotilde pour la rassurer, écouter Isabelle Giordano, regarder de façon admirative le diplôme et enfin éloigner la sale bête avant qu'elle ne pollue la jambe du Dormeuil !

Il fut sauvé par une autre surprise, l'entrée de quatre evzones en jupettes et chaussures à pompon qui dansèrent le sirtaki. Du coup, pensant que la caméra n'était pas sur lui, il balança un terrible coup de pied à la pauvre bête, qui vola à l'autre bout du studio en hurlant : « Kaï ! Kaï ! Kaï ! », un peu comme le chien de Sophie Coste !

Et puis deux nouveaux enfants entrèrent sur le plateau, les frère et sœur de Clotilde. Stéphane dit à quel point il les aimait et il pleura... Ce fut un moment très émouvant. Isabelle Giordano et Stéphane debout, tenant les enfants par la main, tandis que le générique de fin commençait à se dérouler... Mais soudain, alors que nous étions gagnés par l'émotion, on entendit Isabelle Giordano pousser un cri puis s'exclamer : « Le chien me monte sur la jambe ! » Eh oui, Kiki était de retour ! Échaudé par Stéphane, il avait désormais jeté son dévolu sur la jambe d'Isabelle Giordano ! Mais cette dernière, en grande professionnelle – *the show must go on* –, nous souhaita une bonne soirée, tandis qu'elle donnait à sa jambe de violentes secousses pour décoller la pauvre bête !

CANAL+

Octobre 2002

Ça ne s'arrange pas à Canal. Ce matin, on apprend dans la presse que Dominique Farrugia a décidé d'arrêter l'*Hypershow* de Frédéric Beigbeder pour le remplacer par un programme de télé-réalité. Au moins maintenant, on en est sûr, Canal+ est bien mort.

Le programme envisagé est l'adaptation d'une émission anglo-saxonne où l'on voit un chanteur connu filmé en permanence dans sa vie quotidienne. Ils ont fait ça avec Ozzy Osbourne, l'ancien chanteur du groupe Black Sabbath. Canal+ prévoit donc de filmer un chanteur français 24 heures sur 24 et, je vous jure que c'est vrai, ils hésitent entre Joey Starr et Francis Lalanne ! Et je comprends qu'ils hésitent parce que, s'il y a deux types dont la vie nous intéresse, c'est bien Joey Starr et Francis Lalanne ! Vous imaginez ? 11 h 45 : Joey Starr se réveille, se lève, et comme chaque matin pour se mettre en forme il tabasse un singe ! Même heure : Francis Lalanne se lève, il a du mal a enfiler son slip à cause des cuissardes – oui, parce que Lalanne dort nu, mais garde ses cuissardes. Il paraît que lorsqu'il dort on ne voit que deux choses : ses cuissardes et sa queue de cheval – elle ressort bien quand il est nu !

ÇA ME RÉVOLTE

Mars 2002

Un mot sur l'émission de M6 intitulée *Ça me révolte*. C'est une hypocrisie façon Julien Courbet, c'est-à-dire que, sous couvert de dénoncer des pratiques douteuses, on nous montre du cul, du sensationnel et du bien racoleur.

Le premier sujet concernait les prothèses de fesses. On nous expliquait qu'au Brésil un médecin marron, le docteur Raoul, posait des prothèses de fesses. Bon déjà, Raoul, comme nom de chirurgien esthétique, on n'y croit pas. Mais en plus, des fausses fesses avec des poches de sérum physiologique, on imagine que ça doit poser des problèmes lorsqu'on s'assoit !…

On a vu une dame allongée sur le ventre. La caméra s'est attardée sur son postérieur et une voix *off* façon scientifique disait : « Regardez cette patiente, elle se prénomme Luciana. Vous voyez à gauche une fesse normale, et à droite une fesse refaite. » C'est tout juste s'il ne disait pas : « Et au milieu, vous apercevez très nettement le trou du cul ! »

Le docteur Raoul a expliqué que ce type d'implant est parfaitement au point. Le seul problème, c'est qu'il ne faut pas de pression sur la fesse, sinon ça fait exploser la prothèse. Le sérum s'infiltre dans le corps et provoque une infection catastrophique…

Le reportage montrait à quel point le journaliste de l'émission était pugnace et professionnel : on l'entendait dire en voix *off :* « Nous avons vérifié le résultat des prothèses de fesses au bout d'un an. Regardez ces fesses : vous voyez, ce sont les fesses de Lydia qui ont été refaites il y a un an... Regardez ces fesses... – au milieu, toujours le trou du cul – eh bien, il n'y a que la peau, la poche a explosé ! »

Hier, on a vu 50 paires de fesses et 317 mamelons. Oui, 317 mamelons ! Vous allez me dire, c'est un nombre impair, mais justement ! Pour justifier le titre *Ça me révolte*, ils ont montré les bavures médicales avec la voix *off* qui disait : « Regardez Muriel, elle a subi plusieurs opérations, le chirurgien avait dû être distrait, il lui avait refait deux seins magnifiques. Mais il a oublié de lui refaire les mamelons ! » Effectivement, on aurait cru les boules de pêcheurs qu'on met au mur dans les séries de TF1 se passant au bord de la mer...

On a vu aussi une photo sur laquelle le chirurgien avait refait les seins, mais n'avait remis qu'un seul mamelon : on aurait cru un Picasso ! Interrogé, le chirurgien a déclaré qu'il s'agissait d'un malentendu. La pose et la dépose du mamelon sont en supplément, or la cliente n'avait pas spécifié qu'elle désirait un mamelon !

Ensuite, on a vu une dame expliquer : « Moi, mon mari n'a jamais vu et ne verra jamais mes seins. Quand on a des rapports, on le fait dans le noir. J'en ai trop honte, tiens, regardez comme ils sont laids... » Et là, elle soulève son pull ! Son mari n'a peut-être jamais vu ses seins, mais hier soir la France entière les a vus !

À cet instant, je repensais à une phrase du film *The Truman Show* que la télé avait diffusé la veille : « Il n'y a pas plus de vérité à l'extérieur que dans le monde que j'ai créé pour toi, et dans mon monde tu n'as rien à craindre, je m'occupe de tout. » C'est ça qui est bien avec la télé : il n'y a aucune vérité, mais au moins ils s'occupent de tout.

ÇA VA SE SAVOIR

Avril 2002

Je voudrais vous parler de l'arrivée de l'adaptation du *Jerry Springer Show* sur RTL 9. C'est un *talk show* américain, le pire que vous puissiez imaginer, basé sur des histoires de cul que de pauvres gens, prêts à tout pour avoir leur quart d'heure de gloire télévisée, viennent livrer en pâture à des Américains qui les regardent en bâfrant des bretzels et des chips à l'oignon. C'est beau, l'Amérique… Et c'est vrai qu'à la vue du *Jerry Springer Show* on a envie de se lancer dans une croisade pour sauver la civilisation américaine !

AB Productions, des producteurs enfoirés comme Endemol – sauf que AB est un groupe français –, nous propose donc sur RTL 9 la version française du *Jerry Springer Show*. Dans un studio misérable, devant un public misérable, un animateur misérable animé le show. Il s'appelle Simon Monceau. C'est un vieil animateur de télévision que vous ne connaissez pas, car il a exercé l'essentiel de sa carrière en tête de gondole à Auchan. Il porte un costume fatigué et des cheveux teints « aux burnes » par Franck Provost. Il a la tête de ce qu'il est. On devine ses compromissions, ses turpitudes... Je suis sûr que ce type-là pète dans sa voiture quand il est seul au volant... Simon Monceau est gluant, fuyant, il porte le nom d'un parc, mais il évoque plutôt un tas de feuilles mortes en décomposition, un monceau de merde... Par ailleurs, dans sa jeunesse, il a souffert d'un bec de lièvre, opéré depuis, mais il en a gardé la voix nasillarde...

Dans *Ça va se savoir,* on parle de problèmes de couples. À la fin, les participants se font insulter par le public, font semblant de vouloir se sauter dessus, et la sécurité les retient. Évidemment, il s'agit de comédiens, mais la chaîne laisse planer le doute sur le moment où, peu à peu, on intégrera de vrais gens...

De même que chez Évelyne Thomas il y a des comédiens, de même que chez les Lofteurs c'est scénarisé et on manipule de pauvres marionnettes, la saloperie de cette *trash TV,* c'est qu'elle est manipulée pour qu'on n'ait aucune chance d'échapper au pire...

Ce sont donc des comédiens, mais des mauvais. Évidemment, vous imaginez que les bons vont pas aller courir le cachet dans une émission de merde ! C'est le genre de comédiens qu'on voyait dans les procès reconstitués du tribunal d'instance en carton, sur TF1, le matin…

Hier, la pseudo-situation cornélienne de l'émission était la suivante : une fille dont les parents pensaient qu'elle suivait ses études était en réalité strip-teaseuse. Simon Monceau accueille donc les parents : « Votre fille veut vous dire quelque chose. » La fille : « Alors voilà, ça fait deux ans que je ne vais plus à l'école et que je gagne ma vie. » La mère : « Oh ! mon Dieu, mais ce n'est pas croyable, ma fille pour qui nous nous sommes tant sacrifiés se livre désormais au strip-tease ! » Le père : « Certes, tu es jolie, mais de là à t'exhiber en public, il y a un pas que l'on ne saurait franchir ! » La fille : « Et dire que nous pensions que tu étais toujours à l'école de commerce ! » Oui, là elle s'était trompée de ligne sur le prompteur, elle venait de lire la ligne de sa mère…

J'exagère à peine… Tous ces producteurs de merde disent qu'ils veulent faire parler les vrais gens, mais ils ont peur que les vrais gens soient meilleurs qu'eux, alors ils bidonnent ! Toutes les émissions de *trash TV* sont bidonnées, mais croyez-moi, ça va se savoir !

C'EST MON CHOIX

Février 2002

Pour fêter la Saint-Valentin, Évelyne Thomas avait décidé de faire une émission spéciale « chansons et messages d'amour ». Des apprentis chanteurs venaient interpréter des chansons d'amour et on collait en surimpression sur l'image les messages des téléspectateurs. Imaginez, mesdemoiselles, qu'un garçon amoureux de vous décide de vous envoyer un message qui passera dans *C'est mon choix*. Au moins, vous êtes sûres qu'il s'agit d'un gros blaireau, et vous pouvez rompre immédiatement ! En plus, ça a quelque chose d'humiliant...

Dans un cœur à gauche de l'écran étaient inscrits les prénoms des amoureux. Et dans un deuxième cœur, à droite, le message. Je vous passe les fautes d'orthographe... Ça allait du classique : « De Jocelyne à Michel, tu m'as acceptée avec mes quatre enfants et de ça, je t'en remercie », à Laurent qui disait à Lydie : « J'étais en fauteuil roulant lorsqu'on s'est rencontrés, tu m'as fait remarcher »... Et puis le terrible : « De Catherine à Thierry : depuis le temps que nous sommes mariés, je ne t'ai jamais dit je t'aime, alors je profite de *C'est mon choix* pour le faire. » Vous imaginez ça, la première fois que la fille dit je t'aime à son mari c'est parce que la télé la filme ! ?... Il y eut aussi : « Même si on n'est plus ensemble, ton corps est un phénomène, tu t'es infiltré en moi. » Ça c'est sûr que pour s'infiltrer comme ça, le corps du monsieur devait être un phénomène ! Il y eut également : « De Nadine à Stéphane : Je t'aime autant que Jean-Jacques Goldman, c'est peu dire ! » Oui, t'as raison ma poule, c'est peu dire...

Et que penser du message d'Isabelle à Philippe, de Saint-Étienne : « Je t'ai déjà dit entre deux yeux que je t'aimais – donc là, c'est la déclaration du mollah Omar à Le Pen –, mais là, je le dis à la France entière, grâce à Évelyne Thomas. »

Mais le plus beau fut sans conteste le suivant : « Mon petit brochet, ma petite tranche, tu resteras toujours mon poisson. » D'abord on dit tanche, pas tranche, et puis en l'occurrence c'est même pas tanche, c'est morue !...

Tout ça au milieu des chansons interprétées par les chanteurs amateurs de *C'est mon choix*, qui braillaient « Aimer, c'est ce qu'il y a de plus beau ! »... À la fin de la chanson, Évelyne Thomas leur a demandé : « Alors, est-ce que ce passage à *C'est mon choix* a changé votre vie ? » En les entendant chanter, on comprenait que c'était pas près de changer... À la question d'Évelyne, ils répondaient d'un air énigmatique : « Oui, j'ai reçu un coup de fil... mais je ne préfère pas en parler. » Vous l'avez compris, de la même façon que Cocteau disait : « Tous les enfants ont du talent, sauf Minou Drouet », à la Saint-Valentin toutes les histoires d'amours sont magnifiques... sauf chez Évelyne Thomas !

Septembre 2002

C'est mon choix spécial dimanche s'intitulait : « J'ai une particularité physique qui fait mon charme. » C'est un euphémisme. En fait, il fallait comprendre : « J'ai un défaut physique qui va vous faire rigoler. »

Évelyne Thomas annonce avec un cynisme terrifiant, déguisé en bonhomie : « Elle a un strabisme de naissance et vous allez voir qu'elle en a fait un atout charme, voici Béatrice ! »

En fait d'atout charme, la pauvre fille louchait comme Clarence, le lion de *Daktari* ! On imaginait les sarcasmes dont elle avait été victime... Mais Évelyne Thomas, hypocrite comme c'est pas permis, lui dit :

— De cette légère coquetterie, vous avez fait un atout charme.

Clarence :

— Ben... Au début, on s'accepte pas trop...

— Oui, mais là, vous en avez fait un atout, car vous êtes charmante !

— Euh... non, c'est pas vraiment un atout.

— Mais est-ce que ça s'opère ? – C'est-à-dire qu'elle venait de dire à la pauvre fille qu'elle était ravissante, mais quand même, s'il pouvait y avoir un moyen d'opérer, ça serait pas plus mal !

Clarence :

— Oui, ça s'opère, d'ailleurs j'ai déjà été opérée deux fois...

Là, Évelyne Thomas ne sait que dire, alors elle tend le micro à un spectateur qui s'adresse à Clarence :

— Il faut en faire ton atout ! Tiens, regarde Madonna qui avait les dents écartées, elle les a mises en valeur et maintenant tout le monde veut avoir les dents de Madonna !

Mais on lisait bien dans les yeux de Clarence qu'elle avait du mal à imaginer que tout le monde ait envie de se mettre à loucher !

Octobre 2002

Fermez les yeux et imaginez la scène sur votre écran de télé. L'image nous montre en gros plan, comme une nature morte, trois petites culottes posées côte à côte sur une table. Une blanche, une bleue, une rouge, elles sont roulées en boule comme si elles venaient d'être ôtées.

Derrière chaque culotte, une petite pancarte les numérote. La blanche est la numéro 1, la bleue numéro 2 et la rouge numéro 3.

Et soudain, voici qu'apparaît le visage de deux vieilles femmes, prénommées Viviane et Sylviane, c'est écrit en dessous. Elles sont assises et notent quelque chose sur une ardoise à manche comme en tenaient les enfants à *L'École des fans*.

Puis elles brandissent leur ardoise et là on comprend tout. Viviane et Sylviane sont la mère et la belle-mère d'une jeune femme rougissante assise sur un canapé et elles doivent reconnaître la petite culotte qui appartient à la fille.

Viviane, la mère, a choisi la 2, Sylviane, la belle-mère, opte pour la 3.

Et soudain apparaît Évelyne Thomas. Oui, car, vous l'avez deviné, nous sommes sur France 3 dans l'émission *C'est mon choix,* dont le thème aujourd'hui est : « Qui me connaît le mieux, ma mère ou ma belle-mère ? »

Le sous-vêtement qui appartient à la jeune femme est bien le numéro 3, c'est la belle-mère qui a raison et du coup Évelyne Thomas fustige la maman : « Ben alors ? On reconnaît pas les sous-vêtements de sa fille ? » Alors, le public se met à huer la mauvaise mère au bord des larmes, et surtout humiliée par sa rivale triomphante, la belle-mère. On devine qu'elle a failli dire, « oui mais si j'avais eu le droit de sentir, j'laurais reconnue tout de suite », mais chez Évelyne Thomas on ne sent pas.

En tout cas, la mauvaise mère a été huée, et on imagine son retour, dans la France d'en bas, de très bas, du tréfonds, avec la boulangère, déçue, qui la réprimande : « Ben alors Sylviane, vous n'avez pas reconnue la petite culotte de votre fille ? »... Sinon, à part ça, elle est sympa, Évelyne Thomas ?

L'émission continua avec les slips et les caleçons du mari, là ce fut la mère qui trouva, mais il y eut contestation de la belle-mère qui s'écria : « Mais pas du tout, d'habitude mon gendre porte des tous petits bikinis ! » Rappelons qu'un bikini est constitué d'une petite culotte et d'un minuscule soutien-gorge. Et d'imaginer le gaillard d'un mètre quatre-vingt-cinq avec son petit soutien-gorge, j'ai eu peur qu'elle ajoute : « Et puis d'habitude quand je viens le voir, il porte aussi des bas résille. »

Mais Évelyne Thomas rejeta la contestation, accorda le point à la mère et lui demanda comment elle avait trouvé. La mère eut cette réponse merveilleuse : « C'est facile quand il dort à la maison, il me laisse ses slips sales. »

Octobre 2002 (II)

Dimanche dernier, l'émission d'Évelyne Thomas, dont on pensait qu'elle ne pouvait pas aller plus loin a franchi un nouveau palier vers la connerie absolue avec la « spéciale » *C'est mon choix dimanche* intitulée : « Mamy je vais te trouver un papy. »

Il y avait sur le plateau une veuve prénommée Colette, à qui ses petites-filles avaient décidé de trouver un nouveau papy. Ça ressemblait à *Tournez manège,* avec les trois prétendants cachés derrière un paravent, trois papys donc, prénommés Maurice, André et Raoul.

Maurice était sourd.

André était un vieux réac.

Et Raoul était doté d'un dentier magnifique certes, mais dont l'ajustement laissait à désirer au point qu'il le remettait sans cesse en place d'un coup de langue.

Chacun devait séduire Colette qui, elle aussi, souffrait de troubles de l'audition, autant vous dire qu'Évelyne Thomas a eu du mal. Elle a commencé par demander à chacun des prétendants leurs qualités et leurs défauts. Ça a donné :

Évelyne Thomas :
— Alors Maurice quelles sont vos qualités ?
Maurice :
— Mes quoi ?
Évelyne Thomas (hurlant) :
— Vos qualités ?
Maurice :
— Ah ! oui, d'accord, et là il se mit à lire le papier que la production lui avait remis à la répétition : « Alors comme qualité, je suis cou-houle. »
Évelyne Thomas :
— Ah vous êtes cool mais dites-moi, vous parlez comme les jeunes ?
Maurice :
— Je ?

Vous l'avez compris, Maurice parlait peut-être comme les jeunes mais il entendait comme les vieux.

Ensuite, on fit danser chaque papy sur de la techno, et là en les voyant se déhancher sur le dernier Madonna, on avait honte pour eux. Ce tableau surréaliste rappelait ces animaux dressés que l'on fait danser dans les cirques.

En plus, Raoul avait un problème, son pantalon glissait, et même si pour donner le change, il le tenait hypocritement en mettant ses mains dans les poches, il a fini le cul à l'air.

À cet instant, on ne pouvait s'empêcher de penser au premier mari de Colette, le défunt. C'était peut-être un type brillant, cultivé, plein d'humour et de classe, il l'emmenait à l'Opéra, voir des films de Casavettes ou de Woody Allen.

J'espère qu'il n'y a rien après la mort, car si cet homme peut voir de l'au-delà sa veuve dans une émission vulgaire, s'apprêter à le remplacer par un édenté qui danse le pantalon baissé, il a de quoi se sentir mortifié.

C'est mon choix, l'émission qui vous humilie, même après la mort.

Octobre 2002 (III)

Hier, j'ai regardé : *C'est mon choix dimanche* dont le thème était : « Chéri, je ne veux plus dormir avec ton chien. » Une émission dans laquelle des gens venaient expliquer que leur conjoint leur imposait des chiens dans le lit, et pour les mettre en situation, on avait installé sur le plateau des lits sur lesquels trônaient des mémères avec leurs toutous. Ce qui frappait d'entrée, c'est qu'elles possédaient toutes le même physique, petites grosses surmaquillées portant des minijupes en cuir et des chaussures roses à semelles compensées, donc vous l'avez compris, pas vulgaires du tout. Puis on faisait entrer le mari, généralement un petit bonhomme effacé à la Dubout, qui disait timidement : « Ah ben j'en ai assez de dormir avec le chien. »

Bien entendu, la seule chose qui intéressait Évelyne Thomas était de savoir comment ils faisaient pour niquer. Elle disait ça autrement, elle n'emploie pas le mot « niquer » Évelyne Thomas, parce qu'elle a beaucoup de classe. Elle disait : « Mais au niveau des rapports affectifs, comment ça se passe ? » et le type répondait : « Et ben à chaque fois que je veux... le chien grogne, alors on ne fait rien » et le public le huait.

L'une de ces mamies à minijupes prénommée Conception est venue s'installer sur un lit avec ses deux petits chiens, deux touffes de poils, des petits mais des teigneux qui aboyaient nerveusement en montrant les dents à la caméra.

Lorsque Conception s'assit sur le lit, sa minijupe se releva jusqu'aux hanches, libérant son entrejambe où l'un des chiens vint se lover aussitôt par habitude, on sentait qu'il reconnaissait son territoire.

Du coup, par une illusion d'optique, on croyait qu'elle n'avait plus qu'un seul chien, la touffe de poils qui se trouvait sur le lit.

C'est quand le cadreur s'est rapproché pour faire un gros plan qu'on a soudain vu l'autre touffe de poils entre les jambes de la dame se mettre à bouger et à aboyer, et là franchement, c'était terrifiant.

Après on a eu l'inverse, un connard qui faisait dormir son berger allemand à muselière dans le lit conjugal. Évelyne Thomas lui dit : « Mais est-ce que vous vous rendez compte de ce que vous imposez à votre femme. » Le type a eu cette réponse ahurissante : « Moi je l'ai bien prise avec ses trois enfants et je les supporte, donc elle peut bien supporter mes chiens... »

Et quand Évelyne Thomas lui demande de choisir entre son chien et sa femme, il répondit froidement : « Elle peut partir, moi je choisis mes chiens. » À cet instant, un plan terrible nous montra sa femme humiliée au bord des larmes qui bredouillait : « Le problème est plus grave que je pensais. »

À la télévision aussi, le problème est plus grave qu'on ne le pensait.

COMBIEN ÇA COÛTE

JANVIER 2002

Combien ça coûte, je regarde, parce que c'est une émission rigoureuse, absolument pas poujadiste et qui dénonce les gaspillages publics. Hier, une émission plus particulièrement rigoureuse, puisque le thème était « La voyance et l'astrologie ». Jean-Pierre Pernaud avait devant lui une boule de voyante. Mais elle n'a pas servi, vu qu'avant l'antenne la voyante lui avait dit : « Grâce à cette boule je vais lire vos pensées. » Et elle a eu beau scruter le cristal, elle n'a rien vu du tout !... Elle était très gênée, d'autant que Pernaud insistait :

« Alors ? Qu'est-ce vous lisez dans mes pensées ? » Pour ne pas le vexer, elle a dit : « Non, mais cette boule ne marche pas… C'est juste pour la décoration ! » Jean-Pierre Pernaud, déçu : « Ah ! Quel dommage ! J'aurais bien aimé voir ce que j'ai dans la tête !… » Du coup, il a gardé la boule devant lui pendant toute l'émission et, chose incroyable, à aucun moment on n'a vu dans la boule l'ombre d'une pensée !

Les invités étaient Dany Boon et Thierry Roland, qui ont eu droit à une démonstration de chaussures twisteuses. Ce sont des chaussures qu'on pose par terre et dans lesquelles il y a des piles électriques : on pousse un bouton et elles se mettent à faire de la musique et à danser… Et puis aussi le « chapeau-terrain de foot », un terrain de foot en feutre vert de 60 par 40 avec les buts et un petit ballon que vous posez sur votre tête… Dany Boon et Thierry Roland ont été obligés de l'essayer. Dire que mes parents ont consenti à des sacrifices pour financer mes études et que je passe mes soirées devant la télévision à regarder Thierry Roland essayer un chapeau représentant un terrain de football !

CONFESSIONS INTIMES

Septembre 2001

La parité est en marche à la télévision, puisque TF1 vient d'inventer le Morandini féminin. Elle s'appelle Géraldine Carré. Évidemment, comme il s'agit d'une émission hypocritement compassionnelle, c'est produit par Julien Courbet.

Carré, Courbet, deux noms qui évoquent des figures géométriques. Mais à TF1 le carré est aussi tordu que le courbé !

Confessions intimes, on dirait le titre d'un film porno de Marc Dorcel des années 1970, et ça y ressemble ! L'émission est constituée selon le cocktail TF1, à savoir un quart drame familial impliquant un enfant, un quart maladie rare et impressionnante, un quart police et insécurité, et pour finir un quart de cul !

Pour justifier le titre, les témoins sont censés filmer leur drame intime avec un Caméscope. Au début, ils avaient ajouté à l'image un viseur de Caméscope avec l'indication du niveau de charge – alors qu'on voit des plans de coupe et qu'on devine qu'il y a une équipe complète avec un preneur de son… Mais ça permet de faire tout au long de l'émission une publicité clandestine pour une marque de Caméscope !

Hier soir, première séquence : une mère dont l'enfant a été enlevé par son père tunisien. L'émission mettait en scène la douleur de cette femme, et quand je dis mettait en scène, c'est que tout le long du reportage, en fond sonore, on entendait une petite musique que font les jouets au-dessus des berceaux. À un moment, on la voit marcher dans la rue avec ce commentaire : « Dans la ville, tout lui rappelle son enfant. » On voit des figurants devant un magasin de jouets, un petit enfant qui la croise, un autre un peu plus loin sur un cheval de manège… Et on voit qu'on l'a filmée en la faisant passer devant ces enfants, du style : « Bon, on la refait, madame, mais quand vous passez devant l'enfant sur son petit cheval de manège, ça serait bien que vous le regardiez tristement… »

Ensuite, la maladie « rare et impressionnante ». Hier, l'amnésie, avec Sandy qui, suite à une tumeur du cerveau, ne se souvient de rien. Elle est obligée de tout noter, sauf qu'on la voit se réveiller un matin, allumer la lumière de sa chambre et n'avoir pas l'air surprise le moins du monde qu'une équipe de télévision soit dans sa chambre à l'attendre !

Ensuite, avec une mine gourmande, Géraldine Carré nous annonce : » Comment réagiriez-vous si votre fille vous annonçait qu'elle veut tourner des films X ? Oui, parce qu'on a toujours l'impression que ça n'arrive qu'aux autres, mais nous qui sommes normaux, ça peut aussi nous arriver ! » On nous a montré une mère qui accompagnait sa fille sur des tournages de films X. Bien évidemment, c'était un prétexte grossier pour nous la montrer dans des scènes *hot*… Bref, vous avez compris : c'est nul, c'est sale, c'est vulgaire. C'est TF1 !

Juin 2002

Voilà qu'on apprend que *Confessions intimes,* l'émission de TF1 présentée par Géraldine Carré, est bidonnée. L'émission était vulgaire, obscène, méprisable, racoleuse… Alors le fait qu'elle soit bidonnée, on n'est plus à ça près !

L'autre jour, on y voyait une jeune fille dont le rêve était de signer un contrat avec Marc Dorcel – c'est-à-dire tourner des films X. Mais, pour ce faire, il fallait qu'elle tourne une scène chaude avec un hardeur. C'est ce qu'on appelle « un bout d'essai » ! Donc, elle était inquiète… Heureusement, le type, un Espagnol, était sympa. Mais savez-vous quel était son prénom ? Ramón ! Ça ne s'invente pas !… Pendant la scène, la fille l'encourageait en disant son prénom, elle criait : « Vas-y Ramón ! » Et l'autre disait : « Je sais ce que j'ai à faire ! »

DAVANT SOPHIE

JANVIER 2002

J'ai regardé hier l'émission de notre amie Sophie Davant, dont le thème était « Les anges gardiens ». Sophie, avec cette naïveté enfantine que nous aimons tant chez elle, croit dur comme fer aux anges gardiens. Comme elle croit aux tarots, aux voyants, aux numérologues, aux runologues, aux astrologues et aux proctologues…

Finalement, on s'est tous moqués du terroriste aux Adidas explosives, qui pense que, parce qu'il va faire sauter un avion il pourra pour l'éternité honorer 70 vierges – ce qui est, par définition, contradictoire ; ben oui, une fois qu'il les aura honorées, elles ne le seront plus, vierges ! En tout cas, tout le monde s'exclame : « Ah ! là, là, quel obscurantisme ! », mais, quand la télé française, y compris le service public, nous abreuve de témoignages de connards qui ont vu leur chien s'envoler ou un ange leur taper trois fois sur l'épaule, on les laisse témoigner devant une animatrice qui hoche la tête en les écoutant !

Hier, un type qui vient d'écrire un bouquin sur les anges gardiens racontait l'histoire d'un fou qui fait sauter une école maternelle avec une bombe artisanale. Eh bien, les anges sont venus dire aux enfants de se cacher sous les tables, et pas un n'a été blessé ! Personne ne lui a fait remarquer que, tant qu'à faire un miracle, Plume au cul aurait pu empêcher le fou de faire sauter l'école, ça aurait fait des économies !

Ensuite, le même type a raconté comment le général Patton avait vu un ange pendant la bataille de Verdun, que ça l'avait stimulé et qu'il avait gagné la bataille. Là, il était vraiment balèze, l'ange. Vu qu'à l'époque de Verdun, Patton était au Mexique où il se battait contre Pancho Villa et que le corps expéditionnaire américain n'est arrivé qu'un an après !…

Mais tu penses bien que Sophie, ça la trouble pas, ces conneries-là… Elle dit : « Bon, pour les auditeurs, soyons concrets. Comment s'adresse-t-on à son ange gardien ? » Et elle précise le plus sérieusement du monde : « Non, parce que moi, j'ai du mal à le contacter, mais j'ai une amie qui y arrive parfaitement : à chaque fois qu'elle veut se garer, elle appelle son ange gardien et elle trouve une place ! » On la sentait passionnée par le sujet, et je ne pouvais m'empêcher de penser aux dîners chez les Sled, où la copine raconte ses histoires de créneaux, avec l'ange qui lui dit : « Vas-y, recule, top !… »

À un moment, pris par l'exaltation, l'invité a raconté une autre histoire d'ange. Une dame marchant sur le trottoir entend son ange lui dire : « Vite, rentre dans la quincaillerie. » C'est vrai que ça sonne bien comme une phrase d'ange : « Vite, rentre dans la quincaillerie »… Et aussitôt, poursuit le type, un camion de 30 tonnes explose la quincaillerie ! Sophie, affolée : « Ben alors, il s'est trompé ? » Et le type, comprenant qu'il pédalait dans la semoule, d'un air digne : « En fait, c'est beaucoup plus compliqué que ça… » Il s'est rattrapé avec l'histoire de Marie-Paule qui, au moment où elle tombait dans un puits, a été soulevée par son ange qui l'a attrapée au vol comme un aigle et l'a déposée sur la margelle. Ensuite, elle aurait pu avoir un accident, mais un esprit est entré dans son corps et a garé la voiture, parce qu'autrement un camion l'aurait écrabouillée !

Cette même dame s'est couchée et s'est retrouvée debout au plafond de sa chambre. Elle s'est baladée, et son chien l'a suivie… Sophie : « Ah ! tiens, je savais pas que le chien suivait l'âme !… »

Ensuite, Sophie Davant a pris au téléphone Pierre, un retraité de Loire-Atlantique. On lui devinait la télécommande et les mots fléchés sur la table basse... Il commence par remercier Sophie pour ses très bonnes émissions. Là, on comprenait qu'il était assez diminué... Et il raconte en lisant avec application l'histoire suivante : « Le 4 août 1995, j'étais en voiture en compagnie de mon épouse, nous roulions depuis plusieurs heures sur des routes départementales difficiles où la circulation était intense. Très fatigués tous les deux, nous étions pressés d'arriver à destination, les journées précédentes avaient été fatigantes pour nous deux. » Vous aurez noté que Pierre a profité de sa retraite pour lire les ouvrages d'Alexandre Jardin – on reconnaît bien le style. Mais voyons la suite du récit : « Ma femme somnolait et je devais absolument assurer seul la conduite du véhicule... » Sophie Davant l'interrompt en réprimant un bâillement : « Donc, vous étiez très fatigué. » Pierre, imperturbable : « Je précise que mon épouse, avant chaque voyage, priait nos anges gardiens de veiller sur nous. Quant à moi, je ne manque pas de remercier systématiquement par anticipation pour un voyage sans histoire... » Sophie Davant : « Ah ! oui... Quand même... » Pierre : « Lors de ce voyage vers Lourdes, je me suis momentanément assoupi... » Sophie, rigolarde : « En plus vous alliez à Lourdes ? Hi hi hi !... Donc, vous vous assoupissez ? Essayez d'aller plus vite avant que nous nous assoupissions !... » Pierre, vexé : « Oui, au moment où je m'assoupissais, j'ai nettement perçu trois vigoureuses tapes sur mon épaule gauche, ce qui m'a fait sursauter car il n'y avait personne derrière moi et que mon épouse somnolait. Alors, brusquement réveillé, je redressai la trajectoire du véhicule qui avait dévié et c'est alors qu'un véhicule venant en sens inverse nous frôla de très près, car le souffle me réveilla. » C'était plus une histoire, c'était un constat de gendarmerie ! Sophie Davant, affligée, regardait discrètement sa montre. Pierre : « Je réalisai alors avoir échappé à un grave accrochage qui aurait pu entraîner de graves conséquences. Grace à la vigilance de nos anges gardiens, nous arrivâmes à destination sans conséquences. » Vous avez noté l'emploi du passé simple, le temps des chiants. Pour changer de conversation, l'animatrice demande au chroniqueur : « Mais quand vous avez coécrit le livre sur les anges avec votre co-auteur, est-ce que vous en êtes sortis ébranlés ? » L'auteur : « Oui, totalement. » Et comme c'était l'heure de la rubrique culinaire, Sophie a enchaîné en demandant : « Alors, que peut-on faire des restes de camembert ? » Après les anges, c'est d'un goût !... Puis elle a conclu l'émission en disant « Demain, on vous expliquera comment déboucher un évier ! » Moi, j'aimerais bien qu'à la télé on explique comment déboucher l'esprit de certains animateurs. C'est d'autant plus difficile que la plupart d'entre eux sont bouchés à l'émeri !

Mars 2002

Hier, j'ai regardé l'émission de Sophie Davant consacrée, nous a-t-elle dit, « aux cabinets à travers les âges ». C'était une sorte de grande fresque historique. On a vu la chaise percée de Louis XIV, on nous a expliqué le rôle du cotonnier dont la place était très convoitée… Le cotonnier était un type qui, à l'aide d'un coton-tige géant, essuyait le roi puis, afin de limiter les irritations anales lui passait un peu de pommade – un peu comme Stéphane Bern qui, pour payer ses études, a fait des extra en qualité de cotonnier chez Otto de Habsbourg. Mais bon, il était jeune, il avait faim…

Ensuite, on a eu droit à la description de la porcherie de Versailles, telle qu'on l'a apprise à l'école, les nobles qui faisaient leurs besoins dans les placards, derrière les rideaux… Et on voyait que Sophie Davant était songeuse. On sait que ce silence est généralement suivi d'une illumination. Là, pas de déception, elle a dit : « Eh oui, avec les banquets à l'époque ils mangeaient beaucoup, alors forcément ils devaient faire des cacas énormes ! » En une seconde, on comprenait le mystère du château de Versailles qu'Alain Decaux et André Castelot n'avaient jamais osé nous révéler !

Comme c'était une émission interactive, un auditeur prénommé Gaston a téléphoné. Sophie Davant : « Ah ! nous avons Gaston en ligne… Alors, Gaston, y a l' téléphon qui son ? » Gaston : « Oui, oui, bon… » On sentait que depuis trente ans on lui faisait la blague, donc l'effet de surprise était un peu émoussé. Alors, pour le détendre, Sophie lui demande : « Dites-moi, Gaston, vous vous intéressez à l'histoire ? » Gaston pose sa question, la réponse du spécialiste est interminable et, à la fin, Sophie lui demande : « Alors, on a bien répondu à votre question, Gaston ? » L'autre : « Ahhh… » Là, on a compris qu'il s'était endormi la bouche ouverte, Gaston, et qu'il venait de se réveiller en sursaut !…

En conclusion, Sophie nous a expliqué que, si on voulait tout savoir sur les cabinets à travers les âges, il suffisait « d'aller voir une exposition qui se tient au château de… ». Là, elle s'arrête en lisant le panneau, elle croyait que les techniciens lui faisaient une blague. « Au château… de chieur ? C'est ça… ? ! » Ça ne s'invente pas !

DÉFENSE D'ENTRER

Février 2002

J'ai regardé hier soir sur TF1 l'émission *Défense d'entrer* présentée par Valérie Benaïm, celle que Stéphane Bern, avec l'élégance aristocratique qui le caractérise, surnomme « la bouffie ». L'idée de *Défense d'entrer*, c'est de nous montrer des endroits interdits. En guise d'endroits interdits, on a vu un reportage sur le type dont le boulot consiste à remettre en place les coussins à l'ambassade de France à Rome. Et si en France tout se termine par des chansons, à TF1 tout se termine par du cul : conformément à ce principe, l'émission s'est terminée par les images d'un club sadomaso.

Comme d'habitude dans ce type d'émission, il y a des invités et des chroniqueurs, et parmi ces derniers on a retrouvé avec plaisir notre vieille connaissance, Sandra Valentin. Vous vous souvenez de Sandra Valentin ? Elle animait une émission dominicale le soir sur France 3, avec un dénommé Eric Jeanjean. Lui c'était Jeanjean, elle c'était Neuneu ! Je me souviens qu'elle avait affirmé un jour : « Contrairement à ce qu'on croit tous, un éléphant n'est pas éternel. Et heureusement qu'y sont pas éternels, les z'éléphants, passque comme y grandissent tout au long de leur vie, s'ils étaient éternels, oh ! là, là !... »

Oh ! là, là ! En effet, il n'y a rien d'autre à dire.

Mais ce qu'elle dit n'a aucune importance, car elle est présentatrice à la télé grâce à une hypertrophie mammaire, reconnue d'ailleurs dans toute la profession. On la fait travailler uniquement pour ses seins... Valentin !

Hier, elle a montré un truc efficace contre les retombées chimiques : en fait, c'était un pince-nez !

Et l'émission s'est terminée par un reportage sur un club de sadomasochistes pratiquant la vente d'esclaves aux enchères – nous ne rappellerons jamais assez combien Lelay avait raison de stigmatiser la télé poubelle ! Un journaliste explique : « Derrière cette porte anonyme d'une rue de Paris se pratique la vente aux enchères d'esclaves sexuels. On ne peut y entrer que si on fait partie du club. Il est 22 heures, les membres du club arrivent, en couple, c'est obligatoire. Tous sont sadomasochistes. Dans la vie, ils sont médecins, P-DG ou hauts fonctionnaires. Et dans leurs sacs à main, les accessoires de leurs jeux interdits : fouets, cravaches… » Là, on voit donc une dame soumise être mise aux enchères. Une autre – une dominatrice dont on nous précise qu'elle est haut fonctionnaire dans un ministère – remporte l'enchère et a le droit d'aller la fouetter dans les toilettes. C'est normal, elle est chef de cabinet !

DEMAIN, TOUS OBSÉDÉS

Janvier 2002

Hier soir, j'ai regardé *Demain, tous obsédés*. Le titre était alléchant – si j'ose dire –, mais en fait il s'agissait de sujets bateaux : un fan de sport, une dame qui maigrit et un type qui aime les fringues. Tout ça sous l'œil de personnalités qui débitent des généralités, d'un psychiatre, monsieur Lejoyeux, ainsi que Delpérier, l'animateur de M6 qui fait beaucoup de sport…

Alexandre Delpérier, c'est un pseudo, c'est pas son vrai nom. Il a choisi Delpérier parce qu'on lui disait qu'il a de l'eau avec des bulles dans la tête. Je ne sais pas si vous vous souvenez, ce type est l'ancien coprésentateur de *Vidéo Gag* avec Bernard Montiel. Maintenant, Bernard Montiel présente l'émission avec son chien. Parce qu'à TF1 ils ont trouvé que le chien était plus brillant que notre ami Alexandre Vichy-Célestins ! En disant ça, je pense au CV du garçon… « Expérience professionnelle : ex-animateur de *Vidéo Gag*, remplacé par le chien de Bernard Montiel. » À mon avis, il va avoir du mal à retrouver un emploi…

Donc, notre ami, qui n'a plus rien à faire de ses journées puisqu'il commente le foot sur M6 – c'est comme photographe au *Monde*, ça laisse des loisirs –, Alexandre San Pellegrino donc, n'a rien à foutre de ses journées et il est devenu obsédé de sport. Un reportage le montrait au petit matin se rendant au Gymnase Club, puis rentrant chez lui à petites foulées. À un moment, il voit une petite vieille qui revenait du marché en tirant avec peine son Caddie, alors notre ami Delabadoit décide de frimer, il regarde la caméra et dit : « Ça sert aussi à aider de faire du sport. » Et le voilà qui attrape le chariot de la mémé ! L'autre, elle croyait que c'était un sauvageon qui voulait lui piquer ses poireaux : elle se retourne en le menaçant de sa canne ! Il dit : « Non, mais c'est pour aider », mais elle n'avait absolument pas envie d'être aidée ! Et comme elle allait le frapper, il a ri niaisement et a poursuivi son chemin à petites foulées…

Comme invitée, il y avait Mia Frye, l'odieuse prof de danse de *Popstars*. Le présentateur lui a dit : « Votre vie est couronnée de succès, puisque *La Macarena*, c'est vous. À quoi attribuez-vous votre réussite ? » L'autre lui répond : « Bon, il y a le talent bien sûr, mais que serait le talent sans le travail ? » Et c'est vrai que dans *La Macarena*, on sent à la fois le travail et le talent, et que chez Mia on sent surtout la modestie.

DICTÉE DE PIVOT

Janvier 2002

Hier, j'ai regardé la finale de la dictée de Pivot. D'ailleurs, ça ne s'appelle plus la dictée, parce que le mot avait un côté Jules Ferry, blouse grise et compas à craie – vous vous souvenez des compas à craie ? Donc, maintenant ça s'appelle *Les Dicos d'or.* « Dico », c'est pour faire jeune. Mais du coup, ça n'a pas de sens, car le troisième est « Dico d'or de bronze », le second « Dico d'or d'argent » et le premier « Dico d'or d'or » ! Mais bon, ça fait jeune. On sentait bien que c'était le mot d'ordre de la chaîne. Ils ont dit à Pivot : « Écoute, Bernard, il faut absolument rajeunir l'émission et bouger un peu. » Et toute la semaine dernière, on a pu voir sur France 3 des annonces de promo pour la dictée, avec Pivot qui dansait. C'était surréaliste. Il claquait des doigts pour bien marquer le rythme, ce qui constitue pour lui une audacieuse figure de danse moderne !

Mais ça n'a rien changé : la dictée est d'une tristesse infinie. Il y a des rites, des mots d'initiés, les QCM, les SNP, un SNP a réussi les QCM – un senior non professionnel a répondu aux questions à choix multiple…

Un qui doit être content, c'est Jean-Pierre Foucault. Il ne savait pas que dans *Qui veut gagner des millions* il posait des QCM !

Donc, *La dictée*, avec ces mots qu'on ne connaît pas, et puis le corrigé avec le spécialiste, un linguiste qui donne les racines latines ou grecques des mots, le genre de type qui essaie de cacher sa calvitie avec un seul cheveu tournicoté, comme le faisait Giscard à une époque. Le type, le matin, quand il se réveille, il a un cheveu qui traîne par terre, mais après il passe une heure à bien l'enrouler sur son crâne !...

Je vous passe les attractions — oui, parce que ça se déroulait dans un amphithéâtre de fac de sciences, et Pivot avait trouvé malin de faire venir un savant qui travaillait sur l'alimentation. Il lui demande : « Alors, sur quoi travaillez-vous en ce moment ? » Et le type répond : « Sur la mayonnaise. » Pivot : « Ah ! bon ? Vous faites des études sur la mayonnaise ? » « Oui, j'essaie de vérifier le dicton selon lequel certains jours du mois les femmes ne peuvent monter une mayonnaise ! » Là, Pivot est devenu vert. Et, sortant les avirons, il demande à Florence Klein qui co-présentait l'émission : « Alors Florence, ça vous inspire la science ? »

DION CÉLINE

Novembre 2002

Hier, M6 diffusait une hagiographie de Céline Dion, intitulée *Céline à tout prix,* où comme d'habitude, cette dernière nous infligea ses intimités : la date de ses dernières règles, les dernières analyses de

René, la ménopause difficile de sa maman, et les selles de son fils.

Franchement, j'exagère à peine, on eut droit, comme d'habitude à la mère en duplex, à Céline mettant sa main devant sa bouche pour montrer sa surprise et son émotion, alors qu'elle travaille depuis 15 jours sur le conducteur de l'émission, qu'ils ont refait l'enregistrement de la mère plusieurs fois, parce qu'elle bafouillait, mais peu importe. La mère explique qu'elle l'avait prénommée Céline après avoir entendu la chanson d'Hughes Auffray.

Du coup, ils avaient invité Auffray, imbu de lui-même comme à l'accoutumée. C'est fou, ce type a tout inventé : la musique skiffle, les boots, les guitares folk, il a découvert Bob Dylan, les Beatles et les Rolling Stones, autant vous dire qu'il ne semblait pas étonné le moins du monde qu'on ait donné le nom d'une de ses chansons à une québécoise.

Il écoutait la mère avec un sourire imbécile de satisfaction, puis il chanta « Céline ». À la fin de la chanson, Céline Dion pleura comme il était prévu à la répétition et vint embrasser le chanteur, qui béat de fatuité souriait aux anges.

Mais soudain, son sourire se figea lorsque Céline entre deux sanglots, lui déclara : « Merci, merci beaucoup... Hugo ! »

À cet instant Hugo n'était pas frais du tout.

DRÔLE DE ZAPPING

Septembre 2001

Samedi soir, j'ai regardé Alexandra Kazan, qui connut son heure de gloire à Canal+ où elle était drôle et inventive, et qui fait maintenant partie du groupe Endemol. À ce titre, elle présente une émission racoleuse en lisant laborieusement son prompteur…

À propos, j'ai revu l'autre jour Valérie Payet. Pareil. L'ancienne de Canal qui présente le tirage du Loto… C'est terrible la télé, un jour tu présentes *Célébrités* et le lendemain tu es obligé de te farcir des invités sourds, comme le sculpteur Armand à France Inter !…

Donc, Alexandra Kazan présente *Drôle de zapping*, émission produite par Endemol, en conséquence vulgaire, *trash* et racoleuse. Une émission qui fonctionne sur le vieux principe hypocrite : « Oh ! Regardez cette émission odieuse sur une télé étrangère ! Espérons que ça ne viendra jamais en France !… » Tu parles ! En fait, cette émission constitue pour Arthur une étude de marché. Il analyse l'Audimat séquence par séquence et détermine ainsi quelle nouvelle émission de merde il va nous infliger !

Pour vous préparer, voici ce qui nous attend dans un avenir proche : à la télé anglaise on a vu un casting pour le *Dog Loft*. C'est comme le *Loft*, sauf que ce sont des chiennes. Enfin non, c'est pas comme le *Loft* : ils refusent les chiennes en chaleur et les chiens qui pètent. Mais sinon, c'est exactement comme le *Loft* ! À la fin, les gens téléphonent pour dire qui ils préfèrent. Là, ça se jouait entre Sally et Bess, c'est cette dernière qui a gagné. Vous imaginez, en 2003, téléphoner à la télé pour virer un chien du *Loft* !

À propos de *Loft*, Canal+ s'y met aussi. Ils ont remplacé l'émission d'humour *Grolandsat* par *Cours Florent*. C'est exactement comme *Star Academy,* sauf que, comme c'est Canal, ça s'appelle *Cours Florent*. Et au lieu de chanter des merdes de comédies musicales, les candidats répètent du Feydeau.

Revenons à *Drôle de zapping*, qui nous a montré le pire du pire, une émission de challenge TV, le jeu *Endurance*. Ça plaît beaucoup à Arthur, ça. Lelay, avec son intransigeance sur la télé-réalité, va l'acheter très vite. Il s'agit d'un jeu avec des candidats peu à peu éliminés par des épreuves humiliantes et blessantes, et le vainqueur gagne un voyage. La première épreuve consiste à s'allonger sur le dos, à lever les jambes et à les garder le plus longtemps possible levées. Deux Japonais armés de triques fouettent les candidats qui faiblissent en les insultant. S'ils baissent les jambes, ça perce un ballon qui leur fait tomber un seau d'eau savonneuse sur la figure, tandis que les Japonais les fouettent de plus belle !... À ce stade, il ne reste que trois candidats à qui on entoure la tête d'un sac en plastique transparent rempli de bière et qu'ils doivent boire. Mais le niveau monte plus vite qu'ils ne boivent, et donc ils se noient dans la bière tandis que les Japonais continuent à les fouetter !

Après l'épreuve, le commentateur s'approche du perdant qui se fait conspuer par le public, et lui demande un commentaire. Là, le candidat malheureux lui a balancé un rot qui a fait comme un brushing sur ses cheveux...

Ensuite, accrochez-vous, on remplit le slip des deux finalistes de caramel liquide, et ils se doivent se tenir sur des barres parallèles au-dessus d'un brasier qui en chauffant durcit le caramel, qui devient brûlant ! Pendant ce temps-là, les deux Japonais continuent de leur balancer des coups de trique, des seaux d'eau, de la farine et des œufs pourris...

Le perdant quitte le jeu sous les huées, la tête couverte de farine et de jaune d'œufs et la quéquette caramélisée... Voilà. Ça va pas tarder à arriver, au moins vous êtes prévenus !

DRUCKER Michel

Janvier 2002 (1)

Il y a chez Bruno Masure quelque chose de mystérieux, un cheminement dans les méandres de son esprit qui nous échappe. Hier, Michel Drucker recevait Laetitia Casta. Cette fille est belle, intelligente, humble, et surtout elle n'est pas vulgaire. Et savez-vous ce que Bruno a trouvé comme question à lui poser ? « Laetitia Casta, 29 % des Français ne savent pas planter un clou, et vous ? » Là, c'était Laetitia qui était crucifiée par la question !

Janvier 2002 (2)

Hier, j'ai regardé *Vivement Dimanche* de Michel Drucker, avec Franck Lebœuf. Un type qui s'appelle Lebœuf, je vous laisse imaginer le festival de jeux de mots qu'a pu nous faire Bruno. On a eu droit à tout : « Lebœuf nous taille une bavette », « Lebœuf est fort comme un taureau », « Quand Lebœuf marque un but, Lebœuf est dans le filet », « Quand il perd, Leboeuf pleure comme un veau »...

Au fait, je voudrais lancer un message de détresse à Michel Drucker. Michel, s'il vous plaît, faites revenir Gérard Miller. Il nous manque ! En plus, je ne sais pas si vous l'avez vu chez Laurent Ruquier, il ne porte plus ses lunettes de commissaire du peuple. On voit beaucoup mieux ses petits yeux lubriques. Bon, c'est vrai, ses interventions dominicales étaient grossièrement démagogiques, mais il nous faisait tellement rire ! Surtout quand il essayait d'être drôle ! Non, parce qu'à la place de Miller ils ont mis un type épouvantable avec un nom de manager de boxe, Benhamou ou je sais pas quoi, un vieux fat, suffisant, qui postillonne partout, onctueux avec les puissants… Le jour où Bernadette Chirac est venue sur le plateau, on aurait cru une midinette… Et surtout, il bouffe le micro en interrompant Bruno ! Et interrompre Bruno pendant sa poésie, c'est plus qu'une faute, c'est un crime !

Mars 2002

Un mot à Michel Drucker : « Michel, avant le passage à l'antenne de Pierre Bénichou, si vous pouviez lui passer le petit aspirateur de bouche dont se servent les dentistes, parce que la surproduction des glandes salivaires dont souffre votre chroniqueur est assez pénible à l'image. Par ailleurs, si vous pouviez également lui demander de cesser de se décrotter le nez… Parce que hier, quand il a dit à Élie Semoun : « Votre séparation d'avec Dieudonné me rappelle la séparation de Dean Martin et Jerry Lewis », il crachait tout en se décrottant le nez, et c'était particulièrement désagréable. Pensant que sa métaphore sur Dean Martin datait un peu, il a enchaîné en rappelant que Fernand Raynaud n'aimait pas Robert Lamoureux. Je vais vous dire : à cet instant, on attendait la poésie de Bruno Masure avec impatience !

Avril 2002

Michel Drucker recevait hier Michel Roux. Bon, déjà, penser que des téléspectateurs ont pu se dire : « Tiens, c'est dimanche, il fait beau, on va regarder Michel Roux tout un dimanche chez Drucker ! »…

L'émission ressemblait à ces matinées théâtrales du dimanche… Bref, on se serait ennuyé ferme s'il n'y avait eu cette… comment dire… cette chose extraordinaire sur la tête de Michel Roux, cette chose blanche fascinante – il faut dire que le parcours capillaire de ce garçon m'a toujours fasciné. Lorsqu'on revoit des rediffusions d'anciennes pièces de boulevard de la série *Au théâtre ce soir* datant des années 1970, on remarque que Michel Roux est chauve. Puis, dans les années 1980, apparaissent les premiers implants. On le sait trop peu, mais Michel Roux fut l'un des premiers à utiliser cette technique. À l'époque, on aurait cru Lagaf, mais en vieux ! Le problème, c'est que ça n'a jamais marché. Il doit faire un rejet… On aurait cru qu'il avait un champ de poireaux sur la tête ! Puis Michel Roux traversa une période difficile : on avait l'impression qu'on lui avait greffé les poils pubiens de Demis Roussos… Bref, après quarante-cinq tentatives infructueuses de greffes d'implants, il a décidé de changer radicalement de voie et de poursuivre son chemin de croix capillaire avec la pose d'un postiche. Comment dire… Vous voyez la moumoute de Dick Rivers avec la banane ? Eh bien, ils lui ont collé la même, mais en blanc. Je devrais dire en bleu – vous savez, ces reflets qu'adorent les mamies ! Seulement, le posticheur n'a pas respecté la structure du visage, et ça fait comme une couche supplémentaire, comme une strate, comme une espèce de casquette sur les implants…

C'est dommage, car avec toutes ces péripéties capillaires on a tendance à oublier que Michel Roux est un grand comédien… Enfin, un bon comédien… Enfin, qu'il joue des pièces rigolotes avec des portes qui claquent pour des comités d'entreprises et des clubs du troisième âge…

Septembre 2002

Moi, j'aime Michel Drucker. D'abord, un type qui a viré Gérard Miller ne peut pas être totalement mauvais… Et pourtant… Au début, on se réjouissait du départ du commissaire du peuple et de la fin de ses diatribes vespérales démagogiques. Mais, avec son remplaçant, Michel nous a fait tomber « de Caraïbes en syllabes », comme dirait un animateur télévisé dont je tairai le nom – qui présente *Vidéo Gag* et qui s'appelle Bernard Montiel. Donc, au début, on se réjouissait du départ de celui qui, à l'en croire, en mai 68 a mis en déroute à lui seul une compagnie de CRS, alors que dès la première charge il s'est mis à courir comme un dératé, puis, ayant perdu ses lunettes dans la cohue, s'est assommé contre une pissotière !

Eh bien je vais vous dire, plus ça va et plus j'aime Gérard Miller. D'autant que Michel Drucker l'a remplacé par Ben Chemoul, directeur au *Nouvel Obs*. Lui, c'est l'homme qui ne déglutit jamais. Je ne sais pas si vous avez remarqué, c'est incroyable : ce type, lorsqu'il parle, on dirait qu'il est sous l'eau, ça fait « glo, glo, glo… ». Mais, me direz-vous, à stocker ainsi son excédent salivaire, comment finit-il par l'évacuer, puisque Michel ne lui a pas fourni l'aspirateur dont je parlais précédemment ? Eh bien, il le postillonne ! Il le recrache ! Il l'expectore au visage de l'invité lorsqu'il lui pose des questions ! Enfin, lui poser des questions, c'est beaucoup dire, car pour monsieur Bénichou l'invité n'est qu'un prétexte à parler de lui. Par exemple, il a Johnny Hallyday en face de lui et il dit : « Johnny Hallyday, vous me rappelez une anecdote personnelle. L'autre jour je faisais mes courses chez Franprix, la caissière me reconnaît et me dit : "Oh ! monsieur Bénichou, comme vous avez du talent !" »

Malgré tout ça, j'aime beaucoup Michel Drucker. Parce qu'il est là depuis toujours. Il fait partie de ceux, qu'on les aime ou non, qui font partie de notre histoire. Ils sont quatre. Il y a Johnny, Alain Delon, PPDA et Michel Drucker. Immortels, comme les académiciens… Bon, c'est vrai qu'il est parfois irritant. Par exemple, depuis trente ans, il n'a jamais vu un mauvais film, écouté un disque merdique ou vu une mauvaise pièce de théâtre jouée par des comédiens sur le retour ! Michel Drucker est là depuis toujours, il a tout connu, les années 1960, *Sport Dimanche* avec Roger Couderc, les années 1970 avec Claude François, les années 1980… Vous vous souvenez, le samedi soir, *Stars 80* et Michel avec son brushing et ses costumes Renoma ?

Un jour de gloire où j'étais invité par Antoine de Caunes, Michel Drucker est arrivé dans ma loge et il a mis en marche la télé qui s'y trouvait, en m'expliquant qu'outre les chaînes traditionnelles un canal permettait de voir ce qui se passait sur le plateau. Il allume l'écran et, en voyant le décor du plateau vide qui l'attendait, il me dit : « Après toutes ces années, j'ai la peur au ventre quand je me dis que je vais devoir entrer sur ce plateau. Je me demande pourquoi je fais ça… » Moi, je sais. Drucker est un môme qui tire son père par la manche : « Eh, papa, t'as vu ? Je suis à la télé, regarde !… »

DURAND Guillaume

Février 2002

Hier, je me suis dit : « Pour me changer les idées, je vais regarder une émission culturelle. » J'ai vu sur le programme que *Campus* de Guillaume Durand était consacré à l'égyptologie. On annonçait comme invités Christiane Desroches-Noblecourt, Roger Caratini et Dominique Strauss-Kahn. Lui, comme égyptologue, ça surprenait, bien qu'il ait épousé une momie… Mais quelle ne fut pas ma surprise de constater que, pour Guillaume Durand, l'égyptologie c'était le film *Astérix, mission Cléopâtre* !…

C'était Luchini qui disait : « Même médiocre, la télé a le mérite de nous indiquer l'état culturel d'un peuple. »

ÉLECTIONS

Février 2002

On ne parle pas de la campagne électorale… Quand même un mot, c'est plus fort que moi : je ne sais pas si vous êtes au courant, ils viennent de sortir les jeunes loups du RPR. C'est nouveau, ce sont de jeunes parlementaires – enfin jeunes, vous affolez pas, c'est par rapport à Bernard Pons ! De jeunes parlementaires à qui on a promis des postes de secrétaires d'État avec Safrane et qui montent au créneau sur le thème : « Ouais, nous, comme on est jeunes, les affaires datent d'il y a longtemps, d'avant nous, alors on s'en fout ! » Parmi eux, il en est un particulièrement gratiné, un dénommé Coppé. Il a beau être un jeune loup, ce n'est pas un saint… Coppé a déclaré : « Oui, nous, ça ne nous intéresse pas de savoir comment monsieur Jospin a payé sa maison de l'île de Ré. Ce qui nous intéresse, c'est son bilan ! » Vous avez compris la ruse grossière, la figure de rhétorique hypocrite qui consiste à dire : « Qu'on ne compte pas sur moi pour dire… » Et hop, on balance ! Là, la phrase de Coppé présente trois avantages : il ressort une vanne sur la maison de l'île de Ré – je rappelle que l'affaire a été classée sans suite –, il ne parle pas des affaires de droite qu'il enterre sous prétexte de son jeune âge, et il pense qu'on ne s'aperçoit de rien !

On a eu la droite la plus con du monde, la gauche la plus con du monde, maintenant on a les jeunes loups les plus cons du monde !

Mars 2002

Hier, j'ai regardé sur LCI un débat dont le thème était : « Les humoristes peuvent-ils changer les résultats des élections ? » Comme humoriste il y avait Jean Amadou, qui a commencé par dire au sujet de la cohabitation – je vous jure que c'est vrai : « On a un peu tendance à l'oublier, mais Léon Blum était plus proche de Paul Reynaud que de Maurice Thorez ! » Bon, après on a été un peu déçus vu qu'il n'a rien dit sur Vincent Auriol et René Coty, mais il a conclu avec cette phrase magnifique : « Je ne crois pas que les humoristes puissent changer le vote des Français. Par exemple, les gens qui viennent me voir au Théâtre des Deux-Ânes ne vont pas jouer sur le résultat des élections. »

Franchement, nous non plus, on croit pas... D'autant plus que les gens qui vont voir Amadou en ce moment aux Deux-Ânes seront morts avant le premier tour !

ÉMISSION DES RECORDS (L')

Février 2002

J'ai regardé *L'Émission des records* présentée par Vincent Perrot. Il s'agit d'une émission où des gens battent des records idiots pour avoir leur nom dans un livre à la gloire d'une bière tiède. Tu parles d'une consécration ! En plus, c'est du TF1, c'est-à-dire que c'est complètement bidonné. Par exemple, un type voulait battre le record du monde de saut en roller. Déjà, il y avait un challenger chargé de montrer à quel point c'était difficile. Il fait les trois tentatives – oui, parce qu'on ne sait pas pourquoi, mais dans cette émission ils n'ont droit qu'à trois tentatives, comme si c'était les JO, alors que les types peuvent tenter autant de fois qu'ils veulent, mais là non, c'est trois tentatives pour donner un semblant de suspense –, donc le challenger fait ses trois tentatives et se vautre. Vincent Perrot essayait de faire monter la sauce, mais comme il n'a pas fait l'*Actor's Studio* on voyait bien que c'était comme à la répétition… Et le champion arrive, évidemment il se vautre également aux deux premières tentatives et il réussit brillamment la troisième !… Monsieur Perrot, on n'y croit pas une seule seconde !

Ensuite, on a eu droit à la tentative de record du monde d'ouverture de capsules de bouteilles avec les dents. Là, le type n'a fait qu'un seul essai, on ne sait pas pourquoi !…

Et puis ils invitent toujours un candide qui authentifie le record : le jour où il y a eu la tentative de record du monde de sauté de slip, c'était Stéphane Bern qui était témoin – on se demande pourquoi !

ENVOYÉ SPÉCIAL

Janvier 2002

Hier soir, à la télé, les émissions ne prêtaient pas à rire. Par exemple, *Envoyé Spécial* sur les centenaires. On voyait un couple de petits vieux centenaires, Roger et Marthe. C'était très touchant, surtout qu'en plus ils étaient en forme... Si j'ai été ému par cette émission, c'est que, vous le savez, Stéphane vit avec la princesse de Chimay, qui va sur ses 97 ans et a conservé une sexualité exacerbée... Elle est en pleine forme ! À peine un léger tremblement de la main, mais Stéphane ne s'en plaint pas !

Bon, comme il faut que je salisse tout, il faut que je vous raconte un truc. À un moment, on voit un monsieur centenaire affirmer qu'il joue au tennis. Du coup ils l'ont cru, ils l'ont emmené sur un court, et là le cameraman avait eu l'idée audacieuse, pour montrer le service du vieux monsieur, de le filmer en contre-plongée. Donc on le voit qui lance sa balle, puis qui veut lever sa raquette pour servir. Mais il avait présumé de ses forces : son bras retombe et la raquette frappe violemment l'opérateur ! Simultanément, on voit la caméra tomber, puis rester sur un plan fixe du sol du court de tennis...

FABRE DENISE

JANVIER 2002

Une nouvelle dramatique. Alain Passerelle, de la rédaction de France Inter, m'a remis une dépêche AFP authentique, dont voici le texte : « La présentatrice de télévision Denise Fabre a été victime d'un vol à la portière, samedi soir sur les hauteurs de Nice, a-t-on appris de source policière. Denise Fabre se trouvait au volant, pendant que son mari restaurateur ouvrait le portail d'une villa d'amis, lorsqu'un jeune lui a dérobé son sac en peau d'autruche sur le siège passager, avant de s'enfuir en scooter. La présentatrice a déposé plainte pour le vol de son bagage à main, qui contenait, a-t-elle précisé, de l'argent, une carte de crédit, une bible… et surtout un nouveau projet d'émission télévisée. »

Alors je voudrais m'adresser au jeune sauvageon, qui déjà va se faire foutre de lui dans toute la cité avec son sac en peau d'autruche – du genre : « Eh, les mecs, venez voir Mouloud avec son nouveau sac à main ! » Oui, alors là j'ai dit Mouloud, c'est du second degré. C'est comme quand Bedos dit : « À Marrakech, c'est plein d'Arabes » – je dis ça pour pas recevoir le courrier des trop bien-pensants. Jeune sauvageon, écoute-moi. Tu peux garder l'argent, la carte de crédit et la bible, mais je t'en conjure, ramène à la gendarmerie la plus proche le projet d'émission télé de Denise Fabre que la France entière attendait ! En plus, si ça se trouve, c'était une émission avec Raphaël Mezrahi, je vous laisse imaginer ce qu'on perd ! Et puis elle avait déjà pris rendez-vous avec les patrons de chaînes qui ne voulaient pas la vexer… Là, quand elle va les appeler pour se décommander, vous imaginez la conversation : « Bonjour, c'est Denise Fabre. Je peux pas venir, on m'a volé mon projet d'émission avec Raphaël Mezrahi. »

Le patron de chaîne : « Ah ! zut, c'est trop bête ! Ben, écoutez Denise, prenez bien votre temps pour le réécrire et on se rappelle dans six mois ! » Et à peine raccroché, le type hurle : » Yes, yes, yes ! », saute de joie sur son bureau et se met à esquisser quelques pas de flamenco !

FABULEUX DESTIN DE… (LE)

Septembre 2002 (1)

J'ai regardé, hier soir sur France 3, *Le Fabuleux Destin de…*, un remake d'*Avis de recherche* de Patrick Sabatier, dans lequel Isabelle Giordano retrouve les copains d'enfance de vedettes invitées. Pour être franc, je dois avouer que j'éprouve un plaisir sadique à regarder ce genre d'émission. Parce que le retour vers le passé des célébrités leur est forcément pénible, vu que, si elles sont devenues des personnages publics, c'est pour être reconnues et compenser un terrible manque affectif lors de la puberté… Et que généralement leur adolescence n'a été qu'un long calvaire ponctué de railleries, de quolibets et… de pratiques solitaires.

Du coup, l'émission d'Isabelle Giordano, qui se veut festive et émouvante, dégage une impression terrible d'angoisse et de peur. Oui, dans cette émission, les personnalités invitées ont peur. Parce qu'elles passent leur temps à contrôler leur image, et que là elles ne peuvent rien faire quand le passé les rattrape. On les devine terrorisées à l'idée qu'un camarade de classe leur balance un souvenir épouvantable, du genre : « Nous avons retrouvé Michel qui était en internat avec vous. Alors, Michel, quel souvenir avez-vous conservé de notre star ? » Michel : « Ah ! ben pas grand-chose, sauf que j'me rappelle que dans les douches on le surnommait P'tite bite ! »

Il y a autre chose d'épouvantable dans cette émission, c'est la photo. Terrible et agrandie. Elle couvre le fond du studio, présente en permanence derrière l'invité comme l'œil de Caïn, pour rappeler à la star à quel point à elle fut mal dans sa peau. À cet égard, la photo de Laurent Ruquier, invité hier soir, était hallucinante. Sur ce cliché de classe de terminale, il ressemblait à un témoin anonyme dans une émission de Delarue. Vous savez, les types qui se collent une fausse barbe et des lunettes épaisses pour pas qu'on les reconnaisse ! C'était pas Laurent Ruquier en terminale, c'était Laurent Ruquier au stade terminal ! On aurait cru le fils que j'aurais eu avec Laspallès !

Et puis évidemment, dans cette émission, il y a les retrouvailles avec les copains d'école, ceux qui vous ont brimé, humilié, brocardé en parfaite impunité, ceux dont on ne voulait plus jamais entendre parler et qui reviennent dans votre vie vous rappeler l'enfer qu'ils vous ont fait vivre…

Vous avez aussi les anciens copains mythomanes. Hier, l'autre invitée de l'émission était Mathilde

Seigner, et on a assisté à la scène suivante : Isabelle a demandé à Mathilde Seigner si elle se souvenait de ses vacances adolescentes à Bréhat. Oui, Mathilde se souvenait. « Et de votre amoureux, vous vous en souvenez ? »
Mathilde :
— Ah ! non, j'vois pas.
— Eh bien, Mathilde, voici votre fiancé de l'époque !

Étonnement de Mathilde… Là, un type visiblement satisfait entre sur le plateau.

Isabelle :
— Alors, vous étiez le fiancé de Mathilde ?
Le type décontracté, sûr de lui :
— Ouais, j'étais son fiancé.
Mathilde, reconnaissant enfin une vague connaissance dont elle n'avait gardé aucun souvenir :
— Oui… Enfin, fiancé, c'est beaucoup dire…
Et Giordano lisait sur sa fiche ce qu'avait raconté le type :
— Mais vous êtes restés longtemps ensemble !…
Mathilde :
— Euh non… pas vraiment…

En fait, on comprenait que le type avait dû lui rouler une pelle pendant un slow, et pendant toutes ces années il s'était fait un film en racontant à ses potes : « C'est moi qui ai refusé le mariage… »

Et puis, dans ce genre d'émission, il y a une autre chose terrible, c'est l'âge. Car les vedettes passent leur temps à cacher leur âge. Et lorsque vous voyez arrivez leurs copains de classe, vous prenez conscience de l'âge réel de la star. Je me souviens à cet égard de l'*Avis de recherche* de Bernadette Lafont, cette dernière arrivant sur le plateau en sautillant et en faisant des œillades — genre « je suis jeune, je séduis ». Lorsqu'ils ont fait entrer sa classe, c'était la maison de retraite Saint-Hippolyte ! Il y avait des mamies, que les bonnes sœurs avaient amenées dans leur fauteuil en chemise de nuit avec la perfusion et la serpillière en-dessous, d'autres avançaient à l'aide de déambulateurs – on aurait cru une patrouille de *Robocop* –, d'autres ne disaient rien, contrariées d'avoir raté *Derrick*... D'autres enfin, hébétées, demandaient si le docteur avait déjà commencé la visite !...

J'ai moi-même enquêté et retrouvé plusieurs copains d'école de Stéphane Bern. L'un d'entre eux se souvient que, l'année où il fut dans la classe de Stéphane, ce dernier traversa une période difficile, perclus d'acné au point que ses copains de classe l'avaient surnommé « le clavier », tant il avait de boutons. Là, s'en est suivi un débat avec un autre élève qui soutenait qu'il ne s'agissait pas d'acné, mais de bubons à pointes blanches que Stéphane Bern aurait percés pendant les cours de chimie en s'aidant d'un petit miroir caché dans sa trousse... Monsieur X, son professeur principal, se souvient d'un enfant à l'adolescence difficile, préoccupé essentiellement par la découverte de son corps... D'aucuns associant ses problèmes épidermiques à une autosexualité intensive... Il ajouta : « Qui aurait dit que cet enfant timide, avec sa blouse noire Dormeuil fermée sur le côté du col, deviendrait cet homme épanoui au corps d'athlète, qui a couru nu tout l'été sur les plages de Mýkonos aux côtés d'un joyeux danois remuant la queue ? Qui aurait pu dire que cet enfant qui n'avait rien, que cet enfant sauvage, abandonné très tôt dans la forêt et nourri par une louve, deviendrait un jour le présentateur de *Sagas* ? »

Septembre 2002 (2)

Permettez, cher Stéphane Bern, que j'évoque votre prestation dans l'émission de France 3 où vous retrouvez vos anciens camarades de classe...

Hier, il a retrouvé un copain. Enfin, copain c'est beaucoup dire : un prénommé Thierry, dont on sentait que Stéphane avait été le souffre-douleur. Thierry était un sportif et, évidemment, Stéphane a reconnu que pendant toute sa scolarité il n'a jamais assisté au moindre cours de gym. Et le Thierry de rigoler grassement en ajoutant : « Quand on jouait au foot, quand il voyait le ballon arriver vers lui, il s'en allait ! Ah, ah, ah ! le con ! Qu'est-ce que tu nous as fait marrer ! »

Il y avait aussi une fille que Stéphane n'avait pas reconnue dans le public. Elle est venue dire qu'il était extrêmement timide à l'époque, et que jamais il n'a eu le moindre geste déplacé à son égard.

Ensuite, un deuxième est venu dire : « À l'époque, Stéphane Bern était gros et portait des lunettes à triple foyer, ah, ah, ah !... » Je vous laisse imaginer la tête de Stéphane... Pour donner le change, il a dit : « Oui, en apparence, j'étais le gentil garçon timide, mais en réalité j'étais un vrai rebelle !… » « Ah ! bon ? », a dit Isabelle Giordano, soudain intéressée. « Oui, chez moi, je montais dans ma chambre et je mettais ma musique de jeune à fond, ce qui rendait fous mes parents ! — Ah ! bon ? C'était quoi comme musique ? Du hard rock ? Iron Maiden ? — Non, non, Dalida. Et mon père criait : "Baisse un peu le son, on en a marre d'entendre la vieille !" »

FALLAIT Y PENSER

JANVIER 2002

J'ai regardé sur France 2 une émission intitulée *Fallait y penser*. C'est vrai que faire une chose pareille, fallait vraiment y penser. Je vous explique. C'est une émission où des inventeurs viennent montrer leurs trouvailles, donc des trucs qui n'ont intéressé aucun investisseur. C'est Lopez qui présente, et il est entouré de chroniqueurs, parmi lesquels Églantine, l'ancienne miss Météo de Canal, qui la veille était souffrante. Frédéric Lopez a rendu hommage à son courage : faire une émission en pleine crise de gastro-entérite… D'ailleurs à un moment elle est partie, il l'a excusée…

Sinon, comme chroniqueurs, il y avait Pierre Bonte – lui ne souffrait pas de gastro, mais il était chiant quand même – et un autre type qui ressemble à Rahan avec de longs cheveux. Et, comme invités, Philippe Bouvard et Alexandre Jardin.

Alors, première invention – je ne suis pas concerné, mais je vous raconte par conscience professionnelle –, un type affirmait faire perdre 5 centimètres de tour de taille en une demi-heure à une dame enveloppée. Une assistante vient avec un mètre de couturière prendre le tour de taille de la dame – déjà c'est humiliant –, elle annonce « 115, 5 », mais en plus elle trace plein de repères au feutre sur la peau de l'autre et lui colle des espèces de grosses électrodes du style Sport-Élec de Lova Moor ! Une demi-heure après, on mesure de nouveau le ventre de la dame, elle avait effectivement perdu 5 centimètres. Le truc, c'est que l'infirmière, lorsqu'elle reprend la taille, enfonce le mètre de couturière dans la chair de l'autre – ça faisait deux collines de chaque côté –, et sans se dégonfler elle annonce : « Et voilà !... » Puis elle refait un trait de feutre ! L'autre, elle avait la marque rouge du mètre, plus des traits de feutre partout, et elle est repartie contente !

Ensuite, « le pneu qui devient fluo quand il s'use ». C'est-à-dire que le type pense que les gens vont acheter des pneus qui vont immédiatement les faire repérer par les flics !...

Et puis on a eu droit à un grand moment avec « les boules relaxantes ». Ah ! Stéphane, je vois que soudain votre intérêt s'éveille, alors que depuis le début de cette chronique votre esprit vagabondait. Vous repensiez sans doute à votre dîner d'hier soir chez Michel de Grèce où, m'avez-vous dit ce matin, vous avez très bien dîné – oui, il aime bien parce qu'à l'apéritif Michel de Grèce sert des olives farcies avec des petits trucs rouges dedans !… Mais revenons aux boules relaxantes. Le chroniqueur expliquait que ces boules faisaient travailler des petits muscles qu'on n'a pas l'habitude de faire travailler. En fait, il s'agit de gros ballons de 1 mètre de diamètre, sur lesquels on s'assied pour se relaxer. Le problème, c'est qu'il faut trouver l'équilibre sur les boules. En fait, pour jouer avec les grosses boules, il faut être un phoque. D'ailleurs, le chroniqueur a cru bon de préciser : « Pour vous relaxer sur la boule, il faut serrer les fesses. » Philippe Bouvard, lui, a eu du mal à monter sur son gros ballon vert. Ensuite, il ne s'est pas tellement relaxé, vu que le ballon a roulé et qu'il s'est cassé la gueule… Ça n'a pas empêché l'animateur de demander à tous les participants de monter sur une boule – sauf Églantine, qui était partie refaire le mouchetis… Sinon, tout le monde était là sur son ballon. Et le chroniqueur a conclu : « En Amérique, ces boules font un malheur, par exemple à San Francisco, tout le monde pratique les boules relaxantes ! »

Autre invention, les demi-pamplemousses relaxants que vous jetez au mur. Ça fait ventouse et ensuite vous vous frottez le dos dessus – un peu comme les vaches contre les arbres. Et le type annonce, sans rire, que ça permet un massage efficace du dos. Là, le chemin de croix de Bouvard s'est poursuivi : ils avaient collé la ventouse trop haut pour lui, il était obligé de sauter pour se masser le dos !…

Puis Pierre Bonte nous a présenté une invention tout aussi inutile, une bouée avec de l'eau chaude que vous vous mettez autour du cou et ça vous relaxe. Ça s'appelle un col chauffant antistress – oui, toutes les inventions étaient antistress, il n'y a que l'émission qui était stressante !

Enfin, il y eut un grand moment : certains inventeurs timides n'osent pas venir dans l'émission, alors ils ont embauché le roi des camelots qui vient faire l'article. Là, le roi des camelots nous montre une brouette démontable – déjà l'invention intéressante, quand je pense que je suis à côté de Marie-France Pisier, une actrice culte que je rêve de rencontrer depuis des années, dont je suis secrètement amoureux depuis *L'Amour en fuite* de Truffaut et que je lui parle de brouette démontable !... Alors que j'aurais voulu vous dire : « Vous êtes belle, Marie-France, belle et inaccessible, sensuelle et distante, vous êtes la plage sur laquelle tous les hommes voudraient échouer l'esquif de leurs misérables vies ballottées au gré des tempêtes... » –, toujours est-il que le camelot a merdé et qu'il a cassé la brouette démontable ! J'imaginais la tête de l'inventeur devant sa télé, qui jouait sa vie, et l'autre qui lui explose sa brouette !

Mars 2002

Comme il n'y avait plus de foot, j'ai regardé *Fallait y penser*, l'émission consacrée aux inventeurs dont personne n'a voulu des inventions tant elle sont nazes. Hier, les invités étaient notre copine Sophie Garel et Yves Lecoq.

L'émission a commencé très fort : la première invention était l'attrapeur de mouches. Il s'agit d'une imitation de pot de fleurs en plastique, dans lequel ils ont mis une fausse fleur orange genre plante carnivore. Déjà c'est hideux, mais c'est censé attraper les mouches en se refermant ! Donc, évidemment, chaque chroniqueur et chaque invité avait son pot devant lui, et chacun essayait l'invention. Pour ce faire, ils avaient tous une mouche crevée plantée sur un cure-dent, qu'ils descendaient dans la fausse fleur, cette dernière devant se refermer dessus. Bon, la fleur s'est refermée trop tôt et a coincé le doigt d'un chroniqueur, pour les autres ça ne marchait pas… Au point qu'ils ont envoyé un film de démonstration, dans lequel on nous expliquait qu'à l'intérieur de la fleur il y avait des petits capteurs qui devaient détecter la mouche !

La chroniqueuse qui faisait la démonstration explique que c'est sélectif, que ça n'attire que les mouches et pas les autres insectes, car l'inventeur a passé des années de recherches à étudier le mouvement des mouches et que la fleur est réglée exactement sur le mouvement de celles-ci. Et là, elle a un moment de relâchement en donnant son explication, et paf ! la fleur lui attrape le doigt ! Et le présentateur : « C'est très efficace et très technologique, car au début c'était juste une tapette ! Le plus difficile pour l'inventeur, c'était que la tapette soit assez rapide pour attraper la mouche, mais suffisamment lente pour ne blesser personne ! » Et l'autre, avec son doigt en sang !… Sûr, il y est super bien arrivé !… Sur le film, on nous expliquait que chaque mouche attrapée était aplatie pendant vingt secondes, puis rejetée par l'appareil. On voyait la mouche morte éjectée et il y en avait une dizaine autour du pot…

Ensuite, on a vu la moto à une roue. Trois ans de travail, paraît-il, pour un type qui est à l'intérieur d'une énorme roue. Donc le truc totalement inutile ! En plus, on voyait le type se vautrer, la moto n'était pas pilotable… donc le public le huait !

Puis j'ai moins ri, car Lopez annonce : « Nous allons maintenant ouvrir le dossier de l'insécurité, un thème sérieux, angoissant même dans cette émission. Rappelons quelques chiffres : 4 millions de crimes et délits. Nous allons ce soir vous présenter des inventions pour réduire ce chiffre… » Là, on s'attendait au pire, et on a eu… le pire.

Ont défilé un certain nombres d'inventions toutes aussi nulles les unes que les autres. Ça a commencé par un énorme pistolet en plastique jaune, qui envoie deux harpons sur l'agresseur et ensuite, 50 000 volts… Déjà, tu te balades avec ce gros truc jaune ?…

Ils ont essayé sur un mannequin, on voyait les deux fils reliés envoyant prétendument du courant. Et là, le chroniqueur dit : « Ce qui est bien, c'est que vous pouvez partir en laissant l'appareil branché qui continue à envoyer du courant ! » Ça faisait « ccrrrcc… crrcc… ». Alors le présentateur : « Ah ! bon ? Mais on risque pas de tuer l'agresseur ? »

C'est vrai, ça semblait impressionnant. Le chroniqueur répond : « Euh non… Ça stimule juste le muscle… » Ah bon ! En fait, c'était juste l'appareil Sport-Elec de Lova Moor ! En plus, les harpons ne rentrent pas dans la peau, ils s'accrochent aux vêtements et ensuite le type se muscle ! C'est-à-dire que vous body-buildez votre agresseur. Donc il vous remercie, et là vous pouvez partir en courant !…

Après, il y a eu l'appareil à gel urticant. Son avantage, c'est qu'il est plus précis que la bombe lacrymogène. Le chroniqueur : « Tiens, Sophie Garel, essayez sur notre mannequin ! Visez bien le visage, vous allez voir, il va devenir bleu dès que vous l'aurez touché ! » Elle appuie sur la gâchette. Tout le monde regarde le visage du mannequin : rien. En fait, la caméra recule, la trace était 1 mètre plus haut !… L'autre disait : « Tapez plus bas !… Comme ça !… Encore plus bas !… Comme ça… Encore un peu… Comme ça !… Voilà, regardez !… » Et là, l'agresseur est en fuite. Oui, mais avant qu'on arrive à le viser, il avait dix fois le temps de la tuer !

Ensuite, une chroniqueuse présente une invention destinée aux possesseurs d'alarme, afin qu'elle ne se mette pas en marche de façon intempestive lorsque les gens ont des animaux. Là, Sophie Garel dit : « Ah ! ben ça tombe bien, moi, dans ma maison de campagne, j'ai des loirs qui déclenchent les alarmes. » Et la chroniqueuse : « Ah ! ben ça tombe bien ! Pour pas que vos animaux déclenchent les alarmes, il faut leur mettre au cou ce collier réglé sur la fréquence de l'alarme et qui empêche de sonner à leur passage !... » J'imaginais Sophie aller accrocher ça au cou de ses loirs... Évidemment, c'était pour les chiens et les chats, c'est-à-dire que vous attrapez le chat avec son collier à l'extérieur et vous pouvez entrer dans la maison sans problème en le tenant dans vos bras !... Merci *Fallait y penser* !

Puis monsieur Marcel est venu sur le plateau. C'est un inventeur de systèmes d'autodéfense basés sur des explosifs, qui malgré leur qualité n'ont jamais été commercialisés. Bon, déjà, en voyant entrer le monsieur, comment vous dire... on aurait cru que son visage avait été dessiné par Picasso. Il avait une oreille à la place d'un œil... Bref, on comprenait qu'il avait connu des échecs lors de ses essais ! Donc sa première invention était une veste explosive, c'est-à-dire que si quelqu'un vous agresse ça explose. Donc Sophie agresse le chroniqueur : « Ah ! ça ne marche pas... » Le type : « C'est parce que vous serrez trop, Sophie... — Ah ! excusez-moi... comme ça... — Ah ! ben, ça ne marche toujours pas... Là, vous ne serrez pas assez !... » Bon, le chroniqueur finit par dire : « Normalement, quand on serre ça explose, vous voyez, c'est grâce à ces capteurs reliés à une batterie... » Et là, il montre la doublure de la veste, c'était plein de fils électriques scotchés au tissu, et dans sa poche il y avait un émetteur gros comme une encyclopédie ! « Oui, ça ne marche pas, c'est un prototype... » Là, le type enlève la veste, et ça n'arrêtait pas de sonner ! Ils ne savaient pas comment l'arrêter !

Enfin, on a eu droit à l'inventeur du « pipeau-carotte » : un type qui creuse des carottes et qui fait de la musique avec. Il a aussi fait une pomme de terre à deux becs qui permet de faire de la musique à deux et, nous a-t-il précisé : « C'est très romantique. » C'est vrai que de proposer à celle que vous aimez de souffler avec vous dans une patate, c'est le romantisme absolu !

Frédéric Lopez, qui depuis le début posait des questions pertinentes et cherchait quelque chose à dire… n'avait rien à dire ! C'était un « pipeau-carotte » et puis c'est tout !… Alors finalement on l'entend dire à l'inventeur : « Monsieur, j'ai une question à vous poser : est-ce que ça marche quand le légume est cuit ? »

Et pour finir, Stéphane – vous qui êtes le symbole de l'élégance et du savoir-vivre –, une invention qui va vous plaire : si vous êtes invité chez Otto de Habsbourg et qu'il pleut, pour ne pas salir le tapis du palais, une fois arrivé vous pouvez enlever la semelle de vos chaussures. Comme ça vous ne salissez pas par terre. Vous vous baladez en tenant à la main deux semelles pleines de boue pendant toute la soirée, mais vous ne salissez pas par terre !…

Il y a des moments comme ça où on se prend à regretter qu'un type n'ait pas pensé à inventer la télé qui explose quand les émissions sont trop nulles !

FOOTBALL

DÉCEMBRE 2002

Hier, sur Canal, au début du match de foot PSG-Bordeaux, le commentateur donnait la composition des équipes.

Et il annonce une grande surprise : Lionel Leitizi le gardien parisien titulaire est absent pour blessure. Et le reporter, sans rire, nous explique la nature de cette blessure : Leitizi s'était fait une lombalgie en jouant... au Scrabble !

Voilà un garçon qui passe son temps à s'entraîner physiquement comme un fou, à plonger dans tous les sens, qui parvient à faire ce qu'il veut de son corps, mais dès qu'il a un effort intellectuel même minime à réaliser, il se blesse, et hop, un claquage de neurone, ça descend le long de la moelle épinière, et hop : lombalgie.

Remarquez, c'est logique, on fait jouer au Scrabble des footballeurs, des gens qui n'ont aucun entraînement intellectuel, il est inévitable qu'ils se blessent.

La blessure la plus courante est le claquage de synapse, c'est très impressionnant, le cerveau qui se met en boucle et ça donne Julien Lepers. Certains sont fragiles des ligaments du genou, le point faible des footballeurs ce sont les ligaments du cerveau. Imaginez la tête de l'employé de la Sécu au moment où il lit : Motif de l'arrêt de travail : « S'est fait une lombalgie en jouant au Scrabble. »

FUREUR DE STAR ACADEMY (LA)

Avril 2002

La Fureur, avec les nazes de *Star Academy*, présentée par Nikos le Grec. Là, il y a un problème. Nikos, c'est l'erreur de casting, ce type-là est calme, il a une voix sourde, il est lymphatique – et on lui fait présenter ça ! En plus, ils lui ont fait faire une entrée chorégraphique entre deux danseuses… On aurait cru *Terminator* aux Bains-Douches ! Pour finir cette danse surréaliste, il a dit : « Ce soir, on va vous mettre le feu ! » et il a fait trois tours sur lui-même comme il a vu le faire les chanteurs de rock. Seulement, comme il est pas habitué, quand il a eu fini ses trois tours, il a titubé… Là, c'était pas rock du tout. Pour donner le change, il a essayé de parler jeune, mais évidemment ça le fait pas : pour dire : « Jenifer de la *Star Academy* », Nikos dit : « Jeny de la *Starac…* »

Comme tout ce que produit Arthur, c'est une escroquerie, à savoir qu'il y a un orchestre de bal, le Case Band, qui joue, mais surtout dans lequel chantent quatre choristes. Et ce sont leurs voix qu'on entend, parce que les autres chantent faux à un point inimaginable. Pour les filles, il y avait Jenifer, Karine, Jessica, et chez les garçons, Jean-Pascal – celui qui pète –, François – celui qui a la coupe de cheveux de Desireless et un clavier IBM sur la figure –, et Mario – l'escroc belge. Il y avait un problème auquel ils n'avaient pas pensé : le principe du karaoké, c'est de chanter en lisant des sous-titres. Là, déjà, lire tout seul ils ont du mal, il leur faut du temps, mais lire et chanter en même temps, ça faisait des courts-circuits, c'était terrible !

Juste après *La Fureur*, j'ai vu une publicité surréaliste où l'on voit une scène de séparation assez pénible : une femme s'en va. Sans un mot, elle fait sa valise devant son mari qui tient leur bébé dans les bras. Elle donne les dernières consignes et, avec sa valise, elle va s'enfermer dans les cabinets. Et puis sur l'écran s'inscrit le nom d'un produit contre la constipation.

C'était une erreur stratégique de diffuser ce spot après *La Fureur*. Car après les émissions d'Arthur on n'a absolument pas besoin de ces médicaments, on vient de se faire chier pendant deux heures !

HEBDOS TÉLÉ

Avril 2002

Comme cette émission est enregistrée sous prétexte que Stéphane Bern avait envie d'aller passer une semaine dans une île grecque, vous pensez bien que je suis incapable de vous raconter quoi que ce soit sur la télé d'hier. J'ai donc décidé de faire un petit tour de la presse télévisée. Et j'ai fait une découverte : la presse télévisée est exactement du même niveau que la télévision !

Les magazines télé, personne ne les lit, mais ça se vend à des millions d'exemplaires. Exactement comme la télé. Quand vous demandez à quelqu'un ce qu'il a regardé la veille, il répond invariablement : « Ah ! ben, en ce moment je relis tout Proust », alors qu'il a regardé dans *Y a pas photo* le reportage sur Pépito, le petit Péruvien aux deux quéquettes.

Moi, bizarrement, ça me déprime, les magazines télé. Je ne sais pas pourquoi, lorsque j'arrive chez quelqu'un et que je vois au milieu du salon une table basse rustique de chez Conforama, sur laquelle traînent un magazine télé et une télécommande, j'ai aussitôt envie de pleurer…

Commençons par *Télé Z*. C'est le moins cher : 0,35 euro. En couverture, une vieille photo de Céline Dion. Ensuite une BD sur une page… comment vous dire… vous voyez le dessin de Faizant dans le Figaro ? Eh bien, c'est pire ! Ensuite, une interview de Drucker qui explique qu'il a découvert Céline Dion – Drucker a découvert tout le monde. Et une page de blagues, « Rire en chaînes ». Voici la plus drôle, attention accrochez-vous, et bonne chance. Allez, c'est parti : « Un petit monsieur monte dans un autobus et, sans le vouloir, marche sur le pied d'un autre qui s'exclame : "Abruti !" Alors le petit monsieur soulève son chapeau et dit : "Enchanté, moi c'est Dupont !" » Bon, monsieur le rédacteur en chef de *Télé Z*, vous pouvez économiser deux pages !

Dans *Télé Loisirs*, un dossier : « Mincissez là où vous voulez. » Donc j'ai regardé, ayant justement un léger amincissement localisé à effectuer, si on disait quelque chose qui pourrait résoudre mon problème. Il était écrit, je cite : « Une prise de poids abdominale intervient souvent entre le quatorzième et le vingt et unième jour du cycle. Cet excédent disparaît ensuite le plus souvent de lui même. » Alors il faut que je compte les jours, mais je suis quand même soulagé !

Toujours dans *Télé Loisirs*, une interview très intéressante de Jenifer, la gagnante de *Star Academy*. On apprend que c'est la guerre avec les autres concurrents du jeu qui sont jaloux, qu'elle aime les frites, mais qu'elle fait attention à pas prendre du ventre... Oui, mais là, il faut que quelqu'un lui dise que, si cette prise de poids abdominale est intervenue entre ses quatorzième et vingt et unième jours du cycle, cet excédent disparaîtra ensuite de lui-même ! Ne t'inquiète pas Jeny – oui, on la surnomme « génie », c'est le diminutif de Jenifer, c'est sûrement pas rapport à son QI ! Jenifer nous apprend aussi qu'elle aime son tonton Jean-Luc, qu'elle déteste le racisme, l'hypocrisie, les poils de chattes, les rats, la monotonie et la politique – et là, son imprésario lui a fait rajouter entre parenthèses : « Mais j'irai voter cette année. » Ben voyons !

Télé Loisirs nous annonce aussi sur France 3 le retour des monstres préhistoriques en 3D. J'ai cru qu'ils reprenaient *La Cuisine des mousquetaires* avec Maïté !

Sans aucun rapport, on nous annonce que Catherine Deneuve fait sa première télé. Elle incarnera pour TF1 madame de Merteuil, l'héroïne des *Liaisons dangereuses*. Une adaptation libre dans laquelle Valmont écrit : « Chère amie, je vous ai trouvée boudinée ces derniers temps, ainsi que le faisait remarquer Stéphane Bern dans tout Paris… »

Télé 7 jours annonce en couverture : « Le meilleur magazine télé. » Bon, ça doit être eux qui se sont autoproclamés… Une couverture sur laquelle on voit Lesly du *Loft* dans un ensemble jean avec minishort et bottines en serpent à talons aiguilles… À l'intérieur, on trouve le courrier des lecteurs, avec notamment cette lettre de monsieur Delanoy, du Pas-de-Calais : « Je croyais devenir dur d'oreille en raison de l'âge, mais mes amis m'ont rassuré, eux aussi ont de plus en plus de mal à comprendre les dialogues dits par les comédiens français, qui bafouillent et avalent la moitié des mots, notamment Catherine Deneuve. » Réponse de *Télé 7 jours* : « Cher lecteur, nous ne partageons pas votre point de vue sur l'élocution de Catherine Deneuve, pas plus que celui de Stéphane Bern qui la trouve boudinée… »

Une deuxième lettre, de madame Lucette Morel : « J'ai regardé avec plaisir sur TF1 les 25 ans des *Grosses Têtes* qui n'ont pas pris une ride ! Une émission où l'on voyait les cuisses de Stéphane Bern, ainsi que son string rose bonbon que laissait apparaître son peignoir entrouvert... Sim et Francis Perrin ont été impayables ! Voilà des champions de la franche rigolade qui nous font oublier nos soucis ! Philippe Bouvard est toujours aussi jeune et a toujours autant de talent. Un regret, toutefois, l'absence de Guy Montagné. » Eh bien, je vais vous dire, je suis sûr que dans le salon de madame Lucette Morel on peut voir une table rustique recouverte d'un napperon, sur lequel on aperçoit une télécommande et *Télé 7 jours*...

À part ça, de nouveau dans *Télé Loisirs*, deux pages sur Dalida. Mais ce que je vous recommande c'est la grande photo de son frère Orlando, prise chez lui, dans son salon. On avait vu dans *Sagas* qu'Orlando avait un goût de chiotte, mais là, avec la photo, on a bien le temps de voir les coussins de satin blanc brodés, les pompons accrochés aux bougeoirs, les objets égyptiens côtoyant les bibelots chinois en verre bleu qu'on trouve à 10 euros dans les magasins asiatiques...

Télé Loisirs qui nous rappelle aussi les perles du *Loft* et, notamment, cette phrase de David qui m'avait échappé, le jour où Thomas a fait son *coming out* : « Maintenant que tes parents sont au courant pour ton homosexualité, tu les emmerdes avec un grand A ! »

À signaler dans *Télé-Poche*, des fiches pratiques détachables. C'est bien, les fiches détachables, ça permet d'avoir toujours sous la main des choses indispensables. Cette semaine, la fiche détachable concerne la musaraigne cendrée. Et là, je dis que ça valait le coup de faire une fiche détachable qui nous permettra en permanence de nous souvenir que la musaraigne cendrée se nourrit de vers de terre et d'escargots, qu'elle mesure environ 10 centimètres et qu'elle affectionne les forêts humides où elle vit à même le sol. Là, j'ai pas compris pourquoi cette précision. Peut-être que certaines musaraignes vivent en lévitation ?... La musaraigne argentée vit-elle à 25 centimètres du sol sur un coussin d'air qu'elle crée en pétant ?... Bon, sérieusement, des enfants nous écoutent, sachez que, sur le plan de la reproduction, la femelle met bas à la fin du printemps plusieurs portées. Exactement comme Denise Fabre, dont les jumelles sont nées en juin !

J'avais prévu de dire du mal de *Télérama*, mais ils ont fait un article sur moi, j'y ai donc renoncé. Oui, je suis comme tout le monde, je fais des compromissions. J'ai même fait – j'ose à peine vous le dire –, j'ai même fait *Les Grosses Têtes*... avec Jacques Balutin, et Carlos qui a essayé de me talquer – j'ai refusé, y a des limites, quand même !... Non, sérieusement, je tiens à souligner le fair-play de Philippe Bouvard que j'allume méchamment dans mon bouquin et qui m'a gentiment accueilli à RTL. J'ai vu leur public, je les ai vus heureux aux blagues de Balutin et, ce jour-là, j'ai appris le goût des autres...

SPRINGER SHOW

Mars 2002

Sur la chaîne AB, le *Jerry Springer Show* ressemble à ce qu'aurait pu être *C'est mon choix* s'ils avaient gardé la ligne éditoriale du début : de pauvres gens, prêts à tout pour passer à la télé, viennent y parler de leurs malheurs. Pour vous donner une idée de l'ignominie de cette émission, il y a quelques mois, Jerry Springer avait fait venir un garçon homo qui voulait avouer en direct à son meilleur ami, hétéro, qu'il était amoureux de lui. L'autre, qu'on avait fait venir sous un autre prétexte – on lui avait dit que c'était un sujet sur les collectionneurs de Harley Davidson –, se pointe et voit son copain : « Tiens, salut ! — Salut, je suis gay et je t'aime. » Son copain a quitté le plateau et il est allé se tirer une balle dans la tête. Ce qui laisse rêveur sur l'état de la société américaine.

Hier, l'émission avait pour thème : « Je suis enceinte et trahie. » Le public chauffé à blanc hurlait : « Jerry ! Jerry ! Jerry ! » Un type qui ressemble à Cohn-Bendit – mais qui est juste un con et un bandit – fait son entrée sous les vivats. Arrive une pauvre fille enceinte de huit mois et dont le mari la trompait. L'équipe de l'émission avait repéré le motel où avaient lieu les ébats du couple adultère : on voit un reportage dans lequel l'épouse bafouée frappe à la porte de la chambre du motel. Le mari adultère lui ouvre à poil, la maîtresse s'enfuit et la pauvre fille enceinte casse tout dans la chambre, puis dit à son mari : « Je suis enceinte de huit mois. Qu'est-ce que je vais dire à cet enfant ? » Ensuite, retour plateau : Jerry Springer reçoit l'épouse et la maîtresse – une caricature, tatouée, avec un piercing dans le nez. Les deux filles commencent par s'insulter, puis se lèvent et se jettent l'une sur l'autre. Ensuite, entrée du mari qui se fait insulter par le public. Dès que la maîtresse prenait la parole, le public scandait : « Salope ! Salope ! Salope ! » Mais chaque gros mot était bipé, alors que les gros mots sont de loin ce qu'il y a de moins vulgaire dans l'émission.

Enfin, en point d'orgue, le moment où Springer a donné la parole au public. Les trois, sur la scène, se sont fait tour à tour insulter. La maîtresse s'est fait traiter de pute, une grosse dame noire a traité le mari – je cite – de « p'tite bite », et l'épouse bafouée de pleurnicheuse. Mais les trois sur la scène ont répondu. Le monsieur a rétorqué : « P'tite bite toi-même ! » à la dame noire ! Le ton est monté et ça s'est terminé en pugilat !

JO DE SALT LAKE CITY

FÉVRIER 2002

À Salt Lake City, s'est déroulé ce week-end un drame épouvantable, dont on a vu des images terribles à la télévision. Figurez-vous que le prince Albert s'est mis à l'envers.

Vous allez me dire : « Comme d'habitude ! » Mais non, je veux dire qu'il s'est mis à l'envers avec son bobsleigh ! Je ne sais pas si vous connaissez le film *Rasta Rockett*, dans lequel on voit des Jamaïcains qui n'ont jamais vu la neige essayer de faire du bobsleigh et finir à pied. Eh bien, le prince Albert a fini comme les Jamaïcains. Comme dirait Bruno Masure, il a terminé à pinces, Monseigneur !

Certes, je ricane sur la présence du prince Albert aux JO, mais on a un petit peu tendance à oublier tous les efforts auxquels il a dû consentir pour être physiquement au top lors de ces jeux. Pour en arriver là, il y a des heures d'entraînement ! D'ailleurs, on voit souvent des photos d'Albert qui s'entraîne. Pas dans *L'Équipe*, mais dans *Paris Match* où, semaine après semaine, on peut suivre son entraînement. Albert de Monaco, c'est le seul sportif qui va préparer les épreuves sur glace des jeux d'hiver aux Antilles ! C'est impressionnant ! Voilà un type qui s'entraîne pendant des heures à bronzer sur une plage de Saint-Barth' avec trois putes – c'est des entraîneuses !

Évidemment, je plaisante. Il s'entraîne aussi à la neige. À Saint-Moritz, on peut le voir s'entraîner des nuits entières chez Régine, avec trois putes. Oui, c'est une constante : sur les photos, où qu'il soit, le prince Albert est toujours accompagné de trois entraîneuses. Il ne fait pas les choses à moitié.

Enfin… maintenant il peut toujours s'entraîner pour les épreuves de yachting des JO d'été, ou pour la

Formule 1. Oui, parce qu'il est éclectique, Albert. Il aime autant les bateaux que les voitures de courses. En fait, il est à voile et à vapeur !

JOURNAUX TÉLÉVISÉS

Janvier 2002

La phrase la plus con de ces derniers jours est de Jean-Pierre Chevènement. À la question de Claire Chazal, sur le peu de chances que les sondages lui donnaient d'être présent au second tour, il s'est exclamé : « Mais vous savez très bien que les sondages se trompent. Et je ne suis pas le seul à penser ça puisque, selon la Sofrès, 36 % des Français ne croient pas aux sondages ! »

Février 2002

Au JT de samedi, j'ai vu un sujet sur Amandine, le premier bébé éprouvette. Elle a 20 ans et, chose incroyable, je ne sais pas si vous avez vu : c'est le sosie de Mazarine ! Là, on se dit, non, c'est pas vrai, c'est pas possible ! C'est pas Tonton !... Déjà qu'il s'est tapé toutes les attachées de presse, toutes les attachées d'ambassade, toutes les attachées de direction et toutes les attachées à son lit... En plus, si ça se trouve, il allait faire des dons à la banque du sperme ! Mais, à la réflexion, je me suis dit que ça devait pas être lui le père d'Amandine, car de même qu'il avait demandé qu'à ses obsèques la mère de Mazarine soit présente, s'il avait été le père d'Amandine, on aurait vu un aide de camp tenant un coussin avec dessus l'éprouvette et un vieux numéro de *Playboy* aux pages collées par les frères et sœurs d'Amandine… Donc…

Mars 2002

Au journal de PPDA, j'ai vu un reportage terrifiant, une manifestation sociale à Monaco. Un défilé dans les rues de la principauté avec banderoles ! C'était le personnel de la Société des bains de mer, des hôtels de luxe et des banques monégasques qui défilaient… Remarquez, les travailleurs monégasques, on n'est pas franchement inquiets, vu qu'ils manifestent tous en Dormeuil ! Il n'empêche qu'ils scandaient des slogans. On a notamment entendu : « Patrons, pas gentils ! » Ou bien : « Nous voulons un dix-huitième mois ! » Malheureusement, comme dans toutes les manifestations, il y a eu des incidents à la fin. Un élément incontrôlé qui a crié : « Merde à la Société des bains de mer. » Bon, là, évidemment, les CRS ont chargé…

KOH-LANTA

Septembre 2001

Par association d'idées, les candidats virés de *Koh-Lanta*, ça me fait penser à Miller qui ne s'est pas rendu compte qu'il était viré de chez Drucker !

Enfin, pour pas lui refiler d'indemnités, Drucker lui a donné une chronique enregistrée, que Miller lit en déchiffrant un prompteur. C'est nul parce que, le talent de Gérard Miller, c'est un talent d'orateur. Là, à lire son truc, au moins on n'a plus droit à la révolution culturelle du dimanche soir…

Bon, j'avais promis de vous parler de *Koh-Lanta*, j'attendais les cassettes, je m'apprêtais à me lancer dans une diatribe façon *Loft*, mais il n'y a pas de quoi s'affoler ! *Koh-Lanta,* c'est complètement bidonné… Au départ, contrairement à ce qu'annonce TF1, *Koh-Lanta* n'est absolument pas une île inconnue et inhospitalière, c'est une destination touristique que toutes les agences de voyages incluent dans leurs circuits en Thaïlande !

L'émission a été tournée il y a un an, ça a été monté et remonté, ils ont même fait des raccords en studio – on voit que le sable a été apporté, c'est tout juste si, sur le palmier, il n'y a pas écrit : « Propriété de la SFP » ! Et surtout, on a appris ça dimanche chez Daniel Schneiderman, sur l'île il y a toute l'équipe technique qui vit à quelques mètres des soi-disant naufragés. C'est-à-dire 70 personnes avec des mobile homes et tout le matos ! C'est tout juste s'ils n'ont pas aménagé un aérodrome !…

En fait, *Koh-Lanta,* c'est *Fort Boyard,* mais sans le fort avec la tour où tout en haut Georges Moustaki pose des énigmes. Là, c'est Hubert Auriol qui fait le père Fouras, il est nul, il récite péniblement un texte appris par cœur, on dirait un présentateur de

La Tête et les jambes dans les années 1950 ! C'est bien simple, c'est pas Hubert Auriol, c'est Vincent Auriol ! En plus, ça a été monté par le même type que les émissions de Laurent Ruquier… Par exemple, lors d'une épreuve, on voit un archer tirer une flèche aux ailettes bleues : la flèche arrive dans la cible, les ailettes sont rouges !

Autre exemple : à un moment les candidats devaient trouver de l'eau, alors ils faisaient semblant d'avoir soif. La voix *off* dramatisait : « Trouveront-ils de l'eau ?… » Bon, déjà on sait bien qu'ils vont pas mourir de soif… Vous imaginez les journaux ? « Deux candidats d'un jeu à la con meurent de soif ! » En plus, il ne peut rien leur arriver : TF1 risque un procès pour la moindre écorchure, vous pensez bien qu'ils les chouchoutent ! Quand on les voit marcher dans l'île, il y a toujours une équipe qui les suit, trois personnes : un caméraman, un perchiste et un journaliste, plus une autre équipe… Là, le jour où ils devaient trouver de l'eau, on les voit qui souffrent… Aaaarg… Et ils ont marché comme ça pendant deux jours dans la forêt ! Mais, pendant ce temps-là, vous imaginez bien que les équipes techniques, elles, elles mangent, elles boivent, elles font des pauses syndicales ! En plus, les types ont droit à leur RTT, donc à chaque fois qu'ils s'arrêtent les candidats doivent s'arrêter aussi… Vous imaginez les techniciens qui disent : « Stop ! C'est l'heure de la pause » et qui se mettent à sortir des boissons fraîches et à se goinfrer de Sundaes fraise devant les candidats ! Évidemment que non : ils bouffent et boivent tous ensemble, et ils discutent le coup… « T'as vu, j'étais bien quand j'ai fait arhhh… à boire ! » Et l'autre : « Euh, oui Coco, mais t'étais en contre-jour, on refera un plan après la pause, tu veux du tarama ? »

L'autre jour, la voix *off* nous donne une information qui *a priori* nous semble totalement intéressante : « Romain est celui qui consacre le plus de temps à l'hygiène de son corps. » Il faut savoir que Romain est un Black avec un corps d'athlète, et notamment des petites fesses musclées… Là, c'est ahurissant, on voit Romain se laver les fesses pendant trois minutes, et que j'te savonne, et que j'te rince, avec des gros plans !… En plus, il s'est lavé que ça, après il est parti. Alors sur le plan de l'hygiène, bonjour !…

LEPERS JULIEN

SEPTEMBRE 2001

Première leperserie de la saison, faisons un vœu. Ben oui, ça porte chance une leperserie, c'est comme si on marchait dans du caca !

Hier, notre ami Julien commence à poser la question suivante : « En 41 de notre ère… » Et là, il nous fait une sortie de fiche ! Ben oui, mais qu'est-ce que vous voulez, il était sûr de lui, il se disait : « Bon ben tiens, j' fais juste un p'tit hors fiche pour montrer ma culture… » Et il enchaîne : « En 41 de notre ère, c'est-à-dire en 1941, quel empereur Romain succède à Caligula ? » J'ai cru qu'il allait donner Mussolini comme réponse, mais non !

Octobre 2001

Pour nous changer les idées et revenir à l'innocence de l'enfance, voici une leperserie qui s'intitule : « Julien fait du social. » En effet, hier, Julien Lepers a décidé d'aider un chômeur. L'un des candidats de *Questions pour un champion* étant sans emploi, Julien s'est lancé dans un de ces discours dont il a le secret, exaltant l'aspect social du service public, et finissant par dire : « C'est le rôle de France 3 d'aider les démunis et nous allons lancer un appel afin que vous ne soyez plus sans emploi. Si vous pouvez faire quelque chose, écrivez-nous à *Questions pour un champion*, nous ferons suivre. » Même un CDD ! C'est tout juste s'il ne mendiait pas un TUC !... Il a fini par demander au candidat, avec compassion : « Vous avez travaillé dans quelle branche ? » Et le type répond : « Dans la haute finance, je suis spécialiste d'acquisitions et de fusions d'entreprises. » Julien, décontenancé : « Ah... Et... vous avez des diplômes ? » Le type : « J'ai fait HEC. » Julien, sans se dégonfler : « Eh bien, si quelqu'un nous écoute et qu'il recherche un spécialiste d'acquisitions et de fusions d'entreprises, qu'il nous contacte ! »

Décembre 2001

Hier, Julien recevait un candidat rouennais, à qui il s'adressait tout en lisant sa fiche. Ça a donné ça : « Vous habitez Rouen, Seine-Maritime. » Puis, cessant de lire sa fiche : « Dans le département de… ? » Le candidat : « Ben… de Seine-Maritime… » Là, on voit que Julien se rend compte de sa bévue, et cette prise de conscience le préoccupe. Mais l'émission doit continuer, *the show must go on*… Seulement la masse cérébrale de Julien ne lui permet pas de faire deux choses à la fois. Du coup, troublé, il enchaîne : « Bon, alors, à propos de Rouen, voici un questionnaire sur le Maroc… »

Il y a des moments où l'on se demande si Julien Lepers ne vient pas d'une autre galaxie !

Janvier 2002 (1)

Commençons cette première chronique télé de l'année par le cadeau de nouvel an de Julien Lepers, dont on pressent que 2002 sera un grand cru pour les leperseries. Déjà, rien qu'en nous présentant ses vœux, on sentait qu'on allait avoir droit à du grand Lepers. Prenant un ton solennel, il a déclaré : « Je souhaite que, dans ce monde tourmenté, *Questions pour un champion* soit un phare qui vous guide au milieu des tempêtes. » Je ne sais pas si son émission est un phare, ce qui est sûr c'est que Julien n'est pas une lumière !

Voici donc la première leperserie de l'année – vous allez voir qu'il ne s'est pas moqué de nous. À la question : « Quel est l'animal du désert qui ne porte qu'une seule bosse ? », le candidat répond : « Le chameau. » Julien le reprend en lisant sa fiche : « Eh non, c'est le dromadaire ! » Puis il enchaîne, toujours en lisant sa fiche : « D'ailleurs il existe un moyen mnémotechnique de s'en souvenir : cha-meau, deux syllabes = deux bosses. » Et là, on le voit sourire de bonheur à ce petit truc tout simple. Du coup, il s'enthousiasme et, abandonnant la lecture de sa fiche, il enchaîne : « Ah ! oui, c'est pas mal ça, chameau, deux syllabes = deux bosses, dromadaire, trois syllabes… » Là, il était trop tard pour freiner et il a conclu – je vous jure que c'est vrai : « Dromadaire, trois syllabes = trois bosses ! »

Janvier 2002 (2)

Je voudrais remercier Julien Lepers, qui samedi nous a offert d'entrée sa leperserie, nous évitant ainsi de regarder la totalité de *Questions pour un champion*. Donc Julien arrive, toujours en saluant son public comme s'il entrait à Bercy – sauf que là il y a au maximum trois techniciens plus les familles des candidats ! Et ça a donné ça : « Un immense bonsoir ! *Questions pour un champion*, tout le monde – oui, là, il avait décidé de se passer de verbes, de conjonctions de coordination et de toutes ces choses qui compliquent inutilement la grammaire –, bonsoir, *Questions pour un champion*, tout le monde, la cagnotte 13 600 euros ! » Là, il avait tout dit. Mais tels ces enfants qui tirent leur maman par la manche pour attirer leur attention : « Maman, maman, regarde ! », Julien nous tire par la manche, il veut juste que la caméra reste un peu sur lui, et il enchaîne : « Où que vous soyez, au Maroc – là, la citation du royaume chérifien en premier reste un mystère, d'aucuns prétendent que Julien Lepers avait consommé un couscous à midi et voulait rendre hommage à la qualité de la semoule –… Où que vous soyez au Maroc, en France – oui, là il s'est dit : « Tiens après le Maroc, je vais citer la France », du coup ça lui remet le cerveau en Europe et il enchaîne – … en Angleterre, en Allemagne… – là il cherche un peu, et le premier pays qui lui vient c'est l'Éthiopie –… Où que vous soyez, au Maroc, en France, en Angleterre, en Allemagne, en Éthiopie… » Et là, j'avoue que cette idée des petits Éthiopiens regardant des institutrices en retraite répondre aux questions de Julien Lepers est une image de la Corne de l'Afrique à laquelle on pense trop peu… Du coup, il s'enhardit : «… en Éthiopie ou en Afrique noire, en Afrique noire ou en Afrique… » Et là, évidemment, il est planté ! Il a failli dire Afrique blanche mais, dans un effort terrible, il parvient à ne pas sortir la connerie et reste, tétanisé, récupérant avant que de chercher à dire autre chose… Là, il n'y avait plus que le silence, un silence interminable… À ce stade, je pense qu'un petit rappel de la totalité de la phrase s'impose : « Un immense bonsoir, *Questions pour un champion*, tout le monde, la cagnotte 13 600 euros, où que vous soyez, au Maroc, en France, en Angleterre, en Allemagne, en Afrique noire ou en Afrique… » Et là, après l'interminable silence, son visage s'éclaire : « … en Afrique noire ou en Afrique du Sud – du coup ça le débloque et il continue –… en Extrême-Orient… » C'était plus Julien Lepers, c'étaient les aventures de Tintin ! Lepers au Congo, Lepers au Tibet… Et il termine en disant : « … et en Nouvelle-Calédonie Marie-Hélène est formidable. » Oui, ça s'appelle « fin Julien Lepers » : il boucle sa phrase avec le prénom d'une candidate, comme une espèce de blanchiment de connerie, car du coup on oublie tout le reste et il ne reste que : « Marie-Hélène est formidable. »

Février 2002

Une candidate prénommée Laurence a été pire que Julien Lepers. Il lui demande de dire brièvement d'où elle vient. Elle répond : « Aix-en-Provence. » Et là, l'erreur, il dit : « Ah ! le cours Mirabeau !… Bon allez, on joue… » Manque de pot, la candidate l'avait entendu au début de l'émission dire son « bonsoir » interminable, et elle a décidé de faire la visite guidée d'Aix-en-Provence : « Oui, le cours Mirabeau avec ses vingt-trois fontaines recensées, mais il y en a beaucoup d'autres. Vous avez la fontaine du Roi-René, qui a introduit le muscat en Provence en 1432… » Julien : « Ah !… bien… Bon… maintenant nous jouons… — Nous avons aussi la fontaine moussue qui est tiède… » Julien : « C'est incroyable !… — Oui, elle fait de la mousse parce que l'eau sort à 17 degrés… » Lepers : « C'est intéressant… Alors un questionn… — Il y a aussi la fontaine des Neuf-Canons, qui permettait aux moutons faisant la transhumance de boire en traversant la ville d'Aix… — Ah !… Bon, allez on joue… — Et vous savez pourquoi ils pouvaient boire ? — Non. — Parce que la margelle est très basse ! — C'est pas possible !… — Si, c'est possible ! Vous pouvez venir voir quand vous voulez, pour vérifier ! — D'accord, mais là, il faut y aller… — Mais il en manque une… » Julien : « Ah ! ben oui, ça aurait été dommage… — Oui, je voudrais terminer par la fontaine de la Rotonde qui est la plus belle, enfin pas pour tous, mais qui est reconnue comme étant la plus… » À cet instant, Julien, à genoux, les bras en croix, demandait à Jésus-Christ roi : « S'il vous plaît, faites-la taire ! » Et ça a marché, car elle n'a pas terminé sa phrase : « … qui est reconnue comme étant la plus… » Il l'a regardée, interloqué, il n'y croyait pas. Et il a enchaîné : « Ah… Eh bien, heureusement qu'il n'y en avait pas 150, des fontaines, parce qu'on était partis pour y passer la nuit ! ».

Mars 2002 (1)

J'ai une jolie leperserie pour nous donner un peu de courage en ce début de semaine. Soyons francs, je suis tombé dessus par hasard. Je cherchais une cassette à effacer pour enregistrer *Les Victoires de la musique,* lorsque j'ai visionné cette émission de *Questions pour un champion* qui date sans doute de plusieurs jours. Julien demande à une candidate ce qu'elle fait et où elle habite. La dame répond : « Je suis institutrice à mi-temps. » Alors Julien, figé dans sa structure interrogative – qui était, je vous le rappelle : « Que faites-vous ? » et « Où vivez-vous ? » —, entend « institutrice à mi-temps », et aussitôt, par un effet de réaction, demande : « Et ça se trouve où, mi-temps ? » Le cerveau de Julien fonctionne comme ça : une réaction immédiate sans pensée. Ça passe dans des zones totalement vides, c'est un peu comme le poulpe qui, dès qu'on le touche, balance de l'encre ! D'ailleurs, Julien possède un QI de poulpe !...

Mars 2002 (2)

Hier soir, notre ami Julien commence *Questions pour un champion* en disant : « Un immense bonsoir à tous, merci de regarder cette émission. » C'était bien, c'était sobre, mais c'est plus fort que lui, le voilà qui s'embarque dans une phrase dont il ignore comment il va la terminer : « Merci de regarder cette émission, cette émission qui n'est... cette émission qui n'est qu'amour... » Et là, il prend conscience et veut s'en sortir, mais plus ça va, plus il s'enfonce : « Cette émission qui n'est qu'amour, car il en faut de l'amour, tout simplement, pour nous regarder tous les soirs et ça nous fait plaisir, ça touche beaucoup, et ça nous oblige à nous remettre en question, et à vous essayer... à vous essayer de vous proposer tous les soirs la meilleure émission possible, Fabrice est un très bon candidat ! »

Mars 2002 (3)

Un des candidats, comédien amateur, explique qu'il va prochainement jouer la pièce *Volpone*. Déjà, notre ami Julien croyait que, *Volpone*, c'était l'ennemi de Fernandel dans *Don Camillo*... Est-ce cela qui l'a troublé ? Nul ne le sait. Toujours est-il que lorsque le candidat a dit qu'il s'agissait de *Volpone*, la pièce de Ben Jonson, on a vu sur le front de Julien les deux rides d'incompréhension que nous commençons à bien connaître et qui sont le signe d'une connerie annoncée... On voyait que ce nom évoquait quelque chose à Julien, donc les deux petites rides et la connerie qui arrive, majestueuse... Et Julien, qui se doute que c'est une connerie, ne peut l'arrêter – c'est comme une vague qui emplit le vide de sa boîte crânienne. Il dit : « Ben Jonson, Ben Jonson... Ça me dit quelque chose... c'est un Canadien, un sportif canadien... » Le candidat, effondré : « Euh... non, c'est un dramaturge élisabéthain. » Là, j'ai cru que Julien allait ajouter : « Dramaturge élisabéthain peut-être, mais il a été condamné pour dopage ! »

Septembre 2002

C'est la rentrée pour Julien Lepers et Sophie Davant, qui nous sont revenus en pleine forme ! Hier soir, Julien présentait *Questions pour un champion* aux nouveaux téléspectateurs. Il a expliqué : « C'est un jeu de questions et de réponses basé sur... » Et là, évidemment, il est planté. Seul sur le sable, les pieds dans l'eau... « *Questions pour un champion* est un jeu de questions et de réponses basé... sur des questions et des réponses ! »

LOFT 2 (LE)

Avril 2002 (1)

Le *Loft 2* a commencé, et on n'a pas été déçus. D'entrée, on a compris que M6 avait menti effrontément en annonçant que le 2 ne serait pas plus *trash* que le premier. C'est bien simple, hier soir, dans cette première émission, il y a eu plus de vulgarité, de crétinerie, de sexe frelaté ambiance « fin de soirée au Macumba » que dans le premier ! En fait, comme dans les autres pays les *Loft 2* ont moins bien marché, on va avoir du *trash*, du cul, du bien vulgaire, avec des personnages tellement outrés que ça en devient pathétique.

Mais, avant tout ça il faut que je vous parle d'une nouvelle amie, qui, je le sens, va nous apporter beaucoup de satisfactions. Je veux parler de Séverine Ferrer, qui va coprésenter avec Benjamin Castaldi. Vous vous souvenez de Séverine Ferrer ? Elle était allée voir le dalaï-lama pour lui demander quel était le sens de la vie. L'autre, qui venait de fumer du népalais, a rigolé et lui a dit : « Le sens de la vie, petite demoiselle qui ressemblez à un poney, hi, hi, hi !, c'est de coprésenter le *Loft 2* avec Castaldi, hi, hi, hi !... » Là, il a regardé les autres lamas, ils se sont tous marrés et il lui a dit : « Allez, au revoir, et puis bravo pour *Mirza* et *Les cornichons* ! » Oui, parce que dalaï avait compris qu'elle s'appelait Nino Ferrer. Son secrétaire s'est penché vers lui et lui a dit à l'oreille : « Non, dalaï, c'est pas Nino Ferrer, c'est Neuneu Ferrer ! »

Donc, hier soir, Neuneu Ferrer était chargée de nous faire visiter le Loft. On lui avait dit : « Sois enjouée et tonique », du coup elle en faisait des tonnes. Pour vous donner une idée, à côté de l'état d'excitation de Séverine hier soir, Jean-Claude Van

Damme aurait ressemblé à un contemplatif ayant fait vœu de silence !

Séverine sort du studio pour nous faire visiter, et là elle s'écrie : « Ah ! là, là ! Déjà une ambiance torride !... » Bon, il y avait une douzaine de blaireaux frigorifiés, au point, nous dit *Le Parisien* ce matin, qu'ils sont allés chercher des figurants pour faire la claque ! Alors devant le désastre, elle a crié : « Ça va ? », comme elle l'avait entendu faire à Bruel. Et là, on a juste entendu une grosse voix répondre : « À poil ! » Donc elle n'a pas insisté...

Arrivée devant le sas d'entrée, elle s'exclame : « Vous allez voir, c'est magique, c'est comme dans les banques ! » Évidemment, le truc ne marchait pas, alors Castaldi lui dit : « On va faire un compte à rebours ! » Séverine : « Ah ! d'accord ! » Et Benjamin commence : « 5... 4... 3... » Au même moment, Séverine Ferrer : « 10... 9... 8... » Peu importait finalement, puisqu'à zéro il s'est rien passé : le truc ne marchait vraiment pas ! Après un long moment la porte a fini par s'ouvrir, mais à l'intérieur il y avait une grande bâche qui recouvrait le tout. Elle aurait dû se lever majestueusement pour qu'on découvre le jardin, la piscine, les poules et tout ça... Manque de pot, la bâche est restée en position basse. Mais Séverine Ferrer, ça ne la dérangeait pas, vu qu'elle mesure 1 mètre 12 ! Donc elle a dit, comme on lui a dit à la répétition : « Oh... super !... Oh ! que c'est beau ! » Mais, comme la bâche restait obstinément en bas, c'était ridicule,

« oh ! que c'est beau », avec la bâche sur la tête ! Castaldi : « Oui, mais Séverine, attendez, la bâche n'est pas relevée !... » Mais déjà Séverine nous présentait les trois poules – les bêtes, pas les candidates : « Et voici Dudule, Tuture et... » Et là, le trou terrible : Séverine Ferrer ne se souvenait plus du nom de la troisième poule. Vous allez me dire, quand même, voilà une fille qui n'a rien d'autre à foutre que d'apprendre le nom de trois poules à la con et qui n'y arrive pas ! Mais c'est un problème de stockage, elle a une capacité intellectuelle de deux noms ! Dudule, Tuture... et là, dans son cerveau il y a un clignotant qui s'allume : « Mémoire complète ! » En fait, la troisième s'appelait Pioupiou, c'est vrai que c'était difficile à retenir !

Finalement, elle nous a quand même fait visiter. Donc, c'est de nouveau du Ikéa – ils ne sont pas rancuniers chez Ikéa, les précédents n'ont pas arrêté de dire que c'était de la merde ! Ils doivent être maso !... Sinon, il y a une caméra dans la piscine, probablement pour le cas où ils feraient de la natation synchronisée, une baignoire à trois places et une douche à deux places, et il n'y a que dix lits pour douze personnes...

Faisons maintenant connaissance avec nos nouveaux amis. D'abord les filles. C'est terrible. Cinq pouffes de la pire espèce ! En plus, ils ont choisi des teigneuses, on devine qu'il y a du crêpage de chignon dans l'air. Marlène est coiffeuse. Enfin, ancienne coiffeuse qui maintenant ne fait plus grand-chose, sauf « draguer sur le périph' en 4 × 4 », dit-elle. D'ailleurs, elle a précisé : « Je suis quelqu'un qui aime les choses sexuelles. » Elle a beaucoup de classe. Surtout quand elle rit et qu'elle coince sa grosse langue entre ses dents. Il y avait sa mère, pathétique, dans la salle. Elle appelle les garçons des Crunch, parce qu'elle les mange avec gourmandise... À la question de Castaldi : « Quel livre emmenez-vous dans le Loft », elle a répondu : « J'avais un livre, mais je l'ai oublié à l'hôtel. » Elle a dû y oublier aussi l'intelligence... Une fois dans le Loft, elle a déclaré : « Maman, je te donne tout mon soutien. Je t'aime très très fort. Je vais m'éclater. Gros poutous poutous partout. Tout le monde sont super cool ! » Elle avait aussi oublié la syntaxe à l'hôtel...

Ensuite Julia. Elle, dans le scénario de M6, c'est la rebelle. Ça a commencé par une scène insupportable, durant laquelle elle a raconté devant sa mère tremblante comment cette dernière l'avait abandonnée lorsqu'elle avait 10 ans. Pour montrer à quel point elle est rebelle, la production lui avait demandé de faire la gueule, de se faire faire un piercing et d'amener un rat dans le Loft. Le problème, c'est que, lorsqu'elle est descendue de voiture, sa valise s'est ouverte et le contenu s'est éparpillé sur la chaussée. Du coup, la rebelle, toute gênée, a dit : « Oh ! excusez-moi ! », et elle a ramassé son barda... Son rat s'appelle Peyotl. Le peyotl, c'est un cactus d'où l'on extrait la mescaline...

Angela est barmaid dans une boîte. « Je suis une fille de la *night* et je pense que la plupart des filles sont des connes. » Et elle le justifie par ses premières phrases en entrant dans le Loft : « J'ai envie de pisser grave », puis, « Je remercie grave d'être venue... » La plupart, je sais pas, mais toi, c'est sûr !

Lesly est une enfant de la DDASS. C'est la nouvelle Loana. Minishort et talons aiguilles, donc déjà la grande classe. Elle prend une pose lascive, au point que Castaldi lui dit : « Lesly, vous avez descendu la fermeture Éclair de votre poitrine ! »

Et pour finir, Karine, prof de flamenco. Elle dit tout le temps « tranquille » et « ça le fait grave ! ».

Venons-en aux garçons. Ce sont également des archétypes, mais plus variés. Celui qui sera notre nouvel ami, je le pressens, je le devine, c'est Félicien. Je voudrais féliciter M6, moi je croyais pas que ça pouvait exister – ou alors en laboratoire. Comment vous dire... c'est une synthèse. Ce n'est plus un beauf, ce n'est plus un gros con, c'est au-delà, dans des sphères inconnues du commun des mortels. Il est mécanicien de formation, mais en fait il ne fait rien, car c'est un glandeur de première. Quand on demande à son père ce qui caractérise son fils, il répond : « Je ne veux pas dire qu'il soit feignant, mais il fout rien, il dort ! » On nous montre sa journée type : il se réveille et déjeune léger, avec du foie gras et du vin blanc, et ensuite il se recouche jusqu'à 19 heures. Après quoi il fait la fête – pour lui, la fête, c'est faire ce qu'il appelle « le poisson pané ». C'est – je cite – « se mettre 4 grammes d'alcool dans le sang puis plonger dans la sciure à vomi par terre... » Et il conclut : « Quand j'chuis bien bourré, je drague des thons… C'est tranquille ! »

Évidemment, il y a le Beur de service. Mais attention, c'est comme Aziz, c'est le bon Beur bien intégré, sympa et tout. Il s'appelle Kamel. Il a dit qu'il s'en était sorti grâce aux études. Il est en formation pour devenir chauffeur de bus. Castaldi : « Kamel, il paraît que quand vous enlevez vos chaussures c'est une infection ? — Trop, trop plaisir… Trop longtemps que… trop plaisir… Je présente mes condoléances pour la famille de monsieur Ali… »

Ensuite David, le play-boy. Il est mannequin. Contrairement au règlement, il a deux enfants, mais n'en a pas la garde. La mère a accepté par écrit qu'il participe au *Loft*, ce qui prouve que c'est une mauvaise mère. Il a déclaré : « Les gonzesses, c'est comme les bonbons, c'est bon, mais si t'en manges trop t'as mal au ventre ! » David mannequin, le « Jean-Édouardé », adore faire kiffer les gonzesses avec son corps…

William, le métis qui ressemble un peu à Thierry Henry, sympa, impliqué dans l'associatif, qui joue au basket. Sa particularité, c'est que quand il marque un panier il baisse son slip…

Thomas, le gay, présenté comme puceau. On insiste bien sur le fait qu'il dirige une galerie d'art, qu'il est paysagiste et qu'il lit Oscar Wilde, pour bien racoler avec des sous-entendus malsains et lourdingues, du genre : « Moi, ma femme devra être aussi grande que moi. — Ah bon ? Combien vous mesurez ? — 1 mètre 88. — D'accord... »

Vous l'avez compris, hier soir le rat était probablement l'être vivant le plus intelligent du Loft. Pourtant, avec ce qui s'annonce dans ce *Loft 2*, même le rat d'égout a le dégoût !

Avril 2002 (2)

La phrase du week-end était dans l'émission + *Clair* de Daphné Roulier sur Canal, qui a réalisé un reportage sur les anciens Lofteurs regardant les nouveaux à la télé, le soir de leur entrée dans le Loft.

On était chez Julie. Vous vous souvenez de Julie, la fiancée de Christophe ? Bon, eux, ça y est, c'est fini. Leur dernier contrat, l'ouverture de La Halle aux chaussures de Vermenton, a eu lieu il y a trois mois. Donc là, on les voyait chez eux, commentant les premières images des nouveaux Lofteurs. Et ils se moquaient. Christophe disait : « Ils n'ont pas de vocabulaire. » Et Julie répondait : « C'est clair ! » À un moment, le portable de Julie sonne. C'était Kimy. Vous vous souvenez de Kimy ? C'était la collègue de Bruno Masure – spécialiste des boîtes à partouzes – qui désirait devenir comédienne. Elle dit à Julie : « C'est le royaume de la vulgarité ! » Julie : « C'est clair ! » Et Christophe conclut : « Elle a raison, c'est le royaume de la vulgarité... », tout en se grattant les couilles avec acharnement !

À part ça, dans le Loft, tout va bien. C'est très calme. La seule activité intellectuelle décelée par les oscilloscopes de M6 provient du poulailler. Kamel a fait des crêpes. Il n'a pas tout à fait compris le principe du jeu, il faudrait lui expliquer que c'est filmé en permanence. Parce qu'il croit que lorsqu'il est seul il n'est pas filmé… Samedi, ayant donc décidé de faire des crêpes, il s'installe dans la cuisine, prépare sa pâte, en met une louche dans la poêle, attend que ça prenne, puis lance sa crêpe pour la retourner. Comme il n'a pas encore le coup de poignet, il procède en deux étapes, il décompose. C'est-à-dire qu'il lance la crêpe, la laisse tomber par terre, puis la reprend à la main et la tasse dans la poêle pour cuire l'autre côté ! Et à chaque crêpe qu'il fout par terre, il jette des coups d'œil inquiets pour voir si personne ne l'a vu. Non, personne. Juste 8 millions de personnes.

Il y a aussi le cas Lesly, que les producteurs ont scénarisée comme la nouvelle Loana. C'est-à-dire le rôle de la bimbo qui fait de la provoc, mais qui cache un cœur d'or sous un 125 bonnets F. On nous l'a présentée comme une malheureuse enfant de la DDASS. Heureusement qu'elle a rencontré Pollux, un vieux, qui l'a prise sous son aile et lui a tout appris. Là-dessus, réaction d'une famille outrée qui déclare que Lesly s'appelle en réalité Rafida, qu'ils l'ont adoptée dès son plus jeune âge, qu'elle n'a jamais vécu en foyer et que Rafida *alias* Lesly a vécu une enfance heureuse. Gageons que les producteurs sauront indemniser comme il convient cette famille qui vient contrarier le scénario du *Loft*…

Tout d'abord, le scoop de la nuit à la télévision : un coup de tonnerre dans le monde de l'audiovisuel. Tenez-vous bien, cette nuit, à minuit et demi... Marlène a quitté le Loft !

Dans l'article du *Parisien*, on apprend qu'hier soir, vers 22 h 30, Fun Radio a piraté une conversation dans le Loft entre Lesly et Marlène. Cette dernière lui avouait qu'elle exerçait la profession de call-girl et que, grâce aux bontés des vieux qu'elle se tapait, elle avait fait le tour du monde. Bon, on ne sait pas si c'est M6 qui en raison de ces révélations a décidé de la virer, toujours est-il qu'on espère que la chaîne ne va pas jouer les vierges effarouchées sous prétexte que c'est une pute – vu que c'est pour ça qu'ils l'ont choisie !

Un deuxième scoop nous a été révélé hier : l'homosexualité de Thomas. Honnêtement, ce n'est pas tout à fait une surprise. Thomas a expliqué aux Lofteurs que ses parents, qui étaient déjà contre sa participation au *Loft*, n'étaient pas au courant. C'est drôle, parce que nous on a tout de suite été au courant ! Là aussi, ça sent le bidonnage...

Je vais maintenant vous raconter le *best of* d'hier. Rappelons que *best of* signifie « le meilleur », c'est-à-dire qu'en une heure on condense les meilleurs moments.

Première séquence : on voit Félicien – le beauf landais – qui va se faire un jus d'orange. Donc déjà la scène vachement intéressante !… Mais, si cette scène est dans le *best of*, c'est parce qu'il n'arrive pas à se servir du presse-agrumes. Rappelons brièvement comment ça fonctionne : vous coupez votre orange en deux, vous en plantez une moitié sur le cône de l'appareil, puis vous rabattez le couvercle et vous mettez en marche. Félicien, lui, met sa demi-orange, la tient avec son doigt et met la centrifugeuse en route. Son index se met donc à tourner avec l'orange, il s'explose le doigt… Bref, une horreur… Et jusqu'à la fin de la séquence, Félicien n'a pas compris qu'il suffisait de rabattre le couvercle sur sa demi-orange ! Et en bas de l'écran on voit s'inscrire : « Félicien se bagarre avec le presse-agrumes » – des fois que les téléspectateurs de M6 n'auraient pas compris ce qui se passe ! Bientôt, ils vont écrire : « Image qui bouge qu'on a filmée avec une caméra » !

Il y a quelques jours, un documentaire de la BBC montrait des expériences réalisées sur les chimpanzés du zoo de Sydney. Les singes arrivaient à se servir d'un clavier, comprenaient une cinquantaine de phrases et se faisaient des jus d'orange en se servant d'un presse-agrumes. Ensuite, il leur prenait l'envie de copuler, ce qu'ils faisaient immédiatement sans se poser de questions…

Notre ami Félicien qui, rappelons-le, est celui dont le plus grand plaisir dans la vie consiste à faire le « poisson pané » – c'est-à-dire à se saouler, puis se déshabiller et plonger dans la sciure pleine de vomi des bars du Pays basque –, Félicien n'a pas compris qu'il suffisait de rabattre le couvercle sur sa demi-orange... Mais le plus fort, c'est que deux autres Lofteurs l'observaient et n'ont pas compris non plus ! Il y avait Kamel et Angela. Elle dit : « C'est un délire grave. » Kamel : « Même pas chez moi j'ai ça... » – oui, parce que lui, il a du mal à mettre les mots dans le bon ordre. Et Angela, qui se décrotte le nez, a cette conclusion magnifique : « C'est ça qu'est bien ici, c'est qu'y a des trucs ici que t'as ici et pas à la maison ! »

Avril 2002 (4)

Il s'est passé beaucoup de choses ces derniers jours dans le Loft. Rappelons que Marlène a dû partir pour « raisons personnelles ». « Raisons personnelles », c'est la formule élégante trouvée par M6 pour dire que c'est une pute. Et donc, hier soir, en plus de la nouvelle fille qui devait entrer dans le Loft, y sont entrées deux sélectionnées parmi trois postulantes – nous y reviendrons.

Il y en a une dans le Loft qui commence à saouler tout le monde, c'est Karine. Ils lui ont dit : « Fais du flamenco », alors on la voit sans arrêt taper du talon en faisant des grâces avec les bras... Des fois, même, on la voit pas, on entend : « Tac tac tac... » Elle, je crois qu'elle va se faire virer du Loft... Pendant chaque scène, par exemple quand Kamel et Lesly sont à la cuisine, en arrière-plan on entend l'autre andouille : « Tac tac tac tac... »

Vous vous souvenez de la scène du presse-agrumes que je vous ai racontée avant-hier ? Eh bien, hier, on a eu la même avec Félicien face à un mixer. Il regarde et il fait : « Oh ! là, là ! Comment ça marche ?... » Et pendant ce temps-là, l'autre derrière : « Tac tac tac tac... »

David : « Si on ne mangeait qu'avec les beaux, y en a beaucoup qui mourraient de faim. » Angela le regarde et fait : « C'est beau c' que tu dis, si qu'on mangerait avec les beaux, qu'y en a beaucoup qui mourraient de faim... » À mon avis, si on mangeait qu'avec les cons, faudrait rajouter des tables dans le Loft !

Hier donc, trois filles se présentaient pour deux places. L'une serait sélectionnée par les Lofteurs, l'autre par les appels à 0,56 euro la minute. Sandra, miss Aisne, « porte toujours sur elle les poils de sa chatte ». Elle ne s'en sépare jamais, c'est un souvenir en quelque sorte. Elle porte toujours sa chatte sur elle, elle met ses poils de chat dans une petite bourse, dans une souris en peluche... Sandra arrive donc et elle est accueillie par Séverine Ferrer – qui, vous vous en souvenez, était trop enthousiaste la semaine dernière. Donc là ils lui ont dit : « Tu te calmes », du coup elle susurrait... Or, comme la première candidate, Lauryne, était foraine et qu'elle a été accueillie par un orchestre de clowns, on n'entendait rien de ce que disait Séverine ! Du coup, Lauryne hurlait : « Quoi ? J'entends rien !... Oui ? Quel effet ça fait d'être là ?... » Et là, Lauryne a cette phrase magnifique : « Ben... avant j'étais derrière la télé et maintenant je suis devant ! » Puis on la voit qui réfléchit et qui conclut – ou bien l'inverse. Remarquez, elle doit être dyslexique, parce qu'elle inverse toutes les prépositions…

Un peu plus tard, Castaldi lui demande ce qu'elle pense des autres Lofteurs. Elle répond : « J'espère qu'ils ne changeront pas et qu'ils resteront toujours délirants au début comme ils étaient à la fin… »

Pour sélectionner les deux filles, les Lofteurs devaient poser des questions. La première était : « Quel est ton genre de garçon ? » Il y en a une qui a dit : « Moi, je ne juge pas sur le physique, ce qui compte c'est l'apparence… »

À part ça, des nouvelles de notre ami Félicien. Figurez-vous que David avait décidé de lui couper les cheveux. Là, même si vous n'aimez pas le *Loft*, regardez le résultat, c'est incroyable. C'est-à-dire qu'il est quasiment tondu, ça fait des plaques, on dirait qu'il a la pelade ! Alors il est allé voir tout le monde, les filles disaient : « Wouuais, c'est laid… » Et pendant ce temps-là, l'autre : « Tac tac tac… »

Enfin, David est venu au confessionnal pour dire : « Félicien, c'est un bœuf, mais il est pas méchant. » Un bœuf peut-être, mais tondu comme un œuf !

Oh ! et puis ça me fatigue, le *Loft*… Et c'est pas fini, on va avoir droit à *Koh-Lanta*, puis à *L'Île de la tentation*, et puis le *Loft des gros*, et puis M6 pour contrer *L'Île de la tentation* va lancer *Love Boat*, le *Loft*, mais en bateau !…

Dieu merci, France 3 n'a pas donné suite au projet intitulé *La Ferme*. Non, ça ne veut pas dire « tais-toi ». Mais la ferme agricole. C'était un *Loft*, mais rural, où l'on voyait vivre des paysans comme au XIXe siècle. La chaîne, après avoir visionné les versions étrangères, a jugé que c'était trop vulgaire. Il y avait une caméra dans la chambre à coucher et une autre dans l'étable !

Mai 2002 (1)

J'en arrive parfois à me demander si les Lofteurs ne le font pas exprès. Non, parce que la connerie à ce point-là… Maintenant, Castaldi se moque ouvertement d'eux. Ce sont de pauvres incultes dont tout le monde se fout… Le Basque qui se prend des vestes avec toutes les filles… Et surtout avant hier, Lesly et Angela qui répètent *Les Sœurs jumelles* des *Demoiselles de Rochefort*. Soudain, elles tombent en arrêt dans le texte sur le mot « ingénue ». Angela s'inquiète : « Ingénue… Tu crois que ça veut dire "teubé" ? » L'autre : « Ben oui, génie, génie… » Donc jusque-là ça allait, l'autre suivait : « In-génie sans génie… et après tu as ingénieur, là on retrouve le génie… » Ça en devenait émouvant : vous avez perçu qu'on n'était plus dans la connerie depuis longtemps, mais dans une autre galaxie… Elles réinventent un langage, tel un peuple primitif : génie, génie, in-génie, sans génie, ingénieur qui travaille dans le génie, et un ingénieur dans le génie civil, pour elles, c'est un pléonasme !

Ensuite, dans le genre : « J'ai douze mots de vocabulaire », Kamel a découvert la ménopause…

Hier soir jeudi, jour de la grande émission hebdomadaire, il y a eu l'entrée dans le Loft d'un nouveau garçon, à choisir parmi trois. Oui, parce que, comme l'audience ne suit pas, ils inventent le règlement au fur et à mesure. La semaine dernière, deux filles sont entrées, et cette semaine un garçon. Ça fait trois nouveaux, moins la pute qui s'est fait virer, il y a donc deux nouveaux, suivez un peu !…

Ils avaient amené Marlène – la pute, justement –, qui était là en qualité de potiche. Ils l'ont foutue dans un coin et, pendant toute la soirée, elle a fait le tour de ses lèvres avec sa langue – comme Mireille Mathieu. Vous n'avez jamais remarqué que Mireille Mathieu aimait à passer sa langue autour des lèvres… ? De la bouche, bien sûr !…

Dans le public, il y avait la mère de celle qui pleure tout le temps, Sandra. Du coup, comme ils ont repassé toutes les scènes où la fille pleurait, la mère s'est mise à pleurer. C'est le mot « tricot » qui l'a fait pleurer… Quand l'autre a dit : « Maman avec son tricot… bouh… »

On a retrouvé notre amie Séverine Ferrer, qui hurlait la première semaine et qu'on n'entendait pas la deuxième. Du coup maintenant, Castaldi parle en même temps qu'elle ! Elle était dehors et disait : « Ah ! il y a beaucoup d'ambiance ce soir. » Bon, il y a les familles des pauvres… Des limousines amènent les candidats. Là encore c'est bidonné, puisque les limousines parcourent 50 mètres pour amener les candidats au tapis rouge. Tout le ciné, les limousines dans Paris et tout ça, c'est bidon : les images sont enregistrées. La preuve, c'est que celles qui amènent les candidats ne peuvent sortir de l'enceinte des studios, puisqu'elles sont immatriculées « LOFT STORY ».

Hier donc, trois garçons descendent des limousines, accueillis par Séverine Ferrer à qui ils font la bise. Le premier, Romain, beau gosse, regard ténébreux, on a deviné d'entrée que c'est lui allait entrer dans le Loft. Bon, intellectuellement, bien sûr… mais c'est pas ce qu'on lui demande. Vous savez qu'ils ont officiellement annoncé qu'il allait mettre les trois livres suivants dans le Loft : *Oui-Oui part en vacances, La Médecine par les plantes*, de Rika Zaraï, et *L'Exploration des volcans sous-marins* par le commandant Cousteau – ça, c'est pour ceux qui veulent pratiquer le cunnilingus dans la piscine !

Donc Romain, beau gosse, on le fait parler de lui. Il dit que ce qu'il aime dans la vie c'est dépasser ses limites. « Ah ! c'est bien ! Et vous faites quoi ? — Je suis barman en saison. » Ah ! oui, ça situe bien les limites… « Et à part ça, quels sont vos loisirs ? — Les sports extrêmes. » Et là, effectivement, on nous montre des images impressionnantes où on le voit debout sur une planche de surf… Mais après ça le fait moins, parce que le plan s'élargit et on s'aperçoit qu'il fait du surf sur sa pelouse, tiré par le minitracteur de son père ! À part ça, c'est comme dans la chanson de Brel, « beau et con à la fois » : il croit à la réincarnation, et il est persuadé qu'il sera un cocker dans sa prochaine vie. Là aussi, on perçoit bien les limites... On se demande comment peut fonctionner le cerveau d'un type qui est persuadé qu'il sera réincarné en cocker !... D'ailleurs, Benjamin Castaldi ne s'y est pas trompé, puisqu'il lui a dit : « Ah ! en cocker ? On aurait imaginé un chien plus musclé ! » C'est-à-dire que lui, c'est juste la race qui le gênait !

Il y avait aussi Sébastien. Lui, il était agrégé de géographie, mais dès le début il n'a pas eu de chance : il descend de la limousine, et là, Séverine Ferrer se trompe. C'était pas compliqué pourtant, elle devait ouvrir la porte de la voiture, aider le candidat à descendre, lui dire bonjour en parlant bien dans le micro et puis lui faire la bise. Rien de bien compliqué *a priori*, sauf pour Séverine Ferrer... Quand je pense qu'elle est allée voir le dalaï-lama !... Voilà un homme qui pensait avoir connu le pire avec la persécution chinoise, et on lui inflige une discussion avec Séverine Ferrer ! C'est pour ça qu'il rigole tout le temps : depuis qu'elle est repartie, la vie lui paraît belle... Séverine devait donc faire quatre mouvements : alors elle ouvre la porte, elle aide le candidat à descendre, et là... l'accident bête. Au lieu de faire la bise, elle tend le micro au candidat et parle dans le vide. Du coup, le candidat sort de la voiture et fait une bise... au micro !

Parmi les trois candidats, il y avait une vedette, un prénommé Fabien, qui exerce la fonction de commercial. Bon, vous affolez pas : ça veut dire qu'il est vendeur de voitures dans une concession en province. Il portait un costume Pantashop et des mocassins griffés La Halle aux chaussures, mais surtout il était coiffé comme vous, Stéphane, avec ce « recourbé » devant, fort en vogue aux débuts de Charles Trénet… On aurait cru un conseiller financier de La Poste ! Mais le fait qu'il soit totalement ridicule n'empêchait pas notre ami Fabien de se la jouer, du style : « Oui, on dit de moi que je suis un killer… » Le mot lui plaisait, « killer ». En fait, c'étaient des clients, pas contents parce que la voiture qu'il leur avait vendue perdait de l'huile et avait un compteur trafiqué, qui étaient venus faire un scandale et lui avaient dit : « Mais, monsieur, vous êtes quelqu'un de malhonnête, quelqu'un qui ment, quelqu'un qui leurre ! » L'autre avait retenu « killer », du coup son dieu vivant était Bernard Tapie ! C'était pathétique ! Lui aussi aimait les sports extrêmes, et on le voyait faire du karting au parc Walibi… Tu parles d'un aventurier ! Autant vous dire que les téléspectateurs l'ont immédiatement éjecté : il a recueilli 5 % des voix.

Ensuite, Castaldi est entré dans le Loft avec les deux candidats restants – ça n'était pas prévu, Castaldi nous a dit qu'il s'agissait d'une grosse « gueubla » qu'il faisait aux filles. Mais il a eu du mal à entrer parce que, comme d'habitude, ça ne marchait pas ! Et il est resté coincé dans le sas, c'était incroyable ! Il appuyait sur une sonnette, on sentait qu'il était claustro et au bord de la crise de spasmophilie…

Dans le Loft, les filles ont sélectionné les garçons en leur posant cinq questions, du style : « Es-tu slip ou caleçon ? », etc. En fait, elles avaient fait leur choix en voyant Romain…

Puis Castaldi est revenu avec le *looser*, et là ils avaient beau avoir filtré le public qui attendait dehors, on a vu voler les bouteilles. Ils avaient dit à Séverine Ferrer : « Tu meubles. » Donc elle a meublé : « Ah ! voilà les Lofteurs… Le nouveau fait connaissance… » Et en désespoir de cause, elle pose unc question à Marlène. L'autre, avant de parler, fait son tour de bouche avec la langue… Du coup, ils ont envoyé la pub !

Mai 2002 (2)

Je vous demande de me croire. Après avoir définitivement renoncé à imposer aux Lofteurs des challenges à caractère culturel, la production du *Loft* a supprimé peu à peu l'écriture et toute forme d'expression. Pour vous donner une idée, voici en quoi consistait le défi d'hier : on leur a livré du sable et ils devaient faire un château. Mais, comme on n'était pas sûr qu'ils y arrivent avec des seaux, on leur avait donné des moules en plastique qui avaient la forme de créneaux, de mâchicoulis, etc. Au bout d'une journée, ils ont réussi à faire un château merdique ! Et comme récompense, la prod' leur a fait passer le courrier de leurs fans. La voix *off* leur dit : « Votre courrier vous attend dans le cellier. » Ils étaient fous de joie, ils attendaient des sacs de courrier… En fait, ils ont très vite fait la gueule, vu qu'ils n'avaient qu'une enveloppe kraft chacun, avec trois malheureuses lettres dedans. En revanche, pour le contenu des lettres, on n'a pas été déçus. Des écritures de névropathes ou d'enfants, partant dans tous les sens, je vous laisse imaginer les fautes d'orthographe… Bon, ça, eux ils ne s'en rendaient pas compte, vu leur niveau. Pour eux, c'était de la calligraphie…

David a reçu une lettre de deux petites filles qui lui écrivaient qu'il était beau et qu'elles espéraient qu'il leur répondrait. Il a répondu : « Je vous promets d'essayer », ce qui est quelque peu prématuré, vu qu'il doit d'abord apprendre à écrire !

Quant à Karine – vous savez, la danseuse de flamenco, « Tac tac tac… » –, elle s'est un peu calmée ces derniers temps. Elle a reçu une lettre d'un dénommé Manolo : « Salut Karine, j'aimerais bien te visiter et j'ai mis une enveloppe pour la réponse. » Au moins il est peut-être direct, Manolo, mais il n'est pas radin…

Télé Star a demandé à Marlène pourquoi elle avait quitté le Loft si soudainement. Marlène a répondu sans rire : « Le jour où j'ai chanté dans le Loft, j'ai vu des larmes dans les yeux des autres et ça m'a fait peur. » Je me demande si elle se fout pas un peu du monde, Marlène ! En fait, quand on l'a entendue chanter, on comprend que les autres aient eu envie de pleurer : c'était pas de l'émotion, mais des larmes de souffrance ! Moi, devant mon écran… même mon chien pleurait !

Lorsque Marlène est partie, son départ a été tellement précipité qu'elle a laissé ses sous-vêtements sales et que, le lendemain, on a eu droit à un interminable débat, au cours duquel Angela demandait aux autres Lofteurs ce qu'il fallait en faire…

Toujours sur le *Loft*, je voudrais revenir sur le départ de Julia qui a eu lieu il y a deux semaines, car je m'aperçois que je ne vous ai pas parlé des cadeaux qu'elle avait gagnés. Le soir de sa sortie du Loft, dans le studio, une dénommée Sylvana Lorenz, demi-vieille, fausse mondaine qui parasite la jet-set, attendait Julia pour lui proposer d'exposer à l'Espace Cardin avant début juillet… Là, on se dit : « Ouah, super !… Une expo à l'Espace Cardin, ils se foutent pas d'elle ! » Le problème, c'est que Julia a juste dit qu'elle avait envie de peindre des tableaux dans sa tête, et qu'il faut donc qu'elle se mette dare-dare au boulot ! Donc, ce soir-là, elle est folle de joie, et elle dit à Sylvana : « Super, je vais m'y mettre dès demain ! » Et Sylvana : « Vous avez quand même le temps, vu que l'expo n'aura pas lieu avant fin juin… » Donc, si vous avez bien suivi : elle lui promet une expo entre fin juin et début juillet, c'est-à-dire que dans la nuit du 30 juin au 1er juillet elle pourra accrocher ses croûtes de 3 heures à 3 h 30 !

Comme autre cadeau, une agence lui proposait un voyage de son choix. À titre d'exemple, il y avait Amsterdam ou la Tunisie. On comprenait donc qu'un voyage de son choix, ça voulait dire un charter à moins de 300 euros. Mais Julia n'avait pas compris, si bien que, quand Castaldi lui a demandé où elle voulait partir, elle a dit : « Euh…

j'ai juste droit à une destination ou je peux en choisir plusieurs ? » On devinait qu'elle brûlait d'envie de demander un tour du monde… Mais le patron de l'agence l'a tout de suite calmée en lui disant : « Eh bien, si vous voulez partir au soleil, vous pouvez aller à Djerba ! »

C'est là que, pour changer de sujet, Castaldi a demandé à Julia si elle avait quelque chose à déclarer aux autres Lofteurs. Elle s'est retournée vers l'écran géant et leur a dit : « Surtout ne pleurez pas. » Les autres à l'intérieur : « Ah ! ben, on pleurait pas… » Tu parles, tout le monde la détestait dans le Loft, et là ils dansaient pour fêter son départ ! Karine « Tac tac tac » faisait une sévillane de joie, et tout le monde était heureux que l'autre ait enfin foutu le camp avec sa rate !

Juin 2002

Ça fait des semaines qu'on vous dit que le *Loft* est bidonné, comme *Ça va se savoir*, la fausse émission de télé-réalité, jouée – très mal, mais jouée quand même – par des comédiens. Dans le *Loft*, au hasard d'une phrase, on s'aperçoit qu'ils sont au courant des soi-disant surprises. Hier, c'était la visite de leurs parents et des anciens Lofteurs. Et puis surtout, ils sont sans arrêt en train de parler tout bas de leurs futurs contrats, qu'il faut « négocier avec Caro ». En regardant le générique, on s'aperçoit que cette Caroline est la productrice…

Hier, les anciens Lofteurs sont entrés, et tout le monde s'est retrouvé dans la piscine, comme l'avait demandé la prod. Tout le monde, non : pas Lesly, qui restait prudemment à l'écart. Le Basque, Félicien, avec sa finesse coutumière, lui hurle : « Allez Lesly ! Viens dans l'eau ! » Et on entend distinctement la fille qui dit : « J'ai mes hum hum… » Et Félicien, plein de délicatesse, qui hurle : « T'as tes règles, Lesly ? » L'autre : « Oui ! » Et le voilà qui se met à chanter, bientôt rejoint par les autres Lofteurs : « Lesly, elle a ses règles !… Lesly, elle a ses règles !… » Et les voilà qui dansent dans l'eau en psalmodiant cette invocation monstrueuse et menstruelle… De toute façon, ils disent tous qu'ils pissent dans l'eau !

MAILLON FAIBLE (LE)

Janvier 2002

[…] Puisqu'on parle de minceur, j'ai regardé *Le Maillon faible*, avec maîtresse Boccolini vêtue de sa majestueuse toge noire et éclairée façon Temple solaire. Ils veulent donner à cette émission une ambiance solennelle et inquiétante. Le problème, c'est que Laurence a devant elle une espèce de pupitre qu'elle tourne au fur et à mesure qu'elle s'adresse aux candidats, et qu'une fois arrivée au bout elle doit soudain faire un demi-cercle à toute vitesse pour revenir au premier candidat. Et cet instant-là est complètement ridicule. Ça fait comme une espèce d'ouragan : la toge s'envole, elle s'accroche au pupitre…

Le Maillon faible, donc. Alors le candidat dont on va se moquer toute la semaine, à son boulot et chez les commerçants de son quartier, se prénomme Jean. Il a commencé très fort, puisqu'à la question : « Comment se nomme la longue lunette qui sert aux astronomes à observer les étoiles ? », il a répondu sans hésiter : « Un Caméscope ! »

Ensuite on lui a demandé : « Quel oiseau dont le nom commence par *p* est dressé pour voyager et porter des messages ? » Et là, notre ami Jean a répondu : « La pie… »

Parfois, lorsque les questions sont trop difficiles pour les candidats, Laurence leur propose le choix entre trois réponses. Là, c'était le cas, et vous allez voir à quel point la question était difficile. Elle demande : « Quel prénom masculin donne-t-on à un maillot de corps ? » Oui, alors là, comme pour Jean c'était difficile, ils ont donné trois possibilités de réponses. Évidemment, les autres ont trouvé qu'il était « le maillon faible », il s'est fait virer, et là il a déclaré : « Je ne comprends pas pourquoi ils m'ont éliminé. Peut-être à cause de mon âge… »

Février 2002

Hier, dans *Le Maillon faible*, Laurence Boccolini demande à un candidat : « Comment appelleu-t-on la femelleu du lièvreu ? » Le candidat répond : « Une levrette ? »

Et celle qui va passer pour une andouille toute la semaine, c'est la candidate qui, à la question :

« Quelle est le moyen de transport que les vaches regardent ? » – déjà, rien que de répondre à une telle question, c'est humiliant –, a répondu : « Euh... Ce que les vaches regardent passer... la charrue ? »

Une autre candidate n'était pas mal non plus. À la question : « Quel est le personnage de la littérature anglaise qui dit toujours : "Élémentaire, mon cher Watson" ? », elle a répondu : « Shakespeare ! »

Ensuite, à la question : « Comment appelle-t-on un tableau qui représente des fruits ou des objets inanimés ? », la même a répondu : « Abstrait. » Ce qui est sûr, c'est que sa culture l'était totalement, abstraite !

Enfin, à la question : « Quel mot désigne à la fois un diplômé de fac et quelqu'un qui se fait renvoyer de son travail ? » , un candidat a répondu : « Un recruteur. » Pour répondre ça, il faut au moins être licencié en connerie !

MASURE Bruno

JANVIER 2002

Un mot sur Bruno Masure, qui poursuit son chemin de croix télévisé. Hier, il s'est tapé Garou toute la journée chez Michel Drucker, mais la chienne de Drucker s'est réveillée au moment du poème, et Geluck a dit une chose très vraie : lorsqu'elle entend le poème de Bruno, elle sait que c'est bientôt la fin de l'émission et qu'elle va bientôt aller pisser. Donc elle est contente, elle remue la queue !

Bruno a osé dire : « Garou pète », mais il a eu une absence lorsqu'on a évoqué la mère de Garou, concierge. Il n'a pas osé dire : « Sur la loge, il y avait une plaque : Madame Garou, bignole… »

Février 2002

Stéphane, je voudrais vous donner des nouvelles de votre ancienne coprésentatrice Valérie Benaïm, qui, elle, est toujours sur TF1. Elle y présente même deux émissions, dont *Exclusif*, un truc sans intérêt qui parle de gens sans intérêt. La preuve, c'est qu'ils sont allés chez Bruno Masure – c'est vous dire ! Je ne sais pas si vous vous souvenez, ils avaient envoyé une fille dénommée Godula. Je pense qu'Ulla est son prénom et son nom God (qui signifie Dieu). Elle justifie parfaitement son patronyme, puisqu'il s'agit d'une illuminée de première. Elle arrive chez Bruno tout excitée, elle entre en le bousculant et se met à s'extasier en touchant à tout : « Oh ! vous avez un juke-box ! » Bruno disait : « Oui, mais faites attention, c'est fragile ! » On sentait qu'il avait envie de hurler comme Francis Blanche dans *Les Tontons flingueurs* : « Touche pas, salope ! » Madame God enchaîne en disant à Bruno : « Vous savez que dans *Exclusif* on est un petit peu indiscret. Allons voir votre chambre ! » Là, Bruno se raclait la gorge, vu qu'il venait de se souvenir que son lit n'était pas fait et que les draps ressemblaient à des cartes d'état-major de l'Institut géographique national... Il finit par dire : « Euh... Ben non, c'est un peu en désordre, restons ici... » Mais tu parles, l'autre était déjà dans l'escalier, suivie du caméraman et du preneur de son. Heureusement, arrivée là-haut, elle ne s'intéressa pas au lit, et ne vit donc pas les divers sous-vêtements de cuir ainsi que les accessoires en latex qui traînaient. En fait, elle était passionnée par une bibliothèque aux étagères pleines de bibelots... « Oh ! s'écria-t-elle, vous faites collection de petits personnages ! » Elle en saisit un, et là on la voit changer de couleur : il s'agissait d'un moine doté d'un sexe énorme !... Bruno : « Euh, oui... c'est une petite collection sans prétention... » L'autre, en redescendant l'escalier à toute vitesse : « Bon, voilà, c'était le petit monde de Bruno Masure, nous n'allons pas vous déranger davantage !... »

Février 2002

Je voudrais dire que je suis allé à Nantes effectuer une séance de signatures pour mon bouquin, et qu'au retour, « en revenant de Nantes » donc, entre Nantes et Montaigu, dans le TGV, une dame m'a accosté l'air inquiet et m'a demandé : « Rassurez-moi, les poèmes de Bruno Masure, c'est du second degré ? » Je lui ai répondu : « Évidemment que c'est du second degré ! » Alors elle m'a dit : « J'en étais sûre, c'est pareil quand il dit qu'il aime le patinage artistique ! » Ben évidemment, madame, vous pensez bien que Bruno Masure a autre chose à faire que de passer ses nuits à regarder le patinage artistique à Salt Lake City, seul dans son lit qui sent le pipi de chat !…

MILLER GÉRARD

Janvier 2002 (1)

Comme l'exige mon contrat, j'ai passé la soirée d'hier devant la télé. J'ai d'abord regardé sur M6 *Tous obsédés*, puis sur France 2 l'émission des inventeurs. Comment vous dire… Quels nouveaux mots faudrait-il que j'invente pour décrire l'indigence, le presque rien dont parlait Jankélévitch…

Du coup, devant la pauvreté des programmes, on s'attache au moindre détail. Par exemple, si vous avez vu Gérard Miller chez Laurent Ruquier ces derniers jours, un détail n'a pu vous échapper : Gégé n'a plus de lunettes. Il les a cassées lors d'une brève échauffourée avec Drucker. Et évidemment, depuis, il n'a plus les moyens d'en acheter d'autres. Du coup, on voit ses deux petits yeux chafouins brillants de concupiscence… La dernière fois qu'il avait cassé ses lunettes, c'était en mai 68, quand il cassait du CRS. Oui, parce que Miller aime à dire qu'en 68, il était sur les barricades et cassait du CRS. Et c'est vrai qu'on y croit : l'autre, 1 mètre 32, 40 kilos tout mouillé, avec les autres qui chargeaient, ça devait être folklo !

Toujours est-il qu'aujourd'hui, de nouveau, Gérard Miller n'a plus de lunettes. Alors, nous allons lancer une grande opération : « Des lunettes pour Gégé. » Si vous avez chez vous des lunettes inutilisées, le lorgnon d'un grand-oncle, un monocle de cousin germain, ou même ces lunettes de farces et attrapes avec de faux yeux au bout d'un ressort, envoyez-les-nous !

Janvier 2002 (2)

Je suis au regret d'annoncer à la France consternée que notre Gégé national n'a toujours pas de nouvelles lunettes. Vous vous souvenez qu'il a cassé les précédentes lors d'une rixe avec Michel Drucker, et que nous avons lancé une grande opération : « Envoyez vos vieilles lunettes à Gérard Miller. » Quand je dis lunettes, je veux parler de lunettes de vue, car de nombreux auditeurs nous ont fait parvenir des lunettes de WC… Bon, c'est vrai que la confusion était possible, car Gérard Miller est chiant ! Mais je le précise, il s'agit de lunettes de vue. Car vous connaissez le proverbe : « Miller sans lunettes, Miller sans quéquette ! »

MOLIÈRES (CÉRÉMONIE DES)

Avril 2002

J'ai regardé *Les Molières*. Jean Piat était dans un jour *off*. D'abord, il n'y voit plus rien, il disait :

« Ah… » On lui soufflait : « Bruel… Oui, Patrick Bruel… » Et derrière lui, au début, il y avait tous les nommés en rang. Alors il s'est retourné vers eux, et là, le trou noir… Il savait bien que ces visages lui disaient quelque chose, mais lui, à cet instant, il n'était plus qu'un enfant qui courait dans une école maternelle… Au prix d'un terrible effort, il a fini par dire : « Bonsoir, Pierre Arditi ! » Oui, lui il est partout, alors forcément ! Et puis il voit cette femme à côté d'Arditi. Son visage lui disait quelque chose… « Merci, Pierre Arditi, merci à… Merci, merci, merci… » L'autre, interloquée : « Vous vous souvenez pas de mon nom, Jean Piat ? — Si, très bien !… » Et là, deux mille personnes attendent qu'il le dise, ce nom. Alors il se retourne vers elle et lui dit : « Rappelez-moi donc votre nom ? » L'autre, atterrée : « Muriel Robin. » Et Jean Piat, voulant faire celui qui plaisantait : « Oui, bien sûr, Mireille Robin ! Comment ça va ?… » Très bien, à part que j'ai des trous de mémoire !

MORNING LIVE (LE)

Avril 2002

L'an dernier, nous avions une amie prénommée Stéphanie qui présentait l'horoscope du *Morning Live* de M6. Elle disait tellement de conneries qu'après en avoir rigolé nous avons pensé qu'il s'agissait de second degré. Eh bien, après enquête, pas du tout : elle est comme ça ! Oui, je sais, on a du mal à le croire… Et on va avoir une fin d'année sympa, puisqu'elle a repris le *Morning Live* de M6 avec Laure du *Loft 1*, celle qui a une tête de tortue égyptienne – ça va tout droit du front au bout de son nez, il n'y a pas de front. Remarquez, c'est normal : il n'y a pas de cerveau ! Mais, malgré ça, elle est plus intelligente que Stéphanie qui, ce matin, présente un jeu en déchiffrant péniblement sa fiche et annonce : « Nous avons en ligne Emmanuel, qui nous appelle de la Vosge ! » On imagine le réalisateur hurler dans son oreillette, alors elle dit : « Hein ? On dit bien la Vosge ?… Ah ! bon ?… On me dit qu'on dit les Vosges ! Bon, moi je veux bien ! » Eh bien, je vais vous dire, on est heureux qu'elle veuille bien.

NRJ MUSIC AWARDS

JANVIER 2002

Samedi sur TF1, il y avait les *NRJ Music Awards*. Bon, pas de surprise, au moins maintenant on sait quelle musique ils diffusent sur NRJ : on écoutera la programmation de France Inter ! Pour vous donner une idée, c'est du standardisé, de l'aseptisé, du surgelé sous Cellophane, de l'OGM de musique ! Et évidemment, tout le monde chantait en play-back…

Les *Awards* étaient remis par des personnalités du monde de la musique, comme par exemple…

David Douillet et Adriana Karembeu ! Douillet a commencé en disant : « Voici les nominés pour… », et là il se souvenait plus. Il interroge des yeux Adriana – tu penses, l'autre, elle ne savait même pas pourquoi elle était là, sur son contrat il y avait écrit : « Embauchée pour la soirée en qualité de nichons. » Donc, pour justifier son cachet, elle avait mis un décolleté affolant, ça doit être ça qui a déconcentré David… Donc il reste en suspens, interroge Adriana des yeux et elle lui répond : « Ah, je sais pas… » – sous-entendu : « C'est toi qui devais le dire, t'as une phrase à apprendre, t'aurais pu faire un effort, connard ! » À la décharge de Douillet – si j'ose dire –, voilà un type qui vient de passer un mois en train avec Bernadette Chirac et qui se retrouve sans transition tout près d'Adriana Karembeu. Il se souvenait plus comment c'était, une femme !…

Évidemment, les pointures étaient pas là. Si bien que lorsqu'elles avaient gagné, Anthony Kavannagh ramait, du genre : « Meilleur artiste de l'année… Michael Jackson ! Ah ! Michael s'excuse, il n'a pas pu venir, mais il vous aime tous ! » L'autre, il sait même pas que ça existe, tu parles s'il s'excuse !

Ophélie Winter est venue remettre un *Award* avec Seal, et elle a fait un jeu de mots. Elle a dit : « Les chanteuses ont des faux cils, moi j'ai le vrai… » Comme personne ne riait, elle a dit : « Faux cils, moi j'ai le vrai Seal… » C'est tout juste si elle n'a pas ajouté : « Non, c'est parce que je joue sur le mot “cil”, en disant faux cils et vrai Seal ! »

À part ça, le grand gagnant de la soirée a été Garou. Ça vous donne une idée du niveau…

NAPOLÉON

Octobre 2002

Pour être honnête en m'installant lundi devant la télé pour regarder le *Napoléon* de France 2, j'avais plutôt un préjugé favorable.

Je suis en effet friand de ces grandes productions télévisées depuis *Les Rois maudits* avec Jean Piat, *Les Misérables* où *Le Conte de Monte Christo* avec Depardieu, et puis surtout *Marc et Sophie* avec Gérard Rinaldi, Julie Arnold et la concierge qui ronchonnait.

Ah ! *Marc et Sophie,* comment oublier ce merveilleux générique écrit par Didier Barbelivien, dont je vous rappelle la substantifique moelle :

« *Marc et Sophie*
Leurs parents leurs amis
Leurs animaux et toute la compagnie. »

Tout ça pour vous dire que j'attendais avec impatience lundi soir le premier épisode de *Napoléon* et pour me rafraîchir la mémoire, j'avais relu un vieux livre d'histoire de CM1 où était écrit ce que nous avons tous appris à l'école, notamment que Bonaparte avait 27 ans au pont d'Arcole, que c'était un jeune homme très mince, d'une pâleur extrême, avec des yeux bleus étincelants.

Alors, évidemment, imaginez ma surprise, en voyant dans la série de France 2 que Napoléon avait 50 piges à Arcole et que c'était un papy ventripotent au teint mat et aux yeux marron, boudiné dans son uniforme.

Certes on peut prendre des libertés avec la réalité historique mais de là à faire jouer un jeune officier émacié, par un type au physique de joueur de pétanque, faut quand même pas exagérer.

Je ne sais pas si vous avez vu Christian Clavier brandir l'étendard au pont d'Arcole, rappelons que dans la réalité historique Bonaparte traversait le pont en courant avant que l'artillerie ennemie n'ait le temps de tirer. Là, on voit Clavier prendre le drapeau courir un peu et, au bord du malaise respiratoire, dire à ses soldats : « Allez-y », et lui reste immobile au milieu du pont à reprendre son souffle en respirant très fort comme Line Renaud.

On pourra m'objecter que l'intérêt de la série de France 2 est de nous montrer le destin d'un homme hors du commun fait pour gouverner dans notre époque qui en manque singulièrement.

Eh bien, je ne suis pas d'accord avec ça. Car il y a dans l'histoire contemporaine, un homme né pour gouverner, un oiseau de proie prêt à fondre sur la proie du pouvoir, un stratège, un visionnaire, une épée, bref une pointure, et cet homme c'est... Albert de Monaco.

Et vous allez comprendre. La rédaction de France Inter publie le bulletin hebdomadaire des événements politiques pour les jours à venir, et dans celui de la semaine en cours entre l'annonce du déplacement de notre bon maître monsieur Raffarin à Lyon et la réunion demain à Francfort du comité de politique monétaire de la Banque centrale, je lis : *Mercredi 9 octobre, à Monaco, le prince Albert lira un de ses poèmes dédié à la bière à l'occasion de la réception du 118e congrès de la chope d'or.*

Alors vous voyez bien. De la même façon qu'on se souviendra que Napoléon fut l'auteur du Code civil, on se souviendra qu'Albert fut l'auteur de : « Tiens Paulo, si tu nous remettais une p'tite mousse. »

NOCES BATAVES

JANVIER 2002

Samedi à 11 heures, un générique style magazine d'infos, « Direction de l'information, Robert Nahmias, opérations spéciales présente… », et là, ça change, on entend la musique d'André Rieu et on voit des cavaliers qui chevauchent sur une plage… Puis le titre : « Noces royales aux Pays-Bas. » Et ensuite, en gros : « Une émission de Jean-Claude Narcy » et, en tout petit : « Avec Stéphane Bern. » On sentait qu'ils annonçaient ça du bout des lèvres, du genre : « Avec la participation de l'autre, là, comment il s'appelle déjà ? » Bref, l'émission commence avec les présentateurs filmés de loin, debout, on aurait cru un 1er Mai à Moscou à l'époque communiste. Au milieu, à la place de Brejnev, il y avait Narcy emmanché d'un long cou, il côtoyait une rivière, ma commère Stéphane qui faisait mille tours. Lui, ils l'avaient mis sur le côté… Il était là, avec son air d'élève sage, vêtu d'un Dormeuil – pour une fois, il avait choisi le modèle le plus récent de la marque, celui qu'on appelle « le Raymond Poincaré ». Et en hommage à la Hollande, Stéphane portait, à la place de la Légion d'honneur qu'il demande en vain depuis des mois – comme c'est Mougeotte qui la lui avait promise, il est pas près de l'avoir –, un petit nœud papillon orange. Or, comme il portait aussi une cravate rouge et que devant lui il y avait un parterre de fleurs aux couleurs de la Hollande, on pouvait régler la mire sans problème…

Il s'agissait donc du mariage de Willem-Alexander avec sa jolie fiancée argentine, Máxima. On n'a pas assisté au mariage civil, qui n'eut pas lieu, nous précisa-t-on, à la mairie d'Amsterdam, mais à la Bourse de la ville. On ne sait pas quel était ce symbole de la Bourse…

L'essentiel du reportage fut assuré par Narcy. Stéphane Bern, lui, a juste eu le droit de traduire les prières et de citer vingt-sept fois la marque Valentino qui avait conçu la robe de la mariée. Ils vont vous faire une robe gratuitement ?

À un moment, Narcy a expliqué que le prince était dans la marine et que la future princesse avait déjà « un port royal », un cochon, un port de femme… Il voulait dire que « dans le port de c'te dame, y a un marin qui chante… ».

À côté de Narcy, il y avait Dave et, à l'autre bout, un copain de Dave, un jeune pasteur spécialiste de Barbra Streisand. À un moment, pendant un sermon interminable en néerlandais traduit par Stéphane Bern – c'est vous dire à quel point c'était passionnant –, Narcy, pour changer d'ambiance, demande à Dave : « Vous y êtes allé, vous, dans cette cathédrale ? » Et Dave répond : « Oui, enfin presque, moi j'étais assis devant avec mes copains et on fumait des pétards ! » Narcy : « Ah ! oui… Y a longtemps, y a prescription !… »

Premier incident pendant la sortie de la princesse de la Rolls qui l'amenait à la cathédrale. Les couturières chargées de sortir sa robe, qui avait une traîne interminable, étaient obligées de la plier comme un drap. Hop ! Elles pliaient – c'est tout juste si elles ne chantaient pas *Les Lavandières du Portugal* ! –, mais là, instant dramatique, elles ont coincé la robe ! Et la princesse qui arborait un sourire radieux leur a soudain fait la gueule. Elle a murmuré un truc du genre : « Pauvres filles, quelles gourdes vous êtes ! Même pas capables de sortir une robe d'une voiture ! »

Un dais était tendu au-dessus de l'entrée de la cathédrale. C'était très élégant, sauf que c'était un hommage des pêcheurs de hareng de la Baltique, et que le dais était constitué d'un filet de pêche ramené le matin même avec le lichen, les crevettes et les bigorneaux qui tombaient sur les invités !... Ça devait sentir bon dans la cathédrale...

Il y avait des invités prestigieux : Nelson Mandela et son épouse qui avait amené sa serviette de table – pour ne pas l'oublier, elle se l'était nouée sur la tête... Stéphane a précisé que la princesse Mathilde de Belgique était habillée par Edouard Vermeulen. Et vous avez bien fait de le citer, car lorsqu'on parle mode, grands couturiers, on pense immédiatement à Edouard Vermeulen...

La France n'avait envoyé personne, aucun ministre, rien. Il y avait juste l'ambassadrice à La Haye, Anne Gazon-Secret. C'est pas *Gazon maudit*, c'est Gazon-Secret... Le frère du marié s'appelait Friso, et il y avait un personnage qui m'a mis en joie, monsieur Hans Klaus, un vieux avec l'alzheimer qui ne se souvenait plus de ce qu'il faisait là. Stéphane disait : « Ah ! oui, il est très fatigué... » Faut dire que pendant toute la cérémonie religieuse l'autre se croyait au restaurant, il prenait le bouquin des cantiques et demandait à la dame qui allumait les cierges s'il restait de la truite aux amandes !...

Il y eut aussi un drame, quand ils ont échangé le « *ja* » nuptial. Narcy s'était tu pour qu'on entende bien le consentement, mais Stéphane s'est empressé de prendre la parole pour citer le nom des participants : « Et nous avons aussi la cousine de la princesse Gertrude, fraîchement ménopausée… » Du coup, à la place du « *ja* » on a entendu la voix de Stéphane : « Il y a aussi l'empereur du Japon… » Narcy a fait : « Chut… », et on n'a pas entendu le « *ja* » !

Pourtant, malgré la puérilité et l'anachronisme de cette cérémonie, il suffisait de regarder les yeux de Stéphane Bern pour voir un enfant… À cet instant, j'ai compris qu'il n'en a rien à faire de l'aristocratie, il réalise juste ses rêves d'enfant. Et c'est pour ça qu'on l'aime.

NORMAL, PARANORMAL

Janvier 2002

J'ai regardé hier soir sur M6 *Normal, paranormal.* C'est toujours jubilatoire de voir à la télé des cinglés, des escrocs, des illuminés, et franchement on n'a pas été déçus !

Contrairement aux émissions habituelles sur le sujet, celle-ci a le mérite d'être honnête, puisqu'on fait venir sur le plateau un psychiatre intelligent et ouvert qui démonte les ficelles des sorciers de tous ordres avec finesse. Le présentateur vend son truc – c'est normal, c'est M6 –, mais on devine à son air amusé qu'il n'est pas dupe.

Hier, notamment, ils avaient invité en studio un voyant. Un téméraire qui, pour apparaître à la télévision, avait accepté de se livrer à une expérience de divination. L'animateur tenait trois enveloppes contenant chacune une photo, et le type devait, en se concentrant, trouver ce que représentait l'image contenue dans l'enveloppe.

Première enveloppe, le gars se concentre et dit : « Je vois une carte de France. » Ça, c'est classique, tous les voyants qui font des prédictions, notamment à partir des draps de Stéphane Bern, disent la même chose : « Je vois une carte de France. » Et, à ce moment précis, on entend le bruit d'une violente explosion. J'ai pensé : « Oh ! la vache, il s'est drôlement concentré le sorcier. » Mais on a vite compris à son air apeuré qu'il n'y était pour rien, puisqu'il tremblait en tenant l'enveloppe. Alors l'animateur l'a rassuré : « Ne vous inquiétez pas, ce n'est rien, juste une lampe qui a pété. » Est-ce cet incident qui déconcentra notre ami voyant ? Toujours est-il qu'il annonça : « Oui, je confirme, je vois une carte de France, un paysage… » L'animateur : « Bon, eh bien voyons ça. » Il ouvre l'enveloppe et, là, on voit apparaître un dessin du père Noël. Alors, le voyant essaie pathétiquement de sauver les apparences en disant : « Ah ! oui, j'avais bien vu du blanc, mais je ne savais pas ce que c'était… »

Deuxième enveloppe. Là, le voyant commence à se décomposer de peur. Il essaie de se concentrer et annonce en tremblant : « Euh… je vois un homme peigné en arrière, c'est ça ? » On ouvre l'enveloppe. Bon, c'était une photo du Sacré-Cœur. L'animateur qui veut être gentil : « Ah ! là, l'expérience n'est pas totalement concluante ! Mais il faut reconnaître que ce n'est pas facile… »

Troisième enveloppe. Le voyant : « Je vois de l'eau… de l'eau froide qui coule. » L'animateur ouvre l'enveloppe, c'était la photo d'un téléphone. J'ai cru que le voyant allait dire : « Ben oui, de l'eau, un téléphone, allô… allô… », mais il n'a pas osé.

À cet instant, je voudrais rappeler qu'une astrologue tapée – je ne dirai pas son nom par discrétion, appelons-la « la pouffe de Mitterrand » – avait quand même prédit en 1986 qu'on découvrirait l'année suivante un vaccin contre le sida. J'espère que tous les types qui depuis sont morts de cette maladie l'empêchent de dormir.

Puisqu'on parle de salopes, dans l'émission d'hier on a vu une sorcière, qu'on avait déjà vue chez Dechavanne, expliquer que c'est un métier qui exige beaucoup d'efforts. Elle dit : « Moi, j'ai été initiée en passant sept ans à genoux devant les marabouts africains, tous les jours sauf le dimanche. Et ensuite de nouveau sept ans d'initiation à genoux devant les féticheurs. » Donc, vous voyez, pour être sorcier, il y a des choses qu'il faut beaucoup pratiquer à genoux !…

Ensuite, on a eu droit à l'exorciste de service : l'évêque Schaffner qui a inventé l'Église galicane. Ne cherchez pas, c'est un courant religieux non reconnu par l'Église officielle, c'est lui tout seul : il s'est proclamé évêque ! Quant à l'église, c'est son salon dans lequel il a collé une croix au mur avec des guirlandes de Noël autour. C'est donc l'Église galiconne…

Il y avait aussi une dame qui venait se faire désenvoûter, parce que, disait-elle, on lui avait jeté un sort. Une autre femme, une méchante, lui avait piqué son fiancé qui était parti sans un mot. Parallèlement à ça, sa vieille mère de 92 ans était tombée malade. C'est vrai qu'un fiancé qui se tire et une vieille mère malade, ce sont des trucs qui n'arrivent que lorsqu'on est envoûté. Et en voyant la tête de la dame – qui a voulu garder l'anonymat –, on comprenait pourquoi l'autre s'était tiré !

Mais surtout on a vu cette femme, Bernadette, qui a gagné au Loto il y a une dizaine d'années grâce à son pendule qui marche à tous les coups. S'il marche à tous les coups, pourquoi tu gagnes pas à tous les coups, andouille ! D'ailleurs, l'équipe de l'émission a dû penser la même chose, car ils lui ont fait remplir une grille de Loto lors du reportage. Sur le plateau, en direct, l'animateur lui dit : « Dans l'équipe on y croyait, on avait déjà réservé des voyages, commandé des voitures de sport, mais il faut être honnête : vous n'avez trouvé aucun numéro. » Et Bernadette, sans se démonter, rétorque : « Oui, mais c'est parce que j'ai pas assez travaillé… » Un autre truc qu'elle n'a pas travaillé, c'est le bon goût. Chez elle, ça ressemblait à chez Orlando : un bouddha, des poulbots au mur, des coussins en panthère… Il ne manquait plus que le portrait de Dalida !

Octobre 2002

Hier soir sur M6, dans *Normal, paranormal,* un témoin expliquait qu'il croyait à la voyance puisque, disait-il : « Mon voyant m'avait annoncé que je tomberais amoureux d'une femme. » Déjà, on se dit, c'est pas croyable, mais attendez la suite : « Et puis surtout, le voyant m'avait dit qu'elle serait brune et un peu plus jeune que moi. » Bon, quand on sait que la majorité des femmes sont brunes et que, dans la majorité des couples, la femme est plus jeune que l'homme, on comprenait que son voyant ne prenait pas beaucoup de risques. Et le gogo a continué : « Je ne savais pas qui était cette mystérieuse femme brune, lorsqu'un soir dans une discothèque j'ai vu une femme brune un peu plus jeune que moi. C'est incroyable ! » Ce qui est incroyable surtout, c'est qu'un type aussi con arrive à emballer en boîte !… Il raconte qu'il s'est marié avec la fille et, le voyant ayant été si perspicace, il retourne le voir. Et là, je vous jure que c'est vrai, le voyant lui dit : « Il n'est pas impossible que dans un temps relativement proche, disons d'ici à trois ans, il y ait une naissance. » Et l'autre andouille qui dit : « Et on a eu un bébé. Ça, je n'arrive pas à comprendre comment il a fait pour deviner ça, ça reste un mystère… » La profondeur de la connerie humaine reste aussi un mystère.

Ensuite, on a vu une sorcière qui réalise des philtres d'amour. Une de ses clientes témoignait : « Je fréquentais un homme assez coureur, je voulais savoir s'il y avait un moyen qu'il s'attache à moi. Je suis venue voir madame, qui m'a donné une substance magique que je devais déposer sur mon vagin avant le rapport sexuel. Eh bien depuis, cet homme est attaché à moi. » En fait, l'autre lui avait refilé de la Superglue 3 : depuis, le type est resté collé !

PARIS DERNIÈRE

Mars 2002

Un mot sur l'excellente émission de Frédéric Taddéi sur Paris Première, qui s'appelle *Paris Dernière*. C'est une visite de Paris *by night*, en caméra subjective. Et comme c'est produit par Thierry Ardisson, ça finit toujours par une partouze. L'émission d'avant-hier n'a pas échappé à la règle. Elle s'est terminée dans un appartement, où l'on voyait une dame sur un lit se faire prodiguer une petite gâterie par un monsieur. Frédéric Taddéi leur demande : « On est chez qui, là ? » Bon déjà, il aurait pu se rendre compte qu'il dérangeait, que c'était impoli. Et surtout qu'on n'en avait rien foutre de chez qui on était… On voulait juste mater un peu la scène !… « On est chez qui, là ? » Du coup le monsieur s'interrompt et répond : « Daniela. » La dame se redresse : « Mais non, pas du tout, on est chez Stéphanie ! » Le monsieur : « Ah ! pardon, vous avez demandé : “On est chez qui ?” Moi j’avais compris : “Vous léchez qui ?” »

À sa décharge – si je puis dire –, il avait une excuse pour ne pas avoir bien entendu, puisqu’il avait les jambes de la dame qui appuyaient sur ses oreilles !

PARLEZ-MOI D’HUMOUR

Janvier 2002

J’ai regardé samedi soir sur France 2 l’émission *Parlez-moi d’humour*, présentée par Patrice Laffont et Cendrine Dominguez – oui, les deux de *Fort Boyard*. En plus, il y avait Élie Semoun et Georges Moustaki, le nain Passe-Partout et le père Fouras. Non, je plaisante. Bon – et là je vais baisser le ton pour ne pas qu’il m’entende – je ne sais pas si vous avez remarqué, mais, comme disait ma grand-mère, « Patrice Laffont a beaucoup baissé ces derniers temps ! »... Déjà il est frappé de surdité partielle, mais surtout papy a des absences, des moments où l’on sent que la connection ne se fait plus, où il devient – je sais, le mot est terrible – une sorte de Julien Lepers.

À un moment, il devait lancer une chanson d’Obispo, et on a senti que ses yeux partaient dans le vague, comme une embolie, un caillot, on ne sait pas. Il a dit : « Être père, c’est un moment particulier pour une femme. » Et voyant que tous les participants sur le canapé le regardaient tétanisés, il enchaîne : « Et pour un homme aussi… »

Je ne sais pas si vous avez remarqué, mais Patrice Laffont a une étrange façon de rire. Il hoche la tête en remontant le bout de son nez, on dirait un petit rongeur. Et comme il s'est fait tendre la peau du cou, dès qu'il remonte le nez, hop ! Il a soudain une barbe au menton !…

PIAT JEAN

FÉVRIER 2002

Jean Piat, votre présence dans ce studio est particulièrement émouvante pour un chroniqueur télé, puisque vous fûtes le héros d'une des plus grandes séries historiques de la télévision française, *Les Rois maudits,*. Une saga qui berça notre enfance, ce qui ne vous rajeunit pas. Vous y jouiez Robert d'Artois, vous étiez très beau, au point qu'après la diffusion de chaque épisode des *Rois maudits,* le samedi soir, nombre d'épouses pensaient à vous en fermant les yeux tandis que leurs époux les besognaient en ahanant.

D'ailleurs, le public du Studio 106 est exclusivement constitué de femmes qui connurent leur premier orgasme après vous avoir vu vêtu de ce pourpoint de laine, qui laissait apparaître une bosse du meilleur aloi…

Bref, toujours est-il que nous allons nous laisser aller à la nostalgie en réalisant aujourd'hui une adaptation radiophonique des *Rois maudits*, l'œuvre inoubliable de Maurice Druon – qui fut, je le rappelle, ministre de la Culture de Georges Pompidou, et laissa à ce ministère un souvenir au moins aussi puissant que monsieur Douste-Blazy…

Rappelons brièvement l'intrigue : le pape Clément V ordonne l'arrestation des Templiers, et le roi Philippe le Bel condamne à mort leur grand maître Jacques de Molay. Au moment où il est brûlé vif, le grand maître maudit les rois de France pour l'éternité – il n'y a qu'à voir aujourd'hui l'état de la comtesse de Paris pour comprendre à quel point la malédiction s'est réalisée !

Voilà. Il est temps de passer à notre grande reconstitution historique. Chacun jouera un rôle. Allons-y… Gentes dames et damoiseaux, voici Stéphane Bern dans *Les rois m'ont dit* !

Le narrateur résume l'intrigue :
— Lorsqu'elle fut brûlée vive sur le bûcher des vanités, la grande maîtresse Alexandra Bronkers a jeté un sort à Stéphane Bern par ces mots : « Ailleu ! Ça brûleu ! Dis-donc, toi, Stéphaneu Berneu, tu m'as fait virer de TF1, alors je te jette un sort : toi aussi, tu seras renvoyé sans indemnités et tu devras pour subsister signer des camemberts au Shopi de la rue des Martyrs !

— Ohhhhh ! [Cri d'effroi des autres.]
— Et ce n'est pas fini ! De plus, je te condamne à porter des costumes Dormeuil pendant ta vie entière, ainsi que la coiffure ridicule de Charles Trenet en 1936 ! Et enfin, tu devras commencer toutes tes émissions en disant : « Les rois m'ont dit » !
— Ohhhhh ! [Cri d'effroi des autres.] »

Le narrateur :
— Eh oui, la malédiction était terrible !

Mais ce n'était pas tout, puisque le roi Cavada – plus connu sous le nom de Jean-Marie les longs discours – ajouta :
— Ce soir, dans *La Marche du siècle*, nous accueillerons le professeur Jacquard qui viendra nous parler de l'exclusion… Ah ! non, excusez-moi, je me suis trompé de fiche… Ah ! voilà… Alors… mon discours sera bref… Les antennes de Radio France sont comme les caravelles de Christophe Colomb qui, après avoir affronté des tempêtes, naviguent à présent sur des ondes plus favorables… Et lorsque du navire amiral *France Inter* on criera : "Terre !", alors…
— Excusez-moi, sire, mais c'est bientôt l'heure du *Jeu des 1 000 euros*, venons-en à la malédiction de Stéphane Bern.
— Eh bien, je te condamne à faire une émission de radio dans laquelle tu devras endurer les jeux de mots insupportables d'Éric Neuhoff !
— Oh ! non, majesté ! Par pitié ! Pas les jeux de mots d'Éric Neuhoff !
— Si ! Et de plus, dans la même émission, François Reynaert chantera de l'opérette !
— Oooohhh ! [Cri d'horreur des autres.]

— Si ! D'ailleurs, il va commencer à l'instant même en interprétant *Mexico* ! – Il s'exécute...
— Oui, je sais, c'est insupportable... Et ce n'est pas fini : tu devras également avoir en permanence sous les yeux les deux seins magnifiques de Muriel Cousin qui dardent fièrement sous son chemisier sans jamais avoir le droit d'y toucher !
— Ah ! bah, ça, ça me dérange pas ! dit Stéphane Bern.
— Et enfin, jusqu'à la fin des temps, tu devras fréquenter des "fin de race" qui empestent l'urine et rendre compte de leurs discours en commençant toutes tes émissions par "Les rois m'ont dit" !
— Les rois m'on dit ! crient les autres.
— Et puis, malédiction ultime, tu devras supporter trois fois par semaine un homme mince vêtu de noir qui te fâchera avec tout le monde et, à la fin de chacune de ses imprécations, tu devras dire : "Et on applaudit bien fort Guy Carlier !"
— Oui sire, tout de suite : "On applaudit bien fort Guy Carlier !" dit Stéphane Bern.

POPSTARS

Septembre 2002

J'ai regardé *Popstars,* hier soir sur M6, avec son jury composé d'un trio d'enfoirés mondains à la solde d'une multinationale du disque, « Univers sale ». Il y a tout d'abord une parolière *has been* qu'on voyait écrire le texte de la chanson du futur groupe qui sortira de l'émission. Pour vous donner une opinion nuancée, le texte est… à chier. Elle fait rimer « jour » avec « toujours », c'est de la poésie de Prisu, de l'émotion frelatée avec des phrases du style : « On attend toujours… Ce qui arrive un jour. » Elle, elle n'attend plus rien. On la devine résignée. Elle a depuis longtemps perdu ses illusions : elle ne sera pas Roda-Gil, pas même Barbelivien… À un moment, une Beurette vient chanter devant le trio, et voilà la parolière *has been* qui demande aux deux autres : « Elle est plutôt arabe, non ? » Comme personne ne lui répond, elle conclut : « Oui, arabe… Arabe foncée ! »

Le deuxième juré est un maître danseur à la queue-de-cheval décolorée. Je parle des cheveux, pour le reste on peut pas savoir, il porte une coquille… À la queue-de-cheval décolorée, donc, mais aux racines noires, ce qui symbolise sa classe extrême, confirmée par un piercing sur la paupière gauche du meilleur goût, puisqu'il est constitué d'un fusible – vous savez, le petit cylindre en verre avec le fil de fer dedans. On dirait une fable : « Maître danseur, le plus con des jurés, portait en piercing un fusible… ».

Mais le plus fascinant est sans conteste le dernier juré. Ce type ressemble à un play-boy de camping municipal, un empâté à l'œil torve et à la lippe méprisante. Il dit aux candidats que « l'important, c'est d'être bien dans sa peau », et on voit son pied sous la table qui tremble nerveusement. On devine que ce type est angoissé à l'idée que la maison de disques qui l'emploie s'aperçoive qu'il est un imposteur et le vire sans indemnités !… Tiens, pour le coup, ça ferait une belle émission de *trash TV* : on suivrait le bellâtre adipeux dans ses entretiens d'embauche, on le verrait mentir sur son CV, flagorner les DRH qui le reçoivent avec sans cesse des gros plans sur son pied qui tremble…

Hier soir, dans *Popstars*, on a assisté aux premiers castings, et on a entendu dix fois, quinze fois, vingt fois la même chansons *I believe I can fly* … Et le danseur qui essaie de mettre à la suite quelques mots : « C'est pas l'âge qui est important, c'est la gestion de ce que tu as à donner comme artiste… » T'as raison ma poule : à la télévision c'est pareil, c'est pas le talent qui est important, c'est la gestion de ce que tu as à donner comme image !

Octobre 2002

Je suis tombé sur *Popstars* et son jury des trois enfoirés, le play-boy de camping qui zozote, la parolière *has been* et le danseur blond aux racines noires avec son fusible en piercing – il a une queue-de-cheval, lui aussi doit aimer les stages naturistes à Mýkonos.

On sait que tout ça est scénarisé… Eh bien, figurez-vous qu'hier les producteurs avaient décidé de créer une engueulade bidon dans le jury, afin de prouver que ceux-ci avaient un cœur et pouvaient aussi pleurer ! Pour vous dire à quel point ces gens-là nous prennent pour des cons, on les voit s'éloigner pour s'engueuler, comme s'ils ne voulaient pas que cette scène soit filmée. Seulement, comme ils ont les micros, on entend parfaitement la dispute au cours de laquelle Valéry le torve engueule Mýkonos et lui reproche d'avoir été odieux avec une candidate. Il lui dit : « Je trouve que tu as zété dur avec zelle. » Et Mýkonos, qui est un être sensible, éclate en sanglots en disant : « Moi je me donne à fond, je me suis cassé le cul pour cette émission ! » Bon, ça on l'avait deviné… Finalement le torve s'excuse, l'autre : « C'est moi », l'autre : « Non, non, sur le scénario y avait écrit c'est moi ! », et l'autre : « Ah ! bon… »

Octobre 2002 (III)

Hier soir, à *Popstars,* les candidats attendaient que le jury ait fini de délibérer, une des candidates dit à ses copines : « Bon, ben si je suis éliminée, je n'ai plus qu'à aller vendre des kiwis à Auchan », et les autres ont éclaté de rire.

Alors ma poule, je voudrais te dire, qu'il y a plus de dignité chez certaines caissières à Auchan que chez les pauvres filles qui vendent leur âme au diable et se font bafouer dans un jeu racoleur.

Sache qu'en plus, quand tu seras éliminée de *Popstars,* tu ne seras même pas vendeuse à Auchan, tu sera une môme paumée avec des rêves perdus.

PUBLICITÉS TÉLÉVISÉES

Avril 2002

Détendons-nous un instant avec une nouvelle publicité, le genre qui passe juste avant *Des chiffres et des lettres*, Norwich Union ou bien Bernadette Lafont qui, grâce à sa colle à dentier Polydent, peut monter dans un manège avec ses petits-enfants sans craindre que ses fausses dents restent plantées dans la pomme d'amour…

Pour cette nouvelle pub, c'est Micheline Dax qui s'y est collée. Le produit concerné est une baignoire qu'on ouvre pour y entrer, une baignoire avec une porte… On voit Micheline Dax vêtue d'une sorte de longue tunique à la Cléopâtre, et cette image de Micheline avant le bain a quelque chose de surréaliste. Le truc, c'est qu'on la voit entrer dans sa baignoire, et on voit ses jambes en gros plan un quart de seconde : elle a les jambes d'Adriana Karembeu ! Seulement après, dans le plan large dans l'eau, ils ont été obligés de laisser les genoux de Micheline…

Juin 2002

Je voudrais vous raconter la nouvelle pub La Croix-WC-Gel à la Javel. C'est Annie Cordy qui remplace Marthe Mercadier. On la voit arriver comme une furie chez sa petite-fille, elle entre sans frapper en hurlant : « Julie ? » Bon, Julie était dans les cabinets, car son petit frère avait fait pipi par terre… Annie Cordy entre dans les toilettes comme une folle, manque de glisser et de se casser le col du fémur, puis s'exclame : « Ah ! mais y a eu un raz de marée, ici ! » Et hop ! elle sort de son sac à main une bouteille de La Croix-WC-Javel, et là on s'aperçoit qu'elle n'a rien d'autre dans son sac à main. C'est-à-dire qu'Annie Cordy se balade avec un sac à main contenant uniquement une bouteille de La Croix-WC ! C'est terrible de vieillir !

Octobre 2002

Hier, j'ai vu à la télé une publicité terrifiante, celle de la nouvelle culotte absorbante discrète de Téna.

Je vous raconte : On y voit une dame d'âge mûr se préparer à sortir et comme le font les adolescentes toutes excitées à l'idée de rencontrer un garçon, chercher la bonne robe dans l'armoire.

Elle se regarde dans la glace en posant chaque robe sur elle, puis la jette sur le lit en riant. Bref, on dirait Sylvie Vartan chantant la plus belle pour aller danser. Mais Sylvie Vartan, aujourd'hui.

Soudain, pendant que la dame virevolte devant sa glace, on entend sa voix *off* qui dit : « Avant, quand j'utilisais des couches normales pour mes problèmes de fuites, c'était pas vraiment ça. Maintenant avec ma culotte absorbante discrète de Téna, je suis en sécurité. »

Et là, on voit la dame prendre dans l'armoire une culotte dans une pile à côté de celle des pulls.

Dans le plan suivant, tourné dans Paris la nuit, elle court au ralenti en tenant un homme par la main. Visiblement elle a dragué le type en boîte, ils sont heureux et essoufflés d'avoir couru, ils finissent par se serrer l'un contre l'autre.

Là, on ne peut pas s'empêcher d'imaginer la suite avec terreur.

Le monsieur va faire ce que nous avons tous fait quand nous emballions en boîte : il va tenter de glisser la main. Je vous laisse imaginer la surprise, parce que la culotte n'a pas arrêté d'absorber pendant toute la soirée et les vodkas orange, ça donne envie.

Ce qui est surprenant, c'est que Téna fait également de la publicité pour la Libra, une couche qui capture l'odeur nous dit le slogan. Et au cas où l'on n'aurait pas bien compris, on voit une fermeture éclair sur la couche qui s'ouvre, l'odeur représentée par des traits qui ondulent entre dans la couche et le zip se referme.

Alors je voudrais dire à Monsieur Téna, que ce serait bien s'il faisait un mix des deux, une absorbante qui enferme les odeurs.

Octobre 2002 (II)

Hier soir, j'ai vu à la télé une publicité incroyable pour un disque de chants grégoriens. On entend une voix sévère avec beaucoup d'écho qui dit : « Grégorian, les maîtres du chant, un nouveau chapitre s'ajoute à l'histoire. » Ah la vache, ça rigole pas, on se dit, ils ont retrouvé des vieilles partitions enluminées dans une crypte, et on entend en fond sonore les voix des moines dans la réverbération d'une église, mais on est soudain moins impressionné par les voix sacrées lorsqu'on les entend chanter : « Comme un ouragan » de Stéphanie de Monaco ! À mon avis, ce sont les moines qui fabriquent la chartreuse, qui ont un peu trop goûté la nouvelle cuvée, en tout cas, si l'une de vos relations vous offre un disque de moines chantant « Comme un ouragan » façon chant grégorien, vous saurez que votre ami possède définitivement un goût de chiottes.

QUESTIONS AU GOUVERNEMENT

Septembre 2002

J'ai regardé, hier après-midi, sur France 3, la rentrée à l'Assemblée nationale. Comme j'avais allumé la télé en avance, j'ai patiemment attendu 15 heures en regardant les publicités gériatriques de l'après-midi, espérant tomber sur ma préférée, celle où Jean Lefèbvre monte le journal à son épouse qui glande au 1er étage, grâce au fauteuil électrique fixé à la rampe d'escalier.

Imaginez ma déception en constatant que la société Derby, qui commercialise ces fauteuils électriques, diffuse un nouveau spot publicitaire. À la place de Jean Lefèbvre, on voit une *executive-woman* débordée, vivant sa journée à cent à l'heure, comme les femmes Barbara Gould. Le soir, elle quitte son bureau de cadre supérieure, saute dans sa voiture et lorsqu'elle arrive chez elle, son mari l'attend, assis en haut des escaliers, en souriant bêtement.

Et voilà notre Barbara Gould, alors qu'elle a couru toute la journée, qui pour monter un étage dans sa maison Phénix, prend le fauteuil électrique.

À cet instant, heureusement que le spot s'arrête parce que je vous laisse imaginer la suite. Quand le fauteuil va arriver là-haut, où je vous le rappelle, l'autre andouille l'attend en souriant comme un pauvre con au chômage qu'il est, en plus c'est une feignasse, il aurait pu au moins mettre la table. C'est une feignasse et un vrai con, car quand le fauteuil électrique portant sa femme va arriver en haut de l'escalier, il va lui broyer inexorablement les jambes.

Et c'est là que j'ai compris le sens caché de cette publicité, Madame, si vous avez des faiblesses dans les jambes, achetez un fauteuil Derby, demandez à votre conjoint de vous attendre assis en haut des escaliers et comme ça, lui non plus n'aura plus de jambes.

Après ce chef-d'œuvre publicitaire vint enfin l'Assemblée nationale. Comme l'ambiance était un peu solennelle, Monsieur Mélenchon décida d'entrée de nous faire rire.

Non, Mélenchon n'est pas l'un des gendarmes de Saint-Tropez, c'est le leader de la nouvelle gauche, il a appelé ça « Le Nouveau Monde », et il en a fait le discours fondateur dimanche dernier. Remarquez, ce discours fût digne d'un gendarme de Saint-Tropez puisque le passage le plus épique, qui rappelait Malraux accueillant les cendres de Jean Moulin au Panthéon, fut celui où il déclara : « Nous ne serons pas des ni-ni, naf-naf, nouf-nouf. »

Gabriel Péri exaltait les lendemains qui chantent.

Mendès France évoquait le souffle de l'avenir sur les braises du passé.

Ménanchon restera l'homme qui a déclaré : « ni-ni, naf-naf, nouf-nouf ».

Pour ne pas être en reste, Jean-Louis Debré avait d'entrée décidé de décrisper l'Assemblée. Il ouvre la séance en disant : « Je déclare ouverte la session 2002-2003, l'ordre du jour appelle les questions au gouvernement... »

Et là, la panique. Il ne trouve plus le dossier avec la liste des intervenants, on le voit chercher sur le bureau, regarder à droite et à gauche, non, à droite et à droite, et il commence à improviser : « Euh, la première question est posée par... » puis il se retourne vers l'huissier le micro ouvert, et lui demande : « Dites donc, vous n'avez pas la liste des questions, vous ? » L'autre lui répond : « Elle est devant vous. »

Rappelons que pendant ce temps-là l'Assemblée au grand complet attend.

Debré : « Mais non j'les ai pas. » Alors, l'huissier, excédé se déplace et lui montre le dossier qui était effectivement sur le bureau mais à gauche, c'est pourquoi il n'avait pas regardé par là.

Autre chose, est-ce que quelqu'un pourrait expliquer à Monsieur Debré l'usage du verbe « impartir », parce que, hier, quand un député était trop long, Debré lui disait : « Monsieur Estrosy votre temps est imparti », en voulant lui signifier qu'il avait dépassé le temps autorisé. Du coup, l'autre croyait qu'on l'encourageait à ralentir il répondit : « Je sais monsieur le président que mon temps est imparti » et il continuait en prenant tout son temps.

À propos de Monsieur Estrosy, on peut lui décerner la palme du fayotage, puisqu'il a commencé sa question au gouvernement en disant « Je voudrais saluer l'action de Monsieur Sarkozy » puis il se met à lui trousser des louanges interminables, au point que Sarkozy lui-même hochait la tête. On devinait qu'il pensait : « Mais quel con, il en fait trop. » C'était tellement caricatural que Jean-Louis Debré l'a interrompu en disant : « Posez votre question, monsieur Estrosy », et l'autre a demandé à Sarkozy s'il allait continuer à être aussi extraordinaire.

N'oubliez pas ce nom Christian Estrosy, au bal des fayots, il dirigera l'orchestre.

Depuis que nous sommes de droite, nous allons d'émerveillement en émerveillement. Hier encore j'ai eu une divine surprise : regardant à la télévision la séance du Sénat consacrée aux questions au gouvernement, j'ai découvert un nouvel ami de droite, le président du Sénat, monsieur Christian Poncelet. Je ne sais pas si vous le connaissez, c'est le deuxième personnage de l'État. C'est-à-dire que vous avez en premier Juppé, et juste après Christian Poncelet ! Lorsqu'on voit cet homme, on se demande comment on a pu être de gauche avant… Poncelet, c'est l'enthousiasme, l'audace, avec cette classe insolente des héros romantiques… Poncelet, c'est le souffle de l'histoire qui caresse nos nuques, Poncelet c'est un intrépide, un téméraire, un exalté, c'est Bonaparte à Arcole, Poncelet c'est mon avenir, c'est mon Amérique à moi – « même s'il est trop bien pour moi », comme dit son cousin Pasqua.

Notre nouvel ami Christian est donc président du Sénat. Tout d'abord, un peu de pédagogie. En quelques chiffres, le Sénat, c'est 321 sénateurs élus par les grands électeurs – non, vous n'en faites pas partie, vous ! –, 321 sénateurs élus pour neuf ans – oui, comme Jean-Marie Cavada à la tête de Radio France. Le Sénat, c'est une moyenne d'âge de 77 ans, comme Jean-Marie… non, je plaisante ! Le Sénat, c'est 132 projets de lois examinés par session, 268 questions au gouvernement, mais c'est aussi 132 prostates en moins, 17 anus artificiels, 86 « Audiozoom » de Phonax, une consommation de 835 paquets de couches Confiance « modèle Eddie Barclay », 360 tubes de colle à dentier Polydent « modèle Bernadette Lafont » et, comme à l'Assemblée nationale, une buvette qui peut servir jusqu'à 87 litres de verveine les jours de grande activité – c'est-à-dire lorsque les sénateurs sont en séance plus de quarante minutes !

Sur le plan vestimentaire, le Sénat ressemble à un défilé Dormeuil. De la même façon que Versace fait défiler de jeunes mannequins au cheveux peroxydés, Dormeuil fait défiler les sénateurs. Et eux aussi ont teint leurs cheveux avec un rinçage blanc à reflets bleus…

À la tête de ce char de l'État – que dis-je, à la tête de la « Ferrari de la France » –, notre nouvel ami Christian Poncelet. Physiquement, il ressemble un peu à Raffarin, notre maître. C'est-à-dire qu'on dirait un manager de boxe, le type dans le coin qui enlève le protège-dents et qui dit : « Vas-y petit, et soigne ton gauche ! » Cela dit, à la réflexion, Raffarin et Poncelet disent plutôt : « Vas-y petit, soigne ta droite ! » Poncelet et Raffarin ont aussi en commun cette allure magnifique, cette façon de se tenir comme s'ils étaient en permanence accrochés à un portemanteau…

À la séance d'ouverture du Sénat, hier, vingt-cinq ministres ou secrétaires d'État étaient présents, ce qui prouve l'importance que le gouvernement attache à la noble assemblée. En revanche, dans l'Hémicycle il y avait tout au plus une douzaine de sénateurs, ce qui prouve l'importance que les sénateurs attachent à *Derrick*, diffusé à la même heure ! La séance commence. Monsieur Poncelet s'installe, va pour lancer la séance, mais il est obligé d'attendre… Car, soudain, on entend siffler dans tous les coins. Ce sont les Sonotone qui font du larsen… Vous imaginez 86 « Audiozoom » dont les fréquences interfèrent et se mettent à siffler au même moment ! Ça « larsennait » tellement que j'ai cru qu'ils diffusaient un concert de Jimi Hendrix !

Une fois que chacun a eu réglé sa prothèse auditive, monsieur Christian Poncelet a fini par lancer la séance. Il a le même tic de langage que ma concierge, un problème avec les finales des mots. Par exemple, il dit « miniss » au lieu de « ministre ». Il a donc ouvert la séance en disant : « Monsieur l'Premier miniss, mesdames messieurs les miniss… » Quand, soudain, un sénateur de gauche fait du chahut. Et je vous jure que c'est vrai, Poncelet s'interrompt et dit en le désignant aux huissiers : « Comment il s'appelle, lui, celui qui parle toujours… ? » Oui, monsieur Poncelet a un côté surveillant général… Et puis surtout, il a une obsession : le temps des questions des sénateurs et des réponses du gouvernement… Le thème dominant de son discours d'ouverture de cette législature a été de rappeler avec insistance que les questions ne devaient pas excéder deux minutes trente, et les réponses le même temps.

D'entrée, il a donné la parole à un nouvel ami de droite, retenez son nom : Henri de Raincourt, des Républicains indépendants. Les Républicains indépendants, je ne savais pas que ça existait encore.

C'est vous dire si les sénateurs sont vieux : ils sont affiliés à des partis politiques qui ont disparu ! Il paraît qu'il existe encore au Sénat quelques sénateurs SFIO, et même un ou deux qui demandent avec insistance la démission de Vincent Auriol ! Donc, Henri de Raincourt pose sa question qui concernait l'éventualité d'une guerre contre l'Irak. Et c'est là que j'ai compris ce que signifiait l'expression « un train de sénateur ». Il articulait parfaitement et mettait une seconde entre chaque syllabe ! Une fois la question posée, Christian Poncelet frappe avec son marteau et annonce le temps qu'a duré la question – comme s'il s'agissait d'une performance sportive. Ça a donné : « Henri de Raincourt, deux minutes vingt et une, temps respecté ! » Le type pose une question sur la possible guerre en Irak, le truc qui nous angoisse tous, et Poncelet, la seule chose qui le préoccupe, c'est la durée de la question ! Là, il était tout joyeux, parce que ça n'avait pris que deux minutes vingt et une !

Finalement, le bonheur à droite, c'est simple comme une chanson de Carlos : deux minutes vingt et une de bonheur !

QUESTIONS POUR UN CHAMPION

Octobre 2002

Aujourd'hui le journal *Le Parisien* nous annonce une terrible nouvelle : « Des bouleversements vont intervenir prochainement à *Questions pour un champion.* »

Affolé par ce titre, j'ai lu l'article qui suivait et depuis, tout mon être n'est que souffrance. Et oui, vous avez devant vous 60 kilos de souffrance pure. D'ailleurs je crois que je vais entamer une grève de la faim, et on verra bien si les producteurs de questions pour un champion ne vont pas renoncer à leur sinistre projet lorsqu'ils me verront commencer à dépérir... dans trois ans !

Des bouleversements à *Questions pour un champion* !

Voici l'article : « Le producteur de l'émission, Alain Ranger, explique que le jeu avait besoin d'être dépoussiéré. Si nous voulons dit-il, continuer de plaire à notre cœur de cible, les ménagères de plus de 85 ans, nous voulons également attirer les jeunes (c'est-à-dire les 75-85 ans), pour éviter que *Questions pour un champion* ne s'atrophie. »

Et voici le plus terrible : « Dorénavant Julien Lepers portera des vêtements plus modernes, les coupes de ses vestes seront plus jeunes et ses cravates moins voyantes, mais en plus d'une styliste, j'ai également recruté un auteur pour écrire les textes de Julien Lepers, car dit-il 13 ans d'antenne, c'est aussi 13 ans de tics. »

La nouvelle est accablante. Julien Lepers ne s'habillera plus jamais comme Bozo le clown et parlera dorénavant comme un être humain normal.

Coller un auteur à Julien Lepers, mais c'est un crime. C'est la connerie qu'on assassine.

À moins qu'il y ait derrière tout ça une arrière-pensée politique.

À moins que le pouvoir chiraquien continue sa reprise en main de la télévision. Après s'être attaqué à *Pyramides*, voilà qu'il s'en prend maintenant à *Questions pour un champion*, et c'est pas fini, il paraît même que *le Jour du Seigneur* est menacé.

Vous avez compris que derrière tout ça, il y a une volonté de la droite au pouvoir, de reprendre en main la vieillesse.

Il est vrai qu'il existe un véritable problème avec les vieux, qui vivent la plupart du temps dans des zones de non droit. J'en connais une à côté de chez moi, ça s'appelle la maison de retraite les *Myosotis*, personne n'y met jamais les pieds, même les enfants des vieux n'y vont jamais.

La violence est y permanente, les rixes sont quotidiennes, ça commence bien souvent pour un rien, un vieux qui s'assied dans la chaise d'un autre dans la salle télé pour regarder *Les Feux de l'amour*, le ton monte, « mais madame, c'est ma chaise », « mais j'étais là avant vous », et ces trafics, « t'as reçu d'la colle à dentier ? », « ouais j'en ai d'la bonne », « tiens j'ai un Audiozoom de Phonax tombé du camion », et puis il y a le drame des tournantes.

Les tournantes, ce sont ces vieilles femmes, que les joueurs de cartes entraînent en disant : « Madame Mado, vous faites la quatrième à la belote », au début, elles essaient bien de résister en disant : « Euh non je ne sais pas, j'ai pas trop envie. »

Devant l'insistance des garçons, elles finissent généralement par céder et après ils se la repassent de table en table, on les entend dire : « Tiens les gars, si vous avez besoin d'une quatrième, prenez Madame Mado. »

Sérieusement, Monsieur Alain Ranger, producteur de *Questions pour un champion*, n'a rien compris. Le public jeune regardait Julien Lepers au second degré et ne regardera jamais un question pour un champion aseptisé, si on n'entend plus jamais notre ami Julien partir en vrille avec sa joie enfantine, et ces moments d'enthousiasme où il pétait les plombs.

D'autre part, qu'est-ce que ça veut dire, des vêtements dans l'air du temps. Il est vrai que Julien aime à porter des vestes jaunes et des cravates rouges. Mais comment feront désormais les réparateurs télé pour régler les couleurs, s'ils n'ont plus Julien comme mire ?

ROUX GUY

Mars 2002

Hier, j'ai voulu regarder le foot mais, en raison de fortes pluies, l'arbitre a interrompu la rencontre vers 22 heures. L'heure est importante car, lorsqu'un reporter a demandé à chaud à Guy Roux s'il pensait que le match allait reprendre, notre ami a eu cette réponse magnifique : « Ben oui, si le soleil revient, y a pas de raison ! »

RUQUIER Laurent

Mars 2002

J'ai regardé *On a tout essayé*, l'émission de Laurent Ruquier. Comme d'habitude, Maureen Dor a sorti trois lieux communs politiquement corrects en faisant des effets avec ses yeux. Bon, pas de chance, c'était aussi un jour avec Isabelle Alonso… Mais, contrairement à Maureen Dor, Alonso est utile, notamment si votre enfant refuse d'aller chez l'orthodontiste. Vous lui montrez Isabelle Alonso et vous lui dites : « Voilà ce qui t'arrivera si tu ne portes pas ton appareil ! »

Un des sujets de l'émission évoquait la musique sur laquelle Chirac a fait son entrée dans ses meetings de campagne, les *Chariots de feu* de Vangelis, qui date des années 1980. Du coup, Ruquier et sa bande ont ricané en disant : « Oh ! la musique ringarde, c'est vieux, c'est naze, c'est à chier… » Et c'est vrai que ces gens-là ont un goût d'avant-garde en matière musicale, surtout lorsqu'on écoute le générique de l'émission de Ruquier qui évoque irrésistiblement l'émission *Aujourd'hui madame* ! En fait, c'est l'ancien générique de William Leymergie sur Inter, dans *Les Maudits Mots de midi*, générique que Leymergie a abandonné en 1997 en le trouvant… vieillot ! C'est vous dire s'ils ont perdu une occasion de se taire…

Pour en revenir à Chirac, depuis cette émission, ils ont changé la musique d'entrée — sous l'impulsion, nous a-t-on dit, des jeunes RPR. Déjà, un jeune RPR, rien que l'idée est vertigineuse !… Donc, sur l'impulsion des jeunes RPR, désormais Jacques Chirac fera son entrée sur un morceau de Daft Punk !

SAGAS

Septembre 2002

Cet été, *Sagas* a fait un carton. Stéphane Bern a abandonné son traditionnel décor de bateau virtuel pour un décor estival : il présente devant une piscine, et il porte la tenue que tout le monde porte à la piscine en été, c'est-à-dire un costume blanc avec gilet boutonné et chemise à col cassé – c'est bien simple, on dirait un banquier panaméen ! On s'attend à ce qu'il se mette à chanter : « Je suis brésilien, j'ai de l'or… » Mais, outre sa drôlerie, *Sagas* est une émission passionnante…

Tiens, à propos : vous avez fait un sujet sur Dormeuil – surtout vous gênez pas ! –, du coup j'imagine que vous êtes habillé jusqu'à la vingt-troisième génération ! Le reportage disait : « Héritier d'une famille de tailleurs depuis plusieurs générations, Dominique Dormeuil habille les chefs d'État et les patrons d'entreprises. Dominique Dormeuil nous reçoit à Londres et nous raconte sa saga familiale… »

Sinon, comme chaque été, on a eu droit à des reportages toujours aussi passionnants, notamment sur une vieille pouffe américaine richissime, dont on nous disait : « Malgré sa fortune, elle travaille beaucoup. Sa journée est chargée : elle commence par nager, puis elle reçoit les décorateurs… Elle sait ce qu'elle veut, et tient à s'occuper elle-même de ses chevaux… » En fait, on la voit qui arrive dans les écuries, on voit trois employés mexicains payés au black qui se cachent derrière le boxe, et elle qui met du vernis à ongles doré sur les sabots des chevaux ! Redford a fait un film qui s'appelait *L'homme qui murmurait à l'oreille des chevaux*, Stéphane Bern nous a montré « la vieille qui mettait du vernis à ongles aux chevaux » !

J'ai aussi vu un reportage sur Jean-Pierre Foucault. La voix *off* disait : « C'est grâce à ses attentions romantiques que Jean-Pierre a séduit Évelyne, sa femme. » Et on le voit qui arrive chez lui et offre des fleurs à sa femme. Elle fait : « Oh ! quelle surprise ! Comme c'est gentil ! », alors que l'assistant lui a fixé le micro…

Ils ont fait la même chose avec Sophie Thalmann : ils frappent et lui offrent des roses. L'autre :

« Oh ! non, c'est pas vrai ! », alors qu'elle a le micro accroché ! En plus, chez Sophie Thalmann c'est comme dans son cerveau, c'est petit, sans imagination et sans la moindre idée. Ah ! si, il y en a une, et du meilleur goût : elle collectionne tout ce qui a un rapport avec les vaches. Chez elle tout est en vache, comme chez Yvette Horner tout est en accordéon !

Dans un autre numéro de *Sagas*, Nikos de *Star Academy* nous a dit : « Venez, je vais vous montrer ma graisse… » Et comme ce jour-là – c'était un concept –, on a vu un reportage sur le mariage traditionnel de Carlos à Tahiti, sur la plage, au son du tamouré… La coutume veut que les mariés soient assis sur des trônes fixés sur un petit plancher, porté par quatre vigoureux Tahitiens, deux de chaque côté. Bon, ils ont tiré à la courte-paille pour savoir lesquels porteraient le trône côté Carlos, et on a vu les deux perdants pâlir… Ils avaient raison : on les voit compter, et « à quatre, on soulève ! ». La première tentative a échoué : les deux du côté de madame Carlos soulevaient le plancher sans effort, mais les deux autres restaient plantés dans le sable. Donc, le plancher a penché et les deux trônes ont glissé… et les deux types se sont pris Carlos et sa femme sur la tronche !

La deuxième tentative fut meilleure. Ils parvinrent à soulever les trônes, mais la poutre qui soutenait le plancher de leur côté s'enfonça dans leurs épaules, creusant un sillon sanglant jusqu'à la clavicule ! Mais le Tahitien est digne et, au prix d'un effort surhumain, ils portèrent en titubant les mariés pendant quelques mètres... Puis, après les avoir reposés, ils s'évanouirent de douleur !

SARKOZY CÉCILIA-ELENA

DÉCEMBRE 2002

Hier, j'ai regardé sur France 2 l'émission consacrée à Elena... Cécilia Sarkozy. Madame Sarkozy, à qui hier soir, France 2 a consacré un reportage signé Véronique de Sainte Olive.

Je ne connais pas cette journaliste, probablement qu'elle était à l'étranger, en Corée du Nord ou en Roumanie. Sérieusement je pense qu'elle a dû faire ses études de journalisme à Bucarest dans les années 80 puisque son reportage ressemblait aux hagiographies que la télé roumaine consacrait à Elena Ceauşescu.

Cécilia Sarkozy. On nous a expliqué que c'était l'ancienne femme de Jacques Martin, moi je m'attendais à voir arriver Danielle Évenou avec son poireau, en plus *Marie Pervenche*, une contractuelle, c'était normal pour le ministre de l'Intérieur, mais non, c'est une autre ancienne femme de Jacques Martin, Cécilia donc.

La caméra l'a suivi pendant trois semaines avec un commentaire en voix *off*. Et le sujet commence comme ça : « Au ministère de l'Intérieur son bureau est mitoyen de celui de son mari. » Là, la caméra la suit et elle entre dans le bureau du ministre « sans frapper » nous précise la voix *off*.

Manque de pot, elle aurait dû frapper, vu que Sarkozy est en train de se goinfrer de barres chocolatées, il en a plein la bouche et on voit les miettes de chocolat tomber sur son bureau et moucheter les arrêtés d'expulsion.

Apercevant la caméra qui suit son épouse, Sarkozy lui dit : « Tu as vu cet excellent sondage ? » et ensuite, hypocrite, il ajoute : « Non ne filmez pas cet article qui dit que je suis le héros du gouvernement. »

Séquence suivante, la voix *off* nous dit : « Pour Cécilia et Nicolas, il n'y a pas de frontière entre vie publique et vie privée, pas plus que pour Louis leur fils. Les bureaux de ses parents font partie de son univers et il bouscule le protocole » et là, on voit le gamin qui joue sur l'ordinateur du chef de cabinet, tandis qu'on aperçoit en arrière-plan dans le bureau à côté, Sarkozy en train de consommer avec avidité un Flamby ou une crème caramel du même genre. Le gamin joue avec l'ordinateur du chef de cabinet, on le voit tourner sur le fauteuil pivotant quand soudain, il s'arrête, pousse très fort avec difficulté et finit par exhaler un pet libérateur qui le fait sourire d'aise ; c'est alors que ça se met à sonner, a-t-il déclenché un truc secret défense, du genre l'écran qui clignote en rouge avec écrit, « vous avez décidé de lancer des missiles de croisière sur la Russie, confirmez en tapant O », Sarkozy qui avait terminé sa crème, entend la sonnerie et appelle son fils, mais lui il est bien à tourner sur le fauteuil en pétant, du coup, c'est le chef de cabinet qui le prend dans ses bras en évitant de respirer et qui le pose dans le bureau de son père ; le gamin se met à courir vers le bureau, je rappelle que nous parlons du ministre de l'Intérieur, le petit Louis, entre dans le bureau et le premier truc qu'il demande à son père, c'est : « Papa donne-moi un chocolat » tout en fouillant à l'endroit où il pense que son père les cache. Seulement y en avait plus, il avait tout mangé Sarko, alors le gamin déçu commence à s'ennuyer et gribouille sur les arrêtés d'expulsion plein de miettes de Bounty, pendant que le téléphone sonne, c'était Raffarin.

Je vous laisse imaginer la scène. Pour pas que Raffarin entende les cris du petit Louis qui réclamait du chocolat, Sarkozy se lève, et en écoutant le premier ministre, nettoie, avec sa langue, les interstices dentaires bouchés par les Mars. Pendant ce temps-là, le gamin sur le bureau gribouille, et la voix *off* de la journaliste dit : « Au milieu des allées et venues de son fils, Nicolas Sarkozy annonce au Premier ministre l'arrestation de dangereux terroristes. »

À cet instant, Cécilia entre sans frapper, évidemment, voit la scène, et essaie d'arracher le gamin au fauteuil, pendant que Nicolas téléphone au Premier ministre, et que le petit Louis montre les arrêtés d'expulsion en disant : « Maman t'as vu j'ai signé Sarkozy. »

Ensuite on voit Indy, le labrador des Sarkozy, donner un coup de museau dans la porte et entrer à son tour dans le bureau ministériel, il va fouiller dans le tiroir à chocolats, et là, je vous jure que c'est vrai, la voix *off* nous dit : « Comme chaque lundi matin, Indy le labrador est à l'heure, car Nicolas Sarkozy ne tolère aucun retard de ses collaborateurs. »

Ce magnifique reportage s'achève sur cette conclusion de Véronique de Sainte Olive : « Énergie, amour et ambition mêlées, Nicolas et Cécilia suivent leur route. »

À ce moment-là, j'avais envie d'ajouter : « Flagornerie, amour et ambition mêlées Véronique de Sainte Olive poursuit sa route. »

SEVRAN Pascal

Janvier 2002

Le soldat a besoin de fantasmer ? Envoyons-lui des chanteuses qui l'excitent ! Mais, sans vouloir être désagréable, pas celles qui passent chez Pascal Sevran, parce que Josy Andrieu, Françoise Bayer ou Lucienne Troca…

À propos, j'ai regardé sa nouvelle émission dimanche, c'est très différent de *La Chance aux chansons* : le décor était fuchsia, et celui-ci est jaune poussin !

Pour résumer cette émission dominicale, c'est du rap sans concession. Il faut que je vous explique : notre ami Pascal Sevran a entendu dire que la tendance musicale actuelle était au hip-hop, mais, comme on lui a parlé du côté de sa mauvaise oreille, il a compris « hula hop ». Voilà pourquoi, dans ses émissions, on voit des danseuses faisant tourner des cerceaux sur leur hanches !

Non, sérieusement, dimanche dernier, Serge Lama a comparé cette émission à *Discorama* de Denise Glaser. Et ça lui a fait plaisir, à Sevran. Il disait : « C'est vrai, c'était à la même heure... » Et c'est vrai que son émission ressemble à *Discorama*... Bon, au lieu du décor noir et blanc minimaliste, le sien est jaune poussin et aussi chargé que l'haleine de Demis Roussos. Comme invitée, au lieu de Barbara qui chante *Nantes*, on a eu droit la dernière fois à Chantal Goya qui chantait *Bécassine c'est ma cousine* en anglais... Le problème, c'est qu'elle continue à chanter en faisant sa chorégraphie enfantine. Mais à la fin de la chanson, j'ai cru que Sevran allait être obligé de la mettre sous oxygène ! Elle arrive près de lui : « Ahh... C'est plus... ahhh... d' mon âge... Hurqu... hurqu... » Et là, il lui balance le coup de grâce : « Eh bien dites-moi, ma petite fille, la chanson, ça conserve longtemps ! »

Moi, j'aime bien quand Pascal Sevran balance. Un jour, il reçoit Jeanne Manson. Bon, voilà qu'elle se met à chanter en anglais de la *country music* américaine. Du coup, ça nous a énervés... Il lui dit : « Ma p'tite fille, vous auriez pu être meneuse de revue au Moulin-Rouge ! Tant pis pour vous si vous préférez chanter du *folksong* ! Et faut être jolie comme vous pour s'habiller comme vous le faites !... »

Mais les vannes préférées de Pascal, c'est quand les chanteuses refusent de venir dans ses émissions. Le jour où Sylvie Vartan a refusé de venir, il a balancé à l'antenne : « C'est dommage qu'elle ne veuille pas venir, Sylvie, parce que moi je l'aime bien, elle me rappelle mes 15 ans... » Et lorsque Céline Dion n'est pas venue, il a rappelé qu'elle avait fait sa première télé chez lui, en précisant : « À l'époque, elle avait un visage ingrat, mais elle chantait déjà très bien ! » Mais surtout, je ne m'en lasse pas, il a annoncé fin 1999 la « révélation de l'année », celui à qui il prédisait une carrière de star, j'ai nommé... Frédéric Schnoup !

STAR ACADEMY

Janvier 2002

La scène essentielle des quatorze semaines d'émissions de *Star Academy* s'est déroulée jeudi dernier. Il ne restait dans le château que les deux finalistes, Jenifer et Mario. On voyait Jenifer se diriger vers les toilettes, où visiblement l'autre s'était enfermé, en lui demandant d'une voix enjouée : « Tu fais caca ? » Devant le silence de Mario, elle avait ajouté : « C'est mou ou c'est dur ? » Elle avait envie de rire, Jenifer… Remarquez, l'instant d'après, arrivée devant la porte des toilettes, elle n'avait plus du tout envie de rire. Elle a dit : « Ah ! oui, d'accord, ça sent à travers la porte ! », puis elle s'est enfuie en respirant par la bouche ! Si je vous raconte cette scène pitoyable, c'est que je voudrais que vous réalisiez qu'il existe, à TF1, un responsable qui a pensé que cette scène était digne de figurer dans le résumé des « meilleurs moments de la journée » !

C'est pendant l'écran de pub qui suivait que j'ai compris : c'était une thématique. En effet, la première publicité vantait les vertus de WC Net. Je vous raconte : on voit une dame nettoyer son évier et, contrariée, s'exclamer soudain : « Chéri, j'ai encore des résidus dans les canalisations ! » Son mari, qui faisait semblant de travailler sur son ordinateur – en fait, il glandait en regardant le site de Pamela Anderson –, lui dit : « Ah ! ben, ne t'inquiète pas ! » Il tape sur son clavier « Résidus dans les canalisations » et envoie le moteur de recherche. Et là, aussitôt, il tombe sur la page WC Net, avec description et photos de toute la gamme, explications techniques, etc. Elle est contente, lui aussi, et il retourne sur Pamela Anderson… J'ai voulu vérifier moi-même cette publicité. Alors je suis allé sur Internet et j'ai tapé « Résidus dans les canalisations ». Là, je suis tombé sur le bureau des égouts de la ville d'Ottawa, sur une communication de la faculté de médecine de Belgique sur les kystes du côlon, et un site sur les maladies sexuellement transmissibles chez les homosexuels. Mais absolument rien sur WC Net !

Le pire est à venir : dans *Le Parisien* d'hier, on nous annonce que M6 a commencé le casting de *Loft Story 2* et qu'Arthur vient d'acquérir les droits de *Harem*, un programme dans lequel quatre jeunes filles dans une villa doivent faire leur choix parmi dix-huit éphèbes. De son côté, TF1 prépare un *Koh-Lanta 2* et a déjà acheté les droits de *L'Île de la tentation*, émission dans laquelle des couples sont envoyés sur une l'île où les attendent des beautés des deux sexes, avec lesquelles ils ont des aventures qu'ils racontent le soir à leur conjoint… Et pour finir, on nous annonce pour bientôt *Les Enchaînés,* où les Lofteurs sont attachés les uns aux autres – ça, déjà, c'est effroyable –, mais on leur inflige des épreuves terribles : on les habille en Dormeuil et on les oblige à regarder en boucle les émissions *Sagas* et *Célébrités* ! Il paraît qu'ils deviennent fous !

À la fin de *Star Academy*, une pub nous annonça que Bouygues nous souhaitait une bonne année. Je me demande s'ils se foutaient pas un peu de notre gueule…

Septembre 2002 (1)

Un mot sur *Qui veut gagner des millions ?* « Spéciales inondations du Gard », avant-hier sur TF1. Quatre équipes de célébrités répondaient aux questions de Jean-Pierre Foucault pour essayer chacune de gagner 1 million d'euros. Autrement dit, TF1 dit aux sinistrés du Gard : « Nous sommes prêts à vous donner 4 millions d'euros si les candidats répondent correctement. » Évidemment, les candidats sont essentiellement des animateurs de TF1, notamment Jean-Pascal, le crétin de *Star Academy*. J'imagine la tête du type au premier étage de sa maison dans l'Hérault. On lui dit : « Tiens, Jean-Pascal va répondre à des questions de culture générale pour vous faire gagner de l'argent ! » C'est humiliant, c'est évidemment du business pour ramasser plus de pub, autrement dit, TF1, avec cette opération, a ramassé plus d'argent qu'elle n'en a donné aux sinistrés, puisqu'en tout, au lieu des 4 millions d'euros potentiels, ils ont gagné 400 000 euros. C'est cynique, c'est TF1... Remarquez, Jean-Pascal n'était pas seul, il faisait équipe avec Armande Altaï, la prof de chant, marquise bouffie et poudrée qui semble tout droit sortie du film de Leconte, *Ridicule*, la bouche refaite par un chirurgien esthétique albanais qui lui a greffé un bec de canard... Comme elle sévit dans une émission de merde, c'est Canard WC !... J'ai le souvenir de l'avoir vue il y a longtemps, dans un spectacle de Jacques Higelin au Cirque d'Hiver, s'envoler dans les airs en chantant sur un trapèze. Comme disait Brel, « vous avez sans doute vos raisons » ! Mais, au moins, on sent, sous le masque de plâtre qui recouvre votre visage, une trace d'humanité, de la tendresse pour les candidats... Parce que l'autre prof de chant, la dénommée Raphaële, la demi-vieille, la fausse blonde, on l'a vue avant-hier détruire une gamine en lui assénant : « Plus j'avance dans le temps et plus je me dis que tout chez toi est trafiqué... » Et là, on avait un plan sur le visage de la gamine au bord des larmes. Et l'autre qui surenchérissait : « Chez toi tout est trafiqué, et depuis des années et des années. Tes sourires sont trafiqués, tes pleurs sont trafiqués, ta tristesse est trafiquée, on sent le superficiel et le trafiqué ! » Mais dis donc, toi, la chanteuse ratée, tu crois pas que dans la télé-réalité de TF1 tout est trafiqué, les sourires sont trafiqués, les pleurs sont trafiqués, on sent le superficiel et le trafiqué ? Tu rêvais d'être une chanteuse, comme le dit ta mère Alice Dona dans son bouquin *La Vie à l'envers*. Tu n'existes pas et, en déversant ta frustration de chanteuse ratée sur une gamine, tu viens de lui en coller pour dix ans de psychanalyse !

Remarque, TF1 pourrait faire une nouvelle émission de *trash TV*, *Psycho Academy*. On mettrait des caméras dans le bureau d'un psychanalyste et on écouterait l'intimité des patients !

Septembre 2002 (2)

Vous vous souvenez peut-être de ce sketch d'Henri Salvador où il essaie de faire siffler la musique du *Pont de la rivière Kwaï* à une troupe de choristes ringards… Devant le résultat affligeant, il finit par se résigner à leur dire : « Bon, ben tant pis, au lieu de siffler, faites “la la la la…”. » Eh bien, hier soir, dans *Star Academy*, j'ai vu une scène du même genre. Rappelons que, chaque mercredi, les élèves passent ce que la production appelle « l'évaluation » devant leurs profs qui prennent des poses et font des commentaires. Armande Altaï, de plus en plus violette – au point que c'en est inquiétant, ça doit être un problème de circulation sanguine (qui ne l'empêche pourtant pas de commenter le teint des élèves) –, une caricature de metteur en scène de théâtre très connu dans sa rue et qui se prend pour Peter Brook, et Raphaëlle. Ah ! Raphaëlle, l'artiste ratée pour qui l'émission prend une allure de psychothérapie lui permettant de se défouler en détruisant des mômes. Raphaële, c'est hallucinant, s'est fait greffer le même bec de canard qu'Armande Altaï, vous savez, par l'Albanais dont je vous ai déjà parlé !...

Hier soir, affligés par le niveau de leurs élèves qui chantaient en duo devant eux, ils ont décidé de demander aux plus faibles, non pas de chanter, mais d'imiter deux poules...

Au même moment, Arte diffusait un reportage sur le pianiste Glenn Gould enregistrant à New York dans les années 1960 le *Concerto italien* de Bach. C'était magique. À la fin du film on se sentait meilleur, avec cette chose qui vient vous caresser le cœur, comment ça s'appelle déjà ?... Ah ! oui, l'émotion.

Je suis sûr que si les profs de *Star Academy* ont regardé cette émission d'Arte ils n'ont pas aimé : Glenn Gould n'a pas fait la poule !

Décembre 2002

Samedi soir, j'ai regardé *Star Academy*, pour information, sachez que c'est le grand con qui chante faux et qui fait tout le temps la gueule, Georges Alain, qui s'est fait virer, mais j'ai surtout regardé parce que je suis fasciné par Nikos, le présentateur grec.

Voilà un garçon intelligent, journaliste compétent, que j'ai connu personnellement lorsqu'il travaillait avec Christine Bravo, et je peux vous assurer que ce type là déteste la *trash TV*. Pourtant il anime *Star Academy*. On sent que c'est pas son truc, l'autre jour, il interviewe Ophélie Winter qui venait essayer de faire oublier qu'elle est déjà *has been*, et à la fin de sa chanson, Nikos s'approche d'elle, et lui demande : « Alors Ophélie... ? » Là il ne savait plus quoi lui dire, il n'allait pas lui demander « alors qu'est-ce que ça fait de ne plus vendre un disque ? », alors après un long silence Nikos enchaîne « alors Ophélie... euh comment tu fais les han han dans ta chanson ? » L'autre après un court instant où elle se demandait si le grec n'était pas en train de se moquer d'elle, répondit : « Et bien je fais han han. »

Et là Nikos conclut en disant : « Beaucoup de magie en tout cas. »

C'est incroyable, ce type conclut toutes les prestations des chanteurs avec deux seules phrases. Soit avec « beaucoup de magie en tout cas » ou bien « c'est que du bonheur ».

Il y a plein de codes dans *Star Academy*. Par exemple, pendant les chansons rapides, Alexia Laroche Joubert, la directrice aux dents jaunes, je sais pas si vous avez remarqué, on dirait qu'elle a du gruyère collé sur les incisives, donc pendant les chansons rapides, Laroche-Migennes danse le twist, et pendant les chansons lentes c'est Armande Altaï qui a de plus en plus la peau violette, elle devrait consulter un dermato. Remarquez la peau violette ça fait un joli camaïeu avec ses dents rouges à cause du rouge à lèvres, d'ailleurs c'est une constante chez les profs, puisque Raphaëlle a, elle aussi, les dents écarlates, c'est bien simple, quand les deux profs avec la directrice au milieu sourient, on dirait le drapeau espagnol, rouge jaune rouge.

Donc dans *Star Academy*, on danse pendant les chansons rapides et on pleure à la fin des chansons lentes.

À un moment, Lara Fabian chante en duo avec une élève. Comme d'habitude, elle nous fait le coup de l'émotion frelatée, des larmes sur commande, vous savez la technique du poil de nez qu'on s'arrache discrètement pour faire couler une larme, elle le fait bien Lara Fabian, elle se retourne et hop, elle arrache son poil de nez et elle regarde la caméra en disant « Merci, merci pour tant d'amour », tandis que de grosses larmes perlent à ses yeux globuleux.

À cet instant Houcine, l'un des deux candidats, celui qui est papa et dont la production de *Star Academy* avait scénarisé le manque de son enfant, avait les larmes aux yeux. À la répétition, on lui avait dit, « quand y'aura Lara Fabian, il faut pleurer », bon, c'est pas dur, vu qu'elle est bête à pleurer, et notre Houcine avait donc les larmes aux yeux.

Et c'est là que Nikos a plongé dans l'immonde.
« Alors Houcine, je vois des larmes dans tes yeux. Pourquoi ? »

L'autre n'allait pas dire : « Parce qu'on me l'a demandé à la répétition »... donc il ne répond rien...

Nikos :

—Houcine ces larmes dans vos yeux... je crois que je sais pourquoi.

Houcine :

—Euh.

Nikos :

— Tu penses à quelqu'un... quelqu'un qui te manque... à ton fils...

À cet instant, c'était pas Nique ta mère, c'était Nikos la dignité.

TAPIE Bernard

Septembre 2002 (1)

Hier soir la pluie tombait sur Paris, et les rares passants qui pressaient le pas devant le Shopi de la rue des Martyrs détournaient le regard à la vue insupportable de cet être hagard, vêtu de haillons Dormeuil, qui tenait devant lui une pancarte en carton sur laquelle, d'une écriture maladroite, il demandait qu'on lui donne une petite pièce pour manger ou même un Ticket-Restaurant périmé.

Voilà ce qu'est devenu Stéphane Bern, qui fut le roi du lundi soir sur TF1. Celui qui déniaisa Alexandra Bronkers – non, Alexandra Bronkers s'est fait dépuceler, mais elle n'a jamais été déniaisée –, celui que déteste Carole Rousseau... Voilà pourquoi, Stéphane, je ne pardonnerai jamais à TF1 de vous avoir remplacé par Bernard Tapie et sa nouvelle émission intitulée *À tort ou à raison*.

Ça commence par un générique « synthé et percussions » façon journal télévisé, pour montrer qu'on est dans le domaine de l'info. Tapie entre sur le plateau en courant – enfin en courant au début, mais sentant la tachycardie venir, il ralentit et termine en flânant. À part le souffle, il est en forme, Bernard. Il s'était fait un Régécolor auburn et surtout un brushing incroyable, le truc en vogue en 1983 avec un gonflage de chaque côté de la raie ! En le mettant à côté de vous, Stéphane Bern, on pourrait faire un musée de la mode capillaire à travers les âges ! Oui, je sais, aujourd'hui Philippe Sollers est invité, donc on ne parle pas de coupe de cheveux ridicule. Mais Philippe Sollers n'a pas une coupe de cheveux ridicule, c'est un hommage à Hervé Bazin...

Donc, Bernard Tapie avec son brushing Saint-Algue, après avoir repris son souffle, commence par expliquer le concept de son émission : « *À tort ou à raison* est une émission qui traitera des grands problèmes de notre temps, avec d'un côté des invités qui défendront une opinion et, de l'autre, moi-même qui partagerai l'opinion contraire. »

Autrement dit, il nous a fait le coup de : « C'est mon avis et je le partage. »

Les grands problèmes du moment, on attendait le terrorisme ou les terribles inondations du Gard. Mais non, le grand problème du moment, c'était la prostitution. Ben oui, c'est TF1 ! C'est toujours pareil, dans quinze jours ils traiteront des sectes ou des voyants, et dans un mois des nains hydrocéphales… C'est ça, les grands problèmes du moment pour TF1...

Bernard Tapie commence par présenter ses invités, le panel habituel des témoins dans les émissions de TF1 : un juriste, un flic, deux prostituées et une personnalité qui n'a rien à voir avec tout ça, mais qui a un bouquin à vendre – l'attaché de presse lui a dit : « Coco, tu passes chez Tapie, tu vas tripler les ventes », et ils ont crié ensemble : « Yes, yes, yes ! Triple yes ! » En l'occurrence, c'était Philippe Sollers. Vous pensez bien que, le thème du débat, il n'en avait rien à foutre…

Évidemment, comme c'est TF1, ils n'allaient pas rater l'occasion de faire téléphoner les gens à un numéro hors de prix qui commence par 0800. Il y avait donc une prénommée Julie au standard, qui avait la pêche, qui rigolait, et qui d'entrée a dit : « Le sujet passionne les Français ! » Là, on a senti qu'à part une prostituée qui défendait sa liberté, et Tapie qui était contre, les autres somnolaient…

Comme par hasard, le thème de l'émission était l'occasion de nous montrer un reportage bien racoleur, dans lequel on voyait les filles de l'Est ou d'Afrique sur les boulevards des maréchaux à Paris, prétexte grossier pour nous montrer des filles quasiment nues filmées avec complaisance. Comme ces images étaient insupportables, j'ai zappé sur France 2 : c'était Arlette Chabot, ça m'a bien calmé !

Mais plus tard, je suis revenu à l'émission. Debout devant ses quatre témoins et l'autre qui était là pour vendre son bouquin, Tapie faisait du Tapie. Il parlait en marchant, bonimentait, hâblait, fanfaronnait – il connaît bien ces gestes, il faisait les mêmes devant le personnel des piles Wonder pour les convaincre qu'ils étaient les meilleurs avant de les licencier, et les mêmes devant Montgolfier lorsqu'il jurait sur l'honneur que Mellick était dans son bureau, et les mêmes lorsqu'il jouait *Vol au-dessus d'un nid de coucou* au théâtre !... Bref, c'était plus Nanard, c'était Pénélope ! Seulement il y avait un problème. À part Sollers qui disait des conneries pour faire rire le public et une prostituée qui débattait, les autres participants s'étaient vraiment assoupis. Et donc, l'empoignade dont rêvait Tapie risquait de ne jamais avoir lieu...

Heureusement, Sollers vint à son secours et fit un numéro, commençant par dire que 90 % des hommes sont dans la misère sexuelle. Puis la prostituée a dit fort justement qu'on la traitait de « pute », alors que certaines femmes sont des putes légales et respectées : celles qui épousent un type généralement âgé et qu'elles n'aiment pas, uniquement pour l'argent. Elle avait raison : les pauvres putes tapinent sur les boulevards des maréchaux, d'autres tapinent chez Barclay ou chez Rothschild et publient des traités de savoir-vivre. Finalement, où est la différence ? Puis Philippe Sollers est revenu avec sa phrase sur la misère sexuelle, ce qui a énervé Tapie qui lui a demandé : « Mais qu'est-ce que c'est, la misère sexuelle ? » Et là, Sollers a eu cette réponse magnifique : « La misère sexuelle, c'est quand les hommes et les femmes ne convergent pas. »

Ensuite, on a abordé le problème du sida, avec des images d'un type qui demandait ses tarifs à une fille. « 30 euros la pipe », précisa-t-elle. Le client en caméra cachée lui demanda : « Tu peux le faire sans capote ? », mais, au moment où la fille allait répondre, ils ont envoyé la pub ! Là, on sentait bien le goût de TF1... C'est tout juste si une voix *off* ne lançait pas : « Est-ce que la pute acceptera de sucer sans préservatif ? Vous le saurez après la pub ! » En plus, là aussi c'était un concept, puisque la première pub était consacrée au dentifrice Signal, qui élimine les impuretés qui collent aux dents !

Au retour plateau, Tapie, qui avait dû secouer ses invités, a déclaré : « J'ai vu que ça s'animait pendant la pause, j'aimerais que ça continue. » Manque de pot, ça n'a pas continué… Donc vous l'avez compris, c'est une émission qui a vraiment été bien… pendant la pub !

Un peu plus tard, Philippe Sollers nous a encore fait rire en disant : « Les années 1960 et 1970 furent l'âge d'or des muqueuses grâce à la pilule anticonstitutionnelle. » Bien entendu, Sollers confond. La pilule anticonstitutionnelle, c'est la future loi d'amnistie ! Notre ami a continué en expliquant que ces années furent une gigantesque partouze. Tapie l'a regardé en se demandant s'il se foutait de lui, mais Sollers continuait : « Ben oui, tout le monde a baisé avec tout le monde ! » Tapie : « Quand vous dites ça, je bois du petit lait... » Sollers : « Non, non, c'est pas du p'tit lait ! » Comme dirait mon ami Vincent Roca : « Tapie tapé n'était pas au top, il a fait de la retape. Et voilà l'topo ! »

Bref, hier soir sur TF1 on parlait des prostituées, mais la pute, c'était la chaîne.

Septembre 2002 (2)

Il y a deux semaines, Bernard Tapie promettait que son émission serait en direct, car, affirmait-il, « la vraie télé c'est le direct, c'est pas comme Ardisson qui enregistre et monte ses émissions ». Il affirmait également qu'il ne traiterait que des grands thèmes d'actualité, refusant de tomber dans le racolage et le voyeurisme. En foi de quoi son émission d'hier soir était enregistrée, et le premier thème abordé a été celui d'un illuminé qui se prend pour Jésus et promet la fin du monde pour le 24 octobre !...

Notre ami Tapie était maquillé comme Mick Jagger, avec le mascara et le trait de crayon sous les yeux.

Avec son Régécolor auburn et ses racines noires, il ressemblait à une pute albanaise…

Tapie recevait donc monsieur Arnaud Mussy, patron d'une secte à la con et qui se prend pour Jésus : « Bonjour monsieur, dois-je vous appeler monsieur Mussy ou Arnaud ? — Restons simple, appelez-moi Jésus ! »

Monsieur Mussy a expliqué qu'il était Jésus en qualité de disciple d'un écrivain nantais, qui n'était autre que Dieu, fondateur d'une secte nommée Far-West ayant avait annoncé l'apocalypse pour le 11 juin dernier. Bon, évidemment, comme seul signe d'apocalypse le 11 juin dernier, monsieur Mussy a souffert d'une diarrhée violente en raison d'une consommation de crustacés ayant dépassé la date limite de péremption. À part ça, la journée fut plutôt calme, et les gens se foutaient de la secte Far-West en disant : « Alors, John Wayne, la fin du monde, elle vient à cheval ? » Très contrarié par le goudron et les plumes dont on l'avait enduit, Dieu décida de mourir, et Jésus devint le patron de la secte. Il s'empressa de changer le nom de la secte : maintenant ça s'appelle Néophare – après avoir hésité entre Nénuphar et Gyrophare.

Tapie lance alors un reportage sur cette secte inquiétante. Remarquez, on n'a pas été franchement inquiets, vu qu'en tout et pour tout ils sont cinq dans la secte – c'est là qu'on voit que Bernard Tapie ne se fout pas du monde quand il dit qu'il traite des grands problèmes du moment ! Effectivement, cinq paumés nantais derrière un connard qui se prend pour Jésus… Ah ! oui, il faut quand même que je vous dise qu'il n'arrête pas de boire, Jésus. Hier, pendant l'émission, il a dû avaler 10 litres de flotte en une heure et demie ! Et alors que j'allais me moquer de cette pépie messianique, j'ai constaté qu'il n'avait pas pissé une seule fois. Le voilà, le miracle ! Un type qui est capable de boire 10 litres de flotte sans aller pisser ne peut être que Jésus !

TÉLÉ-ACHAT

JANVIER 2002

Ce week-end, pendant que d'aucuns se gobergeaient à La Clusaz, moi je regardais la télévision. J'ai commencé très fort en regardant samedi matin le *Télé-achat* de M6. Le *Télé-achat* est à la consommation ce que les prédictions de Paco Rabanne sont à la science : on sait bien c'est bidon, mais les gogos y croient et certains gagnent beaucoup d'argent.

Au *Télé-achat*, on croyait avoir tout vu en matière de débilité, mais samedi ils ont pulvérisé le mur de la connerie. Avec, tenez-vous bien, un nouveau produit de régime qui s'appelle « les Pastas minceur ». Oui, vous avez bien entendu, c'est une nouvelle façon de maigrir : manger des pâtes ! On dirait un sketch de Coluche. Sauf que là ils nous interdisent même pas de manger du pain avec les nouilles, on a le droit ! Il y avait même un type qui affirmait avoir perdu 6 kilos en un mois en cuisinant les fameuses pâtes à la carbonara, à la bolognaise ou même en les accompagnant de crème fraîche et de petits lardons !…

Alors là, je voudrais dire au CSA que, faire croire aux gens qu'on peut perdre du poids en bouffant des pâtes avec de la crème fraîche, c'est quand même se foutre un petit peu de la gueule du monde ! Parce que, bon, moi je ne suis pas concerné, mais prenez un type qui a besoin de suivre un petit régime, comme Paco Rabanne, par exemple. Eh bien, s'il est un peu naïf, du genre à croire que la station Mir va lui tomber sur la tête, il peut très bien être capable d'acheter ce genre de connerie !

Remarquez, ce qui est bien, c'est qu'on ne risque pas d'en acheter beaucoup, vu que les Pastas, elles sont peut-être minceur, mais leur prix, lui, il ne l'est pas, minceur. Un seul paquet coûte 60 euros ! Ça doit être pour ça que ça fait maigrir : parce qu'à ce tarif-là, forcément, on limite la consommation !

Janvier 2002 (2)

Comme promis, je vais vous donner le secret de ma taille de guêpe : il s'agit de « Stop kilos ».

Dans le *Télé-achat,* Pierre Dhostel, le fils de Pierre Bellemarre, reçoit un monsieur qui affirme avoir perdu 5 kilos en une semaine grâce à Stop kilos, et une pauvre dame aux yeux cernés, dont on devine qu'elle est au chômage et qu'elle perçoit 300 balles pour se livrer à cette comédie pitoyable en affirmant qu'elle a perdu 3 kilos en une semaine, et que ça continue. Comme ces deux témoins nous avaient alléché, Pierre Dhostel nous dit : « Mais qu'est-ce que Stop kilos ? » Et là arrive un pseudo-scientifique – en fait, un camelot recyclé dans le télé-achat. Le type montre une boîte de Stop kilos et nous explique qu'il s'agit de légumes lyophilisés, puis le voici qui nous raconte ce qu'est la lyophilisation avec des termes savants : « La lyophilisation est une méthode de déshydratation qui permet de conserver les aliments », etc. Mais sa démonstration perdait beaucoup de sa force, parce qu'en même temps on voyait la boîte de Stop kilos en gros plan, sur laquelle était écrit « Potage en poudre » ! Évidemment, quand on voyait que c'était du Royco Minute Soupe, ça perdait de son efficacité... Pierre Dhostel, conscient que la mention « Potage en poudre » pouvait le desservir, s'enthousiasme et s'exclame : « Ce qui est bien avec Stop kilos, c'est que vous pouvez l'agrémenter, n'est-ce pas docteur ? » L'autre : « Oui, vous pouvez rajouter soit du sel, soit du poivre... » Dhostel : « Eh oui, un jour du sel, un autre jour du poivre, et comme ça on ne s'en lasse pas ! Bon, maintenant, je vais vous expliquer comment on procède avec Stop kilos... Vous mettez du potage en poudre au fond du bol, vous faites couler de l'eau bouillante dessus, vous remuez... et regardez : vous obtenez un délicieux potage ! Alors docteur, expliquez-nous comment ça marche ! » Le toubib : « Eh bien, c'est grâce aux calories négatives. C'est une notion qui va révolutionner la vie. Je vous explique. Vous prenez une grande assiette de Stop kilos : pour éliminer le potage, votre corps utilise 300 calories. Donc, à chaque assiette de Stop kilos vous perdez 100 calories. Donc, plus vous en consommez, plus vous maigrissez. » Il ne disait pas comment on pouvait éliminer 300 calories juste en allant faire pipi… Ou alors, Pierre Dhostel en a une très grosse à porter, je ne sais pas…

TÉLÉ DE L'ÉTÉ

AOÛT 2002

Cher Stéphane Bern qui venez de passer l'été en stage de naturisme à Mýkonos… Pendant deux mois, vous avez vécu totalement nu, de nombreux témoins attestant que vous ne justifiez pas votre patronyme, « Bern », car vous ne l'étiez pas du tout, en berne, lors de ces promenades à dos d'âne, totalement dévêtu dans la garrigue grecque, au milieu des eucalyptus et des lauriers sauvages… Ne niez pas, tous les touristes de retour des îles grecques affirmaient avec admiration : « On a vu Stéphane Bern complètement nu, il était monté sur un âne ! » Vos seules entorses au dogme naturiste eurent lieu lors de soirées huppées, dans lesquelles vous étiez vêtu d'un string de marque Dormeuil, mettant parfaitement en valeur vos petites fesses nerveuses !…

À propos de petites fesses nerveuses, on a beaucoup parlé cet été à la télévision de la famille princière de Monaco. D'ailleurs il faudra un jour, cher Stéphane Bern, que vous nous expliquiez pourquoi on dit famille « princière » et pas « royale ». Pourquoi ne sont-il pas empereurs, pourquoi ne sont-ils pas César alors qu'ils sont déjà Pompée ?...

On a donc beaucoup vu la famille princière de Monaco, notamment le prince Albert, qui, nous a-t-on appris hier, va quitter Saint-Tropez où il vient de passer l'été. À présent, pour Albert, fini les vacances. Il va lui falloir attendre une semaine avant de partir pour Saint-Barth', puis, après un séjour aux Maldives et une croisière sur le Nil, il aura enfin droit à un moment de détente bien mérité aux sports d'hiver à Saint-Moritz ! Pendant sa semaine monégasque, Albert va devoir inaugurer la plus grande digue du monde, arrivée cet été dans le port de Monaco. Elle a été construite à Nantes et acheminée par voie maritime. Hier soir, au JT de 20 heures, les images télévisées de ce monstre de béton étaient impressionnantes...

Les Monégasques cherchent un nom pour la digue. D'aucuns – des persifleurs, des sarcastiques –, apprenant qu'elle serait inaugurée par la princesse Stéphanie, ont proposé de l'appeler « la digue du cul ». Ben oui, elle a été construite à Nantes et elle est passée par Montaigu !

À propos de Stéphanie, *Paris Match* nous a montré les photos de ses vacances au camping municipal de Hauteville, dans le Jura. L'article précise même qu'elle a joué à la belote avec ses voisins de caravane, et qu'elle a décroché la quatrième place au tournoi de pétanque. Avec photos à l'appui ! C'est tout juste si on ne la voyait pas se balader dans l'allée du camping avec son rouleau de PQ !

Tiens, ça, c'est terrible… Il faudra un jour qu'on évoque le nombre de divorces suite à la vision du conjoint partant le rouleau à la main après le déjeuner. Vous savez, alors que vous êtes là, à glander devant la table métallique, les mouches et les guêpes commençant à se poser sur les miettes et les taches de confiture, ce moment où votre conjoint vous dit : « Chérie, tu veux bien nettoyer la table ? » Puis vous le voyez partir en tenant son rouleau de PQ… Et dire que ce type en bermuda, que vous voyez s'éloigner avec son rouleau de PQ à la main, vous a séduite en vous faisant lire *Belle du seigneur* !

Dieu merci, Stéphane Bern, vous ne pratiquez pas le camping, et à Mýkonos vous n'étiez pas sous la tente !…

À ce propos, je voudrais faire part aux auditeurs d'une confidence que vous nous avez faite. Vous possédez dans cette île grecque un cabanon avec jardin privatif, dans lequel, chaque matin, vous levez les couleurs grecques. Oui, lorsqu'il est en Grèce, chaque matin, Stéphane Bern salue son mât magnifique dressé vers le ciel comme un défi au étoiles !…

Vous ne dormez pas sous la tente, cher Stéphane, mais vous ne pratiquez pas non plus le vélo en vacances. Pourtant, vous ne ratez pas le Tour de France sur France 2. Moi aussi, j'aime beaucoup les rois de la pédale ! Même si le Tour de France, année après année, se discrédite avec le dopage. Évidemment, les journalistes de France 2 nous ont juré, comme chaque année, que cette fois, c'était sûr, il n'y avait plus de dopage. Comme chaque année. Certes, ils ont arrêté madame Edita Rumsas avec une voiture pleine d'anabolisants et celle-ci a affirmé qu'ils étaient destinés à sa grand-mère qui souffre d'arthrose. L'aïeule arthritique, tu lui donnes deux gélules de ce que tu as trouvé dans la voiture d'Edita, elle se lève immédiatement et fait trente pompes pour se dérouiller ! Et en quinze jours, elle bat le record du monde de l'épaulé-jeté en haltérophilie ! Quant à son mari, Raimondas – elle, c'est Editas, et lui Raimondas : plutôt équivoque comme prénom, ça le fait pas sur le papier à lettres –, interviewé par un journaliste qui s'étonnait que ce type sans aucun palmarès devienne un cador du Tour de France à plus de 30 ans, il a répondu : « Euh… Ce n'est pas tout à fait juste de dire que je n'ai aucun palmarès, j'ai fini cinquième du Paris-Camembert… » C'est comme l'autre, Gonzalès Goldeano, on dirait un intrigant à la cour d'Espagne. Vous savez, les nobles vêtus de noir qui complotaient avec Louis de Funès dans *La Folie des grandeurs* ! Gonzalès Goldeano, donc, contrôlé positif, a déclaré sans sourciller : « Oui, c'est vrai, j'ai pris un produit interdit, mais c'est pour soigner mon asthme. » Voilà un type en tête du Tour de France qui se tape trois semaines de courses avec les Alpes, les Pyrénées, le Ventoux et les contre-la-montre, et qui nous annonce sans rire qu'il est asthmatique chronique ! Alors que les doses de Ventoline retrouvées dans ses analyses correspondent à la posologie prescrite à un insuffisant respiratoire en fin de vie ! Dis donc, Gonzalès, tu nous prendrais pas un tout petit peu pour des cons ?

Comme chaque année, à la fin des vacances, pas un journal télévisé qui n'évoque la rentrée des classes en débitant tous les poncifs, du genre l'odeur des trousses neuves et des gommes à la fraise… Bref, tous les lieux communs que Maureen Dor vous sortira chez Ruquier, du style : « Ah ! oui, et puis vous vous souvenez, quand on avait de nouveaux profs on se disait : "Pourvu qu'on tombe pas sur machin, il est redoutable !" »

Pour finir avec la télé de cet été, j'ai vu hier soir un reportage terrifiant, dans lequel on nous expliquait que les pets de termites constituent l'une des pires catastrophes naturelles, puisqu'ils sont responsables de 5 % de l'effet de serre ! Ce qui est surprenant, c'est qu'on ne les entende pas péter… Vous imaginez tous ces termites qui pètent, ça devrait faire un bruit d'enfer ! Quand on pense qu'il y a, au-dessus de nos têtes, ce nuage de pets de termites qui peut à tout moment nous tomber dessus, ça fout autrement plus les jetons que des barbus aux Adidas explosives ! Les Gaulois craignaient que le ciel leur tombe sur la tête. Deux mille ans plus tard, grâce à la science, nous savons que ce n'est pas le ciel qui nous tombera sur la tête, mais un nuage de pets de termites !

TÉLÉ DU RÉVEILLON

JANVIER 2002

Un mot sur la soirée télé du réveillon. Vous connaissez le principe : une soirée de promotion présentée par Arthur sur TF1 et par Drucker sur la 2, au cours de laquelle les animateurs de la chaîne se succèdent, déguisés en pingouins, puis juste avant minuit on égrène les dix dernières secondes et on s'embrasse... On est très émus par cette nouvelle année qui arrive, d'autant plus émus que l'émission est en général enregistrée le 14 octobre... Vous pensez bien qu'Arthur, le 31 décembre, il réveillonnait aux Maldives avec trois putes, il n'a sûrement même pas regardé son émission de merde !

Sur TF1, on a donc vu défiler les stars, on les a vues faire semblant d'improviser les trois lignes qu'elles avaient apprises par cœur, et surtout faire bien attention à mettre les pieds sur les croix marquées au sol pour les caméras. Le problème, c'est que les croix étaient très éloignées. Du coup, Arthur se trouvait à 5 mètres pour essayer de donner le change, il se penchait en avant, on aurait cru un clown avec ses grandes chaussures. Il y avait aussi du public, et un jeu intitulé « La roue multi-cadeaux ». Arthur tirait au sort un spectateur, l'autre sautait de joie comme on lui avait dit de le faire à la répétition, et venait tourner la roue, sur laquelle figuraient des cadeaux somptueux : voyage aux Seychelles, voiture, raid au Canada en motoneige pour deux… À un moment, une spectatrice est sélectionnée. Elle saute de joie – le précédent candidat avait gagné un séjour pour deux au Québec. La fille fait tourner la roue qui s'arrête sur un segment où était écrit « photo ». Elle saute de joie et se dit : « Ouais, j'ai gagné un Nikon numérique avec zoom et grand angle ! » Manque de pot, « photo », ça voulait dire qu'elle avait le droit de se faire prendre en photo à côté de Thierry Roland !… Elle a fait : « Ah ! ouais, super… », on l'a prise en photo et elle est retournée s'asseoir. Et là, il y a eu un plan terrible dans le public : elle pleurait…

Donc les animateurs se succèdent, les stars de la chaîne sont au début et ils gardent les ringards pour après minuit, quand plus personne ne regarde – par exemple, Laurent Cabrol sur TF1 et Patrice Laffont sur France 2… À propos de Patrice Laffont, à un moment, Drucker lui dit : « Avec ta nouvelle émission *Le Juste Euro* qui a commencé aujourd'hui, tu dois être familiarisé avec l'euro ? » L'autre panique, évidemment, puisque, comme je vous l'ai dit, l'émission était enregistrée il y a deux mois. Alors il répond : « Euh, non… Pas encore tout à fait… » Puis Drucker lui demande : « Ah ! mais moi je me souviens que tu étais aussi comédien... » Bon, ne vous affolez pas : l'autre a fait une figuration dans *Le Gendarme de Saint-Tropez* – ce qui ne le rajeunit pas ! Et là, Drucker, qui veut être sympa, lui demande : « Ça ne te manque pas trop, ce métier de comédien ? » Et Laffont, très vexé : « Euh, non, pas du tout, vu que ça fait un an que je joue une pièce... » Drucker a fait : « Ah ! ben oui, c'est vrai ! » Tu parles, il la connaissait pas... Remarque, personne ne la connaît, sa pièce. Ça s'appelle *Le Politocard.* Rien que le titre, on comprend pourquoi personne ne la connaît ! Ça donne bien envie... Tu imagines le type au boulot : « Tiens, salut, qu'est-ce que t'as fait hier soir ? » L'autre : « Je suis allé au théâtre. — Ah ! Et t'as vu quoi ? — *Le Politocard*, avec Patrice Laffont. » L'autre : « Bon, c'est pas tout ça, mais je vais y aller... » Ou bien le type qui veut séduire une fille : « Bonjour, ce soir je t'emmène au théâtre ! » L'autre : « Oh ! c'est merveilleux ! Tu m'emmènes voir quoi ? *Othello* ? — Non, *Le Politocard*, avec Patrice Laffont ! » Là, ça le fait pas. Pour peu qu'après il l'emmène chez *Flunch*, c'est pas gagné !

Toujours sur France 2, il y avait Liane Foly qui a encore un nouveau look. Cette fois, elle n'a rien touché au visage, mais pour Noël elle s'est offert de nouveaux seins. Maintenant elle fait du 120 bonnets F, mais comme ils sont trop lourds, ça tire la peau et elle a les paupières qui tombent. Du coup, elle va être obligée de retourner sur le billard !

TUBES D'UN JOUR, TUBES DE TOUJOURS

JANVIER 2002

Samedi soir j'ai regardé *Tubes d'un jour, Tubes de toujours*, présenté par Flavie Flament. Elle vit un véritable calvaire dans cette émission. Je vous explique : comme son nom l'indique, l'émission est basée sur l'évocation nostalgique de vieux succès éphémères. Mais qui dit vieux succès dit vieux chanteurs, et qui dit éphémères dit *has been*. Forcément. Alors on a droit au défilé des nazes, et Flavie doit les accueillir après leur chanson. Elle les reçoit en disant : « C'est incroyable, vous ne changez pas !... » On vient de voir les images d'il y a trente ans, ça ressemble aux pubs « avant/après », ils n'ont plus de cheveux, ils sont défaits... et Flavie : « C'est incroyable, vous ne changez pas !... » Concernant le côté *has been*, elle a trouvé une formule : « Vous êtes toujours aussi populaire dans le cœur des Français. » Dans le cœur des Français, ça veut dire total *has been* !

C'était le défilé des nazes. Après Sheila, il y a eu Début de soirée et leur tube : « Et tu tapes tapes tapes, c'est ta façon d'aimer ! » Et puis Flavie Flament nous a annoncé : « Celle qui vient est toujours aussi jolie, voici Jeanne Manson ! » Ah ! la vache !... L'autre, ça l'a encouragée, elle hurlait : « Faisons l'amour avant de nous dire adieu ! » Non, merci madame ! Puis vinrent Stone et Charden. Là, Flavie Flament a cherché à tout prix à faire un compliment. Mais franchement, qu'est-ce que tu veux faire comme compliment à Stone et Charden ? Là, tu peux pas dire « Ils n'ont pas changé » ! Donc elle s'exclame : « Stone, qui a donné son nom à sa coiffure que tous les jeunes portaient à l'époque... » T'as raison ma poule, même les Rolling Stones ont copié sur elle !

Et puis vint l'inénarrable François Feldman. Vous vous souvenez ? « Que deviennent, que deviennent, les valses de Vienne... » Et que devient François Feldman ? Eh bien, il sera bientôt en concert à la pizzeria Chez Helmut au centre commercial des Trois-Fontaines à Cergy-Pontoise, accompagné par son orchestre. Son orchestre, c'est un minicassette sur un tabouret !... Donc, à part cette actualité brûlante, Flavie lui dit : « Alors dites-moi, François Feldman, la grande question que tout le monde se pose, quand revenez-vous ? » L'autre : « Euh... Je suis en train de finir un disque, j'aurai fini dans un an. » Flavie : « Ah ! Eh bien formidable, rendez-vous dans un an !... »

UNIVERSITÉS D'ÉTÉ

SEPTEMBRE 2002

Les universités d'été se déroulent pendant la dernière semaine d'août, généralement dans des lieux modestes. Les participants viennent de passer un mois aux Maldives, mais ils font leur truc à Saint-Jean-de-Monts pour montrer à quel point ils sont près du peuple.

Le principal intérêt des universités d'été, c'est que les hommes politiques y arrivent avec un nouveau look. L'an dernier, Séguin s'était déguisé en Jean Yanne. Cette année, Dominique Voynet ressemblait à la fille que Muriel Robin aurait eue avec Mimie Mathy !

François Bayrou avait également organisé son université d'été. Bon, au total ils étaient vingt-trois, il les avait installés dans un pré à la campagne. Vingt-trois participants, c'était plus une université, c'était une halte-garderie ! Comme star, il y avait Gilles de Robien, c'est vous dire !

Le PS, avec Marie-Noëlle Linemann et à côté d'elle Fabius, habillé « rock'n roll », c'est-à-dire Lacoste jaune pour montrer que c'est un rebelle. Le comble du pathétique fut sans conteste Julien Dray, qui est arrivé déguisé en Bruce Springsteen : tout en noir, en jean et tee-shirt, avec ce bouc de rocker qui fut à la mode il y a cinq ans, pour bien montrer qu'il est près des banlieues. L'an prochain, il se fait poser des dents en or comme Joey Starr !

Et puis bien sûr, l'université d'été du Medef. Eux aussi, ils avaient trouvé une idée pour leur look : pour changer du Dormeuil, ils avaient décidé de porter des maillots de rugbymen. Le problème, c'est qu'ils avaient beau avoir pris du XXL, la plupart des patrons ne rentraient pas dedans !

Alors ils se sont posé les maillots sur le dos avec les manches nouées autour du cou. On aurait dit qu'ils portaient un noyé ! D'autres étaient parvenus à enfiler le maillot, mais l'effet sportif escompté n'était pas là, car en dessous ils avaient gardé le Dormeuil avec le gilet et la cravate... Le baron, lui aussi, portait son maillot de rugby. Il s'était fait faire un brushing de sourcils – avec Seillière, on a du sourcil à se faire !

VICTOIRES DE LA MUSIQUE

MARS 2002

Les *Victoires de la musique* étaient en direct. Présentées par Daniela Lumbroso, dont on mesure le niveau de stress à l'aigu de la voix. Je ne sais pas si vous avez remarqué, mais plus elle est stressée et plus elle monte. Samedi, elle a carrément atteint le contre-ut !... Il y avait aussi Jean-Luc Delarue et un revenant, notre ami Éric Jeanjean. Vous le savez, il s'appelle en réalité Eric Jean mais, comme on l'appelait « Neu-neu » quand il était petit, il pensait que ça faisait bien de doubler... donc il a choisi Jeanjean comme pseudo ! Un présentateur dans la lignée de Jean Nohain, qui pousse l'hommage à son maître jusqu'à garder obstinément un œil fermé... Il essaie bien de donner le change en faisant croire qu'il fait un clin d'œil, mais au bout de cinq minutes on n'est pas dupes !...

L'avantage du direct, c'est que ça permet de dire des choses. Noir Désir ne s'en est pas privé. Déjà, avant eux, un rappeur avait affirmé que les cités ne sont pas dupes des hommes politiques qui viennent y pêcher des voix en période électorale. Autant vous dire que Delarue n'était pas rassuré lorsque Bertrand, le chanteur de Noir Désir, annonça qu'il avait des choses à dire. Il alluma d'abord les pauvres filles de L5 – produits formatés d'Universal –, puis traita Messier de menteur… Moi, j'étais dans le studio de France Inter le jour où il a affirmé que, grâce à lui, la France exportait les films d'Harel et les disques de Noir Désir et de Zebda, et j'avais bien vu que c'était son assistante qui lui avait noté les noms sur une fiche cartonnée. Car jusqu'à ce jour, Messier croyait que Noir Désir était une marque de café ! Au moins, maintenant, il saura… Ce qui était savoureux, c'était de voir le visage de Jean-Luc Delarue, émule de Messier, qui possède les même valeurs… Derrière la belle gueule de rebelle de Bertrand Cantat, Delarue, avec cette sueur d'angoisse qui naissait sous son nez, ressemblait soudain à Balladur… D'ailleurs, pendant toute la soirée, Delarue fut déstabilisé, sans qu'on sache précisément si c'était à cause du pamphlet de Noir Désir ou en raison de la prestation de Lynda Lemay. Il faut vous dire que dans ce genre de soirée, qui dure quatre heures, la notion de rythme est très importante. La notion de joie également. Et là, avec Lynda Lemay, ils ont été gâtés, puisqu'elle est venue interpréter une chanson intitulée *La Centenaire*.

Déjà, habituellement, Lynda Lemay, ça ressemble à du Patachou des années 1950, mais là, il s'agissait de l'histoire d'une vieille dame qui attend la mort. Et la chanson durait six minutes !... Ça commence par : « J'ai eu 100 ans hier, mais qu'est-ce qu'elle fait la mort ? » Autant vous dire que l'ambiance des *Victoires* était plombée. Au bout d'une minute trente : « Le docteur est venu, il dit que je vais bien... » Au bout de trois minutes : « J'ai vu la Première Guerre, j'ai enterré mes fils... » Après quatre minutes : « Ma place n'est plus ici, elle est au cimetière... » Après cinq minutes : » C'est pas qu' je sois morbide, mais c'est vrai qu' j'attends la mort... » À cet instant, la moitié du Zénith pleurait, certains pendaient au bout d'une corde, Daniela Lumbroso essayait d'enchaîner, mais la note était trop haute... et Delarue, sentant que les rares spectateurs restants allaient partir sur TF1, cherchait donc quelque chose pour les retenir. Lorsqu'on l'avertit dans l'oreillette que TF1 était tombée en panne. Alors, voulant faire comme Arthur – oui, c'est la nouvelle mode, on accueille les téléspectateurs des autres ; tiens, par exemple, nous, en ce moment, nous accueillons des auditeurs qui viennent de quitter Courbet sur RTL, d'ailleurs on va y aller doucement pour ne pas qu'ils risquent un claquage de neurones ! –, donc Jean-Luc Delarue s'exclame : « Surtout, restez sur France 2, car on vient de nous informer qu'il y a une rupture de faisceau à TF1. » Dans son esprit, ça voulait dire : « Certes, Lynda Lemay vient de chanter *La Centenaire*, vous avez envie de vous tirer une balle dans la bouche, mais restez sur France 2 puisqu'en face ils sont en panne. » Mais évidemment, quand il a dit ça, tout le monde est allé sur TF1 !

VIOLENCE À LA TÉLÉ

Octobre 2002

« Dans l'excellente émission *Les accros de la télé*, diffusée sur Arte, un gamin à qui on demande s'il y a des images dont la violence lui est insupportable sur le petit écran, répond : « Oui, quand on tue des chiens, parce que j'aime trop les chiens. »

Le journaliste lui demande : « Et quand tu vois des hommes mourir ? »

Le môme a cette réponse terrible : « Quand c'est des hommes qui meurent, ça me fait rien, on en voit tout l'temps, des hommes mourir, on est habitué. »

Y A UN DÉBUT À TOUT

Janvier 2002

J'ai regardé l'autre soir l'émission de Daniela Lumbroso. Il y a quelques mois, elle affirmait avec force qu'elle était journaliste et fière de l'être, et que les émissions de divertissement, pour elle, c'était terminé. Et aujourd'hui, qui anime un truc qui s'appelle *Y a un début à tout* ? Qui anime du sous-Arthur dans lequel on montre à des invités leurs premières images télé pour qu'ils s'exclament : « Oh ! non, c'est pas vrai, mais où vous avez trouvé ça ? », alors que ce sont eux qui ont amené la cassette ?

Parmi les invités, il y avait Gérard Klein, et on nous a expliqué à quel point il avait innové en radio. On le voyait sur France Inter, il disait : « Salut, c'est Klein ! » Remarquez, il continue à faire de la radio et à innover, puisqu'on peut toujours l'entendre hurler : « Salut, c'est Klein ! » Sauf qu'après, il enchaîne en disant : « Chez les Mousquetaires Intermarché, les crevettes de Norvège sont à 5 euros le kilo, alors faites comme moi, précipitez-vous, ce soir y en aura plus ! » En fait, lui, il se précipite chez Intermarché pour toucher son cachet, avec lequel il fait ses courses chez Fauchon !

Et puis on a vu un reportage sur les vedettes qui vont donner leur spectacles devant les soldats, sur le front. Sur des images récentes, on voyait Whitney Houston ou Mariah Carey en Afghanistan, devant des GI's bouche bée… Eh bien, l'armée française n'est pas en reste, puisque notre contingent au Kosovo a eu droit à un spectacle… de Franck Dubosc !… Pendant la guerre du Golfe, ils avaient eu Mylène Farmer, ensuite, à Sarajevo, Fabienne Thibault. Bon, là, déjà, ils faisaient la gueule. Et maintenant Franck Dubosc !… On voyait les bidasses dans la salle qui attendaient Loana. Ils commençaient déjà à crier : « À poil ! » Quand ils ont vu arriver Dubosc, ils ont dit : « Bon, c'est pas tout ça, mais c'est à mon tour d'aller monter la garde !… »

Y A PAS PHOTO

FÉVRIER 2002 (1)

Qu'on ne compte pas sur moi pour raconter les conneries de TF1, qui lundi soir, avec Bataille et Fontaine, a encore baissé le niveau. On ne croyait pas que c'était possible, on se disait : « Ils sont au niveau zéro, ils ne peuvent pas descendre plus bas… » Eh bien, si ! Maintenant ils creusent dans la connerie, ils vont bientôt arriver en Chine ! Quand je pense, cher Stéphane, que TF1 vous a viré comme un malpropre du lundi soir, vous contraignant – c'est à peine si j'ose le dire –, à vendre votre corps d'albâtre à de vieilles veuves aristocratiques, tout ça pour mettre à votre place Bataille et Fontaine !… Mais, à côté de *Y a pas photo*, votre émission *Célébrités* était un chef-d'œuvre ! Même à l'époque d'Alexandra Bronkers ! Non, là je déconne…

Donc, dans un souci de rigueur et afin d'élever le niveau de cette chronique, je ne ricanerai pas aujourd'hui de *Y a pas photo*. Trop facile.

À la place, j'ai regardé Arte. Tout d'abord, un documentaire remarquable intitulé « Charles Rozman, un thérapeute social ». C'était passionnant, puisqu'en s'inspirant des techniques des thérapies de groupe, Charles Rozman a mis au point de nouvelles méthodes permettant de recomposer le tissu social déstructuré. Je me suis régalé !… Ensuite, j'ai regardé *Ontario, le pays aux mille lacs*. Qu'est-ce que c'était bien ! Quand je pense qu'au même moment Fontaine et Bataille faisaient une émission spéciale sur les particularités physiques avec Pépito, le garçon péruvien qui possède deux quéquettes ! Et moi, pendant ce temps-là, je me cultivais avec *Ontario, le pays aux mille lacs*. « Aux confins des forêts canadiennes, le lac Ontario, ourlé de vaguelettes, vient lécher les racines des grands sapins… Au loin, on voit parfois passer un orignal qui vient boire… Le silence est troublé de temps à autre par l'envol d'un marchicart doré, dont l'envergure peut atteindre 2 mètres… » Hein ? C'est chiant ? Oui, c'est très chiant. Et pour être honnête, à l'envol du marchicart doré, j'ai zappé sur Bataille et Fontaine, qui traitaient aussi de la faune sauvage puisqu'une chroniqueuse nous montrait des images de singes verts. Les singes verts dont on se demande pourquoi ils s'appellent ainsi puisqu'ils sont blancs. Mais surtout, qu'ils possèdent un zizi orange et des testicules bleus…

Bon, comme vous insistez, je vais vous raconter l'histoire des singes à la quéquette orange et aux testicules bleus : une chroniqueuse est venue nous expliquer que certains animaux avaient des particularités physiques surprenantes. En langage de *Y a pas photo*, « une particularité physique surprenante », ça veut dire une quéquette rigolote. Et là, effectivement, c'était rigolo, puisque ces singes blancs possédaient une quéquette orange et des testicules bleus, que ces couleurs étaient nécessaires à la parade nuptiale, car plus elles étaient vives, plus elles attiraient les femelles.

Ensuite, toujours dans le même registre, on a eu droit à « l'animal qui possède le zizi le plus long ». Je ne vous dirai pas lequel…

Après, on nous a montré l'homme le plus grand de France, 2 mètres 14. Le type exerce le métier de poseur de faux plafonds. La chroniqueuse lui a posé la question la plus idiote de la semaine à la télé : « Mais pour quelle raison vous avez décidé de poser des faux plafonds ? »

On a vu aussi une Américaine aux ongles de 60 centimètres, une autre qui sortait ses yeux de ses orbites – un peu comme Lara Fabian. Vous avez remarqué, Lara Fabian, elle a des gros nieunieus qui sortent des orbites ?

Et puis est arrivé le yogi Koudou. Lui, c'est un yogi spécialisé dans les émissions de merde. Il les fait toutes, je l'ai déjà vu dans *C'est mon choix*, chez Julie Snyder, au *Télé-achat*… enfin, dès qu'on veut racoler le public avec de la pseudo-méditation ou de la spiritualité de Prisunic, on fait appel à lui. Alors il est arrivé, et pour dire bonjour aux deux ravis de la crèche, il ne leur a pas serré la main, mais le bras. À cause de « la pyramide de la vie », qui se cache dans la paume de la main et qu'on abîme à chaque fois qu'on serre la main de quelqu'un. Il faut donc secouer le bras ou une autre partie du corps de votre interlocuteur, mais pas la main !

La particularité du yogi Coucou, c'est qu'il est capable de faire l'amour pendant vingt-quatre heures d'affilée. Alors là, que les âmes sensibles s'éloignent, je suis obligé de donner des détails médicaux. Le yogi Coucouroucou nous a expliqué qu'à chaque pénétration l'homme inspire, ce qui provoque une contraction augmentant le volume sanguin. Donc, il ne faut pas respirer. Et là, vous pouvez tenir aussi longtemps que vous voulez ! Donc, lui, il a arrêté de respirer pendant vingt-quatre heures… Je me demande s'il se fout pas un peu de nous, le yogi Coucouroucoucou Paloma !

Et, enfin le chef-d'œuvre, le point d'orgue : Pépito, le petit Péruvien aux deux zizis. Le reportage commence par une image surréaliste du garçon en train de faire pipi contre un mur écrasé de soleil, et à la place de la marque que laissent tous les garçons, lui, il fait deux marques. La voix *off* : « Quand Pépito décide de faire pipi dans la nature, il est obligé de jongler avec ses deux pénis… » Et là, on interviewe Pépito qui explique que, comme il possède aussi deux vessies, il fait faire pipi à ses deux zizis en même temps. Mais ça lui pose des problèmes de synchronisme, car il y en a un qui commence en retard ! Et pour finir, c'est pareil : à la fin, il faut bien qu'il pense à secouer les deux !

Je ressens comme un vertige à vous raconter ça, mais le pire restait à venir puisque, abordant ce sujet sur le plan médical, on interviewa le médecin de Pépito qui montra la photo du double sexe. Tout était en double ! Ça me rappelle une vieille pub : « Un foie, deux reins, trois raisons de boire Contrexéville. » Là, c'était : « Deux zizis, quatre couilles, six raisons de passer à *Y a pas photo* !... » Et la voix *off* poursuit : « Pépito a épousé la plus jolie fille de son village, mais il refuse de nous dire avec lequel de ses pénis il a réussi à lui faire ce magnifique bébé qu'elle tient dans ses bras. » Là, évidemment, on imaginait toutes les possibilités qui s'offraient à madame Pépito...

En éteignant le poste, je me disais que le type aux deux quéquettes était présenté par deux trous-du-cul. Finalement, y a une logique.

Février 2002 (2)

Grand moment rigolo et affligeant de ces derniers jours, *Y a pas photo*, présenté par les deux hyènes rieuses, Bataille et Fontaine. Lundi, ils recevaient des invités de prestige, Bernard Montiel, Larusso et Sophie Favier. Une sorte de *dream team* de la connerie universelle...

La bonne nouvelle, c'est que Larusso a changé de look et n'a donc plus cet *alien* accroché sur la tête. Bon, malgré tout elle avait un problème, elle avait dû consommer des cacahuètes dans sa loge avant l'émission, parce qu'un relief alimentaire était resté coincé dans un de ses plombages. Au début, elle pensa débloquer la parcelle d'arachide grâce à sa langue... On pouvait suivre les déplacements grâce à la bosse sous la peau de ses joues. C'est à ce moment-là que Bataille et Fontaine lui ont demandé si le look pour elle était important et qu'elle a répondu : « Je dois être parfaite, car je suis une donneuse de rêve ! » Et c'est vrai qu'avec sa langue qui farfouillait dans sa dent creuse, Larusso nous donnait du rêve... En tout cas, elle nous laissait rêveurs !

À part ça, l'émission a été comme d'habitude... On a eu droit à un sujet sur les implants d'abdos pour hommes – j'ai essayé, ça marche, je porte le grand modèle –, et ensuite on nous a expliqué qu'un tiers des hommes jugeaient qu'ils avaient un sexe trop petit. Comme je ne veux pas aller à la facilité, je ne ferai pas de commentaires. Sachez néanmoins qu'on voyait un monsieur qui avait gagné 6 centimètres de circonférence.

Puis il y eut un reportage sur un type présenté comme « le tailleur des stars », puisqu'il s'occupe de Jean-Pierre Foucault et David Douillet. C'est donc le type qui fait à Foucault ses pantalons trop courts, qui laissent apparaître au-dessus de la chaussette cette bande de peau bleutée lorsqu'il est assis sur le plateau de *Qui veut gagner des millions ?* Donc, vous avez compris, évitez ce type-là ! Tiens, quitte à vous faire charrier, habillez-vous plutôt en Dormeuil !

Ensuite est venue une chroniqueuse prénommée Fanny, qui nous a expliqué que son prénom signifie « foufoune » en anglais – donc Fanny Ardant, il y a une faute de français, on doit dire Fanny Ardente. Elle nous a aussi commenté un reportage sur une boutique londonnienne qui s'appelle justement Fanny et qui est un salon de coiffure pour... Bon, vous avez « coiffeurs pour dames »,

« coiffeurs pour hommes », là, c'est « coiffeur pour chattes » !… On voyait donc le type qui coupait aux ciseaux, faisait un shampooing aux œufs, pour finir par un brushing. Plus le rituel que font tous les coiffeurs lorsqu'ils ont terminé, faire le tour avec un miroir en vous demandant : « Ça vous convient ? » Eh bien, là, il faisait pareil ! Il mettait le miroir sous la dame en disant : « Ça vous convient ? », et la cliente répondait : « C'est parfait ! »

Ils font aussi des teintures pour celles qui ont des cheveux blancs… Vous devriez envoyer la princesse de Chimay, Stéphane ! Ils faisaient des teintures de couleurs, leur spécialité étant de teindre le drapeau anglais. Il paraîtrait même que la reine s'est fait teindre un drapeau anglais ! À ce moment-là, Bernard Montiel a dit : « On va demander à Stéphane Bern de vérifier… »

Ensuite, il y eut un grand moment. Je vous ai déjà parlé d'une publicité pour des applications de caviar, eh bien, dans *Y a pas photo*, on a eu droit à l'esthéticienne qui fait ce genre de massages. Ça se passe dans une baignoire que la dame remplit d'un mélange de caviar, de kiwi et d'avocat – donc, dès que vous entrez dans la baignoire, en plus du caviar, du kiwi et de l'avocat, il y a votre vomi !…

Au retour plateau, Larusso, surprise, était encore en train d'essayer de déloger l'arachide avec l'ongle de son index. Alors, pour sauver la face, elle a dit : « Ah ! moi, je fais des masques aux céréales. » Vous imaginez la scène, les corn flakes trempés dans le lait et collés sur le visage de Larusso…

Puis on a vu un masseur spécial qui travaille dans les grands hôtels. Il attache une corde en travers de la pièce, il vous enduit d'huile d'olive et il vous piétine. La corde lui sert à se rattraper – eh oui, parce qu'il glisse !

Mais le clou de l'émission fut la séquence au cours de laquelle une invitée surprise fit son entrée. Une star donc, qui venait livrer son secret de beauté. Cette star n'était autre que… Sophie Favier. Bataille et Fontaine lui demandent : « Alors, Sophie, quelle est votre recette du bonheur ? » Et Sophie répond : « Eh bien, voilà, j'ai toujours un tube de vaseline dans mon sac ! » En fait, elle explique qu'elle s'enduit de vaseline pour avoir une belle peau. Les animateurs : « Mais votre fiancé, ça ne le gêne pas, la vaseline ? » Sophie : « Non, c'est juste un peu gênant quand je vais l'acheter à la pharmacie ! » Et elle enchaîne : « Et puis, comme autre secret, j'ai le chocolat. » Bataille : « Vous le mettez sur la vaseline ? — Non, non, je le mange ! »

À la fin, il y eut les travaux pratiques : les deux animateurs s'installèrent sur des fauteuils et on leur badigeonna le front de *guacamole*, les joues de purée, le menton de miel, puis on recouvrit leurs yeux avec deux rondelles de concombre avant de leur écraser des œufs sur la tête !

Y A QUE LA VÉRITÉ QUI COMPTE

Septembre 02

Stéphane Bern a ses habitudes dans un restaurant proche de la Maison de la Radio. En entrée, il prend généralement un caviar d'aubergines avec sa purée d'ail, suivi d'un tartare de saumon accompagné d'une confiture d'échalotes. Vous comprenez donc pourquoi nous bénissons le ciel que cette émission ait lieu avant le déjeuner ! Tous les journalistes qui ont interviewé Stéphane Bern après le déjeuner vous le diront, ils ne sont pas près d'oublier ces effluves subtiles d'aubergines, d'ail pilé et d'échalotes confites, qu'un reflux gastrique intempestif oblige Stéphane à évacuer en les glissant dans chacun des *s* de ses phrases. Bref, vous l'avez compris, l'après-midi de Stéphane Bern possède une haleine qui rappelle la cuisine d'un bouge de Patras.

Il y a quelques jours, déjeunant moi-même dans cet établissement, je me suis retrouvé à la table voisine de celle qu'occupaient Bataille et Fontaine, les deux comparses de TF1. Compte tenu de la véhémence de mes chroniques sur leurs émissions, je les surveillais du coin de l'œil, n'excluant pas l'éventualité d'une rixe à la fin du repas. Aussi, quelle ne fut pas ma surprise lorsqu'au contraire ils vinrent me saluer, souriants, débonnaires et élogieux ! En les voyant sortir du restaurant, tandis que Fontaine, d'un geste élégant, remettait en place un testicule coincé pendant le déjeuner, je me disais qu'il me serait désormais difficile de dire du mal de leurs émissions tant ils étaient sympathiques.

C'est donc avec bienveillance que j'ai regardé hier leur nouvelle émission intitulée *Y a que la vérité qui compte*. Voici le principe : une personne qui a quelque chose à dire à une autre personne, et n'ose pas le faire parce que c'est trop intime, la fait venir à la télé pour lui dire devant des millions de personnes cette chose trop intime pour être dite en tête à tête. Mais l'autre personne ne sait pas pourquoi elle est là. On lui dit : « Tiens, vous allez passer dans une émission de Bataille et Fontaine, mais on ne vous dit pas pourquoi », et le type répond : « Ouais, super ! »

Hier, l'émission commence avec Brigitte, assistante comptable, qui est donc venue sans savoir pourquoi. Le pourquoi, c'est son ancien mec, Olivier. Ils ont vécu ensemble, mais, dit-il, « on s'est séparés à la suite d'une grosse dispute ». Les deux, ravis, la mine gourmande : « Ah ? Une grosse dispute ? Mais quoi, exactement ? » Olivier : « Ben… je l'ai humiliée. » Et là, Bataille a cette phrase extraordinaire : « Sans entrer dans le détail, Olivier, qu'est-ce que vous lui avez fait précisément ? » Ils avaient l'œil luisant… Derrière cette question du « comment », on devinait : « Tu l'as frappée ? Tu l'as torturée ? Il y avait des ustensiles ? Des animaux ? » L'autre : « Ben… j'ai été violent. » Pour être honnête, on s'en doutait qu'il avait été violent ! Rien qu'à voir l'œil gauche de Brigitte, tout rouge avec les vaisseaux éclatés !…

Du coup, les deux ravis lui demandent : « Mais qu'est-ce qui nous prouve que vous avez changé ? » Et le type : « Ben… je viens à la télé ! » C'est drôle, mais ce genre de phrase me laissait plutôt penser le contraire ! Et Brigitte, la femme humiliée, humiliée de nouveau hier soir à la télévision, explique qu'elle doit se soigner et refuse d'ouvrir le rideau à Olivier, dont tout l'entourage saura désormais qu'il est un connard qui frappe les femmes !

Ensuite on a eu droit à David, boulanger. Le genre Félicien du *Loft* – vous vous souvenez du blaireau landais ? On demande à David ses goûts. Il répond : « Faire la fête avec des amis en boîte de nuit. » On lui demande s'il sait pourquoi il est là : « Non, j' vois pas. — Pas trop stressé ? — Ben non, pas du tout ! » Il pensait qu'il allait retrouver ses potes…

Mais, derrière le rideau, il y avait Cendrine, qui explique qu'ils se sont rencontrés en boîte de nuit, qu'ils ont vécu un amour très intense, mais très court : David a rompu, il a dit qu'il n'était pas prêt à vivre une relation, qu'il voulait prendre du recul. Pas prêt à vivre une relation, ça veut dire que David l'avait draguée au Macumba et qu'il l'avait tirée sur le parking dans sa BX Leader avec le pare-soleil, le petit sapin désodorisant et les boules de bois sur le dossier, et qu'après une furtive étreinte il avait dit à Cendrine : « Bon, ben c'est pas tout ça, mais il faut que j'y aille… » On comprenait enfin que depuis ce jour Cendrine n'avait cessé de le relancer. On devinait qu'elle l'attendait des heures sous la pluie devant la boulangerie, qu'elle lui avait écrit des lettres que l'autre ne voulait pas lire, ne pouvait pas lire puisqu'il ne savait pas, bref, qu'elle était une sorte d'Adèle H…

David entre sur le plateau et, voyant apparaître le visage de Cendrine, souffle d'énervement, du genre : « Pfff… C'est pas vrai, encore elle ! » Et l'autre : « David, tu sais que je tiens à toi… — Mais oui, mais on en a déjà parlé ! » Cendrine : « Oui, mais je t'aime. » David : « Oui, mais on en a déjà parlé, moi j'aime faire la fête, faut pas tout mélanger ! »

Là, le sous-titre en-dessous était : « David va-t-il ouvrir le rideau ? » Bataille et Fontaine : « David, prenez votre temps, car nous allons marquer une petite pause. » La pub, puis retour plateau : « David, réfléchissez encore un peu. — Non, non, c'est tout réfléchi !… » Et là, derrière le rideau qui ne s'ouvre pas, Sandrine sait. Elle a tenté cette prise d'otage, mais le piège s'est refermé et la voilà seule. Et Fontaine qui dit : « Ben voilà, au moins maintenant vous ne vivrez plus dans les fantasmes et les chimères. » Et Cendrine part dans sa loge en marchant mécaniquement…

Il y eut ensuite le cas de Cécile et Jean-Vincent : « Cécile, vous ne savez pas pourquoi vous êtes là ?
— Non.

— Vous exercez le métier de responsable de magasin.
— Non.
— Ah ! bon ? Vous n'êtes pas responsable ?
— Si, je suis responsable dans un magasin.
— Ah ! bon, donc vous êtes responsable…
— Je suis responsable de ma caisse.
— Bon. Vous rêviez de passer à la télé, donc déjà c'est un rêve qui se réalise.
— Euh… oui… »

Pendant ce temps, dans la loge du studio, les deux reçoivent Jean-Vincent. On apprend que c'était auparavant le petit copain de Cécile et qu'il était très jaloux, au point d'être violent. Évidemment elle est partie avec un autre, et on voit Jean-Vincent dans la chambre où ils ont vécu avant qu'elle ne s'en aille, et où elle a juste laissé des sous-vêtements sales. Il en renifle un avec nostalgie, et la voix *off* ajoute : « Elle ne lui a rien laissé d'autre que son odeur… » Franchement, c'est d'un goût !

Puis Cécile arrive dans le studio. Elle est séparée de Jean-Vincent par un rideau, mais elle découvre son image à la télé. Et là, manque de pot, elle le prend mal : « Mais qu'est-ce que tu fais là ? » Lui, pleurnichard : « Reviens, je vais changer, je ne serais plus jaloux ! » Elle : « Mais c'est pas possible… » On comprenait qu'elle avait un nouveau mec, qui de plus n'était pas éjaculateur précoce, et que Jean-Vincent allait encore renifler longtemps ses petites culottes… Et Cécile l'achève en lui disant : « Tu croyais que, parce que tu me faisais venir à TF1 devant tout le monde, les choses allaient changer ? » L'autre : « Mais non, mais reviens, je changerai ! » Et là, on comprenait que sa démarche était la preuve qu'il n'avait pas changé !

Cécile est repartie en coulisses retrouver son nouveau mec, et Jean-Vincent, humilié devant la France entière, est parti se jeter dans la Seine.

Vous l'avez compris, tout est ignoble dans cette émission. L'invité qui prend l'autre en otage, puisqu'il le fait venir à la télé et déballe son intimité sans lui demander son avis, l'autre invité qui accepte de venir sans savoir de quoi il s'agit – c'est-à-dire qu'il est prêt à tout pour passer à la télé.

On a donc, face à face, un enfoiré et un con. Et tout ça présenté par Bataille et Fontaine, sympas comme au restau avec moi, le même sourire bienveillant – sauf qu'ils ne se remettent pas les couilles en place à l'antenne !

Octobre 2002

Hier soir, j'ai regardé *Y a que la vérité qui compte*. Une dame de 55 ans voulait retrouver son premier amour. Elle explique : « C'était il y a 32 ans, et depuis je l'ai toujours attendu. Il était beau, rebelle et romantique », et là on voit le fiancé dans la loge. Ah la vache, il avait changé Gérard Philipe. Évidemment, en 32 ans, il était devenu un papy à la retraite, pour vous donner une idée, la dame avait aimé le Jean Gabin de *Quai des brumes*, et là elle se retrouvait avec celui qui jouait le vieux mari retraité de Simone Signoret dans *Le Chat*.

En découvrant le visage de son ancien amoureux sur un écran de contrôle, la dame pose sa main sur sa bouche de terreur et s'écrie dans un souffle : « c'est pas possible ». En plus, le vieux respirait très fort, on lui devinait une insuffisance respiratoire, une vie pépère, son atelier dans le garage où il bricolait et des samedis à Auchan.

Il ne savait pas pourquoi il était là, on lui avait dit qu'il allait assister à l'émission de Lagaff, et lorsqu'on lui a montré la dame en lui demandant s'il l'a reconnaissait, il répond :
— Non, j'vois pas.
Bataille et Fontaine :
— Vous êtes sûr que vous la connaissez pas ?
Le vieux :
— Non, pourquoi j'devrais ?
Les deux ravis :
— C'est une très jolie femme.
Le vieux :
— Oh vous savez ch'ui venu avec la mienne, alors moi, maintenant les femmes.

À cet instant, Bataille et Fontaine comprennent que l'émission tourne au fiasco, la femme ne veut pas de ce vieux con, quant au papy qui s'est marié il y a 30 ans, qui est grand-père, et qui pendant toutes ces années n'a pas pensé une seule seconde à cette pauvre femme se demande ce que lui veut cette vieille.

Bataille et Fontaine décident d'arrêter le massacre et concluent en disant :
— Bon eh bien vous allez pouvoir discuter en toute amitié.
Alors le vieux leur donne le coup de pied de l'âne :
— Oui, c'est ça, on va discuter... avec ma femme.

Novembre 2002

J'ai vu hier dans l'émission de Bataille et Fontaine, une scène atroce où un type venait demander à son ex-femme de reprendre la vie commune. Enfin, plus exactement, il disait : « Je comprends qu'elle soit pas prête à reprendre la vie avec moi mais on pourrait faire des trucs. » Bon, on comprenait qu'il avait envie de baiser.

Alors Bataille et Fontaine lui disent : « Oui, mais pourtant vous avez abandonné votre femme avec vos deux enfants en bas âge. »

Alors, le type répond : « Oui, c'est vrai, mais c'est parce que j'étais trop jeune ; à 38 ans, j'étais pas prêt à élever des enfants. »

Je vous ai dit que ça s'appelait *Y a que la vérité qui compte*.

À TF1, y a jamais de vérité, mais on fait toujours les comptes.

Donc, l'émission s'appelle *Y a que la vérité qui compte*. C'est une émission produite par des enfoirés, présentée par des enfoirés, sur une chaîne enfoirée. Il fallait le dire, car « y a que la vérité qui compte » !

Péroraison

En ce dimanche d'automne, la nuit tombait.

C'est terrible un dimanche de novembre à la nuit tombante, quand il pleut et que la guerre menace en Irak.

Alors, pour oublier le lundi matin qui rôde déjà, on allume la télé. Et là, sur TF1, on tombe sur *Vidéo Gag* présenté par Bernard Montiel et un singe. Un vrai singe qui a remplacé la blonde coanimatrice ce jour-là.

Bernard Montiel dit au singe : « Maintenant, nous allons voir des chutes dans les mariages et tu vas voir, quand on se marie en grandes pompes, on trébuche. »

À cet instant, le singe a posé ses mains sur ses yeux.

Dans le questionnaire de Proust on demande : « Quelle est pour vous le comble de la misère humaine ? »

Je répondrais : « Regarder *Vidéo Gag*, un dimanche d'automne à la nuit tombante. »

LES NOUVEAUX BIJOUX
DE CHEZ CARLIER

« À ceux qui ont ouvert
ce bouquin le cœur battant
en espérant y lire leur
nom en dédicace. »

« Bonjour madame… »

À LA RECHERCHE DE LA NOUVELLE STAR

Mai 2003

J'ai regardé hier soir *À la recherche de la nouvelle star* sur M6. Il s'agit d'une émission où les téléspectateurs sélectionnent grâce à des appels téléphoniques surtaxés le meilleur chanteur de karaoké.

Pour vous situer le niveau de l'émission, c'est pire que *Popstars*. Vous vous souvenez de *Popstars* ? Ces émissions pleines d'humiliations, d'engueulades surjouées par un jury de blaireaux, la demi-vieille parolière *has been*, le séducteur de Prisu, l'œil torve et la lippe vulgaire, et le danseur peroxydé avec son fusible sur l'arcade sourcilière qui pleurait pour un rien. Tout ça pour accoucher des Whatfour , le groupe mort-né, le disque qui ne s'est pas vendu, les concerts annulés – bravo le jury pour le bon goût ! Ce qui serait intéressant, ce serait une « Jury Academy ». Je suis sûr que les téléspectateurs auraient élu un jury compétent, qui ne se la joue pas, qui respecte les candidats et surtout qui ait bon goût, parce que les chansons qu'ils ont fait chanter aux Whatfour, elles sont à la musique ce qu'une poêle à marrons en cuivre accrochée à un mur recouvert de papier à fleurs est à l'art contemporain !

Mais revenons à *La recherche de la nouvelle star*. Comme d'habitude, on a eu droit aux sélections, avec les cadrages complaisants sur les filles obèses et les garçons acnéiques, pour bien montrer que chacun a sa chance.

Hier, le casting se déroulait au Québec. Et un casting à Montréal, c'est terrifiant. Imaginez 150 filles qui rêvent de devenir Céline Dion, et 150 types qui n'ont qu'un but dans la vie, être Garou !

Les Québécois chantent tout le temps et partout ! Dans la file d'attente devant l'entrée, dans le sas avant de passer devant le jury, dans le couloir après être passés… Aux chiottes, comme ils ont gardé le micro, on entend en prime la secousse des garçons en repartant dans le soleil couchant… Un cauchemar.

On a l'impression qu'au Québec, la vie est une comédie musicale de Luc Plamondon.

Ils chantent en improvisant pour encourager les autres candidats qui vont affronter le jury. Je vous laisse imaginer par exemple ce que ça donne sur l'air de *Belle* : « Pierre, c'est bientôt à toi, pose un peu ta bière, sinon tu te sentiras lourd comme la pierre… »

Et puis comme dans toutes ces émissions, cette pseudo-fraternité basée sur des encouragements façon G.I. avant le combat : « Jeanne, tu donnes le meilleur tu m'entends ? Donne le meilleur !... »

L'autre : « Oui, je te promets, merci... »

Jeanne se faisait jeter, elle ressortait en larmes, et là les autres cons se mettaient à chanter en chœur : « Ne pleure pas Jeannette, nous nous retrouverons, nous nous retrouverons... »

Et puis la concurrente qui s'approche et qui l'étreint en murmurant « C'est rien, c'est rien... »

Jeanne : « Ils m'ont dit que j'étais nulle, et pour moi, la chanson, c'était toute ma vie. »

La copine : « Tu ne seras jamais une chanteuse connue, tu ne connaîtras jamais les acclamations lors des entrées en scène sous les projecteurs, les lettres d'amour des fans, le succès et l'argent, mais c'est pas ça l'essentiel. L'essentiel, c'est ta chambre et tes peluches. Car tu sais que Pinpin ton lapin ne te trahira jamais, lui ! »

En plus, cette émission se moque du monde : ils ont truffé les candidats de comédiens et de comédiennes. Pas les meilleures, sinon elles ne seraient pas là, évidemment. Vous imaginez le dialogue :

« Salut Jessica, qu'est-ce que tu fais en ce moment ? »

Jessica : « Moi, je joue dans le dernier Téchiné, et toi ? » L'autre : « Moi, je joue dans *À la recherche de la nouvelle star*, je fais la SDF que ses parents ont mise dehors parce qu'elle ne vit que pour la musique… »

Oui, parce qu'on a eu droit à la petite SDF, filmée dormant dans la rue… Remarquez, on n'est pas vraiment inquiets pour elle, vu que son sac de couchage molletonné était neuf – c'est tout juste si on ne voyait pas l'étiquette « Au Vieux Campeur » ! On relativisait sa détresse lorsqu'on a appris que sa mère avait soi-disant disparu dans la drogue et l'alcool, et qu'elle avait prévenu sa petite fille du casting de l'émission en l'appelant sur son portable. Franchement, une SDF avec un forfait illimité SFR, on n'y croit pas…

Et puis il y a les personnages incontournables, les caricatures. À Montréal, on a eu droit à un gay hallucinant, une parodie à côté de laquelle Zaza Napoli ressemble à un bûcheron silésien, et qui chantait « Bagdad Café » dans les aigus.

Mais le plus drôle, là-dedans, c'est le jury. Comme ça fait maintenant plusieurs semaines qu'on les voit, on est sûr que ce n'est plus un hasard : ils sont vraiment très, très cons. Vous voyez le jury de *Star Ac'* avec Altaï, la truie violette stratifiée, et « la Roche-Migennes » avec son gruyère sur les dents… Ou celui de *Popstars*, dont nous avons parlé plus haut, avec de bons gros morceaux de connerie dedans… Eh bien, celui d'*À la recherche de la nouvelle star* est quand même le pire de tous. On a droit à une ânerie à chaque intervention. En voici un florilège : madame Kakon – qui devrait plutôt s'appeler madame Kékon, étant au-dessus du lot – a notamment déclaré : « À ce niveau de la compétition, il faut prendre des risques, mais pas des risques dangereux… » Ou encore, à un élève éberlué : « Toi, je te vois en Ricky Martin postmoderne. » Sans oublier : « En t'écoutant, j'ai la tentation d'un vide cosmique. » Ou bien : « Oui je sais, c'est difficile d'être jolie et de bien chanter en même temps… » Le sublime : « Ça manque encore d'un peu de souffrance », pour finir par une synthèse : « Je trouve que tu es quelque chose d'extrêmement rare, tu es unique… »

Je passerai sur Benjamin Castaldi, dont le boulot est de faire monter la sauce en lisant un prompteur, puis d'ouvrir une enveloppe dans laquelle il y a le nom de l'éliminé. Tu parles d'un boulot ! Castaldi qui déclare dans un hebdo télé : « Flavie (Flament) et moi sommes la *dream team.* » Il n'a pas compris que leur notoriété durera le temps que durera celle de leurs émissions, et que déjà, après l'échec de *Nice People* pour elle et d'*Absolument 80* pour lui, se profile à l'horizon la *nightmare team.* Alors, un conseil, mes amours : profitez-en bien, car, comme dirait Audiard, vous vous préparez des *nervous breakdown* !

ALLÔ QUIZ

Mai 2003

Quand certains matins, on se réveille avec des doutes existentiels, il suffit pour reprendre conscience de regarder Sophie Coste présenter *Allô Quiz*.

Hier, il fallait trouver un mot dans le désordre, c'était « hô-tal-pi ». Au cas où vous n'auriez pas trouvé, Sophie vous aide en disant : « C'est un endroit avec des murs tout blancs où l'on soigne les malades, mais je ne vous donne pas d'autres indices parce que ce serait trop facile ! » Et là, on sort de chez soi en se sentant très fort pour affronter la vie. Merci Sophie.

Juin 2003

Ce matin, je suis morose. Y a des jours comme ça. Certes, j'aurais pu vous faire ricaner avec notre amie Sophie Coste qui, dans *Allô Quiz* – vous connaissez ? Oui, je sais, pour regarder ça, il faut être ou malade ou chômeur –, eh bien ce matin, dans *Allô Quiz*, il fallait remettre dans le bon ordre un mot dont les syllabes dans le désordre étaient « gon-le-do ». Et après avoir précisé qu'il s'agissait d'un moyen de transport fluvial et que l'on trouvait essentiellement les « gon-le-do » à Venise, notre amie Sophie Coste ajoute : « Pour ceux qui n'ont pas trouvé » pensez à la chanson "Laisse les gon-le-do à Venise" de Stone et Charden ! ! ! » Là, de mon canapé, j'ai entendu l'oreillette de Sophie grésiller : « Mais pauvre andouille, c'est Sheila et Ringo ! » Sophie a fait : « Ah ! bon ? Oh ! ben alors, on va encore passer au zapping ! », et, résignée, a repris le cours de son émission.

ANIMATEURS DÉMODÉS

Mai 2003

Le pire avec les animateurs démodés, c'est quand ils s'accrochent. Ça devient pathétique et humiliant. Ce fut le cas, samedi soir, avec le *Loft* européen qui n'a pas mieux marché, en chiffres absolus, que la semaine d'avant. Ils ont fait sortir Doc Gynéco et entrer Dechavanne dans le loft, et ce type, à qui tout réussissait, est devenu inquiet : une lueur d'angoisse au fond des yeux, il est entré dans le loft en faisant un gag à trois balles, un truc de représentant de commerce. Il avait mis des lunettes de myope et de fausses dents ! En plus, Arthur lui a balancé le coup de pied de l'âne avec un soi-disant micro-trottoir dans lequel on demandait aux enfants s'ils connaissaient Dechavanne. Les rares qui ont dit qu'ils le connaissaient ont affirmé qu'il était soit cuisinier, soit chanteur ! Et là, Christophe se décompose, et remercie ironiquement Arthur pour ce micro-trottoir...

Un mot sur *Nice People*. Ils ont certes battu France 2 samedi soir, mais les autres diffusaient une émission de service public : *D'une rive à l'autre de la Méditerranée*... À un moment j'ai regardé, c'était Yamina Benguigui. Oui bon, d'accord, on est humaniste et tout ça, mais Yamina Benguigui un samedi soir pendant deux heures, non, j' peux pas !... C'est comme vendredi, j'ai regardé *Thalassa*, on voyait un pêcheur africain sur une falaise. Le commentaire *off* disait : « Regardez-le, il peut rester ainsi des heures sans qu'il ne se passe rien ! », et on avait l'impression qu'ils avaient filmé en temps réel : on voyait le type assis et il ne se passait rien ! À la fin, il a dit : « Ah ! pas de chance, aujourd'hui ! » Non, pas de chance… À un moment on se réveille en sursaut : « Ah ! ça y est, c'est Fogiel ! » Eh bien non, c'est le Soir 3 : on le reconnait tout de suite, on dirait le JT de la télé ukrainienne. […]

BHL

Mars 2003

Il est question ici de l'éloge funèbre que Bernard-Henri Lévy prononça aux obsèques de Jean-Luc Lagardère. À ceux qui pourraient penser que nous vivons une époque étrange où un philosophe procède à l'oraison d'un marchand d'armes, je répondrai que Bernard-Henri Lévy n'est pas un philosophe. C'est également un mondain, un pilleur de forêt africaine et un opportuniste, et c'est à ce titre qu'il a écrit ce petit hommage – puisque Lagardère était son éditeur. Voici les meilleurs moments de ce discours, authentiques évidemment :

« *C'est si difficile, Bethy et Arnaud, ce que vous me demandez, car tous, nous avons en nous notre Jean-Luc.* »

Euh… là, je voudrais dire que « tous » est sans doute exagéré. Moi, je n'ai jamais eu en moi de Jean-Luc. Lors de certains stages à Mýkonos, ce sont des choses qui arrivent, mais on n'est pas obligé ! Remarquez, nous c'est vrai, à bien y réfléchir, nous avons aussi notre Jean-Luc : Jean-Luc Hees, un quinquagénaire séducteur à la paupière tombante et qui vient saluer nos invitées pour autant qu'elles soient comédiennes de moins de vingt-cinq ans… Mais revenons au texte de BHL :

« *Nous savons tous dans cette église quel lecteur il était ! Ah ! L'œil de Jean-Luc, l'oreille de Jean-Luc…* » Et la tête, alouette !… « *De tous ses métiers, il me semble que c'est du métier des livres qu'il était le plus fier.* »

Eh bien non, moi j'ai lu les interviews de Lagardère, et c'était des armes qu'il était le plus fier – mais évidemment, dire ça devant la famille le jour où commence une guerre, ça fait mauvais genre… Reprenons :

« *Il avait un toucher littéraire si précis.* »

Un toucher littéraire si précis : j'ai longuement réfléchi à cette phrase ésotérique, je ne vois pas du tout ce que veut dire BHL. Un toucher précis oui, je vois. C'est un truc fait par un proctologue adroit. Mais un toucher littéraire précis ? Ou alors ça doit être un toucher rectal pratiqué par un médecin qui a publié des livres, et c'est tout…

« *Il y avait le capitaine d'industrie, bien sûr…* » (oui, « capitaine d'industrie », c'est une formule délicate pour dire « un enfoiré qui fabriquait des missiles »), « *… mais il y avait aussi le fait qu'une des maisons d'édition qu'il convoitait avait édité de Gaulle.* » Et voilà ! Ce passionné de la France déclencha la plus grande bataille de l'édition parce qu'il refusait que de Gaulle finisse dans un fonds de pension ! « *Un jour, rue des Saints-Pères où nous fêtions un lauréat, quelqu'un fit un mot.* » Il y a tout dans cette phrase : la gauche caviar alliée à la jet-set, Paris rive gauche, la fausse bohème, le vrai snobisme…

« *La photo de Jean-Luc que je préfère est celle où il est assis. Un oiseau vient de se poser sur sa tête. L'homme qui a fabriqué les plus beaux avions du monde sourit aux anges parce que c'est sur sa tête qu'un oiseau a choisi de venir se poser.* » Il paraît qu'il existe aussi la photo de l'instant d'après, c'est-à-dire du moment précis où l'oiseau lui a chié sur le nez, à Lagardère ! Là, BHL aurait pu écrire : « L'homme qui a fabriqué les avions les plus dangereux du monde sourit aux anges parce que c'est sur sa tête qu'un oiseau chie pour se venger. »

Voilà, vous l'avez compris, c'est du BHL : y a pas de surprise. Bethy et Arnaud Lagardère auraient dû demander à des licenciés de Matra, suite à l'abandon de Lagardère, d'écrire son éloge funèbre. Au moins ils auraient eu le temps, vu qu'ils sont rarement rue des Saints-Pères à fêter un écrivain…

BAUDIS DOMINIQUE

SEPTEMBRE 2003

C'était un dimanche soir au JT de Claire Chazal. À l'heure où les enfants aimeraient voler encore un peu de temps avant d'aller dormir vers un lundi aux leçons non apprises.

Habituellement, pour clore son journal, Claire invite un comédien ou un chanteur en promo, qu'elle présente rapidement au moment où elle égrène les titres. À cet instant, l'écran se divise en deux parties et on voit le visage de l'invité qui prend une tête de circonstance pour bien montrer sa compassion pour la misère du monde – alors qu'il s'en fout complètement, le type est juste en train de penser : « J'espère que la Chazal donnera bien les dates de mon prochain Olympia. » Ce dimanche-là, ce n'était ni un comédien ni un chanteur à la mode qui était l'invité de Claire Chazal. C'était Dominique Baudis. Pour être franc, je n'aimais pas trop Dominique Baudis depuis l'époque où il présentait le journal télévisé justement, avec une trop grande docilité pompidolienne. Et mon hostilité à son égard avait grandi lors de sa venue dans notre émission, où en qualité de président du CSA il avait refusé de prendre position sur la vulgarité de la *trash TV*.

Ce dimanche soir, Dominique Baudis s'était invité à la télévision pour démentir des allégations dont la plupart d'entre nous n'étions pas au courant. Pour faire simple, il venait dire : « Vous n'allez pas tarder à entendre mon nom cité dans une affaire de mœurs sordide, tout cela est faux, il y a derrière cette campagne de diffamation le lobby des films de cul que mon action au CSA dérange. » Mais ce soir-là, la prestation de Dominique Baudis tourna à la catastrophe. D'abord parce que personne ne pouvait imaginer une seconde un complot ourdi par Marc Dorcel, mais surtout parce que, par une incroyable réaction physiologique, Dominique Baudis se mit à transpirer à grosses gouttes… C'était incroyable, il se liquéfiait devant nos yeux, un peu comme si son corps démentait malgré lui son innocence.

Le lendemain, au « Zébra », le restaurant contigu à la maison de la radio, le Tout-Paris médiatique ronronnait de cet homme aux abois, chacun ayant son anecdote sur Dominique Baudis, sur « quelqu'un qui connaissait quelqu'un qui l'aurait vu un soir dans un quartier chaud de Toulouse » ou sur un surnom féminin humiliant que lui donneraient les habitués des soirées fines. Le restaurant bruissait de ces rumeurs lorsque soudain Dominique Baudis y fit son entrée. Les têtes se baissèrent et, au moment où nos regards allaient se croiser, je détournai les yeux en faisant semblant d'être accaparé par la conversation de mon voisin de table. Je compris que ce déjeuner était pour Baudis une manière de dire : « Vous voyez, tout va bien, je déjeune en public. » Mais les traits de son visage avaient vingt ans de plus que lors de sa venue au *Fou du roi*. J'ai eu honte d'avoir détourné le regard. Je le lui ai dit plus tard.

Depuis ce jour, Dominique Baudis est venu souvent dans ce restaurant, et il y a toujours une table où on le montre du nez.

Pourtant, par un étrange jeu de vases communicants, au fur et à mesure que les charges et les témoignages contre lui disparaissent, les convives du Zébra deviennent de plus en plus nombreux à le saluer ostensiblement.

Aujourd'hui, c'est Baudis qui s'offre une revanche en faisant semblant de ne pas voir les signes discrets des flagorneurs, tant il est accaparé par la conversation de ses convives.

BERN Stéphane

Janvier 2003

La photo est magnifique, en page 36 du *Parisien* de ce jour. On vous y voit, Stéphane, sur le balcon de la chambre d'un hôtel de luxe qui fera sans aucun doute l'objet d'une note de frais pharaonique. On vous y voit, vêtu de votre petit costume bleu de La Poste, appuyé sur la rambarde au soleil levant. Il émane de ce cliché une force impressionnante. Vous semblez défier le monde, vous semblez dire : « À nous deux, la vie ! » On vous devine sûr de vous, on devine que vous avez bien dormi, on devine même que vous avez fait l'amour et que votre partenaire, harassée, rassasiée, épuisée par vos saillies, dort encore avec au coin des lèvres ce léger sourire des femmes repues d'amour, tandis que sa cheville fine dépasse du drap…

Et vous, sur votre balcon, les mâchoires serrées, le regard fier, vous semblez dire : « Tu en veux encore, dis, tu en veux encore ? »

Si la photo est impressionnante, l'article qu'elle illustre ne l'est pas moins. On y apprend notamment que : « Contre toute attente, je ne passe pas ma vie dans les palaces, j'ai une petite maison en Grèce et j'habite toujours un trois pièces du côté de Pigalle. » Pigalle et Mýkonos. Ce n'est pas un hasard si Stéphane Bern partage son temps entre ces deux symboles d'une bouillonnante activité sexuelle… Et on comprend mieux, en sachant où il a choisi de vivre, pourquoi sur la photo du *Parisien*, Stéphane Bern n'est que sensualité exacerbée et sybaritisme !

Mais on apprend d'autres choses passionnantes dans cet article. Stéphane Bern déclare notamment : « Parfois, quand je prends le bus pour venir bosser, les gens ne me reconnaissent pas. » Alors je voudrais dire aux gens qui prennent le bus qui vient à la Maison de la Radio de ne pas s'inquiéter. C'est tout à fait normal que personne ne reconnaisse Stéphane dans le bus, vu qu'il vient à France Inter avec son 4 × 4 de marque allemande. Probablement pour faire plaisir à Otto de Habsbourg.

Mais surtout, Stéphane conclut ce passionnant article en disant : « Je pense être gentil sans être neuneu. » Et là, je dis, c'est vrai : vous êtes gentil. Et vous poursuivez : « Pas comme certains qui disent : "Regardez comme je suis gentil", et qui passent leur vie le nez dans la farine… » Ouh ! là ! là ! Vous parlez de qui, là ? J'espère que vous ne pensez à personne de précis, que ça peut être n'importe qui, quelqu'un que vous auriez pris au hasard, par exemple un homme de la rue ! Parce que sinon, si vous citez un nom je sens déjà les avocats qui rôdent, maître Kiejman n'est pas loin…

Dorénavant, lorsque cette chronique risquera de nous attirer les foudres de maître Kiejman, je remplacerai le texte prévu initialement par une chronique naturaliste. Voici donc : « La parade nuptiale du gerbaut huppé. »

Le gerbaut huppé commence généralement sa parade nuptiale par un étirement du cou, puis les deux partenaires exécutent des mouvements de tête face à face en exacte position symétrique avant de passer à la phase suivante : l'offrande d'herbes aquatiques. Les gerbauts huppés plongent alors dans l'eau en synchronisation parfaite et ressortent en se frottant le ventre des herbes qu'ils sont allés récupérer au fond de l'étang…

Alors puisque nous ne pouvons pas parler des pifs garnis de la télévision, je vais vous parler de Catherine Deneuve. Voilà qu'on me dit qu'elle envisage de vous poursuivre, Stéphane, pour harcèlement ! Bon déjà, une femme qui vous poursuit pour harcèlement, honnêtement on n'y croit pas ! Ça, je préviens tout de suite maître Kiejman que s'il arrive à convaincre un tribunal que Stéphane Bern a harcelé une femme, il risque les quolibets ! Non, on a juste dit sur cette antenne que Catherine Deneuve, dans le film *Huit Femmes*, était un peu…

Vers le trentième jour, le ver à soie cesse de manger et choisit l'endroit où il va se fixer après avoir évacué les résidus des feuilles de son tube digestif. Pour tisser son cocon, il décrit dans l'espace avec sa tête plusieurs millions de 8 en émettant une bave filamenteuse qui durcit au contact de l'air et devient une fibre…

Pour nous changer les idées, parlons un peu de télévision. Hier soir, j'ai regardé sur France 3 l'émission de Mireille Dumas *Vie privée vie publique*, dont le thème était : « Il n'est jamais trop tard pour changer de vie. » Avec notamment Christian Fabre, le moine hindouiste chef d'entreprise. Rappelons que les moines hindouistes doivent pratiquer le refus de tout matérialisme… Hier, deux de ses anciennes copines racontaient qu'il dansait le rock à merveille, et là on le voyait nu, le corps recouvert de cendres. Il était là, sur le plateau – on aurait dit le père Fouras avec un chignon ridicule et une crotte de pigeon sur le front – qui se dit adorateur de Shiva. On le prendrait pour un doux dingue si on n'apprenait qu'il fait travailler 60 000 personnes dans le domaine du textile en Inde et qu'il fait ses courses aux Galeries Lafayette ! La règle de ces moines devant être l'ascétisme et le renoncement à tout bien matériel, renoncer et vivre dans les montagnes perdues de l'Himalaya... Donc Christian Fabre nous prend pour des cons, ce qui n'est pas grave... Mais surtout, il prend les hindous pour des cons, ce qui est plus grave...

Dans la même émission, notre ami Paul-Loup Sulitzer est venu présenter sa jolie fiancée. Le journaliste a demandé à cette dernière : « Qu'est-ce qui vous a séduite en lui ? » Le silence qui a suivi fut terrible... De la même façon qu'on dit que le silence qui suit une sonate est encore du Mozart, le silence qui suivit la question « Qu'est-ce qui vous a séduite en Paul-Loup » était encore du American Express...

MARS 2003

Stéphane, mon pauvre ami, vous me demandez une lettre sur l'actualité, alors que nous enregistrons cette émission le 14 mars dans l'après-midi et qu'elle sera diffusée le 4 avril prochain ! Vous pensez bien que je ne vais pas prendre le moindre risque !

Oui, parce que ça, c'est une règle dans notre métier : il ne faut pas s'avancer dans une émission enregistrée. Par exemple, il faut éviter de se moquer de personnalités âgées ou malades, car elles peuvent décéder entre-temps.

Je me souviens par exemple du jour où Barbelivien est mort. C'était affreux, on avait enregistré une émission quinze jours avant dans laquelle on avait dit plein de conneries sur Barbelivien – on avait même dit qu'il avait du talent, c'est vous dire si on avait déconné ! Et paf ! Entre-temps, il est mort !

Parce qu'une fois qu'il est mort, on trouve toujours des qualités au défunt. Moi je me souviens pour Barbelivien, c'est Aillagon qui avait fait l'éloge funèbre, il avait dit : « Certes, tu as écrit *Qu'est-ce que tu fais pour les vacances ?* pour David et Jonathan, ainsi que 1 254 autres merdes du même acabit, mais Didier Barbelivien, ce n'est pas que ça, c'est aussi… hum… tant d'autres choses… »

C'est fou de penser que Barbelivien était l'ami de Sarkozy, alors que s'il avait été un Roumain, auteur d'une seule de ces chansons, il le renvoyait aussitôt dans son pays par le premier charter !

Quoi qu'il en soit, nous sommes le 14 mars, il fait beau sur Paris, et juste après cette émission nous partons en week-end avec l'angoisse au cœur d'une guerre annoncée. Le 4 avril prochain, nous serons sans doute fixés. C'est drôle, c'est comme lorsqu'on est étudiant avant un exam'. On est le 14 mars et on sait que le 4 avril on aura les résultats. C'est la planète qui d'ici là aura passé un examen… Et aujourd'hui on a vachement peur, en se demandant si elle va réussir à s'en sortir…

Parce que si on prend matière par matière, c'est pas terrible. En démocratie, Saddam est nul, et on pense que Bush a été reçu en trichant en Floride. En écologie, on n'est pas terribles non plus. Bush a fait l'impasse sur le protocole de Kyoto, et on risque de tomber sur l'effet de serre. En tolérance, on n'a rien foutu ces derniers temps. En racisme et antisémitisme, c'est une catastrophe. En liberté, on a beaucoup perdu. Et enfin, dernière matière, solidarité avec le tiers-monde. Alors là, on n'est même pas notés, vu que c'est une option et que personne ne l'a choisie ! De même que le latin est une langue morte, la solidarité avec le tiers-monde est devenue une notion morte. La preuve, regardez l'Afrique… Bref, autant vous dire que la moyenne du monde est affligeante… On peut passer avec beaucoup de chance, mais si on réussit, y aura du boulot pour s'en sortir dans les années à venir !

Donc on ne sait pas aujourd'hui dans quel état moral nous serons le 4 avril. La seule certitude, c'est que dans les semaines qui viennent, un pays va chaque soir écouter PPD avec l'angoisse au ventre. Le regarder aussi, pour guetter sur son visage son propre degré d'angoisse, un peu comme on fait avec les hôtesses de l'air en zone de turbulence. Si elles continuent à vaquer à leurs occupations avec le chariot de boissons, on est rassurés. Eh bien, PPD, c'est pareil, s'il annonce toujours avec le sourire à la fin du journal le programme de la soirée de sa chaîne, on sera rassurés : « La météo avec Évelyne Delhiat, suivie de *Joséphine ange gardien*, puis de *Y a que la vérité qui compte*, l'émission très digne de Bataille et Fontaine dans laquelle vous verrez Michel (qui picole et frappe sa femme Monique) lui demander d'ouvrir le rideau afin de revenir au domicile conjugal. Regardez bien la grimace de dégoût de Monique, qui a refait sa vie, et pensez aux lendemains que se prépare Michel dont toute la France saura dorénavant qu'il est violent, alcoolo et cocu… »

D'ici le 4 avril, on aura aussi vu à la télé un *Vivement dimanche* consacré à Laurent Voulzy, dont le dernier disque est sympathique, sauf que ce type-là a cinquante-cinq ans, chante toujours qu'il est amoureux d'une fille avec une jupe plissée dans une boum, et que lorsqu'il l'a embrassée elle avait le goût d'un baiser Carambar…

Remarquez, dans l'émission dominicale de Pascal Sevran, l'autre jour, j'ai vu Claudine Copin, soixante-deux ans, twister en minijupe en chantant *Je passe le bac dans un mois* !…

Octobre 2003

Stéphane Bern chez Emmanuel Chain…

Il faut que vous sachiez que comme l'émission de Stéphane est à peu près la seule qui marche sur Canal, la chaîne lui demande d'aller jouer les Red Ader dans les autres émissions. Avant-hier donc, Stéphane était chez Emmanuel Chain pour faire monter l'audience. Seulement il y a une chose importante dont Emmanuel Chain a oublié de tenir compte : le thème du jour. Malgré sa grande culture, Stéphane Bern ne peut pas tout savoir, et ne peut pas être passionné par tous les sujets ! Ce soir-là, le thème de l'émission de Chain n'était pas de ceux qui passionnent le plus Stéphane : un débat sur les mères porteuses. C'est vrai que le premier spécialiste à qui l'on pense, c'est Stéphane Bern… On se demandait pourquoi ça ne marchait pas, *Merci pour l'info* !... En plus, on voyait plein d'échographies, avec ces ventres de femmes nus... Stéphane était au bord de la nausée...

C'était interminable... Une grosse dame expliquait toutes ses demandes administratives pour avoir une mère porteuse : « Ma belle-sœur a lu dans le journal l'histoire des jumelles de Montpellier, alors, avec ma sœur... » Ou encore : « Dans dix ans, il existera des utérus en plastique. Recourir à un prêt d'utérus, c'est objétiser le corps de la femme, en faire un objet gestationnel... » Et Chain : « Stéphane Bern, est-ce que vous avez une opinion ? » L'autre, dans ces cas-là, il se met en pilotage automatique. Là, il était en train de penser à monsieur Théopoulos, le type qui entretient son jardin à Mýkonos... « Tiens, il faut que je téléphone à Théopoulos pour qu'il rentre les citronniers, et faudra que je fasse venir le monsieur pour la porte du frigo qui ferme mal... » « Alors vous, Stéphane ?... – Hein ?... Oui, il faut qu'il y ait de l'amour... » Ça, c'est sa phrase passe-partout... Quand il est surpris, qu'il ne sait pas quoi dire, Stéphane s'exclame à chaque fois : « Tant qu'il y a de l'amour... »

BON MICHEL

Mars 2003

Depuis qu'on est devenus raffarinistes, on voit aussi les choses positives. Il y a des victimes de plans sociaux qui s'en tirent bien et la presse socialo-communiste n'en parle jamais. Tiens, un exemple au hasard : Michel Bon, viré en septembre dernier de France Telecom sous le prétexte futile que sous son règne, France Telecom a battu le record des pertes pour une entreprise française ! Eh bien, monsieur Bon, au patronyme injustifié, vient de se retrouver un petit boulot… Quand je dis « petit boulot », ne vous affolez pas, il ne va pas repeindre des cuisines au noir. Non, lui, il a trouvé un p'tit boulot comme consultant d'une banque d'affaires, la Dôme Close Brothers. Il a précisé : « J'interviendrai à raison d'une journée et demie par semaine. » J'ai pensé que c'était pour ne pas perdre son rythme de travail à France Telecom, mais pas du tout : si ce type ne vient glander qu'à temps partiel chez Dôme Close Brothers, c'est qu'il est toujours salarié de France Telecom jusqu'en juillet prochain, date de son soixantième anniversaire, afin de pouvoir bénéficier du système de retraite des dirigeants !

Par ailleurs, *Libé* nous précise que Michel Bon conserve ses autres fonctions d'administrateur des sociétés Air Liquide, Grand Vision, Lafarge, Sonepar, les Éditions du Cerf et l'Institut de l'Entreprise. Administrateur, ça veut dire qu'il vient une fois par an à la réunion du conseil pour percevoir des jetons de présence et décider de la répartition des bénéfices. Heureusement qu'on est devenus raffarinistes, parce que sinon, cette histoire de Bon au moment où France Telecom annonce qu'elle va supprimer 13 000 emplois, on trouverait ça obscène et ça aurait de quoi nous énerver…

BRAVO CHRISTINE

Septembre 2003

J'ai regardé samedi l'émission de Christine Bravo, *C. pour de vrai*, diffusée samedi en fin d'après-midi par France 2. Reconnaissons à Christine l'originalité de ses projets télévisés, *Frou-frou*, *Union libre*... Et bien, cette fois-ci, elle a décidé d'aller filmer en caméra subjective la France d'en bas. Alors la caméra subjective, ce sont des lunettes spéciales qui font ressembler Christine à une retraitée américaine en vacances aux Bahamas, mais qui devaient lui permettre de passer *incognito* au milieu des gens qu'elle filme. Seulement là, ils se sont aperçus qu'il y avait un problème. Si Christine Bravo fait son émission en caméra subjective, elle n'est pas filmée ! Et ça, pour elle, c'est insupportable. Alors du coup, ils ont ajouté une équipe de tournage traditionnelle avec caméraman, preneur de son, éclairagiste... Du coup, les gens sont filmés par les lunettes-caméra de Bravo, et Bravo elle-même est filmée par une énorme caméra, ingénieur du son avec micro-perche et éclairagiste... ce qui est complètement idiot !

Samedi, Christine assistait à un mariage dans l'île de Ré. Imaginez un mariage normal – sauf qu'il y a Christine Bravo en plus.

Ça commence par l'essayage de la robe. Christine, réalisant que l'équipe est dans la chambre : « Ah !

non, non, il n'est pas question que vous assistiez à ça… » Et là, il lui suffisait de demander à l'équipe de sortir… Mais non, elle n'y a pas pensé. Elle a décidé de tenir la robe de la mariée, et comme par hasard, le truc lui a échappé des mains, on a vu le cul de la dame que Christine Bravo a complimenté : « Ah ! c'est beau, un cul de vingt-six ans !… »

Le lendemain, c'est la cérémonie à la mairie. Christine arrive en retard, elle dérange tout le monde, c'est « son » mariage ! Elle s'écrie : « Ah ! tonton, t'es là ? », embrasse les gens bruyamment, tous les invités la filment, plus personne ne s'intéresse aux mariés !

Les mariés, justement, lors de leur avancée vers l'autel, sont équipés de micros. C'est terrible… Normalement, on se dit que ce jour-là est le plus intime, que ce que le couple se dit à cet instant doit se chuchoter… Là, c'est terrible : la télé qui vous vole l'instant du secret…

La pièce montée fut longue à arriver. Très longue. Au point que, pour patienter, les convives se mirent à danser *Chihuaha*… Christine Bravo a picolé, c'était pathétique… Elle dansait collée contre la mariée… Quand soudain, on comprit que quelqu'un s'était assis par inadvertance sur la pièce montée. Je vous laisse imaginer le désastre : les choux à la crème en vrac, le pâtissier qui remonte n'importe comment et qui colle les deux mariés dessus, quelques bougies… et qui apporte son tas de merde ! La tête des mariés…

Le matin de la nuit de noces, Christine arrive avec deux coupes de champagne dans la chambre des mariés. Bon, déjà, ils avaient à peine eu le temps de… D'ailleurs, elle leur demande : « Alors, vous avez… hum hum… » Et les autres qui répondent : « Euh… light… » Christine : « C'est pas grave, j'vous ai amené du champ'… » Et là, elle s'étale comme une poivrote… Je ne suis pas sûr que les deux flûtes brisées par terre portent chance aux jeunes mariés. Pas plus qu'à l'émission de Christine Bravo…

Octobre 2003

À quoi pensais-tu, Christine Bravo, en tournant ton émission *C. pour de vrai* ? Sûrement aux scores catastrophiques des trois premiers numéros, et que cette émission était ta dernière chance… Alors tu as tenté une ruse grossière, tu as fait une synthèse de *Star Ac'* et de *Popstars* avec un membre du jury d'*À la recherche de la nouvelle star*. L'idée était le premier concert d'un groupe savoyard. Au bout de cinq minutes, l'émission était *Christine Bravo fait de la musique*. Cette fille est incroyable : elle annonce une émission sur la vie des gens, et en fait le concept c'est « Christine Bravo dans la France d'en bas » ! À un moment, il y a eu une scène surréaliste : un des musiciens était toubib dans un hôpital. On voit Christine Bravo le rejoindre, arriver à l'accueil, puis prendre l'ascenseur – déjà une séquence de dix minutes pendant laquelle il ne se passait rien d'autre que Christine suivant une aide-soignante… Finalement, elle arrive dans la chambre où le type donnait des soins à une dame visiblement mal en point qui venait d'avoir un infarctus. Le jeune homme lui faisait un électrocardiogramme de contrôle. Bravo passe sa tête et fait « Coucou ! »… La dame, au prix d'un effort terrible, tourne la tête et fait « Ah ! c'est Christine Bravo ! » L'autre : « Eh oui ! » – du genre : « T'as vu si t'as d' la chance, tu vas mourir en m'ayant vue ! » Et, apercevant l'électrocardiogramme, elle demande au type : « Tiens, tu peux me prendre mon cœur ? » Le type : « Euh… oui, si vous voulez. » Et il enlève son stéthoscope du thorax de la patiente, se lève. Alors Bravo, saisissant la main avec le stéthoscope, se la colle sur le sein gauche et demande : « Alors, chuis en bonne santé ? » Pendant qu'en arrière-plan, la vieille râlait la bouche ouverte… L'interne répond : « Oui, votre cœur bat en rythme. » « Ouais, c'est super génial ! s'écrie Bravo. Bon, allez, maintenant on rejoint votre groupe ! » Et la voilà qui sort de la chambre en hurlant : « Au revoir madame ! » sans un regard pour la vieille qui geignait. Et elle claque violemment la porte, ce qui a probablement entraîné un ultime sursaut…

CANICULE

Juin 2003

Puisque Stéphane Bern insiste, revenons à l'actualité de ce week-end caniculaire, et gageons à ce propos que les sectes de tous ordres vont prendre prétexte de cette chaleur excessive pour nous annoncer la fin du monde. C'est déjà le cas avec les Témoins de Jéhovah. Ce week-end, on a appris qu'un boucher fou a trucidé tous ceux qui se trouvaient sur son passage en hurlant : « Les Témoins de Jéhovah me l'ont dit, c'est la fin du monde ! » Bon, d'après le boulanger du village, c'est plutôt parce que ses affaires n'allaient pas très bien que le boucher est devenu fou – faut dire que le village s'appelle Salebœuf ! Boucher à Salebœuf, ça fait vingt ans qu'on se fout de sa gueule… En fait, il est devenu fou parce qu'il en pouvait plus ! À chaque fois : « Bonjour monsieur, vous habitez Salebœuf, et qu'est-ce que vous faites dans la vie ? » L'autre : « Boucher. » Et là, tout le monde éclatait de rire… C'est ce qui s'est passé avec les Témoins de Jéhovah qui ont frappé à sa porte : « Bonjour monsieur – vous savez, ils sont deux, il y a toujours un jeune Noir et une dame plus âgée qui ressemble à Edwige Antier –, bonjour monsieur, nous sommes les Témoins de Jéhovah et nous portons la bonne parole à Salebœuf. Que faites-vous comme métier ? » L'autre : « Boucher. » « Oui, et savez-vous que… [rire]… Excusez-nous, c'est nerveux… Au revoir, vieille vache !… Hi hi hi !… »

CAVADA Jean-Marie

Décembre 2002

Jean-Marie Cavada n'écoute pas, ce matin, puisqu'il dort, épuisé d'avoir dansé nu sur la table jusqu'au bout de la nuit. Car il faut bien le dire, il n'est plus tout jeune, notre président. Il va prochainement fêter ses soixante-cinq ans, et, au soir d'une vie bien remplie… Souvenez-vous par exemple de *La Marche du siècle*, qui restera le symbole de la qualité télévisée, même si parfois Jean-Marie Cavada s'est laissé aller à quelques facilités en traitant de thèmes un peu racoleurs… Je me souviens notamment de « Décadence ou usure d'une civilisation » avec Alain Finkielkraut : là, je dis non ! Un peu de rigueur, s'il vous plaît, monsieur Cavada ! Je me rappelle également d'une *Marche du siècle* intitulée « Origine et devenir de l'humanité » avec le professeur Jacquard, ou bien encore « Éthique ou déontologie » avec le professeur Monod – qui était à *La Marche du siècle* ce qu'Élie Semoun est aux émissions de TF1 : le bon client qui est là pour faire le con, on ne lui en demande pas plus… Comme déconneur à *La Marche du siècle*, il y avait aussi Marek Halter. Je me souviens notamment d'une émission intitulée « Jérusalem, terre promise ou terre maudite »… Y a pas de quoi être très fier, monsieur Cavada ! Bon, évidemment, il y a tous les ingrédients pour que ça marche. Mais moi, je dis non, monsieur Cavada ! On ne peut pas tout faire au nom de l'audimat ! Parce que « Jérusalem, terre promise ou terre maudite » avec Marek Halter, c'est un peu facile !

Malgré cela, la carrière de Jean-Marie Cavada fut exemplaire. Et au soir d'une vie bien remplie, il est légitime qu'il fasse valoir ses droits à la retraite, d'autant qu'il a cotisé vingt-quatre ans en qualité de cadre – ce qui, avec la complémentaire ORTF, lui permet de toucher un total mensuel de 1 236,30 euros, une somme largement suffisante pour vivre sa retraite tranquille dans sa maison de Montargis qu'il a baptisée « Do mi si la do ré » ! D'ailleurs c'est très joli, il a accroché les notes en fer forgé au mur de sa maison… Mais c'est un jeu de mots, ça veut dire « Domicile adoré ». Oui, c'est très fin, on reconnaît là l'esprit de notre président… À ce propos, si quelqu'un au gouvernement ou au CSA avait l'idée saugrenue de proposer un poste à Jean-Marie Cavada, surtout ne le faites pas, moi je le connais, il serait capable de vous dire oui pour vous faire plaisir ! Voilà un homme qui a le sens du devoir, mais qui n'a qu'une envie : la retraite. Montargis, « Do mi si la do ré » et son salon en lambris que Jean-Marie Cavada a fixé lui-même… Il m'a expliqué un jour : « Il faut faire attention avec le lambris, si on le pose mal ça gondole. » D'ailleurs nous sommes un service public et si nos auditeurs ont un problème de lambris, qu'il écrivent au président Jean-Marie Cavada, Maison de Radio France, 116, avenue du Président-Kennedy, 75116 Paris en joignant une enveloppe timbrée pour la réponse. Le président vous répondra personnellement !… Je disais donc, son salon en lambris avec le baromètre en cuivre au mur, les mots fléchés de *Télé 7 Jours* et *Des chiffres et des lettres*. Le matin, il ira faire son p'tit tour avec sa chienne Pépette, il en profitera pour acheter le pain, le *Parisien* et boire un p'tit sauternes au Balto en faisant un Tac O Tac. Puis il rentrera tranquillement pour regarder Jean-Pierre Pernaut, tandis que madame Cavada cuisinera un petit sauté de bœuf qui grésillera dans la cocotte… À son retour, sur la table déjà mise, il trouvera un pot de rillettes… Après le repas, il regardera *Derrick* en buvant son café dans son verre… Ah ! Le bruit de sa petite cuillère sur le verre de café !… Puis vers 15 h 30, il enfilera de nouveau son imper et sa casquette assortie, pour aller retrouver Patte-de-laine, qu'on appelle ainsi parce qu'il a une jambe plus courte que l'autre – ce qui lui donne une démarche étrange, comme si ses jambes se dérobaient sous ses pas… Ensuite, Jean-Marie Cavada et Patte-de-laine iront jouer l'apéro au 421… Généralement, même quand il perd, Jean-Marie tient à payer une autre tournée. Il dit : « Bon, les gars, vous allez pas repartir sur une patte ! »

CHÉTOCHINE

Mai 2003

Vous vous souvenez sans doute d'un type qui fit une courte carrière télévisée, un dénommé Chétochine… Pour vous donner une idée de la valeur de l'individu, il s'est fait virer de chez Bataille et Fontaine parce qu'il était mauvais !… Des auditeurs m'ont écrit pour m'informer que ce monsieur est maire d'une bourgade des Yvelines, Saint-Nom-la-Bretèche. Eh bien, comme maire, il est encore plus rigolo qu'à la télé. Il y a un mois, au moment de la guerre d'Irak, il a envoyé une lettre à tous les habitants de Saint-Nom-la-Bretèche qui devrait lui valoir un internement immédiat pour paranoïa aiguë. Cette lettre dit : « Dans l'hypothèse d'une aggravation de la situation en Irak, il nous paraît important de vous transmettre les documents destinés à faciliter votre action... » Le premier document s'intitule « Fiche de risque nucléaire » : « Avant une alerte, prévoyez un stock de sécurité dans une pièce facile à confiner, prévoyez des moyens permettant le confinement de cette pièce, bandes adhésives, mastic pour calfeutrer les portes, etc. Inclure si possible des sanitaires dans la pièce calfeutrée... Prévoir une trousse de secours avec tous les médicaments utilisés par la famille, des couvertures, bougies, ouvre-boîtes... En cas d'alerte rejoignez votre pièce confinée (pensez à aller aux cabinets avant)... Dans certains cas, le confinement peut durer quelques heures, voire davantage. D'autres consignes pourront vous être données. À la fin de l'alerte, lorsque vous sortirez, respectez les consignes qui vous seront données par les autorités... »

Il y en a quatre pages comme ça ! « Si vous êtes l'objet d'une attaque à l'enveloppe à l'anthrax, avertissez les autorités. En cas de contamination, vous serez traité par ciprofloxacine ou doxicycline ou autres, selon avis du médecin... En cas de découverte d'un paquet suspect, évacuez immédiatement les locaux et alertez les services de sécurité. »

« Si vous pensez avoir été exposé à un produit toxique, débarrassez-vous de vos vêtements avant d'entrer dans un lieu clos. Une fois à l'intérieur, douchez-vous… »

Ça doit être rigolo, en ce moment, à Saint-Nom… Les types arrivent chez les nanas seules : « Excusez-moi, je pense avoir été exposé à un produit toxique, je me déshabille et je prends une douche… »

DES CHIFFRES ET DES LETTRES

Mai 2003

Il y a des émissions passionnantes sur France 2. Par exemple *Des chiffres et des lettres*. Avant-hier, une candidate genre directrice d'école à la retraite, les lunettes à monture d'or, le chemisier imprimé et le carré de soie… Romejko lui demande combien de lettres, elle répond 7. L'autre candidat : « Pas mieux. » Romejko : « Allez-y madame », et la mamie l'air pincé annonce : « Foutral… » On sent un vent de panique sur le plateau – enfin chez les animateurs, car les spectateurs, eux, ont un coup de retard, dorment la bouche ouverte ou sont occupés à des petits tracas quotidiens (une poche qui fuit…). Les deux arbitres qui se détestent et Romejko paniquent, ils cherchent dans leur dictionnaire… Et la dame arbitre, Arielle Boulin-Prat, annonce, triomphante : « Non, non, le mot a été retiré ! » Et là, la candidate perd toute dignité : « C'est pas vrai ! » L'arbitre : « Et si !… » Je vous dis pas la tête que faisait la candidate, c'est tout juste si elle n'allait pas attaquer Larousse pour avoir enlevé le mot ! Quand soudain, on entend une petite voix timide dans le fond. C'est Laurent Romejko qui demande : « Ça veut dire quoi foutral ? » La dame arbitre : « Ben… foutral… foutral… Ça veut dire… je ne sais pas… » Heureusement, l'autre arbitre est venu à son secours : « Foutral, ça veut dire… formidable… Non, c'est pas ça ? »

CHIRAC

JANVIER 2003

Chers Bernadette et Jacques,

Je vous prie de pardonner cette familiarité, mais je pense avoir le droit de me l'autoriser après avoir pris connaissance aujourd'hui, dans *Le Canard enchaîné,* de votre soirée de réveillon au Maroc, dans l'établissement « La Gazelle d'Or » à Taroudannt.

Permettez-moi de narrer cette soirée à nos auditeurs. L'article raconte que le soir du réveillon, Bernadette est descendue au restaurant vêtue d'une tenue audacieuse constituée d'une robe de cuir et d'une veste en jean… Bon, je voudrais rassurer les auditeurs qui pensent avec angoisse que maman a viré rock'n' roll attitude : le blouson était signé Christian Dior et était doublé de vison… Quand même !… Remarquez, la veste seule était doublée fourrure, pas la robe… À un moment on l'a cru, mais c'est juste parce qu'elle était très courte…

Est-ce la tenue de Bernadette qui a troublé le président ? Toujours est-il qu'en prenant place à table, Chirac a eu un geste maladroit : d'un coup de coude intempestif, il a renversé le décor constitué d'un ensemble de feuilles de bananiers et de bougies mesurant plus d'un mètre de haut, le tout s'écroulant avec fracas sur Bernadette… et sur la table ! En entendant les cris de terreur de la présidente et des convives et le bruit des verres brisés, les gardes du corps des Chirac ont cru à un attentat et se sont précipités pour les protéger en se jetant sur eux… Aussitôt suivis par les membres des services secrets marocains… On imagine le tableau : Bernadette et Jacques aplatis sous un amas de gardes du corps…

Évidemment, le chef des services secrets a dû rédiger un rapport. Et dans la rubrique « circonstances de l'incident », il a écrit : « Le bananier est tombé sur madame. »

Bernadette a fini par se relever, outragée — vous imaginez, la cire des bougies figée dans la fourrure, et ailleurs aussi !… Elle s'est relevée, le brushing défait avec une feuille de bananier dépassant de la robe de cuir, et elle est allée se plaindre de la décoration à la patronne de l'hôtel en disant : « Avec quelqu'un de nerveux comme lui, forcément, ça allait tomber ! » Sous-entendu : « Ton bananier avec les bougies, t'aurais pu le mettre ailleurs, pauvre andouille ! »

Heureusement, les journées de vacances du président ont été beaucoup plus calmes, comme nous le dit *Le Canard*. Il les a passées à bronzer sur un transat au bord de la piscine, interrompant uniquement ses séances pour trois rendez-vous qu'il ne voulait rater à aucun prix : son massage, l'apéritif et les repas. À chaque fois que le président se levait, Bernadette disait d'un air agacé : « Manger, manger, encore manger, c'est insupportable ! » Elle détestait abandonner la piscine, nous dit l'article, elle y venait chaque jour se baigner vers 11 heures avec son bonnet de douche en plastique bouffant sur la tête, destiné à protéger son brushing... En revanche, le président était tellement enthousiaste à l'idée d'aller prendre l'apéro qu'il oubliait à chaque fois sur son transat en plein soleil sa mallette de travail !... *Le Canard* nous précise qu'une fois au bar, il attendait que Bernadette ait le dos tourné pour se resservir en douce une petite tournée. Et c'est là qu'on comprend mieux l'épisode du bananier. Eh oui, il est arrivé à table avec un p'tit coup dans le pif, le président !

Je vais vous dire, je suis certain que cet épisode des Chirac en vacances va leur faire gagner des points dans les sondages. Parce que parmi tous les types qui, lors du dernier réveillon, sont passés à table un peu bourrés parce qu'ils s'étaient servi des apéros en cachette et qui du coup ont renversé la décoration florale sur leur femme, il y en a plein qui vont s'identifier à Chirac et qui vont une fois de plus le trouver sympa !

Quoi… ? Qu'est-ce que vous dites ? Ah ! la mallette de travail qu'il oubliait sur son transat en plein soleil ? Non, ne vous inquiétez pas, c'est rien d'important : juste la valise nucléaire avec le code de mise à feu en cas de conflit atomique… Vous imaginez l'employé de l'hôtel qui nettoie la piscine le soir et qui aperçoit la mallette abandonnée sur un transat. Il ouvre le truc, voit les petites fusées rouges qui clignotent et il se dit : « Ah ! chouette, un jeu vidéo ! Tiens, j'le connais pas celui-là, il a l'air marrant ! Alors, voyons un peu : "Mise à feu missiles de croisières", tapez *Yes* ou *No*… » Hop ! il tape *Yes*, super ! Tout l'écran se met à clignoter et ça fait un bruit de sirène !… Là, il est écrit : « Target Bagdad, *Yes* or *No* », et hop ! il a tapé *Yes*… C'est fou de penser que la CIA et les services secrets du monde entier – les Anglais, les Chinois, les Russes… – sont en train d'essayer de mettre au point des systèmes de décodage de nos communications militaires, et qu'un employé d'entretien d'une piscine marocaine peut récupérer sans problème la mallette du président de la République ! Heureusement que la situation internationale est calme, qu'il n'y a aucun conflit à l'horizon, parce que sinon il y aurait de quoi nous foutre la trouille ! Alors que là, comme d'habitude, on dira juste : « Qu'est-ce qu'il est sympa, Chirac ! »

CHRONIQUE DE RENTRÉE

Septembre 2003

Une chronique de rentrée, c'est bien sûr d'abord un bilan des vacances. J'imagine qu'à l'heure où je vous offrirai ce billet d'humeur nous aurons largement évoqué en ricanant grassement le séjour de Stéphane à Mýkonos. Et notre invité, même s'il est comme d'habitude inhibé, timide, silencieux et introverti, n'aura pas manqué de commenter votre nouvelle coupe de cheveux.

Permettez-moi néanmoins, Stéphane, de saluer votre audace capillaire, puisque vos différentes coupes de cheveux constituent un voyage à travers le temps. Après avoir revisité les années quarante avec un « ramené en arrière » façon Jean Marais dans *Les Parents terribles* de Jean Cocteau, voici que vous rendez maintenant hommage aux *sixties* avec ces boucles qui nous rappellent irrésistiblement Jimi Hendrix !...

Tout ça pour vous dire que je pense que vers 12 h 25, ces thèmes auront été largement abordés. Aussi, à votre grand soulagement, je ne parlerai pas de vous, Stéphane, dans cette première chronique.

Non, je vous parlerai de télévision. La télé de l'été. Je ne sais plus qui disait : « En été, la télévision hiberne... » Remarquez, pour être honnête, j'ai quand même pensé à vous, Stéphane, car Canal+ a diffusé un film grec intitulé *L'Attaque de la moussaka géante* dont voici l'intrigue : des femmes extra-terrestres tendent le doigt vers un morceau de moussaka avachie. Celui-ci se met à grossir et sème la panique dans les rues d'Athènes… C'est pas crédible. À Mýkonos, on n'a jamais vu des femmes faire grossir quelque chose avec le doigt. Non, c'est pas crédible…

En été, la télévision hiberne et nous diffuse ce qu'elle n'ose pas nous montrer habituellement. Le pire fut une émission des plages sur France 3, animée par Pierre Sled. Sur les plages de Bénodet, du Touquet ou de Biscarrosse, il faisait battre des records stupides comme la course en sac en piscine… Tout ça n'étant qu'un prétexte grossier pour nous montrer en plan de coupe des filles aux seins nus et à demander l'envoi de SMS surtaxés…

Sur TF1, j'ai vu une chose surréaliste qui s'appelle *Incroyable mais vrai*. C'est la reprise d'une émission de Jacques Martin des années soixante-dix, présentée par Bruno Roblès accompagné de Sophie Favier et de Roger Pierre. Au début j'ai cru que c'était une statue de Roger Pierre, une statue de sel, comme s'il s'était retourné sur Sodome en flammes. Pourtant, lors d'un gros plan, je me suis aperçu que c'était un Roger Pierre vivant : en regardant à l'intérieur de sa bouche qu'il gardait en permanence entrouverte, on pouvait voir la langue qui bougeait au rythme d'une respiration saccadée et rapide !…

Stéphane, vous étiez invité d'une de ces émissions, et j'ai vu à votre regard que vous étiez inquiet.

Vous m'avez confié hors antenne qu'à un moment vous le pensiez décédé ou en catalepsie… Mais non, en fait, il regardait vos cheveux avec inquiétude, tout en haletant, on voyait bien que vous lui rappeliez quelqu'un… En plus, avec votre Dormeuil 1953, vous avez accentué son trouble. À un moment il ne savait plus où il était tant vous lui rappeliez une pièce de Barillet et Grédy qu'il avait créée en 1953 !… Vint enfin le moment de sa séquence. Il s'agissait d'*Incroyable mais vrai* d'hier. Oui, parce qu'il faut savoir que Roger Pierre est un type qui, dès qu'il vous salue, vous raconte une anecdote. Et toujours la date, le lieu, les circonstances… Du genre : « 1957, théâtre municipal de Mâcon, on jouait *On purge bébé* avec les tournées Barillet et Grédy... » Donc, là, il commence : « 1953, Montréal, je prends le thé avec Bourvil et madame Bourvil, et une classe d'étudiants vient nous demander des autographes. Soudain, au milieu des étudiants se glissa Jean Richard… On a ri !… »

Sinon, les sujets d'*Incroyable mais vrai* sont d'une connerie sans nom : le trappeur qui vit avec un ours, les crocodiles dans les waters, une toiletteuse qui teint les chiens en violet… Et les toilettes femmes d'une boîte de nuit où deux cuvettes de WC sont côte à côte, un sujet d'une délicatesse exquise… Je vous explique : on voit deux filles s'agiter sur la piste de danse, puis elle descendent aux toilettes faire caca. Et, nous dit la voix *off*, « elles peuvent s'asseoir côte à côte et, tout en procédant, parler de leurs conquêtes »… À un moment, il y en a une qui a dit : « Tu sais quoi ?

Je crois que j'ai la cote avec Michel. » « Avec qui ? » demande l'autre – oui, parce qu'au moment où sa copine disait le prénom, on a entendu le bruit d'un corps tombant dans l'eau… Ensuite, on les voit se rajuster et remonter danser. Et la voix *off* conclut : « Et les voici de nouveau prêtes à danser pour faire des conquêtes ! »

Comme chroniqueuse, il y avait Sophie Favier, qui se contentait de lire sur son prompteur des informations prétendument incroyables mais vraies, ponctuées par les applaudissements du public enthousiaste. Comme par exemple : « La plus longue peine de prison, vingt siècles pour un membre de l'ETA qui a tué onze personnes. » Et là, le public applaudit… Ou pire, Sophie Favier qui annonce sans rire : « Vous savez d'où vient le mot avion ? » Évidemment, si tu as fait un an de latin tu sais que ça vient de *avis*. Mais l'autre, sans rire, annonce : « Avion, ça signifie Appareil volant imitant un oiseau naturel ! » Oui, parce qu'il y a beaucoup d'oiseaux artificiels… Les types lui ont écrit ça sur le prompteur pour se foutre d'elle et ça l'a pas gênée : « Appareil volant imitant un oiseau naturel… »

À part ça, bien sûr, j'ai regardé *Sagas*. D'abord un mot sur la présentation : fini le bateau virtuel, fini les deux figurants qui servaient le thé à la menthe, Stéphane, cette année, vous étiez seul et marchiez dans les jardins de l'hôtel de luxe qui vous recevait gratuitement. Vous portiez un costume Dormeuil, de la ligne « Afrique-Équatoriale française », d'un jaune moutarde assorti à vos chaussures.

Comme le crépi des murs de l'hôtel était de la même couleur, quand vous passiez devant on voyait juste une tête et deux mains qui bougeaient dans l'espace, c'était terrifiant... Mais ce que j'aime, dans *Sagas,* ce sont vos lancements. Comment dire... Vos textes sont à la littérature ce que les poèmes de Bruno Masure sont à la poésie. Depuis Yves Simon, on n'avait plus écrit avec autant de lieux communs et de métaphores téléphonées... Par exemple, quand vous recevez Christian Clavier, vous dites : « Depuis qu'il a tourné *Napoléon*, il a gagné ses galons d'empereur du cinéma français... » Pour un mannequin : « La sylphide de l'Est se dévoile sous toutes les coutures... » Mais le chef-d'œuvre reste sans conteste la conclusion de votre émission de la semaine dernière. Accrochez-vous. Vous êtes prêts ? Écoutez bien : « Si Cupidon frappe à votre porte, surtout n'oubliez pas de lui ouvrir ! » Bon, déjà, comme ça, sans analyse de texte, c'est magnifique. Mais maintenant, essayons d'aller un peu plus loin : « Si Cupidon frappe à votre porte. » Déjà le truc crédible ! L'autre andouille avec un arc et une plume au cul qui frappe à la porte, vous vous préparez à lui dire : « On a déjà donné », mais voyant que c'est l'ange de l'amour, vous vous retenez – oui, car en amour, Stéphane n'a pas encore donné... Et c'est surtout la deuxième périphrase qui est intéressante : « Surtout, n'oubliez pas de lui ouvrir. » Vous imaginez la scène ?

— Toc toc toc !
— Qui c'est ?

— C'est Cupidon qui frappe à votre porte.
— Oui, voilà !

Et là, que se passe-t-il ? Vous devenez alzheimer… Enfin, toujours est-il que vous oubliez de lui ouvrir !

La seule certitude, c'est que quand vous regardez *Sagas*, c'est pas l'intelligence qui frappe à votre porte !

Ce soir, la télévision diffuse le film *Le Chagrin et la Pitié* de Max Ophuls. La télé, en été, c'est ça : le chagrin et la pitié.

CLIMACTION

Juin 2003

Avant-hier, j'ai vu le *Climaction*, une émission de service présentée par Laffont et Leforestier. Parmi les invités, Sophie Davant. Lors de la précédente émission consacrée au permis de conduire, elle n'avait pas compris que le boîtier qu'on lui avait remis servait à répondre aux questions grâce aux lettres A, B, C ou D, et elle essayait de faire des phrases en disant : « Il manque des lettres ! » Cette fois-ci, c'est Jean-Pierre Coffe qui n'avait rien compris. Le but du jeu était de démontrer que nos habitudes de vie engendrent une pollution qui dépasse la capacité de la Terre. Donc chaque participant voyait s'inscrire le chiffre du dépassement, sauf Jean-Pierre Coffe qui restait à 0. Lui, il regardait les présentateurs en rigolant... Les autres : « Bravo Jean-Pierre ! » En fait, il n'avait pas compris la règle du jeu, alors il n'appuyait pas sur les touches... Il y avait aussi Mouss Diouf, et Maureen Dor qui insista sur les pets des vaches en demandant si on pouvait donner un médicament aux vaches !...

CONFESSIONS INTIMES

Mai 2003

Confessions intimes de Géraldine Carré... Elle, je crois que c'est la pire, la plus cynique, la plus prometteuse des présentatrices de *trash TV*. Et ce soir Géraldine Tordue nous montrera une fois de plus des enfants souffrant de *tocs*, les troubles obsessionnels compulsifs. C'est incroyable à quel point la télévision a de la compassion pour une maladie qui touche une personne sur 5 000. Il faut dire qu'elle passe bien à l'écran... Ces enfants qui soudain ne peuvent plus se contrôler et deviennent violents envers leur entourage ou envers eux-mêmes... C'est la vingt-septième émission sur les *tocs* depuis deux ans, c'est-à-dire plus d'une par mois ! Cent fois plus de personnes se battent contre le cancer, mais on ne voit que les *tocs* à la télé ! Quelles belles images, l'enfant innocent qui tout à coup ressemble à la petite fille du film

L'Exorciste et hurle des horreurs à sa maman !… Eh bien moi, j'ai un trouble obsessionnel compulsif, il m'arrive d'avoir des crises de démence au cours desquelles je me mets à hurler des trucs odieux que je regrette tout de suite… Méfiez-vous, ça peut m'arriver à tout moment, au milieu d'une phrase anodine… Tiens, par exemple… « Mougeotte, enfoiré ! » Excusez-moi, c'est un *toc*… Tiens, y a pas de raison, on va en profiter pour faire de l'audience ! Appelez vite les gens qui écoutent RTL, je sens que je vais avoir une nouvelle crise… « Géraldine Carré, salope racoleuse ! » C'est affreux, les *tocs*, parce que c'est le contraire de ce qu'on pense… « Bataille et Fontaine pourris ! » Non, c'est insupportable, si ça se reproduit, bâillonnez-moi !…

COURBET Julien

Mai 2003

Sur TF1, il y avait *Les Sept Péchés capitaux* de Courbet, avec le grand moment que constituent « les querelles de voisinage ». Les Deschiens pour de vrai. Là, il s'agissait d'une dame dont certains chats avaient disparu et qui accusait ses voisins de les avoir tués… Les gens qui s'insultent par-dessus la grille, devant les caméras, étalant leur bêtise crasse, du genre :

— T'es qu'une poufiasse !

— Et toi, tu travailles au noir !

— Et toi, tu nous as montré ton cul !
— Ben oui, vous n'aviez qu'à pas passer la tondeuse un 14 juillet en plein après-midi !

Et une autre voisine venant participer :
— Et le jour où on t'a retrouvée endormie dans ta voiture, t'avais pas têté que d' la glace !...

Ce qui terrifie dans ce genre d'émission, outre l'ignominie de Courbet qui diffuse ces images dégradantes, c'est que ces gens-là donnent leur accord de diffusion après visionnage de ces images pitoyables, et qu'ils le donnent juste pour passer à la télé !

C'est là que j'ai compris : c'est un cercle sans fin. Regarder les conneries de Courbet rend con. Du coup, quand Courbet vient vous filmer, vous ne vous rendez pas compte que c'est con...

COURRIER DES LECTEURS

Avril 2003

Moi, j'adore le courrier des lecteurs des magazines télé. Il y a généralement des lettres passionnantes sur la tenue des présentateurs météo. Vous avez aussi madame Le Hénec qui habite Brest et qui déplore que le présentateur météo cache systématiquement la cité bretonne... La semaine dernière, une lectrice ayant écrit à *Télé 7 Jours* que madame Évelyne Dheliat était boudinée dans ses vêtements, cette semaine madame Gardereau lui répond : « La méchanceté n'a pas de limites. Évelyne, vous êtes merveilleuse de gentillesse, d'élégance et de classe. Vous êtes un rayon de soleil… » Une autre téléspectatrice écrit : « N'en déplaise à certains, Patrice Drevet a raison de toujours sourire en présentant la météo. Il y a suffisamment de choses graves dans le monde… »

Enfin, un peu de culture. Dans le courrier des lecteurs de *Télé 7 Jours*, madame Raymond de Hordain écrit pour fustiger Marc-Olivier Fogiel qui avait attribué la phrase « Le bonheur se reconnaît au bruit qu'il fait en partant » à Renaud. Alors qu'elle est de Jules Renard, nous précise madame Raymond. On se dit : « Eh ben dis donc, les mamies qui écrivent à *Télé 7 Jours* sont cultivées ! » Mais madame Raymond ajoute : « C'est une citation de Jules Renard, ils l'ont dit aux *Grosses Têtes* de Philippe Bouvard… »

Mai 2003

Madame Élyse B. de Thumeries écrit au courrier des lecteurs du supplément du *Journal du dimanche* pour demander conseil. Déjà, comment peut-on se dire : « Tiens, aujourd'hui je vais écrire au courrier des lecteurs du supplément du *Journal du dimanche* » ? Il faut dire que madame Élyse B. de Thumeries avait une impérieuse raison d'écrire au supplément du *JDD*, car voici le texte authentique de sa lettre : « Cher supplément, un jour j'ai vu dans une revue l'annonce d'une voyante qui proposait une prédiction gratuite grâce à une question. J'avais besoin d'aide juridique pour un litige judiciaire, alors j'ai écrit. En retour, j'ai reçu une prédiction sur mon couple (je ne suis pas mariée), sur mes enfants et mes petits-enfants (que je n'ai pas), sur un accident de conduite automobile (je n'ai pas le permis), puis à la fin, la promesse d'un grand amour. » Et c'est là qu'Élyse donne toute sa mesure, puisqu'elle demande au *JDD* : « Dois-je consulter à nouveau cette femme pour en savoir plus ?… »

CROZEMARIE Jacques

Mai 2003

La photo page 14 du *Parisien* d'aujourd'hui nous montre un vieil homme au visage dur, hautain, autoritaire, portant des lunettes à monture d'or et qui semble méditer sur l'ingratitude des hommes. Ce vieux misanthrope se nomme Jacques Crozemarie. L'article du *Parisien* nous apprend qu'il s'est installé dans une maison de retraite de la région parisienne. La nouvelle ne serait pas si bouleversante si l'article ne précisait que la maison de retraite de Crozemarie n'a rien à voir avec la plupart des établissements du même genre — une cour gravillonnée, quelques châtaigniers, des papys bouche et braguette de pyjama ouvertes errant dans les couloirs, une salle de détente avec une télé noir et blanc et un jeu de Scrabble auquel il manque des pièces… Non, la maison de retraite de Crozemarie est une bâtisse cossue avec jacuzzi, hammam, salle de billard et jardins privés. Vous allez me dire : « Et alors ? L'enfoiré a fait 33 mois de prison ! » Oui, sauf qu'on lui a saisi ses biens et qu'il vit désormais avec sa retraite d'ancien fonctionnaire du CNRS d'un montant mensuel de 2 600 euros. Il doit encore 50 millions d'euros à l'Arc qui n'a récupéré que 3 % des sommes détournées, et pendant que d'autres meurent de cancers dans les maisons de retraite conventionnées par la Sécu, Crozemarie a hésité ce matin entre une partie de billard, un hammam et un jacuzzi…

DARC Mireille

Mai 2003

Mireille Darc est parmi nous. Alors peu importe le reste – l'actualité, la télé, la canicule –, peut importent même les festivités luxembourgeoises… Peu importe tout ça, puisque Mireille Darc est là. C'est étrange, je pensais en vous regardant, chère Mireille, que vous êtes blonde, que vous êtes sensuelle, et pourtant vous n'avez jamais été une bimbo. Peut-être parce que vous parlez aux hommes avec cette douceur indulgente dans la voix, comme on parle aux petits garçons, peut-être parce que vous avez cet air amusé devant les garçons amoureux de vous, peut-être pour votre fragilité lorsque vous vous blottissiez au creux de l'épaule d'Alain Delon, et puis surtout parce que vous possédez cette chose qui manque à Ophélie Winter et qui s'appelle la classe. Voilà pourquoi on ne dit pas de vous que vous êtes bonne, on a juste envie d'être le prof d'anglais bafouilleur de je ne sais plus quel film. Oui, Mireille Darc, et que votre compagnon actuel me pardonne, de la même façon que Sylvie est pour toujours la meuf de Johnny, vous resterez pour toujours la compagne d'Alain Delon.

DAVANT Sophie

FÉVRIER 2003

À propos de lune, par association d'idées avec con comme la lune, pour nous donner le moral avant d'affronter la guerre, je voudrais vous parler de Sophie Davant, dont l'émission gériatrique d'hier n'avait exceptionnellement pas pour sujet le fibrome ou la constipation, mais « les femmes et la voiture ». Lors de cette émission, le but de Sophie était de combattre les préjugés machistes dans ce domaine. Afin de montrer que Sophie n'était pas plus bête qu'une autre, on avait amené une Austin sur le plateau, et assistée d'une consultante, elle devait procéder à des travaux très simples sur la voiture. Première chose, vérifier l'huile. La consultante lui explique qu'il suffit d'ouvrir le capot, de sortir la jauge et de…

Là, Sophie l'interrompt : « Oh ! là ! là ! pas trop vite ! Déjà, il faut arriver à ouvrir le capot ! » La consultante : « Ben c'est simple, il suffit de tirer le bouton ! » Sophie : « Oui, mais lequel ? Y en a plein ! » La consultante « Oui, mais celui-là y a un capot dessiné dessus ! » Il faut dire que dès le début de l'émission, on avait senti que Sophie aurait du mal. Elle avait raconté que la veille, en démarrant à un feu vert, elle avait enclenché par mégarde la marche arrière et cartonné la voiture qui la suivait... Ensuite, la consultante explique à Sophie qu'il y a une nouveauté en cas de panne de batterie. Vous savez qu'habituellement, on approchait un deuxième véhicule, on fixait sur les deux batteries des pinces crocodiles reliées par un câble, on faisait démarrer ainsi la voiture en panne. Mais comme Sophie Davant ne sait pas reconnaître le plus sur la batterie, la consultante explique que le câble est maintenant introduit dans l'allume-cigare des deux véhicules...

Un autre consultant resté à la table précise : « Oui, c'est très bien, ça vous permet de démarrer. Mais ensuite, il faut aller au garage le plus proche... » Et là, Sophie le regarde effarée et demande : « Mais c'est pas dangereux de rouler comme ça avec le câble tendu entre les deux voitures ? »

Ensuite, la consultante lui ayant dit : « Maintenant, n'importe qui peut changer une roue », Sophie tenta de s'y coller. La consultante : « Bon, c'est simple, vous commencez par mettre le cric... » Et là, je vous jure que c'est vrai, je n'en croyais pas mes yeux, voilà Sophie Davant qui essaie de glisser le cric sous la roue de la voiture ! La consultante l'arrête : « Non, non, sous la voiture, pas sous la roue ! » Sophie : « Ah ! bon ? Parce que je me disais, y a pas d'espace ! » Elle essaie, et évidemment elle le met à l'envers. Du coup, le type qui était resté à la table se met à meubler et dit n'importe quoi. Il explique qu'il existe des crics plus pratiques qui sont en fait des coussins gonflables. « Ah ! bon ? demande Sophie, et comment on le gonfle ? » Oui, elle pensait qu'il y avait une pipette comme sur les ballons. Et l'autre : « Vous le branchez sur l'allume-cigare ! » À cet instant, il venait d'inventer l'allume-cigare qui souffle de l'air !

Toujours est-il que Sophie n'arrivait pas à glisser le cric sous la bagnole, la consultante essayait de lui donner des conseils… Du coup, l'autre, exaspérée, s'est mise à l'engueuler, et prenant une voix de poissarde elle lui dit : « Ça vous dérange pas que j' fasse tout ? L'autre elle me donne des ordres… Vous n'avez qu'à le faire ! » Du coup, c'est la consultante qui finit par glisser le cric et qui dit à Sophie : « Maintenant, il faut enlever les boulons », et elle lui tend une grande clé. Le problème, c'est qu'elle la mettait sur le boulon, qu'elle faisait un demi-tour, et tac ! elle bloquait par terre…

Octobre 2003

Ce matin, Sophie Davant vient annoncer le thème de son émission, à savoir « les chats fugueurs », et explique à Leymergie : « Nous aurons des témoignages incroyables, comme celui de ce chat qui a parcouru 375,2 km pour retrouver ses maîtres qui venaient de déménager à l'autre bout de la France. » Trois conneries en une phrase, faut le faire !

DECHAVANNE CHRISTOPHE

MAI 2003

J'aime bien Christophe Dechavanne. Il a un côté déconneur du fond de la classe qui m'enchante. Pourtant, depuis quelque temps, il est devenu le symbole de ce qui terrifie Marc-Olivier Fogiel : il a lassé le public. Sans qu'on sache vraiment pourquoi, les téléspectateurs n'en veulent plus – comme ils ne veulent plus de Nagui. Et on sait déjà que, quoi qu'ils fassent, ces deux-là ne reviendront jamais. Qu'ils sont déjà dans le train qui les emmène vers le télé-achat. Peut-être même qu'un publicitaire est en train d'écrire une publicité pour un convecteur électrique dans laquelle Dechavanne arrivera avec un porcelet en faisant : « Tut tut siouplaît ! » Pour l'instant, Nagui anime encore, dans le plus grand secret, une pathétique émission de dimanche après-midi sur France 2, dans laquelle il ressort les vannes de *Que le meilleur gagne plus*, et Dechavanne a échoué sur RTL 2. Vous voyez déjà RTL, je vous laisse imaginer RTL 2 !...

C'est terrible, un animateur dont le public s'est lassé. Terrible et pitoyable. Son chemin de croix est le suivant : il passe de la télé en prime time à des participations au *Trivial Pursuit* ou à des jeux cucul la praline... Ou bien chroniqueur chez Daniela Lumbroso... Puis il atterrit à la radio en affirmant qu'il avait toujours rêvé d'en faire, car l'émotion y passe mieux... Puis il passe de radios majeures à des radios musicales que personne n'écoute, en affirmant sans rire, comme Dechavanne : « Je n'ai jamais été aussi bien que sur RTL 2, car j'y suis libre, je peux dire le mot "cunnilingus"... » Dechavanne parle aussi dans *VSD* cette semaine : « Mon premier amour fut une chatte avec laquelle, chaque soir, je m'endormais en tête à tête. » Un tête-à-tête avec une chatte, à mon avis ça doit venir de là, sa fixation sur le mot « cunnilingus » !

DELARUE JEAN-LUC

Mars 2003

Delarue nous refait une émission de plus avec les *tocs*. Ça, c'est impressionnant, ces enfants qui se mettent à hurler ou à se laver dix fois les mains. Ils font sans arrêt ce qu'ils viennent de faire, ça les rassure. Delarue a déjà fait une bonne dizaine d'émissions sur les *tocs*. C'est son *toc* à lui, ça le rassure.

DEMOUY Vanessa

Octobre 2003

Il y a quelques jours, déjeunant au restaurant d'à côté, le Zébra, je vis une fille s'installer à la table voisine, commander un Coca Light, allumer une Dunhill et se mettre aussitôt à téléphoner. Quelques instants plus tard, sa convive arriva. Le même genre, une fausse blondasse vulgaire avec au coin des lèvres ces rides de lassitude des femmes qui ont perdu leurs illusions. À peine assise, l'arrivante posa à son tour son téléphone sur la table, commanda un Coca Light et alluma une Dunhill. « Ça va, toi ?… Pff… T'as bonne mine ! » dit-elle en expirant sa fumée dans le visage de sa copine… À cet instant, l'un des téléphones sonna. « Excuse-moi dit la première arrivée, j'attends une confirmation pour Ardisson. » Bon, tout de suite à sa tête, avant même qu'elle ait dit d'un air las : « Ah ! c'est toi, maman ! », on avait compris que c'était pas la confirmation pour Ardisson… Du coup sa copine, pour se donner une contenance, écouta ses messages. Elle aussi, à sa tête, on devina que la voix synthétique lui infligeait le terrible : « Vous n'avez pas de nouveau message… » Alors, pour ne pas raccrocher, elle écouta ses anciens messages archivés en éclatant de rire, ou bien en faisant semblant d'être surprise… Les deux filles, dans un synchronisme parfait, de leur main libre prenaient leur Dunhill, tiraient une bouffée qu'elles se recrachaient au visage, puis prenant leur Coca Light, aspiraient bruyamment l'air qui stagnait entre les glaçons… Cette scène était surréaliste, chacune parlant trop fort de projets professionnels « qui ne feraient qu'attendre », comme dit Brel. Celle des deux qui avait un poireau quitta sa copine en disant : « C'était génial, il faudra qu'on redéjeune ensemble… Ah ! excuse-moi, ça sonne, ça doit être la confirmation pour Ardisson… » Et elle sortit du restau en demandant à quelle heure était le rendez-vous pour Ardisson…

Cette fille s'appelle Vanessa Demouy. Elle est déjà *has been* et vient de sortir une chanson qui s'intitule *De l'air*. Elle raconte comment un copain lui a donné l'idée de chanter, en oubliant de rappeler qu'en 1996 elle a déjà enregistré un album aux studios Abbey Road – faut pas se gêner – et qu'elle en vendit trois. Avant cette scène au restaurant, j'aurais été dur avec Vanessa Demouy. Maintenant, je sais. Je sais son néant, je sais son futur. C'est celui de la chanson de Brel *Orly*. J'ai failli le lui dire, la prévenir. Je n'ai pas osé… « Elle vivra de projets qui ne feront qu'attendre… / La revoilà fragile avant que d'être à vendre… / Je suis là, je la suis, je n'ose rien pour elle / Que la foule grignote comme un quelconque fruit… »

DRUCKER Michel

Octobre 2003

À quoi pensais-tu, Michel Drucker, en consacrant ton dimanche à Michèle Alliot-Marie ? En envoyant ces reportages où Cruella apparaissait détendue dans les Landes, en famille avec un pull sur les épaules ?... Ça, c'est un exercice imposé. Quand un homme politique passe chez Drucker, on le filme se baladant en famille, un pull sur les épaules... Le pire, c'est le moment où Drucker demande à monsieur Alliot-Marie quelles sont les qualités de son épouse. L'autre avait du mal à trouver – on sentait bien qu'il se disait : « Elle fouette bien, ça compte ?... »

Le mari : « Euh... »
Drucker : « La rigueur ? »
Le mari : « Oui... »
Drucker : « La franchise ? »
Le mari : « Tout à fait ! »
Drucker : « La ténacité ? »
Le mari : « Oui, c'est ça... »
Drucker : « La droiture ? »
Le mari : « Oui, c'est ça... »
Drucker : « L'honnêteté ? »
Le mari : « Oui, c'est ça... »
Drucker : « Et quel est son principal défaut ? »

Là, le mari s'éclaire soudain. On sentait qu'il pensait : « Ah ! bon, je peux ?... » Mais, là aussi, Drucker lui coupa le sifflet : « Elle a du caractère ? »...

Tous les hommes politiques qui se rendent chez Drucker ont des défauts terribles : « Ah ! j'ai tendance à gâter ceux que j'aime !... » Ou bien : « Je travaille beaucoup trop, et je consacre trop peu de temps à ceux que j'aime... » Ou bien encore « Elle a du caractère... »

Je suis heureux de vivre dans un pays où les hommes politiques n'ont pas de défauts et aiment à se promener en famille le dimanche, un pull posé sur leurs épaules... Merci, Michel Drucker.

Le soir, Bénichou minaudait en rougissant comme une rosière – comme il l'avait fait avec Bernadette Chirac. On devine qu'aujourd'hui il dira : « T'as vu ce que je lui ai balancé à la vieille !... » Avant de poser sa question, Bénichou minaudait donc, en procédant au stockage d'un demi-litre de salive. Puis il l'expulsa en demandant à la ministre pourquoi elle qui avait des jambes magnifiques, « la mieux gaulée des gaullistes », ne se mettait jamais en jupe...

Sur le plan suivant, Michèle Alliot-Marie, le visage trempé, répondit : « Parce que c'est pas pratique lorsqu'il pleut... »

EXAMEN MÉDICAL

Décembre 2002

Ce matin, je me faisais la réflexion qu'Axelle Red était la première chanteuse de moins de cinquante ans que nous recevions depuis... J'allais dire depuis Maurane, mais non, puisque Maurane vient d'avoir cinquante-quatre… C'est vrai, c'est incroyable, on n'a reçu que des chanteuses ménopausées : Gloria Lasso, Nana Mouskouri, Alice Dona, Line Renaud, Jean Manson et Dave… En tout cas, ça fait du bien de s'adresser à une invitée sans avoir à faire une étude logistique pour savoir si on lui parle dans sa bonne oreille !

Lundi, avec Gloria Lasso, c'était terrible. Il faut savoir que c'est son oreille droite qui a lâché. Manque de pot, c'était du côté de Stéphane, qui était obligé de hurler. Et comme ça ne suffisait pas, il complétait en sous-titrant avec la langue des signes des sourds-muets. Mais Gloria s'amusait de cette surdité. On peut même dire que lundi dernier, elle rigolait, Gloria… Contrairement à ce que certains pensent, on peut rire de la vieillesse, de toutes ces lézardes de l'âge, de cette nouvelle ride au coin des lèvres qu'on a découverte ce matin en se rasant, comme disait Fitoussi hors antenne, de toutes ces choses qui jour après jour nous font prendre conscience qu'on vieillit… Tiens, un exemple au hasard : moi, qui vous semble, chers auditeurs, sortir à peine de l'adolescence, eh bien, figurez-vous qu'allant ces derniers jours consulter mon médecin pour cette pharyngite tenace, après une visite somme toute banale au cours de laquelle j'explosai le pèse-personne du toubib – ce dernier s'étant penché au-dessus de la balance pour regarder le poids, un ressort est venu se planter dans son front… Mais malgré ce léger incident, le praticien m'a dit tout à coup : « Tiens, il faudrait penser à contrôler votre prostate. » Ma prostate… Ce mot terrible m'a balladurisé d'un coup. Je repensai à de Gaulle, à Mitterrand... Ma prostate : je n'avais jamais pensé que je puisse en posséder une, tant ce mot était pour moi le symbole de la vieillesse masculine. Toujours est-il que, ne sachant pas trop en quoi consistait l'examen, je donnai mon accord au médecin. Ce dernier, d'un air faussement enjoué qui aurait dû m'intriguer, me dit : « Bon, ben on va l' faire tout de suite, comme ça vous s'rez tranquille... » Puis il ajouta en parlant très vite : « Alors vous montez sur la table d'auscultation dans la position du petit chien. » C'est là que j'ai commencé à sentir poindre comme un début d'angoisse. D'une voix blanche, je demandai : « Hum... C'est quoi exactement, la position du petit chien ? — Eh bien, vous vous déshabillez et vous vous mettez à quatre pattes sur la table », me répondit-il. Avec ma souplesse coutumière, je tentai de grimper sur la table d'auscultation et, après deux tentatives infructueuses se soldant par des chutes assez humiliantes, je me retrouvai totalement nu, à quatre pattes sur la table d'auscultation, pendant que le médecin s'affairait... Pendant ces quelques instants d'attente, en analysant mon passé avec objectivité, j'étais contraint de reconnaître que j'avais connu des heures plus glorieuses. Entendant soudain un bruit de caoutchouc, je demandai d'une voix blanche au médecin : « Qu'est-ce que c'est ? — Ne vous inquiétez pas, me dit-il, j'enfile juste un gant... » Ce qui se passa ensuite restera à jamais entre ce médecin et moi. Mais bon, depuis ce jour... Pas un coup de fil, pas une lettre, rien...

Non, sérieusement, l'examen ne décela rien d'anormal. À un moment, j'entendis même le médecin me dire : « C'est parfait, je la sens bien, elle est toute petite. » Il parlait évidemment de ma prostate… Là, contrairement à…, c'est bon signe lorsqu'on la sent et qu'elle est toute petite ! En tout cas, pour la première fois de ma vie, j'ai senti sur ma nuque, en même temps que le souffle de mon médecin, celui d'une vieillesse annoncée…

FERRY Luc

Janvier 2003

Nous avons tous le souvenir d'une grand-mère qui conservait soigneusement dans le tiroir de son buffet de cuisine un petit carnet sur lequel elle collait les timbres-ristourne remis par son épicier. Ils lui permettaient, en fin d'année, de recevoir un magnifique cadeau, à savoir une parure de lit composée d'un drap en 90 de large et d'une taie d'oreiller assortie. Dans ce même tiroir, il y avait aussi une lampe de poche à la pile usagée, un ruban à cadeau soigneusement plié, deux crayons de couleur sans mine, une loupe, deux billes de verre que nous avions laissées traîner, une montre en panne et, soigneusement enveloppé dans du papier de soie, un appareil dentaire qui faisait penser à des dents de vampires…

À propos de vampires… Hier, dans *Le Maillon faible*, Boccolini pose la question suivante : « Selon la légende, de quels êtres maléfiques peut-on se débarrasser en leur plantant un pieu dans le cœur ? » Et le candidat répond sans hésiter : « Les catholiques !… » Boccolini, gênée, d'autant que le type se prénommait Élie : « Hum… Non, ce sont les vampires… » Et bizarrement, alors que d'habitude, après chaque série de questions, elle charrie les candidats qui ont donné de mauvaises réponses, là elle n'a rien dit. Ça, c'est le symbole de la télévision : on peut se moquer des individus, mais on ne touche surtout pas au politiquement correct. Remarquez, hier soir, les candidats du *Maillon faible* étaient particulièrement en forme, puisque dans le même jeu on a eu droit également à : « Quel est le pays dont le drapeau représente une croix blanche sur fond rouge ? » Réponse du candidat : « La Croix-Rouge… » Puis : « Quel est le sport pratiqué par les pongistes ? » Réponse : « La natation. » Et pour finir : « Comment appelle-t-on deux droites qui ne se rejoignent jamais ? » Réponse : « L'infini. » À cet instant, on était sûrs que l'infini était le champ d'activité de la connerie humaine à la télévision !…

Dans le tiroir de cuisine de nos grand-mères, il y avait aussi des photos d'identité dans un étui en plastique, un caillou peint, un marron et quelques noisettes desséchées…

À propos de noisettes, hier après-midi, dans le cadre de son émission *Vivement dimanche* – un concept nord-coréen acheté par France 2 –, Michel Drucker recevait Luc Ferry, ministre de l'Éducation et philosophe, qui nous a révélé avoir gagné sa vie en chantant pendant un an. Il a interprété sa meilleure chanson de cette époque, qui avait pour titre « Aluminium ». Déjà, ça donne envie... En voici le texte, écoutez bien : « J'ai dit allume Igneume, on m'a répondu étain. » Bruno Masure a trouvé ça excellent...

Un peu plus tard, dans l'émission, on devinait que Luc Ferry allait chanter – puisqu'un assistant avait posé à ses côtés sa guitare soigneusement accordée. Pourtant, quand Drucker lui a demandé de prendre sa guitare, voilà notre ministre qui minaude et fait l'étonné, du style : « Ah ! mais vous ne m'avez pas prévenu ! Je ne me souviens plus du tout des accords ! » Alors qu'évidemment tout ça avait été soigneusement répété et qu'il n'avait pas été surpris lorsqu'on avait posé la guitare à côté de lui. À cet instant, j'ai pensé que si ce type était capable d'être hypocrite pour une chose aussi insignifiante, qu'est-ce que ça allait être pour les problèmes importants de son ministère... Parce que dans le genre : « Je m'arrange avec l'hypocrisie », il a fait fort... À un moment, Drucker lui dit : « Jacques Chirac dit que vous êtes trop dans les salons... » Et le voilà qui, sans se démonter, répond : « On a mal compris le président, il voulait dire que j'étais trop souvent dans les salons du ministère ! » C'est tout juste si Chirac ne lui a pas reproché de trop travailler !...

Ensuite, dans le cadre de l'opération « Regardez comme nous sommes un couple uni », on a eu droit à l'interview sans intérêt de l'épouse du ministre. Drucker lui a demandé : « Quel est le principal défaut de votre mari ? » Elle a répondu : « Il mange des noisettes au lit. » Là, j'ai cru qu'ils allaient demander à Luc Ferry quelle était la principale qualité de sa femme et qu'il allait répondre : « Elle mange mes noisettes au lit… » Mais non, on est restés sur cette révélation terrible : le ministre de l'Éducation mange des noisettes au lit…

Le soir, Pierre Bénichou a posé comme d'habitude des questions pertinentes. Il a demandé au ministre si ça ne l'ennuyait pas d'aller chaque semaine visiter des cours complémentaires. Est-ce que quelqu'un pourrait dire au directeur du *Nouvel Obs* que ça fait plus de trente ans que les cours complémentaires ont disparu, ainsi que les troisièmes classes dans les trains de banlieue, les présidents du Conseil et les poinçonneurs du métro ?

FÊTES DE FIN D'ANNÉE

Décembre 2002

Nous entrons dans cette semaine étrange que Jean-Pierre Pernaut appelle « la trêve des confiseurs ». En revanche, à TF1, il n'y a jamais de trêve des cons faiseurs… Une semaine étrange, donc, où les rares qui travaillent comme nous sont, il faut bien le dire, en roue libre. Regardez Stéphane Bern.

Il se laisse de plus en plus aller. Il a décidé de changer de coiffure et porte dorénavant d'étranges frisottis qui lui pendent sur le front, un peu comme Michael Jackson. Et si vous le sentez un peu absent aujourd'hui, c'est qu'il est déjà là-bas, à Mýkonos, où il partira dès vendredi midi. Mais rassurez-vous, il n'y va pas seulement pour faire la fête, il a également prévu de nombreuses excursions à caractère instructif. Notamment la visite de prisons grecques, plus précisément le quartier des longues peines... En plus, pendant cette semaine de Noël, il est difficile d'avoir des invités prestigieux. On a été obligés de se rabattre sur Gourio, c'est vous dire ! – non, c'est pas vrai, je plaisante... Mais c'est vrai que jusqu'au lundi 6 janvier, date de la reprise du travail et du début de la guerre en Irak, on va tranquillement se laisser bercer au rythme des fêtes.

À propos de fêtes, vendredi dernier ont eu lieu dans les entreprises les fêtes de fin d'année. Nous-mêmes, au *Fou du roi*, organisions le soir notre dîner de Noël. Comme d'habitude, Patrice Carmouze fit une imitation très réussie de Jean-Marie Cavada quand il dit : « Il faut travailler au casque ! » Joëlle Goron passa auprès de chacun avec ses bons de commande pour tenter de nous vendre des fenêtres en alu... On se raconta les derniers potins de Radio France. Non, ne comptez pas sur moi pour vous dire ce qu'il y a entre Louis Bozon et José Gorce, c'est leur secret, c'est leur merveilleux secret... Puis, comme Muriel Cousin portait pour l'occasion une robe qui aurait mis le feu à l'Alaska, chaque garçon de l'équipe procéda à une parade nuptiale auprès d'elle. Et, l'alcool aidant, elle eut droit à toutes les stratégies de séduction, l'un d'entre nous – dont je tairai le nom – lui ayant proposé de faire l'amour « en camarades », un autre lui ayant offert de passer une semaine tous frais payés à Mýkonos…

Dans toutes les entreprises, c'est la même chose. La fête de fin d'année a lieu le vendredi en fin d'après-midi. Mais comme c'est une journée spéciale, déjà, à midi, tout le monde est allé déjeuner au Bistrot romain ou à l'Hippopotamus. Comme on a un peu abusé du pichet de rosé, on revient en riant trop fort, et dans l'après-midi on ne travaille pas. Les secrétaires continuent de rigoler aux toilettes en essayant leurs robes de soirée, ou bien discutent à la photocopieuse… Il faudra un jour qu'on nous explique quel pouvoir étrange se dégage des photocopieuses pour que, dès que deux secrétaires s'y retrouvent, elles se mettent instantanément à échanger des confidences à caractère conjugal du genre : « Je lui ai dit : “Michel, tu n'es plus chez ta mère, ici tu ne laisses pas traîner tes chaussettes !” », ou bien : « Moi, avec Jérôme, ça fait trois ans qu'on est ensemble, trois ans qu'il n'a pas trouvé mon clitoris… » Ou bien encore : « T'as vu ? Il est mignon, le nouveau chef de secteur pour la région Centre… » Et la copine : « Oh ! toi, t'es en train de tomber amoureuse ! » Et l'autre : « Arrête de dire des bêtises !… » Un jour, Jean-Marie Gourio devrait écrire les *Brèves de photocopieuses*…

À 17 heures, tout le monde se retrouve dans le grand hall de la société, décoré par les membres du comité d'entreprise et où l'on a installé une estrade. Le P-DG arrive pour faire son discours. Il tapote sur son micro pour voir s'il marche… Ça marche, et il commence : « Je voudrais tout d'abord vous remercier, toutes et tous, pour les efforts accomplis pendant l'année qui s'achève. Dans une conjoncture internationale difficile, nous avons réussi à ne procéder à aucun licenciement. Malheureusement, nous avons dû, en raison des surcoûts engendrés par les 35 heures, supprimer la prime de fin d'année et geler tous les salaires jusqu'à la fin 2005. Mais ce soir, on oublie tous nos petits soucis et on fait la fête !… Bonne année à tous et que la fête commence !… »

Et là, hop ! Karine, du service achat, qui s'occupe de la sono, envoie la cassette *Spéciale fête de fin d'année,* qui commence par *Sex Bomb* de Tom Jones. Tout le monde danse et s'observe du coin de l'œil, car ça fait tout drôle de voir monsieur Ambézieux, le chef comptable, danser en reprenant en chœur : « Sex bomb, sex bomb ! You're my sex bomb !… » Et puis arrive la séquence des slows avec *Aimer* de Roméo & Juliette. C'est l'heure où les comptables inventent le romantisme, ils invitent leurs stagiaires qui n'osent pas refuser et doivent supporter de sentir collé contre leur face un visage rougeaud d'où perlent des gouttes de mauvaise sueur… Et elles entendent les comptables leur respirer à l'oreille, elles sentent leur haleine de toast au salami… Mais les comptables, chauffés par l'alcool et les petites robes noires décolletées, se prennent pour Richard Gere et tentent de voler un baiser aux stagiaires… Et c'est l'heure où les représentants paso-doblent en bretelles, et où une secrétaire danse les yeux fermés et la tête sur l'épaule du chef de secteur de la région Centre…

Et puis arrive l'inévitable farandole, « La chenille qui redémarre » ! Et les voilà tous à la queue leu leu qui défilent dans les couloirs de l'entreprise…

FLON SUZANNE

Hier, chez Drucker, invitée de Claude Brasseur, Suzanne Flon, qu'on adore, pimpante, plus toute jeune, mais qu'on a toujours envie de serrer contre nous, qui arrive et commence à avoir des trous… Et puis ça revient et elle a des enthousiasmes d'enfant… Là, elle évoquait avec Brasseur un film tourné avec Maurice Baquet. Elle ne se souvenait plus bien, et soudain, le nom de Maurice Baquet l'illumine de bonheur, elle s'exclame : « Ah ! Maurice Baquet ! Je l'ai eu au téléphone, il ne voit plus rien, mais il est heureux !… » Drucker, gêné : « Ah ! oui, d'accord… » Et il va passer à autre chose, mais Suzanne Flon s'exclame : « Non, parce que ça pourrait le rendre triste d'être aveugle ! Eh bien, non : il est content !… »

GREG LE MILLIONNAIRE

Juin 2003

Un mot sur l'émission télé la plus drôle du moment, je veux parler de *Greg le millionnaire.* Vous savez que la presse a révélé que le faux maçon est un vrai gangster qui a tiré trente mois de prison pour trafic de cocaïne et d'ecstasy, qu'il exerce les fonctions de *gogo dancer* au Queen et que sur un site internet de cul il propose ses services de strip-teaser à domicile – sa spécialité, c'est le déguisement d'officier de marine grecque à la petite chemisette blanche bien repassée. Certains ont ce fantasme maritime, le type arrive chez vous, vous lui dites : « Bonjour capitaine, levons les amarres pour Mýkonos ! », et là, il se déshabille…

J'ai regardé la dernière émission et je vais vous dire, même si la presse n'avait rien dit, on aurait eu des doutes. Déjà sa façon particulière de porter le smoking en marchant les pieds écartés et les mains (dans les poches) qui remettent régulièrement en place un testicule récalcitrant dans un geste d'une classe extrême… Mais ce qui est terrible, c'est lorsqu'il ouvre la bouche pour parler. Là, on s'aperçoit que le type est incapable d'aligner deux mots à la suite. Pour être honnête, on se doutait un peu qu'il était très con, puisque lorsque la presse a révélé qu'il avait pris trente mois pour trafic de cocaïne, d'ecstasy et de haschich, il a fait paraître un rectificatif pour préciser qu'il ne touchait pas au haschich. Genre : de la coke, de l'ecsta, oui, mais le haschich, pas question !

Dès qu'il ouvre la bouche, dès qu'il parle, on s'aperçoit que son timbre de voix n'a rien à voir avec son physique... Lors de la première émission, lorsqu'il a rencontré les prétendantes, il a commencé en disant : « Bangeour, jeu vous ai fé venireu pour savoir si une femme peut m'aimer malgré mes millions... »

En plus, le problème, avec Greg, c'est que... Comment vous dire... il est très con. Ce type est incapable d'aligner deux mots, c'est un ahuri total. Tiens, quand il parle on dirait Patrick Fiori... Vous vous souvenez ? Patrick Fiori, l'ancien chanteur ! Bon, l'avantage, c'est que Greg chante pas de conneries...

Ah ! oui, j'ai oublié de vous dire : notre ami Greg a un serviteur, un valet. Et savez-vous qui est ce majordome ? C'est notre ami Hervé Pauchon, de France Inter, que vous pouvez retrouver tous les dimanches matin dans *Au fil d'Inter*. Quand les filles ne sont pas là, Hervé Pauchon signale à Greg ses petites erreurs de savoir-vivre, du genre : « Euh... Greg, quand tu fais le baise-main, ne sors pas la langue. » Oui, parce que l'autre faisait une brève lichette !... Bon, c'est aussi Hervé Pauchon qui va voir Greg pour lui demander de rendre les trucs que l'autre a volé aux filles par habitude. Du genre : « Tu sais, Greg, il faudrait rendre la carte bleue que tu as prise par inadvertance dans le sac de Priscilla… »

À propos de carte bleue, l'autre jour, le type fait des achats devant les filles – tu penses qu'elles ont bien reluqué la carte bleue du soi-disant milliardaire pour voir si c'était le top du top, à savoir la noire : en fait c'était une carte bleue « Cofinoga crédit permanent » ! Autant vous dire que les filles commencent sérieusement à avoir des doutes…

Il y a eu un grand moment aussi, c'est quand ils l'ont fait poser devant la maison de rêve aux Baléares, allongé au bord de l'eau. Là, il a dit : « Carpé dièmeu, eneujoyeu your laïfeu ! »

En plus, notre Greg souffre de sinusite chronique et a cette manie inoffensive, mais désagréable de remonter régulièrement d'une aspiration nasale les coulées de morve s'échappant de ses sinus. Et puis surtout, le problème, c'est lorsqu'il s'éloigne du texte – lorsque, s'enflammant comme vendredi, il déclare aux filles atterrées : « Si vous êtes là, c'est que vous êtes tous beaux et que vous avez du charme grave ! » Il faut dire que les filles n'ont rien remarqué, vu qu'elles avaient picolé et qu'elles s'engueulaient comme des poivrasses. Les filles sont pas mal non plus. Vous avez celle qui dit : « Non, moi c'est juste Greg qui m'intéresse, il aurait une 2 CV ça serait pareil… » Elle s'inscrit à un jeu dont le but est de séduire un millionnaire… Remarque, elle va pas être déçue, il n'a pas de 2 CV, mais un casier judiciaire : elle va être comblée !

HALLYDAY JOHNNY

Mai 2003

Il y a à France 2 un type chargé des programmes de divertissement. Un *looser*. Pour vous donner une idée, c'est le gars qui avait fait venir la Canadienne Julie Snyder en disant qu'elle allait devenir une star et remplacer Drucker. Et figurez-vous que ce monsieur vient d'avoir une autre idée magnifique : c'est de remplacer la série *Un gars une fille* qui marchait très bien par *60 jours* avec Johnny Hallyday. Oui, parce que le concert des soixante ans de Johnny est en partenariat avec TF1, mais les producteurs de Johnny lui ont dit : « À France 2, on offre les deux mois avant. » L'autre : « Ah ! ouais, super ! » Et alors, non seulement il se retrouve avec une émission qui ne marche pas, mais en plus c'est une interminable promo pour le concert de TF1. Hier on voyait Johnny répéter, il était en colère parce que c'était mauvais. Et à la fin il a dit : « C'est pas grave, je sais que le soir du concert ça sera top. » Donc France 2 a acheté très cher une émission dans laquelle on voit Hallyday affirmer que sur TF1 il sera au top ! Grand coup de chapeau à monsieur Camus, producteur de Johnny Hallyday. [...]

Si comme moi vous aimez Johnny, ne regardez pas cette émission : le rebelle est devenu un papy, il a un petit toutou de mémère aux cheveux bleus, et l'autre soir le résumé du jour c'était « Johnny en Harley à Los Angeles cherche le lieu du tournage de son clip. » Attention, Johnny en Harley c'est pas *Easy Rider*, c'est pépé à Motobécane, 20 à l'heure, quelqu'un pour l'aider à monter et à descendre de la moto… À un moment, il s'arrête et dit : « Bon, on est perdus, on ira demain. » Et il fait demi-tour vers son hôtel. Ah ! la vache ! La randonnée sauvage a mal tourné… Je pensais à ça ce matin, en venant à la maison de la radio, lorsqu'une publicité au cul d'un bus a attiré mon attention : on y voit une photo de notre ami Johnny avec, écrit en dessous, « Assurance Attitude »… Il s'agit d'une publicité pour les assurances du Crédit mutuel, notamment l'assurance prévoyance. Tout est prévu : assurance santé, tout est réglé. C'est terrible… Johnny, l'emblème de la rock'n' roll attitude, qui devient le symbole de l'assurance attitude. Jamais je n'aurais cru voir les mots « assurance santé » et « assurance prévoyance » accolés à ceux de l'idole. Il y a tout dans l'assurance attitude du Crédit mutuel, y compris la « convention obsèques ». J'imagine d'ici le spot télé : « Moi, Johnny, pour mes obsèques, j'ai tout prévu. Laetitia ne s'occupera de rien. Grâce à la convention obsèques du Crédit mutuel, tous les frais sont pris en charge, et comme j'ai souscrit dans les huit jours, j'ai noté que les poignées de cercueil en laiton me seront offertes gracieusement ! » C'est terrible d'être déçu par ses idoles…

Octobre 2003

À quoi pensais-tu, Johnny, samedi soir à la *Star Ac'*, en voyant un jeune crétin au jean trop bas massacrer *Quelque chose de Tennessee* ? À quoi pensais-tu, Johnny ? À cette humiliation que t'impose Universal en te jetant en pâture ces jeunes cons formatés ?... Quand la caméra venait sur toi, tu hochais la tête, mais on voyait que tu n'étais pas là...

À quoi pensais-tu, Johnny, en voyant ces chanteurs édulcorés, ces moyens, ces sans risques, de qui on gomme toute différence pour en faire des poissons panés de la chanson, bien rectangulaires, à qui on fait donner des cours par la fille d'Alice Dona — pourquoi pas le neveu de Bernard Menez ? Alors que toi, Johnny, ce qui a fait ta gloire, c'est ta différence.

Cocteau, qui voulait impressionner Diaghilev et n'y parvenait pas, lui demanda un jour ce qu'il reprochait à son talent. Et l'autre répondit : « Vous êtes convenu. Étonnez-moi ! »

HARDY LINDA

Mai 2003

Lu dans *VSD*, une page sur Linda Hardy. C'est vous dire si cet hebdomadaire est passionnant ! Une page dans laquelle on apprend que la mère de Linda, lorsqu'elle était adolescente, avait dessiné le portrait d'une fille brune et l'avait collé au-dessus de son lit. Et que le soir où elle conçut

Linda Hardy, elle regarda fixement le plafond. Déjà, la fille passionnée par son activité sexuelle !… T'imagines le père : « Bon, pour une fois, si tu pouvais être un p'tit peu à ce que tu fais, s'il te plaît !… » Donc la mère de Linda comptait les mouches sur le portrait au plafond, et figurez-vous que cinq ans plus tard Linda ressemblait au dessin ! Avec toujours quelques mouches sur son visage !…

Ensuite, *VSD* nous apprend – je cite – que « ses parents l'emmenaient en landau sur les hippodromes où elle dépensait tout son argent de poche »… Pour son premier concert, Linda Hardy va applaudir Roch Voisine à Nantes. Elle en tombe follement amoureuse. Dix ans plus tard, elle croise le chanteur dans une salle de gym… et le mythe s'écroule.

[…]

Has been

Mars 2003

Les *has been* m'émeuvent toujours. Ils ont quelque chose de touchant, un peu comme les anciens chouchous à l'école qui un jour, sans qu'on sache trop pourquoi – une lassitude du prof, peut-être ? –, tombent en disgrâce. Un autre prend sa place, et c'est comme si on voulait faire payer au précédent le fait d'avoir été chouchou. Il en est de même avec les artistes…

Je pensais à ça, hier, en voyant la bande annonce terrifiante de l'émission d'Évelyne Thomas de ce soir. Évelyne Thomas qui, interrogée ce matin par *France Soir*, explique qu'elle accueillera sur son plateau des personnalités. Mais, précise-t-elle : « Ne comptez pas sur moi pour vous donner des noms, c'est une surprise ! » Ne vous affolez pas : une surprise, chez Évelyne Thomas, ça veut dire des *has been*. Vous pensez bien que s'il s'agissait de pointures, elle aurait évidemment donné les noms ! Mais les pointures ne vont pas chez Évelyne Thomas. De plus, elle est très bête, puisque depuis deux jours France 3 diffuse une bande annonce dans laquelle on voit les fameuses personnalités ! Et vous allez voir à quel point c'est une surprise. Voici la liste : Pierre Bellemare, Sonia Dubois, Geneviève de Fontenay, Marlène, Véronika Loubry, Danièle Évenou, Anne Roumanoff et Stéphane Collaro ! À mon avis, pour faire des économies, ils ont dû aller tourner à l'ANPE du spectacle !

Le principe de l'émission, c'est que les stars devront vaincre leurs phobies. Et, précise Évelyne Thomas, « une d'entre elles devra toucher une sauterelle, car ça la rebute par-dessus tout ! »… La bande annonce se termine par Stéphane Collaro qui court après Évelyne Thomas un serpent à la main…

Si je vous parle de ça, c'est que vous n'avez pas fini de voir les *has been*. C'est le concept à la mode, la *trash TV* avec les *has been*. TF1 va bientôt diffuser sa version d'une émission de ITV, la chaîne anglaise, dans laquelle on perd d'anciennes gloires dans une forêt où elles doivent survivre pendant quinze jours… Vous avez également une émission qui fait fureur aux États-Unis, intitulée *Celebrity Boxing*. C'est un combat de boxe entre deux *has been*. Le dernier opposa la patineuse Tonia Harding à Paula Jones, la harcelée de Clinton… Vous imaginez un combat de boxe entre Vanessa Demouy et Cachou ? Danièle Gilbert et Philippe Risoli perdus dans la forêt guyanaise pendant deux semaines ?…

KLEIN GÉRARD

Septembre 2003

Gérard Klein est sympa. On dirait que cet adjectif a été inventé pour lui, un peu comme l'expression « coupe de cheveux à la con » a été inventée pour d'autres.

Gérard Klein exerce une triple activité. D'abord, il est instit' remplaçant… Remplaçant à plus de cinquante ans, bravo la promotion dans l'Éducation nationale ! Ça doit pas être une lumière ! Il n'a même pas été titularisé à l'ancienneté, c'est vous dire s'il est mauvais ! Donc, Klein est instit' remplaçant dans une série télé rurale avec de la brume le matin sur les villages et des horloges comtoises dans les maisons.

La deuxième activité de Klein consiste à annoncer à la France entière d'une voix tonitruante que les mousquetaires Intermarché viennent de recevoir vingt tonnes de filets de merlu à 10 euros le kilo. Et là j'aimerais, Gérard, que vous annonciez en exclusivité à nos auditeurs qui vont faire leurs courses ce week-end ce que les Mousquetaires ont prévu. Des langoustes de Cuba ou des coquilles Saint-Jacques de la mer de Chine ?...

Enfin, la troisième activité de Gérard Klein consiste à emmener des gamins frigorifiés visiter des conserveries de poisson dans un bus jaune en leur balançant du Beatles à fond. En arrivant dans la conserverie, tout le monde entoure un ouvrier exaspéré à qui les gamins posent les questions qu'on leur a fait apprendre par cœur pendant le voyage... Du genre : « Monsieur, vous pouvez nous dire comment le moteur entraîne la courroie de transmission ?... » Franchement, Gérard, ce qui serait drôle, ça serait de nous montrer les enfants en train de faire les cons, de ne pas s'intéresser à la courroie de transmission...

Donc, Gérard Klein est sympa. Sympa et rural. Il appelle sa femme « la Françoise » comme on dit « la Noiraude », et on imagine que ce type-là doit vivre dans une maison aux murs de pierres jointés à la chaux et aux poutres apparentes, et qu'il vous accueille en allant décrocher un jambon au plafond de la cuisine, en allant chercher dans une cave voûtée une bouteille de vin poussiéreuse... Et puis très tard, à l'heure où les femmes vont se coucher, il sort une vieille eau-de-vie de poire et on refait le monde devant la cheminée jusqu'aux aurores...

[...]

LABRO PHILIPPE

Mars 2003

On peut le voir le soir sur France 3, très tard, dans une émission intitulée *Ombres et lumières*. Dans cette émission, Philippe Labro interviewe un invité en prenant des poses avec des questions affectées comme Jacques Chancel, du genre : « Dites-moi, Jane Birkin, est-ce que l'absence de Serge... est présente ? » Bon, c'est vrai, je suis méchant gratuitement avec Jacques Chancel. Lui, il aurait demandé : « Jane Birkin, est-ce que la présence de Serge est absente ? »

Mais surtout, ce qui est frappant dans cette émission, c'est qu'on ne voit que Labro. Même quand c'est son interlocuteur qui parle, Labro est toujours dans le champ, en plus gros que l'invité ! Et si par hasard il est plus petit, un effet spécial démultiplie son image à l'infini... C'est la Vache qui rit de la télé ! Y a même un moment où l'on voit Labro de dos qui cache l'invité... Oui, parce qu'en plus le plateau tourne, c'est terrible, on a envie de vomir... Et puis surtout, quand l'invité fait un mot d'humour, Philippe Labro rit... Mais attention, il ne s'esclaffe pas, ne glousse pas, ne pouffe pas – enfin parfois il pouffe, mais pas quand il rit… –, non, quand Philippe Labro rit, il le fait en expirant de l'air par le nez. Et on n'entend que le bruissement de l'air glissant sur les poils vibratiles qui tapissent l'intérieur de ses parois nasales… Comme ça : « Ppffff… » C'est un rire qui montre qu'on est intelligent, qui signifie qu'on a compris l'autre à demi-mot, qu'on partage avec lui une complicité intellectuelle… C'est pas du rire de comptoir, c'est du rire de film de Bergman… Oui, parce que parfois, il y a des blagues dans les films de Bergman… Si ! À un moment, dans *Cris et chuchotements*, il y a une femme dont le mari s'est pendu dans la forêt et dont la mère se meurt à l'étage, qui écarte le rideau qui donne sur une étendue gelée et dit : « C'est un fou qui repeint son plafond… » Et là, les cinéphiles barbus à lunettes et à veste de velours côtelé font : « Ppffff… » La seule chose avec ce genre de rire distingué, c'est qu'il ne faut pas être enrhumé, parce que sinon, vous avez un Yo-yo qui sort du nez…

LALANNE FRANCIS

AVRIL 2003

Francis Lalanne… Dans le reportage de Canal *60 jours 60 nuits*, on aura au moins éprouvé tous une tendresse particulière pour son chauffeursecrétaire-souffre-douleur prénommé Serge, une sorte de Sancho Pança dévoué à l'extrême. Un garçon simple, attachant, à l'élocution rendue difficile par l'opération d'un bec-de-lièvre, et qui passe son temps à lui dire : « Il faut y aller, Francis, on est en retard… » Ça l'empêche pas d'être souvent d'humeur joyeuse et de faire des blagues à Francis. Comme le jour où le téléphone sonna et qu'il dit à Lalanne : « Je vais me faire passer pour toi… » Lalanne lui a dit : « Laisse tomber », mais non, il avait envie de jouer, il a dit : « Oui ? Bonjour, ici Francis… » Bon, très vite il a tendu le téléphone à Lalanne… Et le jour où il pleuvait et que le cuissardé demanda à Serge d'aller acheter un parapluie, avec comme d'habitude ce surjeu grossier et pathétique… Puis sous la pluie fit une reconstitution ridicule de Gene Kelly… Et ça donnait : « I'm singing in the rain, just singin'in the rain… What a glorious feeling, just if I wanna again… » Et il encourageait son fidèle Serge : « Allez, chante !… » Et l'autre courait derrière – oui, car lui il n'avait pas droit au parapluie ! Il faisait : « Ouais ! *Singin'in the rain*, c'est la fête à la grenouille !… »

LUMBROSO Daniela

Mars 2003

Vu dans France Soir une page : 24 heures avec Daniela Lumbroso. Je vous rappelle le principe.

On suit une personnalité pendant 24 heures à l'aide de photos complétées d'une pendule indiquant l'heure à laquelle elles ont été prises, et la légende écrite avec un style évoquant les meilleurs poèmes de CM1. Voici donc *24 heures avec Daniela Lumbroso*. Elle, sa journée commence à 11 heures. Il s'agit donc d'une feignasse qui reste au lit. Je vous lis l'article : « 11 heures, début d'une journée marathon. Comme tous les mercredis, au volant de sa voiture, Daniela Lumbroso emmène elle-même sa fille cadette à son cours de tennis. » Ah ! la vache ! Elle pourrait rester couchée jusqu'à midi et envoyer la bonne emmener sa fille ! Mais non ! Elle se lève à 10 h 30 pour emmener sa fille au tennis !

« Elle s'assure ensuite par téléphone que la plus petite est bien comme prévu chez sa copine. » « Midi et demi. Daniela s'autorise quelques instants de détente avec ses copines Laurence et Sophie. » Et là, je dis qu'elle les a bien mérités, ces instants de détente. Car ça fait une heure et demie qu'elle est levée et elle doit être épuisée après avoir regardé sa fille jouer au tennis…

Continuons. « 14 h 30… » Les quelques instants de détente ont quand même duré deux heures. Donc on en est à 14 h 30 d'une soi-disant journée marathon où elle n'a toujours rien foutu. « Daniela rejoint sa styliste France Thébault dans la célèbre boutique de Liliane Romi dans le VIIIe arrondissement. Plusieurs couturières s'affairent autour d'elle, Daniela a du mal à choisir… »

« 15 h 30. Au bout d'une heure de va-et-vient entre la cabine d'essayage et le miroir, Daniela a fait son choix. Elle reprend sa voiture, sa course n'est pas finie. »

« 17 heures. Arrivée à son bureau de Boulogne-Billancourt, Daniela retrouve ses collaboratrices. Elle garde toujours le sourire… »

Alors là, je voudrais dire qu'il y a quand même de quoi garder le sourire : glander toute la journée et se pointer au bureau à 5 heures de l'après-midi pour voir ce qu'ont fait ses collaborateurs, elle risque pas le surmenage, mamie !…

Octobre 2003

Daniela Lumbroso animait une émission de *call TV* sur le service public samedi soir. Les téléspectateurs devaient appeler pour élire leur plus belle chanson d'amour. Évidemment, comme les gens téléphonent, c'est du direct. Et Daniela en direct, c'est un vrai bonheur… À chaque fois qu'elle se plante, elle a d'abord un petit rire ridicule, puis en raison du stress sa voix monte d'une tierce dans les aigus. Autant vous dire que samedi, à la fin de l'émission, elle frôlait le contre-ut !

À un moment, elle reçoit les trois filles qui vont jouer le spectacle *Belles belles belles* à l'Olympia. Daniela : « Bonsoir, alors ce spectacle reprend la vie de Claude François en chansons… » Les trois filles en chœur : « Ah ! non, pas du tout ! »

Daniela : « Hi hi hi... Ah ! bon ? Alors, c'est quoi ?... »

Ensuite elle reçoit Jackie Quartz. Vous vous souvenez ? Celle qui avait sorti *Juste une mise au point* en 83 ?... La chanson a pris vingt ans, Jackie Quartz aussi. Et Daniela lui demande : « Alors, ça fait combien de temps, cette chanson ? » L'autre : « Ben... c'était en 1983, donc ça fait vingt ans. » Daniela : « Ah ! dites donc ! Et pendant tout ce temps, qu'est-ce que vous avez fait ? » Jackie Quartz devient toute rouge et répond : « Ah ! ben j'ai fait des disques... » Derrière on entendait : « Hi hi hi... » « J'ai fait des disques qui n'ont pas forcément marché... » Non, pas forcément, on confirme... Et Jackie Quartz termine : « Et je vais continuer à en sortir d'autres... » Daniela, cherchant ses fiches : « Et je crois que vous allez en sortir un bientôt... — Il est déjà sorti ! » Daniela : « Hi hi hi ! Mais y en aura un autre, hi hi hi !... »

LÉONARD HERBERT

JUIN 2003

Lu dans la presse régionale, sous le titre « Une bien belle fête de l'asperge à Tigy » : « La fête commença le samedi à 16 heures avec l'ouverture du foyer rural dans lequel se tenait l'exposition "Cinquante ans de foire à l'asperge". Puis Sikim le fakir donna des frissons aux visiteurs en avalant une épée. Avant l'ouverture du restau-foire le samedi soir, Alexandra, finaliste de l'émission d'Arthur *Rêve d'un soir*, anima l'apéro avec Jérôme Maugis, le sosie de Patrick Bruel. Dimanche, après la remise des prix du concours de la plus belle asperge, les visiteurs purent apprécier les cornemuses du Pipe band d'Aubigny-sur-Nère, la danse folklorique avec Ajalfa. Puis la musique départementale des sapeurs-pompiers du Loiret se produisit avant l'invité vedette… Herbert Léonard. »

LEPERS JULIEN

SEPTEMBRE 2003

Plus de six mois sans Leperseries… Tel un moine de l'audiovisuel, ayant fait vœu d'abstinence de la connerie, je vis dans la non-Leperserie, un peu comme on s'inflige une pénitence. Notre ami Julien a beau multiplier les conneries depuis quelques semaines, un peu comme ces enfants qui vous tirent par la manche pour attirer votre attention, je ne céderai pas ! Il n'y aura pas de Leperserie aujourd'hui encore…

Bon, je suis trop faible avec vous…

Vendredi, dans *Questions pour un champion*, une dame à lunettes un peu sèche, le portrait-robot de la candidate, genre MAM, choisit comme thème de questionnaire « les animaux sauvages ». Et notre ami Julien s'enthousiasme avec cette candeur enfantine qu'on aime en lui. Il dit à la dame : « Eh oui, mais bien sûr, on est tranquille et on discute, on dialogue avec ses plantes et avec ses animaux et tout ça, et on n'est pas déçu par eux... » La dame : « Oui, on peut parler avec des animaux sauvages, des couleuvres, des crapauds... »

Ce qui est bien, avec Julien, c'est qu'on peut suivre sur son front l'évolution de sa pensée... Son neurone unique fait comme une petite bosse qui se balade sous la peau... Donc là, après que la dame a dit « couleuvres et crapauds », on voit le truc avancer sur son front et chercher dans la boîte crânienne la zone « couleuvres et crapauds »... Le neurone frappe à la porte et dit : « Dis-moi, zone couleuvres et crapauds, as-tu une anecdote ? »... La zone « couleuvres et crapauds » répond : « Non non, on n'a rien. Voyez la zone "rats et souris" ! » Alors, après un silence, Julien s'exclame : « Ou des souris, des rats ? » La dame fait la gueule. Ben non, elle, c'était les couleuvres et les crapauds ! Mais pour être polie, elle dit : « Oui, ça arrive aussi, les souris et les rats... » Julien considère ça comme un encouragement à nous raconter son anecdote, et, tout excité, nous dit : « Figurez-vous que l'autre jour, j'étais dans un jardin, qu'est-ce que j'vois à un moment ? » Et là, il s'arrête pour ménager le suspense... Ô, temps, suspends ton vol ! Julien : « Je vois, je vois un rat... Ahhhhhrgh... J'ai eu la peur de ma vie !... Il s'est arrêté, m'a regardé, il était à trois mètres, sur une espèce de figuier, c'était un rat fruitier », affirme-t-il avec certitude. Et, alors qu'on se demandait comment il savait ça sans lire une fiche, il a cette conclusion magnifique : « C'était un rat fruitier, il avait les oreilles orange… »

Septembre 2003 (II)

Hier soir, Julien Lepers s'est dit : « Tiens, demain c'est vendredi, je vais aider la France à passer un week-end souriant, je vais leur sortir une Leperserie de première qualité. » Question à un candidat : « De quelle manifestation la cathédrale de Chartres est-elle l'objet chaque année à la Pentecôte ? » Réponse… Julien lit : « Le pèlerinage de la Pentecôte. » Et c'est là, avec cette poésie qu'on aime, que sa pensée sort de sa boîte crânienne et s'envole en sifflotant. Il marque donc le silence qui nous avertit que sa boîte crânienne est désormais totalement vide et qu'une grosse connerie peut survenir à tout moment… Et ça ne tarde pas : une fois qu'il a lu la réponse qui était « le pèlerinage de la Pentecôte à Chartres », le voilà, saisi d'un enthousiasme religieux et dans un élan quasi mystique, qui s'exclame : « Eh bien moi, j'aimerais bien le faire, le pèlerinage de Pentecôte à Chartres… Mais c'est à quelle époque de l'année ? »

Les gens autour se marrent, le cadreur avait des convulsions, on voyait la caméra trembler… Alors Julien, comprenant son ânerie et voulant sauver la face dans un dernier soubresaut, dit : « Y en a pas plusieurs dans l'année, des pèlerinages de Pentecôte ? »

LUX GUY

Mai 2003

Cher Guy Lux... Je ne vous infligerai pas cette hypocrite bienveillance dont on fait généralement preuve à l'égard d'une personnalité qui vient de mourir, et je vous le dis franchement : je ne vous aimais pas. Vous étiez une sorte de Bernard Tapie avant l'heure, gouailleur pour cacher l'inculture, populacier pour cacher la malhonnêteté. Vous faisiez même partie de nos amis les énucléés, puisque vous avez été condamné pour avoir vendu à des gogos des chiffres soi-disant magiques pour gagner au tiercé et au Loto. À la sortie du tribunal, vous avez déclaré que le tribunal était bêtement cartésien et que vous étiez en mesure de prouver que certains chiffres étaient magiques, par exemple que le 13 vous avait toujours porté bonheur. Manque de pot, vous êtes mort un vendredi 13, et j'ai l'impression que la justice n'est pas près de rouvrir le dossier...

Pourtant, cher Guy Lux, je dois reconnaître que je vous dois mes premiers souvenirs de télévision. Et à une époque où je ne savais pas où était Copenhague, je savais parfaitement situer Saint-Amand-des-Eaux. Je ne connaissais pas le chancelier Adenauer – je croyais que c'était un chansonnier, le chansonnier Adenauer –, mais je connaissais parfaitement Jojo, le maire de Saint-Amand qui avait battu Dax en finale… Je me souviens des vachettes et de ces deux candidats au bras de fer dont l'un avait les avant-bras trop courts…

Lors de l'une de vos dernières interviews, cher Guy Lux, vous avez déclaré : « Quand je regarde la télévision aujourd'hui, j'ai plutôt l'impression que j'étais un esthète. » Le pire, c'est que vous aviez raison…

LE MAILLON FAIBLE

Septembre 2003

Commençons par le futile, le frivole, le superficiel : *Le Maillon faible*. Hier soir, une émission spéciale dont les candidats étaient ceux de *L'Île de la tentation*. Vous vous souvenez de la chanson de Jacques Brel, « Beau et con à la fois » ? Eh bien, c'était exactement ça ! Avec Alexandre, vingt-deux ans, profession rugbyman à La Valette dans le Var. Rugbyman à La Valette, c'est comme pilote de Formule 1 chez Lada. Alexandre, donc, qui a dû prendre des coups sous la mêlée puisqu'il n'avait pas compris la règle du *Maillon faible*. Il croyait qu'il fallait éliminer le plus fort !

Il y avait aussi Yohann, vingt ans, à qui Boccolini demande : « Étudiant en quoi ? » Le type répond : « Étudiant en baccalauréat. » « Ah ! bon ? Donc vous êtes lycéen ? », demande Bocco…

À la question : « Une personne sans argent est fauchée comme les… ? », un candidat répond « Comme les clous ! » Les filles n'étaient pas mieux. Nichons dehors, mais cerveaux absents. À un moment, Boccolini demande à l'une d'entre elles combien de T possède le mot « anticonstitutionnellement ». Il suffisait de compter. C'est ce qu'elle a fait. Mais comme elle ne comptait que jusqu'à 4, elle s'arrête là et répond 4. « Eh non, c'est 5 ! lui dit Boccolini. Vous vous en souviendrez ? — Ah ! ça, oui ! » dit la fille… Et là – je vous jure que c'est vrai –, après avoir fait le tour des candidats, Laurence Boccolini revient vers la fille et lui demande : « Combien de T, déjà, dans “anti-constitutionnellement” ? » Et la candidate : « Euh… 6 ! »

[…]

Hier, le studio du *Maillon faible* n'a pas été envahi. Il faut dire que le premier qui entre sur le plateau de Laurence Boccolini sans autorisation se prend une tarte façon Astérix, ses chaussures restent par terre et le type s'envole !…

Les intermittents n'ont pas envahi le plateau de Bocco et c'est tant mieux, car les candidats d'hier soir constituaient la plus belle brochette de crétins qu'on ait vus depuis longtemps et c'eût été dommage d'en être privé.

Ce fut d'abord une prénommée Marie Stella, secrétaire médicale. À la question : « Dans l'*Odyssée*, quel héros affronte le cyclope ? », elle répondit : « L'*Iliade*... » En fait, elle croyait que c'était Liliane... Vous savez, la phrase célèbre de Georges Marchais : « Liliane, fais tes valises, on part en odyssée ! »

Mais il y avait plus fort que Marie Stella, avec Cyril, trente-quatre ans, accompagnateur en voyages. Oui, c'est un truc que j'aime bien dans *Le Maillon faible* : les professions. Hier on avait Jessy, vingt-deux ans, conseiller financière. « Vingt-deux ans, conseiller financière », ça veut dire « qui a loupé le bac, qui a tenté la capacité en droit, qui a redoublé et qui se retrouve à essayer de placer des assurances-vie par téléphone ». Cyril, trente-quatre ans, accompagnateur de voyages, c'est pas le guide de l'extrême, c'est pas un sherpa sur l'Annapurna... Non, ça veut dire qu'il accompagne le club du troisième âge au Tréport ! « Alors, mamie, on a bien pensé à faire pipi ? » Avec Cyril, on a commencé à se douter qu'on tenait une vedette lorsqu'à la question : « Comment appelle-t-on un pratiquant du yoga ? », il a répondu : « Un yoguiste ! » Mais ce n'était rien en comparaison de Sabrina, secrétaire bilingue. Là aussi, le titre est important. À la question : « Dans les films d'horreur, quelle est la nourriture favorite de Dracula ? », elle a répondu : « Le poisson. » Mais son chef-d'œuvre restait à venir. Boccolini lui a demandé : « Quelle machine de bureau permet de reproduire un document en plusieurs exemplaires ? » Elle a d'abord essayé de gagner du temps en disant : « Vous pouvez répéter la question ? » Boccolini : « Quelle machine de bureau permet de reproduire par photographie un document en plusieurs exemplaires à la fois ? » C'est tout juste si elle n'ajoute pas que cette machine peut être de marque Rank Xerox !... Et là, Sabrina, secrétaire bilingue, annonce : « Un ordinateur ! »

À côté de ce chef-d'œuvre, le fait qu'elle ne voie pas comment s'appelle l'arbre qui porte les noix de coco est quasiment passé inaperçu...

Décembre 2003

Si je devais résumer la télé de ces derniers jours d'une formule lapidaire, je dirais que les deux événements marquants du week-end furent le téléthon sur France 2 et le télécons sur TF1.

En effet, si France 2 nous a montré une fois de plus ces images si dures parfois, avec Sophie Davant et face à elle, tous ces handicapés, les images de TF1 n'en n'étaient pas moins insupportables avec une autre animatrice face à d'autres handicapés mentaux, je veux parler de Laurence Boccolini et des candidats du *Maillon faible*, qui hier, souffraient d'une maladie terrible, l'absence totale de cerveau.

Il s'agissait en effet des finalistes de la dernière édition des Mister France.

Ce qui est beau dans la connerie, c'est qu'à un certain niveau, elle devient poésie, elle s'envole pour nous emmener dans un merveilleux voyage, et bien croyez-moi, ce fût le cas hier au *Maillon faible*.

Pourtant la production de l'émission avait prévu le coup en leur préparant des questionnaires principalement axés sur l'automobile, les films d'actions américains, les dessins animés et les chansons enfantines, mais bon, après une série ou tu demandes, dans le dessin animé avec le chat Tom comment s'appelle la souris, il arrive à un moment où il faut quand même poser une question du niveau cours préparatoire. Et là ce fût la débandade, bon, pour certains la débandade avait eu lieu dès qu'ils avaient vu Boccolini…

Voilà, c'est méchant gratuitement, et en plus, c'est faux, car d'après la presse spécialisée, Laurence aurait profité de l'émission pour faire son marché, et elle serait repartie avec Mister Tahiti…

C'est marrant d'ailleurs parce que dans son laïus de présentation elle explique d'un air sévère, « à la fin du jeu, il n'y aura qu'un seul gagnant, les autres repartiront sans rien, les mains vides ».

Bon, franchement, Mister Tahiti n'a pas gagné, mais avec Boccolini, on ne peut pas dire qu'il soit repartit les mains vides…

Il s'appelle Mickaël, maître d'hôtel à Tahiti donc, on s'est pas rendu compte à quel point il était con car à la première question : « Quelle est la mer bordée par les calanques de Cassis ? » Il a répondu :

« J'vois pas », on s'est dit, c'est normal, il n'est pas du coin, mais quand à la deuxième question : « Dans le roman les *Dix Petits Nègres*, combien reste-t-il de petits Nègres après la mort des deux premiers ? » Il a répondu deux, en précisant qu'il n'était pas bon en maths, 10 moins deux égale deux c'est plus des maths, c'est même plus du niveau maternelle comme je le dis parfois, là c'était carrément du niveau des jeux avec les gros cubes dans les crêches.

Autant vous dire qu'à la question : « Dans l'œuvre de Cervantès, quel chevalier se bat contre les moulins à vent ? » Il regardait la bouche de Boccolini, voyait bien qu'il en sortait des mots, mais n'arrivait pas à les mettre dans le bon sens…

Et puis il y eut deux chefs-d'œuvre, deux diamants, deux bijoux magnifiques qu'il nous offrit, tout d'abord lorsque Laurence Boccolini lui demanda avec quel Premier ministre britannique la tour Eiffel partage-t-elle le surnom de Dame de fer… il répondit dame du Nord. Pour finir par un cadeau qu'il nous fit, lorsque Boccolini lui demanda : « Quel grand coureur brésilien était surnommé Magic ? » Il répondit : « Orlando… », il croyait qu'on parlait de bicyclette, non, c'était Ayrton Senna, confondre Senna et Orlando, quand je vous dis que ces cons-là nous emmènent en voyage dans un autre monde…

Malgré ce qui précède Mickaël fut finaliste du jeu, vous imaginez qu'on eut droit à bien d'autres perles, comme Ali Ismael, élu Mister Centre, qui commença doucement, avec la question : « Vrai ou faux, un 4 × 4 est un gâteau ? » et qui répondit : « Oui… » Puis : « Comment s'appelle l'en-cas constitué de deux tranches de pain de mie beurrées passées au grill garnies de gruyère râpé et de jambon ? » Il répondit : « Un sandwich au jambon », évidemment il ne tarda pas à se faire éliminer et déclara : « Je n'ai pas été éliminé sur ma valeur. »

Un autre qui n'a pas été éliminé sur sa valeur c'est le prénommé Raymond, Mister Rhônes-Alpes, qui à la question : « Un graphologue, étudie-t-il l'écriture ou les graphiques ? » répondit sans hésiter : « Les graphiques… »

Et Cédric, quand je vous parlais de poésie, Cédric Mister je ne sais plus quoi, à qui on demande le nom du président actuel de la Russie et qui répond Raspoutine… Ah merci Cédric, grâce à toi, la connerie est devenue un art majeur…

Et puis, lorsque Boccolini te demanda, quel personnage de la mythologie tua son père, épousa sa mère et se crèva les yeux, on savait bien que tu ne savais pas qu'il s'agissait d'Œdipe, non, ce qui était beau, c'était ton regard terrifié par ce que ce type qui portait le même nom que le chien de Macha Béranger avait pu faire.

Alors Cédric, quand tes camarades de jeu décidèrent que tu étais le plus con d'entre eux et te chassèrent du jeu, tu déclaras : « Je pense que mes amis vont me chambrer, mais je suis pas tombé sur les bonnes questions… »

Un autre, qui n'avait pas dû tomber sur les bonnes question était Grégory, Mister Lorraine, étudiant en sciences, à qui on demanda : « Quel est l'autre nom du renne du Canada ? » On voyait bien que le type pensait : « On dit pas le renne mais la reine du Canada », et Romain, professeur en Haute-Corse, combien font 20 fois 20...
Le type après avoir longuement réfléchi... euh... 140 ?

Certes ce n'était pas brillant pour un prof, mais il précisa qu'il était prof d'histoire, bon ça, il n'aurait pas dû le dire car à la question : « Quelle année précéda l'an 99 avant Jésus-Christ ? » Il répondit : « L'an zéro... »

L'an zéro, c'est pas beau ça... une année où l'on effacerait tout, on l'on recommencerait sans télé imbécile.

Décembre 2003 (II)

Il s'est passé hier soir au *Maillon faible* un phénomène incroyable, puisque par un jeu d'alliances machiavéliques, ce sont les candidats les plus nuls qui sont allés en finale. À savoir, la prénommée Farida, qui à la question : « Quel océan baigne les côtes de Californie ? » a répondu sans hésiter : « La mer Méditerranée... »

C'est fou... qu'elle soit inculte c'est une chose, mais répondre mer quand il y a océan dans l'énoncé de la question, ça devient du grand art...

Remarquez, elle était particulièrement en forme notre amie Farida, puisqu'à la question : « Quel type de grande rue a donné son nom à un théâtre de divertissement ? » Elle répondit : « l'avenue »… Tiens j'vais voir une pièce d'avenue avec Michel Roux et Jacques Balutin.

L'autre finaliste, prénommée Karine, n'était pas en reste, puisque lorsque Boccolini lui a demandé : « Comment appelle-t-on l'huile de mauvais goût qu'on donnait autrefois aux enfants rachitiques ? » On sentit le bug de neurone, elle plissa le front et répondit : « L'huile de foie de Poséïdon… »

Puis : « Quel est le synonyme de jeu de mot qui rime avec humour ? »
Réponse de Karine : « Le gag. »

« Avec quel animal pratique-t-on le horse-ball ? »
Réponse : « Un chien évidemment… »

Puis on atteint le sublime lorsque Bocco demanda : « Ce proverbe est-il vrai ou faux : Tant va l'autruche à l'eau qu'à la fin elle se lasse… »

Là, Karine a pris son temps pour répondre, on voyait qu'elle pensait à cette pauvre autruche, qui en avait assez qu'on la baigne… Et dans un élan, elle répondit : « Vrai ! »

Et enfin, ce chef-d'œuvre de géo-politique : « Dans quel pays le parlement se nomme-t-il la Knesseth ? »

Notre amie Karine répondit : « À Rome évidemment. »

Et pour finir, à la question : « Dans les années 70 les émissions *Top à* étaient réalisées par un couple de producteurs célèbre : Gilbert Carpentier et… »

Et là, Karine conclut : « Gilbert et madame Carpentier… »

MARIAGE

Octobre 2003

Je voudrais d'abord m'adresser au service du protocole de la maison d'Italie pour leur dire que Stéphane Bern, qui était invité au mariage de Clothilde Coureau avec le prince italien, ne pourra malheureusement assister à la cérémonie de… oui, là, on hésite un peu, car vu l'état de grossesse avancée de la mariée, le prêtre peut procéder d'un coup au mariage, au baptême et à la circoncision de l'enfant.

D'aucuns penseront que Stéphane Bern a bien changé, lui qu'on présentait comme une sorte de Zitrone jeune… mais qui préfère aujourd'hui la compagnie de gugusses aux fastes des Habsbourg. Eh bien non, Stéphane n'a pas changé, et s'il renonce aujourd'hui à ces agapes royales, c'est pour des raisons politiques. Oui, par cette absence que tout le monde remarquera – car vous pouvez être sûr, Stéphane, que votre nom sera sur toutes les lèvres –, vous teniez à rappeler que la famille du marié n'a pas eu les urines claires pendant la Seconde Guerre mondiale. C'est quand même un p'tit peu pour ça qu'ils n'ont pas eu le droit de remettre les pieds en Italie plus tôt… En tout cas, ça sera sûrement un beau mariage. Car ils sont venus, ils sont tous là, même ceux du sud de l'Italie, y a même Georgio le fils maudit…

C'est une belle histoire. Clothilde Coureau avait d'abord, paraît-il, jeté son dévolu sur Albert de Monaco. Mauvaise pioche. Elle a avoué son amour à Albert et ce dernier, après qu'on lui a fait respirer des sels pour le réanimer, a tout de suite téléphoné à son copain italien : « Dis donc, Manu, j'ai là en face de moi quelque chose qui pourrait t'intéresser… Non, c'est un peu comme nous, mais avec deux globes sur le torse et des poils noirs entre les jambes… Comment tu dis ?… Oui, c'est ça, une "femme" ! C'est répugnant, mais ça a l'air affectueux… »

Sérieusement, en entendant l'annonce de ce mariage, je n'ai pu m'empêcher de penser à Guillaume Depardieu et à sa venue au journal de Béatrice Schönberg il y a cinq ans, en compagnie de Clothilde Coureau. Ces deux-là venaient de se séparer, mais l'ironie du sort les obligeait à faire la promo d'un film qu'ils venaient de tourner ensemble. Ce soir-là, Guillaume laissa éclater sa souffrance devant la France entière, tandis que Clothilde Coureau plissait gentiment des yeux pour le consoler…

Alors aujourd'hui, je crois que le seul qui ait besoin de nos vœux de bonheur est Guillaume Depardieu. Bonne chance camarade…

LE MILLIONNAIRE

MARS 2003

Le nouveau *Millionnaire* est présenté par le magicien Sylvain Mirouf. Arrive hier une brave sexagénaire picarde prénommée Germaine. Déjà, à sa descente de limousine, on la voit perplexe, vu que la voiture n'a parcouru que dix mètres. Elle hésite à sortir… Bon, on la refait. Il faut sortir, mamie !… Elle arrive sur le plateau avec sa permanente, sa robe Afibel – eh oui, elle a entendu la pub « Belle belle belle en Afibel », elle l'a crue, mais Afibel c'est une société qui traite les invendus de rideaux – bref, Sylvain Mirouf l'accueille et lit sa fiche : « Alors, Germaine, vous êtes retraitée et vous avez travaillé toute votre vie dans une exploitation agricole… Ah ! tout un programme ! Mais dites-nous un peu en quoi cela consiste ? » Germaine : « Ben, aider à nourrir les bêtes, tout ça… » Sylvain Mirouf : « Les bêtes ? Comme c'est passionnant ! Et quelles bêtes ? » Germaine : « Ben les vaches… et le porc. » Mirouf : « Les vaches et le porc… » Germaine : « Et aussi la culture… » Mirouf : « Ah ? Et quoi comme culture ?… le lait ? » Germaine : « Le lait, le beurre. » Mirouf : « Et le saucisson ? » Germaine : « Ah ! non, pas le saucisson ! » Là, on sentait que Mirouf était déçu que Germaine ne cultive pas les saucissons, alors il enchaîne : « Et maintenant, c'est votre fils qui a repris la ferme… » Germaine : « Eh oui… » Mirouf : « Et si on veut du lait, on va voir votre fils… » Germaine : « Eh non, il a plus d' bêtes ! » Mirouf : « Alors Germaine, si vous gagnez, qu'est-ce que vous comptez faire de vos gains ? » Germaine : « M'acheter une maison ! » On sent Mirouf angoissé qui se dit : « Merde, si elle tombe sur le minimum, 20 000 euros, elle risque pas de se payer une maison », alors il lui dit : « Et si vous ne gagnez pas assez pour changer de maison, au moins vous pourrez faire des travaux ! » Germaine, inflexible : « Non, non, chuis en location, j' vais pas faire des travaux ! Non, moi c' que j'veux c'est acheter une maison ! — Alors, allez-y Germaine ! » Et là on sentait qu'il priait intérieurement pour ne pas que la bille tombe dans la case 20 000 – ce qui évidemment arriva. Alors, sortant les avirons, il lui dit : « Germaine, 20 000 euros, c'est pas mal… » L'autre, elle faisait la gueule, et Mirouf : « Vous pourrez faire des travaux chez votre fils !… »

MISS FRANCE 2003

Décembre 2002

J'ai regardé samedi sur TF1 l'élection de Miss France 2003, présentée par Jean-Pierre Foucault en direct de Lyon. La semaine dernière, nous avons parlé de la fête des lumières à Lyon. Pour la clôturer, ils ont fait venir Foucault.

L'élection de Miss France… Qu'on ne compte pas sur moi pour avoir l'ironie facile, ou crier à l'exploitation de la femme. Non, car il y a dans cette cérémonie quelque chose de rassurant, un peu comme les rideaux derrière les portes d'entrée des secrétaires de direction divorcées. C'est ringard, c'est bourgeois, c'est vieux… mais c'est rassurant. On se sent en sécurité. Et samedi soir, sur TF1, on était hors du temps. Jean-Pierre Foucault lança la cérémonie, et comme vous savez qu'il y a des contestations sur les votes des téléspectateurs – oui, car comme dans toutes les émissions de TF1 dorénavant, il faut téléphoner à 0,56 euro la minute –, Foucault se lance dans une fastidieuse explication du vote : un tiers les auditeurs anonymes qui payent, et deux tiers les célébrités qu'on paye. Et pour donner à tout ça un vernis de crédibilité, Foucault appelle l'huissier et lui dit : « Alors madame, vous confirmez tout ça ? » L'autre arrive : « Je confirme quoi ? — Vous confirmez tout ça… » Et là il était vachement embêté parce que le prompteur était déjà à la suite, et qu'il n'avait aucune idée de ce qu'il venait de lire. L'huissière : « Je confirme quoi, tout ça ? » Foucault : « Mais, tout ça, quoi… » L'huissière : « Euh, oui, je confirme… » Et là, pour la faire partir, Foucault s'exclame : « Merci maître… Si les saisies étaient faites par des huissiers aussi charmants, ça serait formidable ! » Là, je suis sûr que les chômeurs qui vivent dans la crainte d'une saisie ou d'une expulsion ont dû penser : « Pourvu que ce soit elle qui vienne me saisir, ce serait formidable ! »

Puis Jean-Pierre Foucault a appelé madame de Fontenay. Là, le grand orchestre joue une entrée majestueuse pendant laquelle madame de Fontenay devait entrer sur scène en descendant un escalier comme elle l'avait fait à la répétition. Seulement, à la répétition, elle n'avait pas cette jupe si serrée, et la voilà bloquée sur une marche, ne pouvant plier la jambe pour descendre… Du coup, Foucault est allé la chercher, elle s'est accrochée à lui, et ça a dû la perturber, Geneviève, puisqu'une fois sur le devant de la scène elle a salué Foucault en lui disant : « Bonsoir, Jean-Paul ! » Et Foucault, se prenant le haut du nez entre le pouce et l'index (comme Lino Ventura dans le film *L'Emmerdeur*), lui dit : « Ça fait huit ans qu'on présente les Miss, huit ans que vous m'appelez Jean-Paul ! »

Jean-Pierre Foucault n'a pas arrêté de le dire : c'était la soirée « du rêve et de l'élégance ». Et on en a eu la preuve lorsqu'il a dit à Geneviève de Fontenay qu'elle était quasiment plus connue que ses Miss et que cette dernière a répliqué : « C'est normal, je commence à avoir quelques heures de vol au compteur… »

Ensuite, la mère de Fontenay a passé la soirée à faire de la pub, d'abord pour la 607 avec laquelle elle sillonne la France, au point que Foucault n'arrêtait pas de dire : « Avec elle, je m'attends à tout ! » Et il avait raison. Geneviève se mit soudain à parler de la société Endemol qui l'a rachetée – on sent qu'il y a eu des frictions. Et, s'enflammant, Geneviève conclut : « De toute façon, si ça se passe mal, je ferai une manif' dans les rues avec les Miss et là, vous pouvez être sûr que vous m'entendrez crier tout haut !... » Mais on n'a pas entendu ce qu'elle crierait, puisqu'elle faisait le V de la victoire avec ses bras et que son micro était tout là-haut, dans une de ses mains...

Enfin arrivèrent les Miss pour la première présentation en maillot de bain. Elles évoluaient sur une musique classique – enfin, du pseudo-classique composé par Presgurvic, c'est-à-dire qu'à côté André Rieu ressemble à Boulez –, tout en effectuant une chorégraphie. Quand je dis « chorégraphie », ne vous affolez pas : les Miss défilaient en faisant des grâces avec les bras comme font les assistantes des jongleurs dans les cirques. Ce qui n'a pas empêché Foucault de s'extasier en disant : « Une chorégraphie magnifique ayant nécessité trois semaines de travail intense... »

Après une première sélection, les Miss, qui étaient 48 au départ, se sont retrouvées à 12 et ont défilé dans des robes magnifiques d'un grand couturier... libanais. Puis elles se sont présentées, prénom, âge et activité. On a eu notamment Miss Quercy-Rouergue : « Bonjour, je m'appelle Christelle, j'ai vingt-deux ans et je suis en terminale... » En revanche, le CV de Miss Guadeloupe, la gagnante, semblait particulièrement impressionnant. Elle a déclaré qu'elle avait dix-neuf ans, une licence de physique et qu'en parallèle elle suivait une formation dans une école d'ingénieurs en génie des procédés industriels. Moi, je savais même pas que ça existait, « ingénieur en génie des procédés industriels » ! Et puis une licence de physique à dix-neuf ans, je me suis dit, ça doit être une matheuse… Et puis elle a dit : « Nous ne sommes plus que 5, nous étions 48 au départ, et je voudrais avoir une pensée pour les… euh, quarante… pour les 48 – 5 qui ont été éliminées ! » Là, Foucault : « Si je ne me trompe pas, ça doit faire 43 ! » Bon, je ne voudrais pas attiser les différences de niveau entre la métropole et l'outre-mer, mais une licenciée de physique qui a du mal avec 48 – 5, j'ai des doutes sur le niveau de la licence de physique outre-mer !

Vous ai-je dit que la présidente du jury était Gina Lollobrigida ? Ça me rappelait cette comptine innocente que nous chantions à la maternelle : « Bonbons caramels esquimaux chocolats, toucher les mamelles à Lollobrigida ! » Elle a très peu parlé, Gina. C'est-à-dire qu'elle devait annoncer les noms des cinq finalistes, et quand elle a commencé en disant « Miss a… quoui… tanée », il a fallu que Foucault regarde le papier pour préciser : « Miss Aquitaine. » Alors ils lui ont enlevé la liste et c'est Miss France de l'an passé qui a nommé les finalistes…

Un mot sur la façon dont c'était filmé. Pour faire romantique, le réalisateur avait cru bon de faire une image dont les contours étaient flous et lumineux, un peu comme sur les images pieuses…

Donc, pour récapituler : musique de merde, chorégraphie de patronage, images chromo…

En fait, ce fut un insupportable défilé de publicités pour les croisières Festival, le coiffeur Sainte-Algue, *TV Magazine*, Courman Paris créateur de robes de mariées et le magasin Jean-Guy Le Floch à Quimper, vêtements terre et mer…

Vous avez compris, Miss France, c'est comme le *Loft* ou *Star Academy* : le téléspectateur élimine. Il téléphone pour éliminer. Il paye 0,56 euro le droit d'éliminer…

MISS FRANCE 2004

Décembre 2003

Que du bonheur ce week-end sur TF1 avec *Star Ac'* (finale des filles), puis l'élection de Miss France, malheureusement hier soir le *Maillon faible* a été supprimé en raison de l'actualité et à la place de Boccolini on a eu droit à une édition spéciale sur l'arrestation de… Marek Halter.

Ben oui, pour être honnête, je m'étais quelque peu assoupi devant ma télé et quand je me suis réveillé en voyant sur mon écran ce gros plan terrifiant de barbu hirsute, j'ai cru que les américains avaient arrêté Marek Halter. Bon, c'est vrai qu'il est chiant, mais quand même.

Revenons aux *Miss France*, une cérémonie comme d'habitude présentée par Jean-Pierre Foucault, très vite rejoint sur scène par Xavier de Fontenay, le fils crétin de la vieille au chapeau ; je ne sais pas si vous avez remarqué mais ce type possède une tête ronde incroyable avec de grandes oreilles, on dirait un petit mammifère africain, vous savez ces rongeurs de la savane qui passent des heures à guetter en se tenant debout sur leurs pattes arrières, sauf que lui, Xavier de Fontenay qui est, il faut bien le dire, la vulgarité incarnée, passe son temps à citer les marques partenaires de l'organisation des *Miss*.

Un mot sur le jury. Pas d'élection sans jury. Non je ne parle pas de vous public qui croyez voter en téléphonant à des numéros surtaxés, non, vous, vous payez et ne comptez que pour 1/3 des votes, c'est du Arthur, un téléspectateur vaut 1/3 de célébrité. Il y a dans cette fraction terrifiante comme le symbole de la télévision d'aujourd'hui.

Mais c'est encore plus tordu que vous ne le pensez, car une fois que tout le monde a bien téléphoné pour élire 6 finalistes, les anciens votes ne comptent plus, on recommence tout à zéro, comme ça les gens appellent deux fois, et oui, l'escroquerie est scandaleuse, d'autant que vos voix ne comptent toujours que pour un tiers, quand je pense que la voix d'un téléspectateur compte pour un tiers alors que celle de Patricia Kaas, incapable d'aligner deux idées cohérentes compte pour 2/3.

Le jury de *Miss France*. Un jury de stars avait prévenu Foucault, et on ne fut pas déçu : tout d'abord Michel Leeb qui a sorti une seule vanne dans la soirée, il a dit à Foucault : « Je trouve que vous avez un très beau nœud. » Lara Fabian, Nikos, Garou, Arthur, Patricia Kaas, Anthony Kavana et Élodie Gossuin, Miss France 91. Voilà, voilà, ceux-là valent 2/3 et vous 1/3.

Puis, Jean-Pierre Foucault appela sur scène Roger Hanin, tandis que le fils Fontenay n'en finissait pas de remercier ses partenaires, l'autre andouille ne se rendait pas compte qu'Hanin et Foucault, attendaient, et que je remercie l'office de tourisme tunisien ainsi également notre partenaire presse et Bernard Vérano, président de notre partenaire presse, ainsi que le docteur Strang que nous avons vu dans *Sagas* qui est notre mercenaire, du coup, Hanin, excédé, finit par le couper et déclara ouverte la 50e édition des *Miss*.

Puis arriva, enfin, Geneviève de Fontenay et le public lui fit une *standing ovation* et Foucault lui demanda : « Alors vous êtes émue Geneviève ? » Elle répondit avec beaucoup de classe : « Oui et comme dit mon grand-père, pleure un bon coup, tu pisseras moins. »

Et là Foucault lui a dit : « Restez en coulisses Geneviève car dans une demi-heure, nous avons une surprise pour vous afin de fêter vos 50 ans de *Miss*… »

Pendant ce temps-là devant le domicile de la vieille au chapeau et aux petites cannes, à Saint-Cloud, comme chaque année, des braqueurs dans une camionnette étaient au téléphone avec des complices qui regardaient la télé. « C'est bon les gars, Foucault garde la vieille une demi-heure en coulisses, allez-y », et comme chaque année depuis trois ans, les types ont pris tout leur temps pour cambrioler l'appartement de Mamie. Bon pour être honnête, comme elle a des goûts de chiottes, entre les gondoles qui clignotent sur le buffet, et les éventails au mur du comice agricole de Cassis, ils ont du mal à écouler, l'autre fois, ils lui avaient piqué des pinces à seins, mais c'est anecdotique… tu en tires pas une fortune…

Pendant ce temps-là, le public faisait une deuxième *standing ovation* à Geneviève pour lui fêter ses 50 ans et les Miss lui ont offert une broche de très mauvais goût, qui lui sera volée pendant la cérémonie de l'an prochain.

Puis les filles défilèrent en robes longues, et partout en France, les hommes en profitèrent pour aller aux toilettes faire pipi…

Puis elles défilèrent en maillot de bain, et partout en France les hommes en profitèrent pour aller aux toilettes…

Arriva enfin le moment tant attendu, la conversation entre Foucault et les Miss. Enfin conversation c'est beaucoup dire car Foucault leur demandait de se présenter et de dire pourquoi elles postulaient au titre de Miss, rien de bien sorcier donc, mais on devinait que ces trois quatre phrases les terrifiaient au point qu'elles les avaient apprises par cœur…

D'abord, Miss Tahiti, étudiante en lettres, alors elle à mon avis quand elle dit étudiante en lettres, ça veut dire qu'elle apprend les lettres… et visiblement elle n'a pas fini d'apprendre toutes les lettres car à la question de Foucauld : « Pourquoi vous êtes vous présenté à l'élection de Miss France ? » Elle a répondu : « En ces temps où on parle beaucoup de parité je trouve normal qu'une femme représente la Polynésie à l'élection de Miss France ! ! »

Miss Flandre, elle déclara : « J'aimerais me spécialiser dans le monde du handicap », bon au moins, là, elle faisait un superstage au milieu des Miss…

Miss Camargue-Cévennes, eut une pensée pour les inondés, suivie par Miss Bretagne, qui elle, était déjà dans le monde du handicap puisqu'elle s'exclama : « Bonjour je m'appelle Nathalie et j'habite en bretagne où soit-disant il pleut tout le temps hi hi hi, je me suis présentée à Miss Bretagne parce que j'ai perdu mes parents et c'est une bonne revanche d'être ici parmi vous, hi hi hi. »

Miss Bourgogne déclara : « Ce qui me motive essentiellement à vouloir me diriger dans cette voie, ce sont les relations humaines ainsi que de pouvoir aider les personnes autour de soi et le titre de Miss représente l'élégance et la féminité que je serais fière de représenter. »

Après cette bouillie verbale, Foucault déclara : « Mesdames et messieurs je vous demande de les applaudir car ce n'est pas facile, de dire bonjour, ce qu'on a fait et pourquoi on est là… »

Alors, la ruse grossière, c'est de faire redémarrer les appels téléphoniques à zéro après la désignation des finalistes.

À la fin, pour montrer à quel point c'était la fête, ils décidèrent de faire tomber des cintres, des sortes de confettis, mais pour montrer que nous sommes dans la période des fêtes, ils les avaient confectionnés dans du papier cadeau, doré et argenté. Mais ce qui semblait une bonne idée au départ se transforma en catastrophe car le papier cadeau sur la sueur, ça colle, ça fait rapiécé, rustine, et la cérémonie s'acheva ainsi sur l'image de Foucault et de ses Miss semblant sortir des urgences après une rixe.

MONACO

Juin 2003

Avant toute chose, je voudrais vous parler d'un bouleversement de plus dans ce monde qui marche sur la tête. Encore une institution qu'on croyait solide et qu'un peuple a balayée dimanche dernier. On ne sait plus à quoi se rattacher puisque, tenez-vous bien, un séisme politique a emporté Monaco, dont l'assemblée a basculé à gauche ! Eh oui, dimanche dernier à Monaco, les conservateurs ont été battus au profit des travaillistes. Enfin, vous affolez pas, à Monaco les conservateurs c'est la droite centriste et les travailleurs c'est le centre droit. Mais tout de même…

Ce matin, dans *France Soir*, je vous jure que c'est vrai, on nous explique que les électeurs monégasques étaient lassés de l'équipe sortante constituée de notables. On y trouvait le président du Yacht Club, celui de l'Automobile Club, le directeur du Golf Club… Grâce à l'abaissement du droit de vote, les électeurs ont décidé de dépoussiérer la vieille assemblée en nommant de jeunes rebelles : ont été élus le président du Rotary Club, le directeur du casino et l'administrateur du Tennis Club… Il paraît même que la famille princière s'est sentie ébranlée ! Certes, elle a l'habitude, mais quand même !

MONTIEL Bernard

Avril 2003

Dans *Télé 7 Jours*, un article sur Bernard Montiel qui déclare : « J'en ai marre d'être l'andouille de service. » En fait, il explique que s'il a pété les plombs en balançant sur TF1, c'est que la chaîne le cantonnait à *Vidéo Gag* et qu'il avait des ambitions culturelles. Il explique : « On me prend pour un con, alors que je connais personnellement Françoise Sagan ! » Il avait donc des velléités d'émissions culturelles : « Alors je suis allé voir Mougeotte en lui disant : "Je voudrais présenter *Trente Millions d'amis.*" Il ne m'a jamais répondu… » Il aurait dû dire qu'il connaissait la chatte de Françoise Sagan…

NRJ AWARDS

FÉVRIER 2003

Je suis retourné ce matin dans ce café près de la gare Saint-Lazare qui s'appelle le Tipia, pour observer les retrouvailles des amants des bureaux, après un week-end de séparation.

Elle est arrivée avant Lui et, en l'attendant, a commencé à feuilleter un magazine de programmes télé. Soudain, son attention fut attirée par une photo. Je regardai discrètement et je vis qu'il s'agissait de Stéphane Bern, vêtu comme un mousse et assis sur un rocher devant son île grecque.

Je me demandai à quoi pouvait bien penser cette femme en vous voyant ainsi, Stéphane, alangui et offert à son désir, dans la position de la petite sirène de Copenhague…

À cet instant, Lui arriva, essoufflé. À contrecœur, Elle quitta des yeux la petite sirène de Mýkonos et ils se serrèrent en se respirant, puis se regardèrent longuement, comme si ces deux jours de séparation avaient gommé les traits de leurs visages… Lui finit par s'asseoir, et comme dans les premières images du film *La Peau douce* de François Truffaut, leurs mains au ralenti se cherchaient sur la table du café, s'enlaçaient, se perdaient et se serraient de nouveau…

— Tu lisais quoi ? lui demanda-t-il.

— Des conneries, répondit-elle.

Ils se racontèrent leur week-end…

À cet instant, chers auditeurs, Stéphane Bern est en train de penser : « Bon, j'espère qu'il ne va pas nous faire de la littérature pendant dix minutes, remarque, c'est mieux que quand il fait de la politique, ça j'aime pas quand il attaque le gouvernement, pourvu qu'il n'ait pas vu Juppé hier soir à la télé, avec sa veste de steward… C'est incroyable, Juppé ressemble de plus en plus au croque-mort de Lucky Luke… Bon, ça va, il l'a pas vu… Ah ! y a autre chose que je n'aime pas, c'est quand il dit du mal de la princesse de Chimay… Mais le pire, c'est quand il parle de mes ménages – pourvu qu'il ne dise pas que je vais animer samedi prochain une journée portes ouvertes à La Halle aux chaussures de Dunkerque, sur la rocade Dunkerque nord. Pourvu qu'il n'ait pas vu non plus dans *Voici* la photo de la soirée à l'Étoile où on nous a offert un téléphone portable et où je suis dans les bras de Maurane… Si on regarde bien la photo, on voit que j'essaie de lui échapper, mais la grosse est accrochée à moi comme un calamar géant… Pourvu enfin qu'il ne parle pas de TF1, j'ai mes *Sagas* qui arrivent, ou alors qu'il en parle avec nuance… »

Encore un week-end de merde sur TF1, cher Stéphane. Vendredi, Julien Courbet, *Sans aucun doute* avec le patron de Buffalo Grill, qui jusqu'à présent avait refusé de s'exprimer et qui a choisi *Sans aucun doute* pour parler. Moi, déjà, rien que ça, je pense que le type est coupable ! Et samedi, les *NRJ Music Awards*. Une cérémonie coorganisée par la mafia TF1-Louvin-NRJ-Universal, dans laquelle des chanteurs viennent faire leur promo en chantant en play-back… C'est copié sur les *Awards* américains. En fait, vous avez des artistes qui ne vendent plus un disque aux États-Unis, comme Mariah Carey ou Billy Crawford, qui font la tournée des *Awards*, Londres, Paris, Berlin, Madrid… À part ça, ce sont « les votes du public ». Tu parles !

Tiens, à propos de cérémonies formatées : selon un bruit qui court, celle des *Victoires de la musique*, à laquelle France Inter est associée, serait diffusée en différé, cela afin d'éviter aux maisons de disques des discours comme celui de Noir Désir l'an passé. J'espère que France Inter ne s'associera pas à une telle aseptisation… Car ce qui est drôle, dans ce genre de cérémonie, ce sont les impondérables, les présentateurs idiots – comme David Charvet, qui n'est pas parvenu à se souvenir quel trophée il décernait. Ça a donné : « Bonsoir Cannes ! » Ça, ils aiment bien, ça fait chanteur de groupe de rock… « Bonsoir Cannes, je suis ravi de décerner le… » Et là, voilà que son front se Leperse, vous savez ? les deux rides d'incompréhension trahissant une mise en vrille de neurone ! Donc il n'avait plus aucune chance de trouver, et ça a donné : « Bonsoir Cannes, je suis ravi de décerner le… le… okay… de l'année… »

Ensuite, Axelle Red et Renaud ont obtenu un Award pour la chanson *Manhattan Kaboul.* Donc Renaud a commencé à remercier plein de monde, notamment sa maison de disques Virgin, NRJ et Axelle Red… Du coup, quand ce fut le tour de cette dernière, elle ne savait plus qui remercier. On aurait cru du Devos ! Ça a donné ça : « Moi je voudrais remercier déjà tout le monde que tu as remercié, dit-elle à Renaud… à part moi, et moi je remercie pas moi, mais je remercie toi ! », on aurait cru Jane parlant à Tarzan…

Mais le plus beau discours fut sans conteste à l'arrivée des trois présentateurs Billy Crawford, Miss France et Jenifer. Un QI cumulé inférieur à celui d'un poulpe adulte. Un qui ne parle pas français, une qui est intimidée et la troisième qui est… Jenifer. Et voici au mot près leur discours – ce texte est absolument authentique, sinon ça n'aurait aucun sens.

Miss France : « Bonjour à tous… »

Là, on la sentait contente, c'était juste bonsoir, mais bon…

Jenifer : « Rebonsoir… »

Oui, parce qu'elle était déjà montée sur scène, donc rebonsoir…

Billy Crawford, surpris par le « re » : « Quoi ? »

Jenifer : « Hein ? »

Miss France : « Bonjour à tous, c'est formidable d'être avec vous ce soir… »

Et là elle pensait : « Yes, j'y suis arrivée !… »

Jenifer : « Oui ! »

Billy Crawford : « Quoi ? »

Jenifer : « Alors… »

Miss France, en pleine Leperserie : « Bonsoir à tous… »

Billy Crawford : « Quoi ? »

Jenifer, constatant le désastre : « C'est pas du tout évident de remettre un prix ! »

Mais si, andouille, il suffit de lire la phrase qui est écrite devant toi comme à la répétition, y a rien de plus facile !

Jenifer : « C'est pas du tout évident de remettre un prix ! »

Miss France : « Ça, c'est bien vrai ! »

Billy Crawford : « Oui, c'est vrai, c'est pas difficile ! »

Jennifer : « Okay.»

Billy Crawford : « J'ai pas compris, mais c'est bon… »

À part ça, Mylène Farmer a reçu un prix, comme chaque année. Et elle a voulu pleurer, comme chaque année. Alors elle a dit un texte très triste pour se faire pleurer – oui, parce qu'elle n'a pas osé la technique de l'arrachage du poil de nez. Elle a dit un texte triste qui se terminait par l'émotion qui arrive… et là, pas de larmes ! La panne idiote !… Il y a eu un silence interminable, alors elle s'est écriée : « Excusez-moi » et elle a reniflé comme si elle pleurait – mais on voyait bien qu'il n'y avait pas de larmes, un peu comme quand Christine Boutin avait fait semblant de pleurer à l'Assemblée.

Une autre séquence fut présentée par les héros de *Taxi*, Naceri et Diefenthal, qui lancèrent un message aux jeunes afin qu'ils soient prudents sur les routes. Un message qui se terminait par : « C'est ta vie qui est en jeu… » Et là, Diefenthal enchaîne en disant : « Bon, passons aux choses sérieuses : les nominés pour le meilleur site internet sont… » Cette phrase était comme le symbole de TF1 : on fait semblant de s'intéresser aux gens, mais les « choses sérieuses », l'essentiel, c'est de vendre…

Ce matin, au petit café près de la gare Saint-Lazare, il lui a demandé ce qu'elle avait fait pendant ce week-end. Elle a répondu : « Rien. Les courses à Auchan, et le soir on a regardé la télé. »

NAVARRO

Avril 2003

Dans un article paru dans *Télé Loisirs*, le directeur de la fiction de TF1 met fin aux rumeurs concernant un arrêt de la série *Navarro*. Ouf ! On est rassurés ! Non, c'est vrai, on était inquiets !… Et ce monsieur déclare : « D'une part, nous avons signé des épisodes jusqu'en 2007, d'autre part je ne vois pas pour quelle raison on arrêterait la série après 2007. »

Alors, si je peux me permettre, moi j'en ai une, de raison. Elle vaut ce qu'elle vaut : en 2007, Roger Hanin aura 82 ans. Quand on sait que déjà aujourd'hui, la plus échevelée de ses cascades dans *Navarro* consiste à descendre de voiture – après quoi le réalisateur crie : « Coupez ! » tandis que les infirmières se précipitent avec la tente à oxygène –, alors vous imaginez, en 2007 !…

Remarquez, ils sont malins, à la télé, ils écriront les épisodes en situation. Du genre : *Les Enquêtes du commissaire Navarro à la maison de retraite Les Myosotis*, aujourd'hui, « L'affaire Polydent »… Ça commencerait par une scène angoissante en caméra subjective, de nuit. On verrait une main ouvrir la poignée de la porte d'une chambre de la maison de retraite. On devinerait que quelqu'un entre sans bruit – remarquez, sans bruit, il pourrait faire du bruit, vu que la mémé qui dort dans la chambre la bouche ouverte ronfle avec un bruit de quadriréacteur, c'est un problème de végétations qui s'affaissent (oui, sa fesse aussi s'affaisse), bref, elle ronfle tellement fort qu'à un moment ça la réveille en sursaut, elle crie de surprise, puis après deux trois bruits d'une bouche à son aise car libérée de sa prothèse, mamie se rendort paisiblement. Le visiteur nocturne poursuit son chemin jusqu'à la salle de bains… Là, comme on est sur TF1, il était prévu que la caméra s'attarde longuement sur les sous-vêtements féminins. Mais comme dans la journée la pensionnaire a eu un petit problème gastro-intestinal consécutif à un excès de pruneaux, au lieu d'être posée sur le dossier d'une chaise, comme prévu, la culotte trempe dans le bidet. Alors la caméra, par une pudeur qui l'honore, ne s'attarde pas. Mais le suspense est à son comble : on voit une main gantée se saisir du tube de Polydent posé sur la tablette en verre à côté du lavabo, juste à côté d'un verre rempli d'eau « polydentée » dans lequel un appareil dentaire en désinfection provoque une levée de petites bulles comme on en voit parfois sortir des coraux… Le lendemain matin, dès l'aurore, Navarro a commencé son enquête… Dans la salle du petit déjeuner, il est là, avec son pyjama rayé, et juste au moment où il demande à ses voisins de table s'ils n'ont rien entendu d'anormal pendant la nuit, l'infirmière l'interrompt brutalement en disant : « Oui, tout ça c'est bien joli, monsieur

Hanin, mais cette nuit vous n'avez pas mis vos couches, je vous préviens, on ne change pas les draps ! »... L'autre : « Écoutez, je suis le beau-frère du président. » L'infirmière, excédée : « Beau-frère ou pas, on met sa couche et on pisse pas au lit... »

Vous voyez, il a raison le monsieur de TF1, y a aucune raison d'arrêter *Navarro* en 2007 !

NICE PEOPLE

Mai 2003

Non, non, non, malgré les injonctions de notre réalisateur Jean-François Remonté, un homme fruste terré tel un animal tout là-haut dans sa régie, je ne parlerai pas aujourd'hui de *Nice People*. Il y a quand même dans l'actualité d'autres thèmes bien plus intéressants, donc pas de *Nice People*, sauf si le public insiste...

Vous êtes sûrs que vous ne vous êtes pas trompés de station de radio ? C'est pas les *Grosses Têtes*, vous êtes ici à France Inter, la station qui diffuse *Rue des entrepreneurs*, *Le Masque et la Plume*, Pascale Clark... Mais nous, on a un public qui n'aime pas la culture, c'est ça le problème. Regardez la dame, là, au deuxième rang. Voilà une dame qui ne vient que les jours où Carmouze est présent, elle procède à une petite étude logistique pour être dans le champ de vision de Patrice, puis elle écarte généreusement les jambes… Du coup Carmouze rougit et reste le nez dans ses fiches pendant toute l'émission… Vous avez le vice dans la peau ! C'est marrant, après ça, évidemment, c'est pas étonnant que vous vous intéressiez à *Nice People*. En plus, y a rien à dire sur *Nice People*. Ils ont juste fait sortir Ophélie Winter, et à la place ils ont fait entrer un goret et Doc Gynéco… Par ailleurs, on a appris que la Russe Elena était une demi-pute de l'Est – ah ! pardon, je vous prie de m'excuser : dire ça, c'est de la diffamation. On ne dit pas : « Elena est une demi-pute de l'Est », on dit : « Elena aime d'amour Paul-Loup Sulitzer ! » En plus, c'est une littéraire, puisqu'elle a déclaré avant-hier : « J'adore Amélie Nothomb, je vais même acheter ses livres quand je sortirai du Loft… »

À part ça, Eleanor l'Anglaise est arrivée très « tôt » avant-hier dans la salle de bains où se trouvait déjà notre ami finlandais Antti. Oui, parce que Antti se rend dans la salle de bains de très bonne heure pour ne pas avoir à y croiser des filles. Manque de pot, avant-hier il était là à se raser en fredonnant une chanson traditionnelle finlandaise *En revenant d'Helsinki*, quand Eleanor entre à son tour dans la salle de bains en lançant : « Ah ! J'ai pas pris de douche depuis 48 heures, et là ça devient urgent !… » Antti a répondu, le nez pincé : « Euh, oui, t'as raison, ça devient urgent ! » Bon, ensuite l'autre a commencé à se déshabiller, alors Antti, pour se donner une contenance, a fait semblant de s'intéresser à la trousse de toilette que l'Anglaise avait posée sur la tablette. Vous imaginez la scène : la fille à poil sous la douche et lui qui dit : « Elle est pas mal… ta trousse… Oh ! des bonbons, est-ce que je peux t'en prendre un ?… » Et Eleanor : « C'est pas un bonbon, Antti, c'est un tampon, un truc dont se servent les filles… » Il est resté perplexe un long moment, on voyait bien qu'il se disait : « Un tampon, un tampon, elle me prend pour un con, je sais que c'est un truc de filles, je suis déjà allé à la mairie, je les ai vues les filles, avec leurs tampons, c'est des trucs en bois et en caoutchouc avec la signature du maire !… »

Mai 2003 (II)

J'étais plutôt de bonne humeur, ce matin. Je m'apprêtais à vous raconter les conneries télévisées du week-end, comme par exemple cette candidate du *Maillon faible*, qui a affirmé sans rire hier soir que Torticuli était un peintre de la Renaissance italienne spécialiste des plafonds… J'étais plutôt de bonne humeur, et je vous aurais aussi raconté *Nice People*… Certes, le *Loft* européen ne présente toujours aucun intérêt, mais ce qui est drôle, c'est de débusquer les magouilles, les mensonges et toutes les ficelles grossières utilisées par Arthur pour essayer de sortir son émission de l'indifférence. D'abord, sachez que les lofteurs continuent à tirer sur le pétard comme des malades. Ça se passe sous la table du salon, ainsi que l'a montré l'émission de la Cinquième *Arrêt sur images* hier. On a vu l'Allemande se cacher sous la table puis, après quelques bruits de succion, en ressortir en souriant béatement… Le problème, c'est que les lofteurs ont contaminé Christophe Dechavanne, un garçon qui n'avait jamais touché à quoi que ce soit. Un soir, il avait tellement fumé qu'il ne put dire un mot au confessionnal. Il n'a cessé de rire nerveusement, les pupilles dilatées – ça, c'est parce qu'il avait une angine, nous a-t-il dit… Et c'est ça surtout qui me gêne, c'est qu'un garçon comme Dechavanne ait pu côtoyer des drogués… Si Dechavanne a décollé, sur le plan des audiences, l'émission, elle, ne décolle toujours pas. Et on devine que pendant toute la semaine précédente Flavie Flament qui la coprésente avec Arthur a été briefée par la production qui lui a demandé d'avoir l'air heureuse et de montrer à quel point le public est enthousiaste… « Ah ! bon ? Mais ils le sont pas, enthousiastes ! — T'inquiète pas ma poule, on rajoute de faux applaudissements. » De toute façon tout est faux… À un moment on s'est aperçu par un plan imprévu que l'hélicoptère amenant les nouveaux invités décolle du studio pour y atterrir aussitôt. Peu importe, on sentait que Flavie avait beaucoup travaillé… Pour montrer à quel point elle est heureuse, elle dit les « phrases Endemol ».

Vous avez trois « phrases Endemol ». La première, c'est : « Que du bonheur. » La même que dit en permanence son mari Castaldi sur M6. Ensuite, pour l'ambiance, Flament et Castaldi doivent également dire plusieurs fois par émission : « Ici, beaucoup d'effervescence. » Ça, c'est pour montrer que le public est très chaud… L'autre jour sur M6, dans l'émission *À la recherche de la nouvelle star*, Castaldi annonce : « Eh oui, que du bonheur, nous allons maintenant rejoindre notre animatrice dans les loges où je sens qu'il y a beaucoup d'effervescence… » Et là, silence glacial. Une candidate morte de trouille se faisait coiffer, une autre les yeux fermés était au maquillage… et la présentatrice, sans se démonter : « Eh oui, Benjamin, ici dans les loges il y a beaucoup d'effervescence… » En plus, comme ils n'ont pas envoyé les faux applaudissements, sur le plan de l'effervescence, c'était plutôt calme !

Et puis il y a la troisième phrase Endemol. C'est : « Surtout continuez à téléphoner pour voter, car tout ce que je peux vous dire c'est que pour l'instant c'est très serré ! » Pareil sur M6…

Je pensais au couple Castaldi-Flament, ils doivent avoir des soirées intéressantes…

Lui : « Tu vas bien ma chérie ? »

Elle : « Oui, je peux te dire qu'il y a déjà beaucoup d'effervescence… »

Lui : « Ah ! bon ? Que du bonheur, alors ? »

Elle : « Tout ce que je peux te dire, c'est que pour l'instant c'est très serré… »

Donc samedi, ils ont fait sortir Dechavanne, le chien et le cochon, et les ont remplacés par trois fausses chanteuses : une Vietnamienne blonde aux yeux bleus qui parle parfaitement français, une Espagnole qui expliquait à quel point elle avait eu une éducation sévère – en disant : « Par exemple, je n'avais pas le droit de danser à table... » Je dis « fausses chanteuses », car quand on leur demande leur tessiture : « Vous êtes soprano ? », elles répondent : « Non, labiales ! On imite avec les lèvres les paroles chantées par des choristes. » Elles ont eu un petit succès l'été dernier, et là, comme leur carrière est à la ramasse comme celles d'Ophélie Winter et de Dechavanne, on les a fait entrer dans le Loft avec le déjà *has been* Jean-Pascal de *Star Academy*.

Comme prévu, c'est le gentil gay finlandais qui est sorti du Loft. On en était sûr, vu que Prosper est, paraît-il, de la famille d'Arthur et que vous imaginez la catastrophe au niveau des audiences si c'était le Français qui était sorti ! Alors ils ont fait fort, une histoire d'amour avec l'Anglaise... Si on regarde bien, la fille s'essuie la bouche après chaque baiser, enfin de toute façon il va être nominé à chaque fois parce que c'est un gros mauvais, mais il ne sortira pas...

Mai 2003 (III)

Voici les dernières nouvelles des *Nice People*. Rappelons tout d'abord que Christophe Dechavanne est entré dans le Loft, et qu'il avait passé la journée de lundi à tout nettoyer. C'est incroyable, ce type était tellement prêt à tout pour revenir sur TF1 qu'il a accepté un poste de femme de ménage !

Sinon, hier soir, le *best of* diffusé par TF1 a commencé par une information capitale. Au bas de l'image, on pouvait lire : « 16 h 13 : Prosper vient de prendre un morceau de steak. » C'est-à-dire que TF1 considérait que c'était l'instant le plus palpitant, le moment fort de la journée.

Mai 2003 (IV)

Hier soir, le *best of* de *Nice People* débuta par la séquence où notre ami Prosper, qui ne possède par ailleurs aucune éducation, s'est approché de Nallé qui faisait cuire de la viande et a pioché un morceau de viande en train de cuire dans la poêle, morceau de viande qu'il consomma avec un fort bruit de succion… Du coup, Nallé s'est mis en colère et Prosper lui a rétorqué : « Il va falloir qu'on se parle entre quatre coins. »

Ensuite, toujours dans les meilleurs moments, ils ont fait un concours de matelas gonflable : ils ont tiré chacun d'un côté, et pour finir, l'Italienne a pris une douche. L'Italienne est pudique : comme elle sait qu'il y a une caméra sous la douche, elle la prend en bikini. Sauf qu'à un moment, dans un geste plein de classe, elle entrouvre largement sa culotte vers l'avant afin de se rincer l'entrejambe… Remarquez, c'est éducatif, on a pu à cette occasion constater que la réputation de pilosité surdéveloppée qu'on attache aux femmes italiennes est justifiée…

Mai 2003 (V)

Dans le Loft, pour résumer, ça glande sur les transats, ça parle la bouche pleine, et ça couche – également la bouche pleine pour les filles…

Ils ont enfin atteint le rythme de croisière dans la vulgarité racoleuse souhaitée par Arthur pour faire de l'audience. Il est intéressant à cet égard de comparer les déclarations des producteurs avant que l'émission ne commence et la réalité. Rappelons qu'Étienne Mougeotte déclarait : « Plus question de laisser place au vide abyssal d'interminables journées, ce n'est pas une club de vacances, nous voulons donner du sens à cette aventure. » Et Arthur disait : « Les Nice People auront fort à faire, entre les journées thématiques culturelles et linguistiques !… »

Mai 2003 (VI)

Bon, comme je ne veux pas vous laisser sur une note mélancolique, un dernier mot sur les *Nice People* qui supportent depuis le début de la semaine notre ami Francis Lalanne. Autant vous dire que les gagnants n'auront pas volé leur argent. Après avoir avoir été gavés de nourritures lourdes pendant leur semaine avec Maïté, ils sont maintenant gavés de conneries très lourdes avec Francis Lalanne, dont je me demande parfois s'il ne joue pas… Sinon, c'est pas possible, c'est pas humain ! Avant-hier, il est venu dire au confessionnal – c'est la phrase exacte que j'ai enregistrée, accrochez-vous, c'est du sévère, allez, bonne chance : « Katrin, elle a l'intelligence humaine de l'animal humain quand l'animal est intelligent ! » Un peu plus tard, il a déclaré à Raimondo : « Quand je mets un nez rouge, c'est un signal que j'émets pour signaler que je passe dans la dimension qui n'est pas la dimension culturelle qu'on est en train de rechercher, tu vois ? Je ne veux plus renseigner, et si je n'ai pas envie de te dire ce que signifie le mot "anacoluthe", c'est que je suis en train de construire autre chose… »

À ce moment-là, retour plateau et Flavie Flament, plus dépressive que jamais, se prend la tête entre les mains et fait : « Ouille, ouille, c'est compliqué !… »

Hier, Lalanne, dont vous savez qu'il ne dort pas, est allé les réveiller en jouant de la guitare. Ça c'est terrible. Mais le pire, c'est qu'après il a décidé de leur faire à manger. Un plat de sa composition. Et, comment vous dire… Vous voyez les phrases de Lalanne, ça ressemble à du vomi de la tête, eh bien d'un point de vue culinaire c'est pareil… Il leur a fait une mixture avec des bananes, des poivrons, des piments rouges, des peaux d'orange, des pommes, des poires, des ananas et du fromage de chèvre… Ils sont sortis de table comme dans *Les bronzés font du ski*, ils sont passés au confessionnal, ils étaient verts, ils disaient : « Aaahh… d'abord c'est fort et après c'est un truc qui durcit dans l'estomac… On a l'impression d'avoir un bloc de béton de sept kilos dans le ventre… »

Rappelons que les deux derniers entrants dans le Loft sont Maïté, une maîtresse femme, et Diana, une femme maîtresse. Dès dimanche matin, Maïté a dit : « Allez je fais à manger pour tout le monde. » Diana, elle a dit : « Allez, et moi je fais l'amour avec tout le monde », et là y avait que les garçons qui étaient contents…

À midi, Maïté leur a cuisiné des escalopes de foie gras. On les voyait affalés, ils ne pouvaient plus se lever de table. Maïté annonce : « Pour 4 heures, je vous fais des crêpes aux pommes, et pour ce soir un p'tit confit de canard !… » Tout ça pour vous dire qu'hier soir, au quatrième jour de gavage, les lofteurs restent prostrés à table en permanence, ils ne parlent plus… On les entend juste de temps à autre émettre des rots interminables. Et, les yeux dans le vide, ils mangent machinalement les plats que Maïté leur présente régulièrement…

À part ça, ils ont aussi fait entrer dans le Loft des animaux de la ferme. Des poules, des canards, des oies… Le goret de Dechavanne est revenu, et toutes ces bêtes, heureuses de vivre, se baladent en liberté dans le jardin, profitent de la piscine, et évidemment chient partout… À un moment on voyait les deux oies nager tranquillement dans la piscine. Déjà, je me demande si le chlore n'est pas dangereux pour elles. Mais ce dont je suis sûr, c'est que les deux merdes vertes qu'elles traînaient derrière elles dans l'eau, c'est pas terrible pour les baigneurs éventuels !…

Hier, dans le cadre des activités culturelles dont Mougeotte nous avait promis que *Nice People* regorgerait, les lofteurs devaient s'attacher deux à deux et dos à dos et passer la journée ainsi. Le seul moment où ils avaient le droit de se détacher c'était pour aller aux toilettes. Là, celui qui restait dehors devait s'attacher à la poignée. C'est Katrin, la petite Allemande, qui était attachée à Maïté, et je voudrais que nous ayons une pensée pour cette gamine qui a dû rester attachée à la porte des cabinets pendant que Maïté… en plus elle avait gardé son micro, on entendait les ploufs… et d'autres bruits – bref, c'était épouvantable…

Juin 2003 (II)

Comme promis, un mot sur notre nouvelle amie Maïté et son dernier jour dans la villa des *Nice People*. Je vous ai raconté hier que la présentatrice de l'émission Flavie Flament se décompose au fur et à mesure des sondages bérésinesques, au point qu'hier soir elle ne faisait même plus l'effort de sourire. On devinait qu'elle avait beaucoup pleuré, qu'elle était sous antidépresseurs, elle avait des cernes autour des yeux et elle parlait comme ça : « Bon, ben… Voyons ce que les *Nice People* ont fait pour fêter le départ de Maïté… » Là, j'ai cru qu'elle allait hurler : « Et j'emmerde Endemol ! », et se jeter dans les bras de l'éclairagiste en sanglotant et en disant : « J'en ai marre, je veux voir mes enfants !... »

C'était donc le dernier jour de Maïté. Pour fêter son départ, chaque concurrent devait lui confectionner un petit plat de son choix. Katrin, l'Allemande qui fait toujours « hummmmmm » lorsqu'elle réfléchit – oui, parce que la nature a horreur du vide et que quand elle réfléchit, ça ressemble aux trous noirs dans l'espace, la nature donc lui fait émettre ce son qui n'est pas sans évoquer le « ôôôm » tibétain, et elle aime ça (ah ! ça, oui ! On peut dire qu'elle aime l'ôm !)... – donc, Katrin l'Allemande, qui est végétarienne, avait décidé d'initier Maïté à la cuisine baba cool et lui avait confectionné un tofu. D'après ce que j'ai compris, il s'agit d'une terrine de soja. Maïté a regardé le truc avec circonspection, elle a respiré en faisant une grimace, puis a fini par goûter en disant : « Ah ! oui, c'est rigolo ! » Et là, j'ai cru qu'elle allait faire un malaise. Ensuite elle est venue au confessionnal expliquer à quel point c'était dégueulasse...

Mais venons-en à notre instant de bonheur. Francis Lalanne est entré dans le Loft. Nous attendions beaucoup de cette entrée, et Francis a pulvérisé nos espérances. Vous vous souvenez de l'émission *60 jours 60 nuits sur Canal*, où nous avons appris à connaître Francis, un peu comme si nous suivions un chemin initiatique vers la connerie pure. Eh bien, autant vous dire qu'on a repris notre route exactement à l'endroit où nous l'avions quittée...

D'emblée, il s'est rendu au confessionnal pour rappeler qu'il était un rebelle et qu'il avait accepté cette expérience pour voir si la notion d'enfermement était compatible avec son statut de rebelle. Dis donc, Francis, et ton cachet de 15 000 euros par jour, il est compatible avec ton statut de rebelle ?

De la même façon que Maïté, lors de son entrée dans le Loft, avait dit : « À partir de maintenant, la cuisine, c'est moi qui m'en occupe », Francis Lalanne a déclaré : « À partir de maintenant, la connerie, c'est moi qui m'en occupe. » Et ça n'a pas tardé. Il a d'abord décidé d'avoir un entretien en particulier avec chacun des lofteurs. Pas de pot, c'est tombé sur Helder le Portugais, qui a dû passer la nuit au bord de la piscine à réprimer des bâillements, pendant que l'autre lui expliquait sans rire qu'il allait leur donner un gros investissement intellectuel… Et l'autre : « Bon, Francis, il est 5 h 39… » Et là, Francis se fige dans cette position qu'on lui connaît : il prend son air soucieux, torturé, et dit : « Attends, attends, j'ai un truc qui vient… » Et pour pas qu'il y ait d'équivoque, en bas de l'écran s'inscrit : « Lalanne vient de trouver l'inspiration… » Alors il dit au Portugais : « Tu peux aller dormir, je viens de trouver l'inspiration. » L'autre fait : « Yes !… »

Le lendemain, Lalanne a dragué l'Allemande qui, selon le scénario approuvé par Arthur, sort avec l'Italien. Il lui a chanté *Lili Marlene*, elle a pleuré et il l'a emmenée dans sa cabane pour lui montrer les photos de ses filles. Quand Katrin est ressortie une heure après en fumant une clope, elle s'était mis du gel pour pas que ses lèvres gercent. Et là, je sais que vous n'allez pas me croire, Lalanne a eu une idée. Comme la chaleur était écrasante, il a déclaré : « Tiens, nous allons faire un sauna à l'air libre ! Vous allez mettre le plus de vêtements possibles, des pulls, des doudounes de ski, des bonnets, et on va courir autour de la piscine !... » Et le voilà qui commence, genre entraîneur de foot, à tourner autour de la piscine en disant : « Suivez-moi, allez, on alterne des sprints et on respire... » Seulement le problème, c'est que les mômes ont vingt-cinq ans et Lalanne le double. Donc très vite il a dit : « On sprinte... On respire... » Ensuite il les a fait entasser les uns sur les autres dans un coin de la buanderie, toujours avec les vêtements de ski, les bonnets, les trucs en fourrure... Enfin, on voit un magnifique gros plan de Lalanne la bouche ouverte, et en bas de l'écran s'inscrit : « 12 h 08 : Francis Lalanne vient de s'endormir... »

Une heure et demie après, il était réveillé et il est venu expliquer pourquoi au confessionnal. Il a dit : « Moi, je suis comme les batteries d'un portable : ça fait toum toum toum toum toum, et hop ! je peux téléphoner ! » Donc là, ça avait dû bien faire toum toum toum dans sa tête, puisqu'il décida de leur faire des pâtes au chocolat. Vous vous souvenez du sketch de Métayer, « Les nouilles à la Boudoni » ? Eh bien, c'était pareil, tout le monde a évidemment trouvé ça infect, sauf lui, bien sûr. Et la constante avec Canal, c'est qu'il mange toujours comme un porc. Alors déjà, les spaghettis c'est pas évident, mais au chocolat, c'est ignoble !...

La thématique culturelle consistait pour chaque lofteur à garder des gants de boxe pendant toute une journée... De manger avec des gants de boxe... Et l'image de Sophie Favier se goinfrant d'un croque-monsieur avec des gants de boxe, avec le gruyère lui dégoulinant à la commissure des lèvres, restera un grand moment de télévision...

Ensuite, les lofteurs devaient se baigner avec les gants de boxe. Sophie ne s'est pas baignée, elle peut pas en ce moment, à cause de ses... Bon, elle peut pas et c'est tout !... D'ailleurs, pendant qu'ils y sont, ils auraient pu nous montrer la pose du Tampax avec un gant de boxe... Ça aurait été moins vulgaire que de montrer les larmes de sa gamine...

Ensuite ils ont fait entrer dans le Loft Acariès, le coach de Brahim Asloum, afin que ce dernier prépare son prochain combat qui aura lieu en juillet. Vous imaginez, le type prépare un combat en s'entraînant contre des lofteurs ! Après, Brahim Asloum ne comprend pas pourquoi il est sifflé ! Déjà qu'ils ne lui trouvent que des adversaires qui se couchent, ce qui est un manque de respect à son public, à son adversaire, au sport de haut niveau... Mais se préparer comme ça en déconnant avec Sophie Favier, un Italien bedonnant ou un Belge qui ressemble à Jim Carrey...

Et puis il y avait encore une thématique culturelle : dès qu'une musique retentissait, les lofteurs avaient trente secondes pour apporter sur la table du salon les objets demandés sur l'écran de leur télé. Vous imaginez Brahim Asloum en train de préparer son championnat d'Europe, et tout à coup la musique de *Benny Hill* : il fonce avec les autres dans le salon, et sur l'écran il y a écrit : « Amenez sur la table sept objets rouges. » Et hop ! ça courait dans tous les sens ! Ils apportaient les objets et Asloum retournait s'entraîner. Dix minutes plus tard, hop ! la musique de *Benny Hill*, et sur l'écran : « Trouvez sept objets finissant par ON... »

Juin 2003 (IV)

Nice People a de moins en moins de téléspectateurs. Samedi, ils ont encore été battus par Patrick Sébastien. Smaïn est sorti. À propos de Smaïn, il faut que je vous raconte une chose affreuse. Une image terrible. Au début, on ne voit qu'un plan large du salon de la villa et on entend quelqu'un ronfler. Pas un ronflement discret, avec un léger tremblement de la luette à l'aspiration et un sifflement à l'expiration, non, un ronflement animal, terrifiant, un truc pathologique à plus de 150 décibels... Et là, on voit les trois garçons de *Nice People* écroulés dans des fauteuils, qui se marrent en montrant du nez Smaïn – puisque c'est de lui qu'il s'agit – qui ronfle dans un autre fauteuil. Soudain, ses propres ronflements réveillent Smaïn en sursaut et il crie : « Je ronflais, là, faut couper, faut pas filmer ça ! » Et les trois autres qui disent : « Mais non, mais non... » Évidemment, cette séquence dégradante fut non seulement filmée, mais diffusée dans le *best of*... Il paraît que

Smaïn a touché 15 000 euros par jour. On connaît maintenant le prix de l'humiliation.

Il est donc sorti du Loft, et les deux personnalités, si on peut dire, qui sont entrées dans le Loft sont Maïté (c'est vous dire s'ils ont du mal à trouver des candidats), entrée avec 10 kilos de foie gras, de rillettes et de poitrine de porc, et une certaine Diana, ancienne de *L'Île de la tentation*. Elle aussi est entrée avec 10 kilos de poitrine, mais à elle – donc pas de la poitrine de porc, de la poitrine de truie. Parce que elle, son rôle dans *Nice People*, c'est salope. C'est la vulgarité incarnée. Elle a annoncé d'entrée qu'elle était bi et qu'elle allait coucher avec des garçons et des filles. Et là, je vais vous dire, si on la voit avec Maïté, pour le coup ça va faire remonter l'audience !

Dès le premier soir, elle a déclaré d'entrée : « Une fille qui casse les couilles, c'est parce qu'elle baise pas assez ! » Juste avant, elle venait d'annoncer qu'elle ne pouvait pas tenir « plus de dix minutes sans dire une connerie » ! C'était donc une confirmation.

[…]

PPDA

Octobre 2003

Je ne sais pas si vous avez remarqué, certains soirs, PPDA chuchote son journal. Ce fut le cas hier soir. PPD commença en nous susurrant : « Mesdames et messieurs bonsoir, la France représentera l'Allemagne demain à Bruxelles... » Et il nous minauda le reste du journal avec la même suavité... Je suis sûr que vous avez remarqué ça, c'est très étonnant. J'ai longtemps cherché une raison à ce ton doucereux que prend parfois PPD, et je crois que j'ai enfin trouvé l'explication. Elle vaut ce qu'elle vaut, mais je vous la livre telle quelle : les soirs où PPD murmure son JT, c'est qu'il a fait l'amour dans la journée. Ben oui, hier soir c'était un PPD apaisé, serein, qui présentait le JT, avec dans les yeux une douce reconnaissance, la tranquillité de l'homme repu d'amour. C'est bien simple, à un moment on avait envie de lui allumer une cigarette qu'on aurait glissée entre ses lèvres tandis qu'on aurait posé notre tête contre son torse nu...

Eh bien, je vais vous dire : un présentateur de JT à qui on a envie de faire des trucs pareils, c'est qu'il a au moins réussi à créer une certaine complicité avec son auditoire !...

PS

Décembre 2003

À ceux qui s'étonnent que Laurent Fabius soit notre invité aujourd'hui, compte tenu de son actualité qui est aussi mince que l'espoir de réinsertion d'une ouvrière quadragénaire licenciée de chez Moulinex, à ceux-là nous devons un aveu : si nous vous avons invité aujourd'hui, monsieur Fabius, c'est sur l'insistance de notre président Jean-Marie Cavada, qui, il y a quelques jours, est entré dans notre bureau en disant : « Messieurs, je pense qu'il serait bon que… Ah ! attendez, excusez-moi… » À cet instant, le président interrompit sa phrase pour se gratter l'entrejambe avec véhémence – signe chez lui d'une intense réflexion –, puis, visiblement soulagé, il reprit sa phrase : « Messieurs, vous avez sans doute remarqué que la gauche est en plein boum actuellement, vous devriez inviter des dirigeants socialistes pendant qu'ils sont au top. » Et c'est vrai, on sent actuellement comme un engouement, un enthousiasme, une exaltation pour la gauche en général et plus particulièrement pour le PS. Moi, je vois plusieurs explications à cette frénésie : la première, c'est que la gauche possède actuellement un leader charismatique, une sorte de Che Guevara du XXIe siècle, un homme qui se situe dans la tradition des romantiques révolutionnaires, et ce rebelle exalté, c'est François Hollande… En mai 1968, on accrochait des posters de Che Guevara aux murs de nos chambres de lycéens, aujourd'hui les adolescents collent la photo parue dans *Voici* où l'on voit François Hollande entrant dans l'eau aux Seychelles avec son maillot de bain Pantashop et son ventre de notaire panaméen. Oui, ça, l'embonpoint abdominal, je ne supporte pas, je suis intransigeant sur le sujet… D'ailleurs, pour être honnête, François Hollande n'est pas gros, non, il a l'air tout mou. On dirait qu'il gélatine, qu'il bloblote... Du coup, nous voilà avec un chef de l'opposition qui ressemble à un charcutier-traiteur de luxe, avec les faisans au plafond, les produits italiens et le foie gras à Noël... Non, franchement, ça le fait pas. Vous allez me dire, on ne fait pas de la politique avec un physique. Je vous répondrai : souvenez-vous de Jean Lecanuet ! Oui, pour les plus jeunes, Jean Lecanuet était à la politique ce que Julien Lepers est à la télévision – n'empêche qu'il réussit à mettre le général de Gaulle en ballottage, uniquement grâce à son sourire...

Donc, comme chef, celui qui est censé insuffler un souffle révolutionnaire et humaniste, on a François Hollande. Pour vous dire à quel point François Hollande transcende les foules, il ne figure même pas dans la liste, publiée par *Paris Match*, des hommes politiques avec qui les Français aimeraient réveillonner. C'est à cause de Ségolène, qui adore *C'est mon choix*... Et je voudrais dire à Georges Moustaki que, sur ses conseils, j'ai regardé les cassettes de *C'est mon choix* et que c'est une excellente émission, pas du tout racoleuse, sans aucun bidonnage, où jamais aucun comédien n'a joué le rôle d'un témoin, une émission présentée par Évelyne Thomas, qui dorénavant symbolise pour moi la classe et l'intelligence incarnée. L'intelligence incarnée pour Évelyne Thomas, c'est comme un ongle incarné, ça la gêne...

Pour en revenir au sondage de *Match*, l'homme politique avec lequel les Français aimeraient le plus réveillonner, c'est Chirac. C'est à cause de la fondue Président. La fondue Président, c'est pas Bernadette, non. Je ne sais pas si vous avez vu cette publicité. On voit une dame qui n'est autre que notre amie Vladis. Vous souvenez-vous de Vladis ? Bon, je vais vous rafraîchir la mémoire. Elle animait une émission qui s'appelait *Tous Ego*, avec Florian Gazan. Et un jour elle aperçoit comme un corps étranger sur la chemise de l'animateur et lui dit : « Oh ! Florian, excusez-moi, mais vous avez un truc, là, une p'luche ou chais pas… » Et la voilà qui se met à tapoter de la main en disant : « Je vais vous l'enlever. » Florian Gazan, qui avait compris qu'il s'agissait du micro, avait beau lui dire : « Non, non, laissez Vladis », l'autre époussetait en disant : « Ça part pas », et on entendait « poum poum poum… » Donc, comme monsieur Président voulait faire une pub, ils ont choisi Vladis. On la voit qui prend un paquet de fondue Président… Déjà, ça ressemble à un sachet de potage, donc ça donne vraiment envie… Et elle dit : « Des amis arrivent à l'improviste ? Pas de problème avec ma fondue Président ! » Et là, on entend « ding dong », arrive un couple et un benêt, on sent bien que c'est le type qui trouve pas de nana et ses amis lui ont dit : « Viens, on va te présenter quelqu'un. » Et là, quand elle ouvre la porte on voit bien qu'il se dit : « C'est pas vrai, c'est l'andouille de *Tous Ego* !… » Puis on voit Vladis préparer en cinq minutes sa fondue dans une casserole merdique, et elle amène carrément sa casserole sur la table. Puis Vladis et ses copains plantent leurs petits morceaux de pain dans la casserole, ah ! quelle soirée ! Et là, Vladis conclut : « Fondue Président, de l'emmenthal, du bon comté et un gage pour celui qui perd son morceau de pain ! » Manque de pot, c'est le puceau qui laisse tomber son morceau de pain et là on entend les autres qui scandent : « À poil dans l'escalier ! À poil dans l'escalier ! »

En numéro 2, on trouve Lionel Jospin, et ça, il faut reconnaître qu'un réveillon en tête à tête avec Lionel et Schopenhauer, ça doit être inoubliable. Dans une salle à manger éclairée par deux chandeliers dont la flamme tremblante fait apparaître par moments une sculpture contemporaine, il vous sera servi un léger brouet, pendant lequel Sophie Agazinski nous lira les meilleures feuilles de son nouvel ouvrage. Puis nous passerons au salon où Lionel décidera de mettre un peu de musique sous le regard courroucé de Sylviane, qui souhaitait nous lire le premier roman. Finalement, d'un ton pincé, elle lancera à Lionel : « Mets-la, ta musique légère ! », et Lionel enthousiaste dira : « Merci Sylviane » et mettra dans la platine *Le Marteau sans maître* de Pierre Boulez en s'excusant : « Oui, je sais, il y a des facilités, mais c'est Noël ! » Mais ça, Sylviane n'est pas d'accord ! Elle lui dit : « Tu te laisses aller, Lionel, pourquoi pas du Schönberg ou du Stockhausen pendant qu'on y est ?... » Pourtant, après qu'on nous aura servi un verre d'eau gazeuse, l'ambiance se détendra et on fera même « la chenille qui redémarre » sur *Le Sacre du printemps* de Stravinsky...

Ensuite, on trouve Élisabeth Guigou. Un mot sur elle, pour dire à monsieur Sarkozy que si on avait le moindre doute sur l'aspect bassement démagogique de son action, maintenant on est fixé. L'autre soir à la télévision, Élisabeth Guigou a annoncé une bavure, on s'attendait à un truc du genre Malik Oussekine. Mais elle a expliqué qu'un flic avait dit « école de racaille », et on s'est dit : « Mais elle est nulle, tout le monde parle comme ça en banlieue ! » Donc déjà, ce soir-là tout le monde l'a senti, Sarkozy le premier – qui tenait sa chaussure gauche posée sur le genou droit de façon à bien montrer à la caméra que sa semelle était usée, du genre « Moi je vais sur le terrain… » Oh ! à propos, est-ce que vous avez vu les images de Sarkozy pataugeant dans le champ où avait eu lieu une rave party ? Il arrive comme d'habitude suivi par cinquante journalistes, et comme le champ était gorgé d'eau, son aide de camp lui remet des bottes Hutchinson et là, voir le ministre de l'Intérieur remonter son pantalon de costume pour enfiler ses bottes – on aurait cru Louis de Funès – pour visiter un champ dans lequel on a laissé traîner des canettes de bière et couché l'herbe des pâtures, c'était assez surréaliste ! Après, il est reparti avec la meute de journalistes qui de nouveau avaient piétiné l'herbe des pâtures…

Dans la liste des personnalités politiques avec lesquelles les hommes politiques aimeraient réveillonner figure Alain Juppé… Là, vous avez rendez-vous à 20 h 30, vous tournez un peu pour trouver une place, finalement vous sonnez à l'Interphone à 32 et là, vous entendez la voix de Juppé qui demande : « Nous n'avions pas dit 8 h 30 ? — Ben si monsieur Juppé, mais… — Et quelle heure est-il ? 20 h 32 ! Joyeux Noël et à l'année prochaine ! »

Une chez qui on n'ira pas passer le réveillon de Noël, c'est Nicole Fontaine, qui annonce dans *Paris Match* qu'elle passera la soirée à lire à son petit-fils *Massoud expliqué aux enfants*. Le gamin, il voulait le jeu Harry Potter et il va entendre : « Quand Massoud partit dans la montagne, les Russes quittaient l'Afghanistan… »

JUIN 2003

Au PS, ils se sont dit : « Tiens, on a perdu les élections parce que Jospin manquait de charisme, on va choisir un nouveau chef, un mélange de James Dean et de Che Guevara. » Et ils ont choisi… François Hollande comme leader. Et c'est vrai que François Hollande possède ce souffle qui stimule la jeunesse. Moi, quand je vois apparaître François, j'ai tout de suite envie de faire la révolution. Alors que vous, monsieur Dray, en vous regardant, là, je trouve que vous ressemblez à Didier Porte, mais un Didier Porte qui aurait grandi… C'est important le charisme, en politique. J'ai lu un sondage où l'on demandait au public le mot qui qualifierait le mieux François Hollande. La majorité a répondu « rubicond ». Franchir le rubicond…

PÂQUE GRECQUE

Nous enregistrons cette émission le 19 mars, ce qui m'oblige à faire une chronique intemporelle. Car au moment où vous écouterez cette lettre, nous serons en vacances de Pâques. Stéphane Bern, dans sa propriété de Mýkonos, en profitera pour fêter la pâque grecque, en s'adonnant à la coutume locale des œufs de Pâques. Je vous explique : on bande les yeux du maître de maison et il doit chercher les œufs cachés dans son salon. Donc vous êtes là, il cherche à tâtons, et quand il trouve il crie : « A y est ! » Mais le Grec est farceur et des fois, il vous tend des pièges. Vous, vous êtes là : « A y est, j'ai trouvé des œufs ! », et une voix vous répond : « Non, non, non, c'est pas des œufs ! » Parfois même, ils cachent des moules pour vous embêter, mais ça, c'est pas de très bon goût…

Donc, compte tenu de cet enregistrement, je vous propose de commenter d'après les magazines de télévision les programmes que nos auditeurs auront vu d'ici là.

Programme du vendredi 21 mars. TF1 diffusera *Qui veut gagner des millions, spécial personnalités*, avec Stéphane Bern associé à Pierre Bellemare. Oui, je sais, ce n'est pas un duo qui vous fait rêver, mais regardez-les quand même, pour les voir échouer lamentablement sur une question concernant les animaux. C'est bizarre pourtant, vous qui adorez nous parler des animaux, que vous ne sachiez pas qui, de l'antilope ou de l'okapi, est de la famille de la girafe ! Mais c'est vrai que ce ne sont pas vos animaux préférés, vous êtes plutôt spécialiste en mammifères marins…

PÉCAS MAX

FÉVRIER 2003

Pierre Berger, on m'avait dit que vous étiez un homme sérieux et cultivé et que vous détestiez la futilité. Donc déjà, avec moi, vous êtes bien tombé. J'avais prévu d'écrire une chronique brillante sur Luis Buñuel, Ingmar Bergman, Pier Paolo Pasolini. Malheureusement, une nouvelle terrible est tombée ce matin sur nos téléscripteurs, comme disent les journalistes : nous avons appris le décès d'un autre immense cinéaste, monsieur Max Pécas. Après Claude Sautet, c'est décidément la loi des séries. Et quand je vous l'ai appris, juste avant l'antenne, au moment où vous nous racontiez une de ces histoires drôles dont vous avez le secret, en l'occurrence celle de la prostituée borgne à la jambe de bois qui faisait beaucoup rire Stéphane — vous étiez là, heureux, détendu, « Alors c'est l'histoire d'une pute borgne... », et moi j'arrive sans crier gare et je vous annonce : « Max Pécas est mort ! » Au début vous n'y avez pas cru, demandant confirmation autour de vous. Puis, vous rendant enfin à la triste évidence, vous vous êtes effondré en hurlant : « Mais pourquoi, mon Dieu ? Pourquoi Max ? Pourquoi lui ? Pourquoi ne m'avoir pas choisi moi plutôt que Max ? » Il faut dire que cette nouvelle a consterné tout le monde. Il paraît même qu'à Montargis, Jean-Marie Cavada sanglote sur la table de la salle à manger, les larmes coulant sur les mots fléchés de Maître Capello.

Je suis sûr, Pierre Berger, que vous rendrez hommage à Max Pécas lors d'une soirée spéciale à l'Opéra Bastille, au cours de laquelle vous diffuserez des extraits de ses meilleurs films. Et afin de préparer l'auditeur à cette soirée de gala, voici un bref récapitulatif de la carrière du maître. En 1970, Max réalisa *Je suis une nymphomane*, dont le critique le plus indulgent déclara – je cite : « Un film d'une stupidité insigne et réactionnaire, interprété par des acteurs n'ayant visiblement pas eu le temps d'apprendre leur texte… ce qui n'est d'ailleurs que de peu d'importance, le dialoguiste n'ayant pas pris le temps de l'écrire. » Encouragé par ce succès d'estime, l'année suivante Max réalise coup sur coup *Je suis frigide, pourquoi ?* suivi immédiatement de *Banane mécanique* – l'influence évidente de Kubrick –, laissant de marbre la critique, qui déclare : « Si ce qu'à Dieu ne plaise Max Pécas occupe un jour une place dans la mémoire des spectateurs de cinéma, ce sera à n'en point douter celle de la bêtise et de la vulgarité. »

Alors Max se remet en cause, et décide de faire des fausses suites de films qui marchent. Un film intitulé *Lâche-moi les baskets* connaissant le succès, Pécas réalisa juste après *Marche pas sur mes lacets*. Manque de chance, la critique déclara : « Un film qui fleure bon le réchauffé, la convention et la farce balourde. » Qu'à cela ne tienne, après le succès des *Bidasses en folie*, Max tourne *Embraye, bidasse, ça fume* ! La critique dira : « Le spectateur a été oublié et c'est vraiment se moquer de lui que de lui montrer un tel navet. » Et, après la série des *Bronzés*, il nous gratifia de *Belles, blondes et bron-*

zées (1977), avec Marthe Mercadier. Et là, moi je dis : « Je ne suis pas d'accord, messieurs les critiques ! Réaliser un film intitulé *Belles, blondes et bronzées* avec Marthe Mercadier en vedette n'est pas sans évoquer Fellini ! » Vinrent ensuite les chefs-d'œuvre, *On n'est pas sorti de l'auberge* (1982), *Les Branchés à Saint-Tropez* (1983), *Deux Enfoirés à Saint-Tropez* (1984), *On se calme et on boit frais à Saint-Tropez* (1986)… Concernant ces derniers films, je me suis livré à une revue de presse authentique : « Réalisation sans invention », « Un film odieux, qui fait honte au cinéma » ; « Le seul mérite des films de Pécas demeure leur devis, très bas, au niveau même du talent du réalisateur » ; « Max Pécas fabrique à la chaîne et en un temps record de laborieux films de fesses tous empreints d'un identique je-m'en-foutisme… Il escroque le spectateur » ; « À ce point de ridicule, le film prend une dimension nouvelle et s'offre alors comme un divertissement réjouissant »…

Voilà. Vingt ans de carrière, trente films, aucun progrès. Ce qui a été nul l'est resté et le sera désormais pour toujours. Rien à sauver. Aucune séquence, aucun plan, aucun élément de dialogue. Rien, strictement rien. Deux décennies qui ont confirmé chez Pécas la persistance dans le bâclé, les incohérences de montage, les clichés sclérosés et les exécrables directions d'acteurs. « Comment un cinéaste aussi désinvolte et aussi peu doué a-t-il pu tenir si longtemps ? » demande Raymond Lefèvre. Vous remarquerez que Pécas est le seul cinéaste dont les critiques ont été faites par un chef d'orchestre de Guy Lux. Comment Pécas a-t-il fait pour durer ? Au point qu'une telle constance dans la ringardise force presque l'indulgence coupable. À force d'éreinter ce bon vieux routier nul, les critiques ont fini par le trouver sympathique. La séduction du cancre.

Voilà, Pierre, j'ai envie de dire : « Voilà, Pierrot », car c'est ainsi que vos proches vous surnomment, le soir, quand vous jouez au 421 au tabac le Balto à Argenteuil, il n'est pas rare d'entendre dire : « Tiens, Pierrot, reprends un p'tit monbazillac, tu vas pas repartir sur une patte !... »

PERDU DE VUE

Avril 2003

Je voudrais revenir sur deux faits divers atroces révélés ce matin dans la presse. On apprend tout d'abord que madame Josiane, voyante à Creil, a été assassinée, et l'article précise que la police a été prévenue par un ami à qui elle avait donné rendez-vous deux jours après sa mort et qui s'inquiétait de son silence... Ça vous donne déjà une idée de la compétence de la voyante qui donne des rendez-vous sans voir qu'elle sera déjà morte depuis deux jours. Du style : « Allô Michel, ben oui, si tu veux on se fait un p'tit restau... On dit jeudi, j'ai rien de prévu... »

En plus, l'article nous raconte que pendant la guerre, madame Josiane avait eu une liaison avec un sergent de la Wehrmacht, et que souhaitant le retrouver cinquante-sept ans plus tard – donc ses cheveux avaient eu le temps de repousser –, elle a fait appel à l'émission allemande qui est l'équivalent de *Perdu de vue* afin de savoir si son amour de jeunesse était toujours en vie. Là aussi, franchement, une voyante qui fait appel à *Perdu de vue* pour retrouver quelqu'un, ça fait pas très sérieux. Mais pourtant, ça a marché. Cinquante-sept ans après, la télé allemande a retrouvé son fiancé. Le type habitait Hambourg, et *France Soir* raconte que lorsqu'ils sont allés l'interviewer à l'époque, elle leur a déclaré : « Quand j'ai sonné à sa porte, j'avais les jambes qui tremblaient. Lui n'arrivait pas à dire un mot. » Cette scène, pour émouvante qu'elle soit, a des raisons très cliniques. Ses jambes tremblaient à cause d'une phlébite, quand à l'autre il n'avait pas eu le temps de mettre son appareil dentaire. Josiane racontait : « Nous sommes restés figés un long moment l'un devant l'autre sans bouger. » Bon, ensuite les infirmières les ont posés sur le canapé. Mais ils ne sont restés qu'une semaine ensemble, et comme le raconte son amie Thérèse à *France Soir* : « C'était une histoire éphémère. Depuis, il ne l'avait plus jamais revue. »

POPSTARS

SEPTEMBRE 2003

Hier soir, j'ai regardé *Popstars*. C'est la troisième édition. Au préalable, je voudrais rendre hommage aux gagnants de la deuxième édition, les Whatfour, dont le disque s'est vendu à quarante-deux exemplaires, et dont la tournée a été annulée faute de spectateurs. Et donc souligner la qualité du jury : ça a valu le coup qu'ils humilient des centaines de candidats pour sortir du lot quatre ringards qui n'intéressent plus personne. On va donc rappeler leurs noms. Souvenez-vous, il y avait Élisabeth Anaïs, Bruno Vandéli, le danseur avec son fusible sous l'œil, et Valéry Zeitoun « On est pas là pour trouver des balles »… Non, ils ont trouvé les Whatfour, et je voudrais qu'on pense à ces quatre mômes qui se sont fait humilier chaque semaine à la télé en se disant : « Oui, mais c'est pas grave, on va devenir des stars ! »

Sinon, on voyait les éliminatoires, donc le nouveau jury. Alors vous avez Roberto, directeur des programmes d'une station de jeunes, une fille, Angie, soi-disant chanteuse… À un moment elle a improvisé un gospel, ça a été une catastrophe… Là, ils avaient pas vu que la fille ne chantait pas en place, changeait de tonalité – en plus elle s'est fait greffer des Zodiac à la place des lèvres, donc évidemment avec ça comment voulez-vous chanter juste ?… Et le dernier, c'est un nommé Nuss. Le type est odieux, aigri et agressif, mais mettez-vous à sa place : depuis son enfance on lui balance des jeux de mots douteux sur son patronyme ! Il suffit qu'il arrive quelque part pour que l'assistance lui lance : « Ah ! Nuss ! » Enfin, même si on comprend, ça n'excuse pas d'être odieux. Hier soir, A. Nuss était déchaîné, on a vu un anus tout irrité qui s'est mis à insulter les candidats…

Sinon, comme d'habitude, le truc est scénarisé, c'est-à-dire qu'on suit certains candidats les jours précédant le casting. Ce sont toujours des cas émouvants, comme la petite SDF que M6 a filmée dans la rue, couchée dans son duvet. Bon, la prod lui avait donné un duvet neuf, y avait encore l'étiquette du Vieux Campeur, mais on se demande s'ils ne se moquent pas un petit peu du monde… Si on réfléchit un peu, on comprend qu'ils nous prennent pour des cons : comment, avant que la fille ne se présente au casting, la chaîne pouvait-elle savoir qu'elle se présenterait au casting ?

Hier, c'est pareil, on voyait une candidate chez elle, et toujours la même déco avec le baromètre en cuivre accroché au mur, le buffet avec la photo de la fille en communiante et la chaîne hi-fi dans le meuble sous la télé… Et la fille qui nous explique que son grand-père lui porte chance et qu'elle cache toujours sa photo dans son soutien-gorge… Et là, on la voit prendre une photo, pas très grande… mais surtout, la photo est dans un cadre métallique ! Je vais vous dire un truc : comme ça, dans le soutien-gorge, outre le fait que ça doit être assez douloureux, ça se voit… La fille n'a pas intérêt à aller à la Fnac, elle se fait arrêter par la sécurité : « Suivez-nous, mademoiselle ! — Mais j'ai rien fait ! — Si, on voit bien que vous avez caché dans votre soutien-gorge un CD dans son boîtier !… »

Enfin, toujours est-il que pour créer un suspense misérable, M6 a scénarisé le casting de la gamine avec la voix *off* qui dit : « Le jour du casting, un drame se produit : Élodie a égaré la photo de son grand-père. Va-t-elle néanmoins réussir à passer l'épreuve ?... » Et là, on la voit qui chante *Y a trop de gens qui t'aiment* d'Hélène Ségara. Cette chanson est déjà insupportable par Hélène Ségara, mais là, chantée par 227 candidats, j'ai cru devenir fou !...

PUBLICITÉS

Octobre 2002

Je n'allais pas rater hier après-midi sur France 3 la rentrée parlementaire de notre groupe à l'Assemblée nationale. Comme j'avais allumé la télé en avance, j'ai patiemment attendu 15 heures en regardant les publicités gériatriques de l'après-midi, espérant tomber sur celle où Jean Lefebvre monte le journal à son épouse grâce au fauteuil électrique fixé dans l'escalier... Je vous laisse imaginer ma déception en constatant que la société Derby, qui commercialise ces fauteuils électriques, a changé son spot publicitaire. À la place de Jean Lefebvre, on voit une dame, visiblement une *executive woman* débordée, vivant sa journée à 100 à l'heure comme les femmes Barbara Gould... À la fin de sa journée de travail, elle quitte son bureau de cadre supérieure, saute dans sa voiture et lorsqu'elle arrive chez elle, on voit son mari qui l'attend en souriant bêtement, assis sur la dernière marche en haut des escaliers. Et ne voilà-t-il pas que Barbara Gould devient soudain une grosse feignasse ! Alors qu'elle a cavalé toute la journée, elle décide de prendre le fauteuil électrique pour monter à l'étage ! Et là, le spot s'arrête ! Et heureusement... parce que je vous laisse imaginer la suite, quand le fauteuil va arriver là-haut où l'autre andouille l'attend en souriant comme un pauvre con au chômage qu'il est – ben oui, je vous rappelle que quand sa femme rentre du boulot, lui il est là à glander assis en haut des escaliers, alors qu'il aurait au moins pu mettre la table ! C'est un feignant... Un feignant et un vrai con, car quand le fauteuil électrique avec sa femme dedans va arriver en haut, il va lui broyer inexorablement les jambes !

C'est là que j'ai compris le sens caché de cette publicité. Madame, si vous avez des faiblesses dans les jambes, achetez un fauteuil Derby, mettez votre conjoint en haut des escaliers et comme ça, lui non plus n'aura plus de jambes !

Toujours est-il que j'étais quand même déçu de ne plus voir Jean Lefebvre en blazer monter le journal à son épouse dans le fauteuil électrique...

Janvier 2003

Mardi. J'ai vu à la télé la série de publicités la plus con depuis celle d'Imossel Duo avec la dame qui est dans un parc et la voix *off* qui dit : « La diarrhée peut survenir sans crier gare. » Vous noterez l'emploi du conditionnel qui laisse supposer qu'habituellement la diarrhée vous crie gare. Ça me rappelle un grand moment de notre ami Bruno Masure, alors qu'il présentait le JT. Annonçant une grève de la SNCF, il a dit : « Demain, le trafic des trains sera perturbé, alors gare !... »

Donc la dame dans le parc va derrière un buisson – ben oui, l'autre avait pas crié gare – et là elle fait sur un ballon oublié par des gamins. Mais comme elle en profite pour prendre son Imossel Duo, elle retrouve la joie de vivre et elle ressort du buisson toute guillerette en shootant dans le ballon, pensant faire plaisir aux gamins ! Bon, comme elle l'avait pas essuyé, les enfants ont dit merci pour être polis et ont continué leur match avec une boîte de conserve...

Mardi, j'ai vu encore mieux avec cette pub dans laquelle on voit quatre types et une fille dans un ascenseur qui soudain tombe en panne et s'éteint. Un des types, le genre rassurant, ne panique pas. Et voyant que le bouton d'appel de secours ne fonctionne pas, il demande si quelqu'un possède un téléphone portable. La jeune fille dit : « Moi, mais je crois que je n'ai plus de batterie. » Elle compose fébrilement le numéro sous le regard inquiet des quatre types, puis s'exclame : « Ça passe !... » Soupir de soulagement des hommes, suivi d'une consternation générale lorsqu'ils l'entendent dire : « Allô, monsieur Leroy ? Ici Anne Durand, j'ai réfléchi à deux, trois solutions pour votre crédit... » À cet instant ça coupe, et la fille annonce piteusement : « Y a plus de batterie... » Je voudrais dire au directeur des ressources humaines de la banque BNP Paribrest qu'embaucher des connes pareilles, c'est une faute professionnelle, contrairement à ce que sa pub peut laisser croire ! Parce que si elle avait appelé les secours elle perdait 10 minutes, et là ils sont tous restés trois heures dans l'ascenseur avant qu'une dame de retour du marché se rende compte de la panne ! En plus le client, monsieur Leroy, qui a été coupé, il se dit : « Quelle bande de cons à la BNP Paribas, leurs portables fonctionnent pas et ils rappellent pas ! Ça fait deux heures que j'attends qu'Anne Durand me rappelle ! Et hop ! j'ouvre un compte à la Société générale ! » Et il a raison !

Au moins, grâce à la pub, on aura compris qu'à la BNP Paribas ce sont des gestionnaires à la con. Ils ne sont pas près d'avoir mon Codevi...

Mercredi dans *Libé*, sur une page, la station de radio Skyrock publie le fac-similé d'une lettre de Françoise Giroud datée du 25 mai. Ils ont grossièrement effacé l'année. Une lettre dans laquelle Giroud défendait la station accusée de vulgarité. Comment qualifier ce procédé publicitaire ? Les gens de Skyrock sont des hyènes, ils poussent le cynisme et la corruption jusqu'à faire parler le cadavre encore chaud de Françoise Giroud pour promouvoir leurs misérables émissions. Il est évident que l'idée ne vient pas des gens de Skyrock, trop cons pour penser, mais d'un Séguéla quelconque, de leur agence de pub qui a soigneusement évité de signer ce torchon... Aujourd'hui, avec deux jours de retard, Serge July, le patron de *Libé*, s'excuse d'avoir laissé passer cette saloperie, étant lui-même absent mercredi pour cause de conseil d'administration…

Mars 2003

Je voudrais vous raconter une scène vue hier soir à la télévision, une scène de télé-vérité, d'une émotion extrême, qui me fit monter les larmes aux yeux et démontre que malgré nos ricanements et nos persiflages, la lucarne magique sait encore, parfois, nous bouleverser…

La scène se passe dans le salon d'un appartement bourgeois. Une femme remplit sa valise mécaniquement, sans un mot, sous les yeux de son mari et de ses enfants. Trois, les enfants, dont le plus jeune, à peine un an, encore un bébé, pleure dans les bras de son papa. Lui, pâle, les mâchoires serrées, regarde sa femme faire sa valise. On le devine résigné, il sait que rien ne peut retenir une femme qui a décidé de partir. Le nourrisson dans ses bras pleure de plus belle, et le papa détourne la tête. On pense que c'est par pudeur, pour qu'on ne le voie pas pleurer, en fait c'est parce que le bébé, en hurlant, a émis un renvoi de lait caillé qui coule à présent dans le cou du père avec une odeur insoutenable… Tout en finissant de remplir sa valise, la femme dit d'une voix blanche : « En cas de problème, le numéro du pédiatre est près du téléphone. » Ça y est, elle a terminé. Elle referme sa valise et va pour s'en aller, mais les cris du nourrisson redoublent. Alors, comme saisie par un sursaut d'instinct maternel, elle s'arrête devant cet homme qui, tel saint Antoine, tient l'enfant dans ses bras, et passe un doigt sur le visage de l'enfant en disant : « Pleure pas mon bébé. » Et puis elle finit par s'en aller, elle a la main sur la poignée de la porte, son mari est pétrifié, le bébé hurle, et on voit de grosses larmes couler sur les joues des deux autres enfants... Mais d'un geste brutal, elle ouvre la porte, quitte la pièce et entre... dans les cabinets ! Et la voilà qui s'enferme avec sa valise dans les toilettes. On entend le bruit du verrou à double tour. À cet instant, une voix *off* nous dit : « Constipation occasionnelle ? Dulcolax, un à deux comprimés le soir pour un effet le lendemain matin. » On voit alors le mari lui passer sous la porte des toilettes des comprimés de Dulcolax...

Outre notre déception pour tant de romantisme au service d'un anticonstipation, il y a dans cette publicité un illogisme. Si Dulcolax n'agit que le lendemain matin, pourquoi cette femme s'en va-t-elle passer la nuit dans les toilettes ? À mon avis, il y a autre chose... Elle ne supporte plus son homme... Messieurs, je vous le dis, si votre épouse va passer la nuit dans les toilettes avec Dulcolax, c'est qu'elle ne veut plus coucher à vos côtés !

RAËL

JANVIER 2002

Voici venu le temps où chacun d'entre nous prend de bonnes résolutions, du genre : « Cette année, j'arrête de fumer… » Enfin, on décide d'arrêter tous ces trucs qui nous font du mal. D'ailleurs, à ce propos, j'ai le plaisir de vous annoncer que Bruno Masure a décidé cette année d'arrêter la poésie. Quant à moi, je ne vois pas ce que je pourrais changer. Non, franchement, qu'est-ce que je pourrais bien commencer à faire à partir d'aujourd'hui ?… Je vois pas… Ah ! ben si, tiens, comme bonne résolution, je promets à partir d'aujourd'hui de ne plus vous brocarder, Stéphane, de ne plus évoquer votre vie privée, et dorénavant qu'on ne compte plus sur moi pour raconter à l'antenne la semaine de vacances que vous venez de passer à Mýkonos, où vous avez suivi un stage intitulé « Le monde méconnu des gladiateurs »…

Pourtant, y en a tellement dont on aimerait qu'ils prennent une bonne résolution. Celle de nous foutre un peu la paix… Un exemple au hasard : Raël. Vous voyez qui c'est, Raël ? Un barbu déplumé à queue-de-cheval vêtu d'une robe blanche qu'il porte avec des mocassins à pompons… Déjà, rien que ça, un gourou avec ce look-là, on n'y croit pas ! Et pourtant, vous le savez, une de ses disciples a annoncé que la secte avait fait naître un bébé cloné. Ça doit être parce qu'ils ont du mal à se reproduire. C'est-à-dire que, imaginez, le type rencontre une fille séduisante, seulement dès qu'elle lui dit : « Je fais partie de la secte de Raël, voulez-vous me faire un enfant ? », il se souvient brutalement qu'il est mal garé…

Donc ils ont décidé de se cloner. D'ailleurs, Raël lui-même a une tête de clone. Mais dans le *JDD* hier, on pouvait lire des interviews édifiantes de son ex-femme Christine et de sa tante qui l'a élevé. Sa femme raconte, je cite : « Au début il ne croyait pas à ce qu'il disait, et puis, après sa dépression en 1980, il a choisi d'habiter ce personnage. Seulement, le danger, c'est qu'aujourd'hui il y croit. » Vous vous souvenez, quand on était petit, on dessinait les fous avec un entonnoir sur la tête et qui disaient qu'ils étaient Napoléon… Aujourd'hui, ils disent avoir vu une soucoupe volante et avoir été conçus par un extraterrestre…

La tante de Raël n'est pas plus indulgente puisqu'elle déclare au *JDD* : « Lorsqu'il me parle de ces histoires, je le traite de cornichon, et quand il raconte que sa mère se serait fait faire un enfant par un extraterrestre, moi je connais bien ma sœur, les petits hommes verts c'est pas son genre !… » Oui, c'est vrai, sa mère généralement elle préfère les grands blonds, mais elle s'est laissé envoûter, vu que le type avait huit bras ! Un extraterrestre ! Je me souviens d'un reportage à la télé dans lequel un journaliste demandait à la mère de Raël : « Alors, madame, est-il vrai que vous avez été enceinte d'un extraterrestre ? » Et elle a répondu : « Écoutez, j'en sais rien, mais c'est pas impossible, vu que je dors la fenêtre ouverte !… »

Sa femme affirme que c'est surtout après l'émission de Jacques Chancel *Le Grand Échiquier* qu'il a découvert qu'il était le demi-frère de Jésus. Chancel lui a demandé : « Alors Raël, et

Dieu dans tout ça ?… » Et l'autre : « Euh… ben, c'est mon beau-père ! » Donc après l'émission de Chancel, il affirme que les Elohim sont venus le chercher, l'ont emmené en voyage dans une soucoupe volante et lui ont annoncé qu'il était le demi-frère de Jésus. Et lui ont appris la méditation sensuelle qui permet d'accéder à « l'orgasme cosmique »… Seulement, l'orgasme cosmique a conduit plusieurs adeptes de la secte à être condamnés pour pédophilie, comme dans toutes les sectes… Ce qui laisse quand même rêveur dans cette affaire, c'est qu'à chaque découverte scientifique, vous avez tous les cinglés de la terre qui essaient de détourner l'invention à leur profit…

RAFFARIN JEAN-PIERRE

Septembre 2003

Hier, j'ai regardé Raffarin sur TF1. Il y avait Sarkozy au *Journal* de la deux, Raffarin sur la une : nos JT ressemblent de plus en plus à la télévision saoudienne, avec chaque jour dix minutes consacrées aux activités du roi.

Je vous disais que je ne suis pas allé au théâtre, mais qu'à la place j'ai regardé Raffarin. Et je ne sais pas si vous avez remarqué à quel point ce type joue la comédie… Le problème, c'est qu'il n'est pas très bon comédien. Alors il surjoue… Il en fait des tonnes. Hier soir chez PPD, ses conseillers lui avaient dit : « Bon, on a bien merdé pour la canicule, avec Mattei en vacances qui met en place un numéro vert, tu imagines mamie, elle arrive à peine à composer le numéro de son petit-fils qui est tout le temps sur messagerie, et l'autre : "Alors vous pouvez téléphoner au 0800, etc., ou alors par internet, sur le site du ministère de la Santé, en tapant http://www.santepublique.com !" »

Donc les conseillers de Raffarin lui avaient dit : « Il faut rattraper le coup, tu joues l'émotion et la fraternité, tu parles avec une voix douce. » Du coup on l'entendait à peine, ça faisait (murmuré) : « Il faut davantage de fraternité, les urgentistes sont des gens formidables, mais ce sont les RTT qui... » Là, il se fout un peu du monde, papy, parce que s'il veut réorganiser les urgences dans les hôpitaux, il suffit de leur donner des crédits !

RETOUR GAGNANT

Mai 2003

Retour Gagnant, c'est la *Star Ac'* des *has been*. Avec Julie Piétri, Claude Barzotti, Éric Morena, Peter et Sloane, Gérard Blanc et Jane Manson. Le public téléphonera et le gagnant aura le droit d'enregistrer un nouveau disque. Les autres seront raccompagnés par les infirmières...

SADOMASO

Décembre 2002

J'ai lu hier dans *France Soir* deux histoires de sadomaso. Tout d'abord, celle d'un sadomasochiste suisse qui a traîné sa maîtresse en justice. Alors que d'habitude c'était elle qui le traînait. Mais voici les faits : lors d'une de ces séances qui font la joie de certains participants poètes du *Fou du roi*, le plaignant, dont le fantasme était de jouer le toutou à sa mémère, était agenouillé aux pieds de sa maîtresse, totalement nu et le pénis percé par un anneau relié au pied du lit par une chaîne. Après quelques préliminaires au cours desquels il urina par terre pour marquer son territoire, sa maîtresse en colère lui a ordonné de faire le beau en lui donnant un coup de cravache. Le monsieur s'est exécuté, au bord de l'orgasme, mais il avait oublié l'anneau, la chaîne et le pied de lit, et donc ça lui a provoqué une déchirure du truc ! Sur le coup, la douleur était intolérable, donc il a eu un orgasme. Bon, évidemment, au début il était très content, il regardait son truc qui saignait et il disait : « Je suis le saigneur de l'anneau ! » Seulement, quelques jours plus tard, comme ça ne cicatrisait pas, il a dû se faire opérer. Là encore, il a demandé à ne pas être anesthésié pour prendre un peu de plaisir, seulement depuis il souffre quand il fait pipi.

France Soir nous informe qu'il a donc porté plainte, en réclamant un « pretium doloris », qui est, rappelons-le, une indemnisation pour souffrance – ce qui est quand même un comble pour un maso ! Mais le tribunal l'a débouté en considérant, je cite, que « les fonctions essentielles sont préservées ». Ben oui, un maso qui souffre en permanence, ses fonctions essentielles sont préservées !

Mais l'histoire la plus terrible, toujours racontée par *France Soir*, c'est celle de cet Allemand prénommé Armin, dont on nous dit qu'il pratiquait un jeu pervers consistant à inviter des camarades à dîner, à leur couper le… et à le consommer ensemble. Et là, si un médecin nous écoute, j'aimerais avoir une précision technique, savoir comment quelqu'un à qui on vient de la couper peut passer à table comme si de rien n'était ! C'est incroyable… C'est bien simple, moi ça m' la coupe ! L'article précise même que généralement, ils la flambaient… Enfin pas toujours, parce que monsieur Armin avait eu une surprise un jour avec un alcoolique : le type était imbibé et quand il a jeté l'allumette dans le plat, y a eu une grande flamme et ça a failli mettre le feu à l'appartement…

Là, nous dit *France Soir*, la soirée a mal tourné. Comme quoi, même les jeux les plus innocents peuvent mal tourner… Voici les faits : il y a quelques jours, notre ami Armin avait envie de se faire un petit dîner sympa, il s'est dit : « Tiens, j'hésite entre un p'tit Chinois et un Pakistanais. Bon, le Pakistanais est relevé, mais le Chinois est plus parfumé… » Donc Armin hésitait entre un curry de quéquette ou un rouleau de printemps.

Finalement il décide de rester fidèle à la cuisine allemande, et il a donc invité son ami Jürgen. Il lui téléphone : « Allô Jürgen ? Est-ce que ça te dirait de venir te la couper et qu'on la mange ?… Allô ? Jürgen… Allô… ? Allô ?… Tiens, on a été coupés !… Déjà !… »

Bref, Jürgen est arrivé, Armin coupe le truc de Jürgen sous l'œil d'une caméra vidéo – oui, ils aiment se repasser le film de leurs soirées –, puis, je cite : « Une fois le pénis sectionné, ensemble ils passent à table et se partagent le morceau. Ils l'ont d'abord flambé, l'ont goûté et ont finalement décidé de le rôtir. » Là, j'imagine que c'est parce qu'elle était trop dure… Mais c'est normal : Jürgen était excité par ce qui allait se passer et ils l'ont coupée à ce moment-là ! Et quand c'est dur, c'est immangeable ! On demandera la semaine prochaine à Jean-Pierre Coffe, mais c'est une règle culinaire de base : il faut toujours laisser reposer… L'idéal, c'est de la mettre dans l'eau pour la faire réduire !

Enfin, toujours est-il que c'est ce contretemps qui a énervé Armin. *France Soir* nous dit qu'« il est resté sur sa faim, et il a tué son malheureux compagnon avant de le découper en morceaux pour le stocker dans son congélateur afin de le manger plusieurs jours plus tard ». Oui, aujourd'hui il ne mangeait pas d'homme car le vendredi c'est sacré, il ne mangeait pas de viande. Ou alors de temps en temps une attachée de presse… Ben oui, il lui arrivait de manger un peu de morue le jour du poisson !

SAGAS

Juin 2003

Je vois Stéphane Bern, sémillant comme à l'accoutumée, qui s'énerve sur sa chaise sous prétexte que je n'ai pas encore parlé de lui. Il faut dire que monsieur vient de passer cinq jours au Maroc pour enregistrer *Sagas* et il aimerait qu'on en fasse la promo. Alors je le dis, surtout regardez *Sagas* cet été, vous y verrez les panthères en porcelaine et les poulbots d'Orlando, ou la milliardaire monégasque octogénaire qui fait du ski nautique. En fait, pour être honnête, Stéphane a juste enregistré les lancements. Pour les auditeurs qui ne seraient pas familiers avec les rites de la télévision, un peu de technique : chaque matin, un assistant venait réveiller Stéphane à 6 heures, pour tourner avant les chaleurs, puis il enregistrait les lancements de tous les sujets de *Sagas*, c'est-à-dire soixante-dix lancements dans soixante-dix situations différentes. Vous aviez toujours vos deux figurants derrière vous… Vous savez, quand Stéphane fait son lancement, on voit toujours en arrière-plan deux autochtones en situation. Mais si vous regardez bien, vous vous apercevrez que ce sont toujours les mêmes, ce sont Mouloud et Rachid, deux figurants payés par la production. Quand Stéphane lance un sujet devant une échoppe, les deux artisans locaux qui fabriquent des poignards recourbés – une tradition qu'on se transmet de père en fils, tu parles ! –, c'est Mouloud et Rachid. Les deux mêmes qui, la séquence d'avant, faisaient les gardes devant la porte du palais à Marrakech, qui servaient le thé à la menthe lorsque Stéphane a dit : « Arrêtons-nous un instant pour nous rafraîchir dans cette taverne… » Et le soir venu, lorsque, harassé par une journée de tournage, Stéphane va se détendre au hammam, ce sont toujours Mouloud et Rachid qui… Non, je plaisante, c'est *Sagas*, c'est pas *Nice People* !

SÉRIES POLICIÈRES DE TF1

Octobre 2002

Je vous avais promis de regarder hier soir le premier épisode de la série policière avec Dominique Lavanant dans laquelle cette dernière joue une bonne sœur flic. C'était pas si mal. Pour être honnête, ça valait surtout pour le jeu des acteurs, Dominique Lavanant et Martin Lamotte. Mais sinon, c'est comme toutes les séries du genre. Un assassinat, les flics qui arrêtent un faux coupable et le héros de la série qui va se battre contre sa hiérarchie et arrêter le criminel après un coup de théâtre expliqué par des flash-back.

Dans cette série, Dominique Lavanant a été mariée dix ans avec Martin Lamotte, après quoi elle a décidé de rentrer dans les ordres. Mais comme un assassinat est commis au couvent, elle reprend du service. C'est-à-dire qu'on la voit au couvent, prière, méditation, silence... Et le plan d'après elle rentre au commissariat où l'on amène un travelo à qui elle lance : « Alors Raymond, t'es devenue blonde, ma poule ? »

Voilà, c'est le nouveau concept : la bonne sœur commissaire. C'est la nouvelle tendance à la télévision, un flic autre chose. J'ai déjà eu l'occasion de rappeler qu'après « police et troisième âge » avec *Navarro*, on a eu « police et poitrine » avec Véronique Genest et Corinne Touzet, « police et immigration » avec Smaïn dans *Commissariat Bastille*, et maintenant on a « Ma bonne sœur chez les flics » ! Ah ! oui... j'oubliais « police et handicap », l'inénarrable série de France 3, *Le Boiteux*... Bon, ils n'ont pas insisté, la bande-annonce disait : « Il boite, il a un pied bot, mais il le fout au cul des criminels, le boiteux... » Ça n'a pas marché parce que, évidemment, le public a eu du mal à s'identifier...

Le type qui à France 3 a eu cette idée géniale a été très déçu que ça ne marche pas, parce qu'il avait plein d'autres bonnes idées. Par exemple le bigleux, il est quasiment aveugle, il se cogne dans les réverbères en poursuivant les bandits, mais malgré ses lunettes à triple foyer, il y voit clair ! Ou bien le cul-de-jatte qui poursuit les bandits sur sa planche à roulettes en s'aidant de fers à repasser. Mais c'est très fatigant... À la fin de la poursuite, il dit : « J'ai les jambes coupées !... »

SERRAULT Michel

Décembre 2002

Je ne sais pas si vous avez remarqué : le matin des jours où l'on doit vivre un événement, on se réveille en sursaut une minute avant que le réveil ne sonne. Ce matin, à 6 heures moins une, je me suis retrouvé assis dans mon lit, à claquer des dents en pensant *in petto* : « Putain, aujourd'hui c'est Michel Serrault. » Oui, parce que quand je pense *in petto*, je m'autorise des vulgarités.

Une précision grammaticale. Penser *in petto*, ça n'a rien à voir avec les pets de l'âme. Aucun rapport avec le raisonnement de certains animateurs dont je tairai les noms pour ne pas qu'on m'accuse d'acharnement…

« Putain, aujourd'hui c'est Michel Serrault ! » Parce que le jour où Michel Serrault est invité, on ne va pas lui servir de la chronique de pacotille, de la lettre de deuxième choix, de la verroterie ou des trucs qui font rire les mauvais invités.

Et dans la presse ce matin, qu'est-ce qui peut faire rire Michel Serrault ? Sûrement pas la suite des aventures de l'Allemand qui mangeait les quéquettes de ses camarades. Oui, car figurez-vous, il y a un rebondissement dans cette affaire. C'est *France Soir* qui nous l'apprend ce matin. Selon le journal allemand *Bild*, le cannibale aurait été envoûté par la sorcière la plus méchante et la plus redoutée d'Allemagne, écoutez bien son nom, je vous jure que c'est vrai : la sorcière s'appelle madame Bernus. Son prénom est Ulla. Ouh ! là ! C'est ce que disaient les victimes quand elles voyaient arriver l'autre avec son couteau : Ouh ! là !... Bernus, ça ne vous rappelle rien comme nom ?... En fait, c'est la contraction de deux mots...

Ce qui est extraordinaire, dans tout ça, c'est que, je vous le rappelle, nous sommes en 2002. Et qu'un journal affirme sans rire qu'un cannibale est envoûté par une méchante sorcière... On croit rêver !

Mais je n'avais toujours pas d'idée de chronique. « Putain, en plus, l'invité est Michel Serrault... » Serrault dont la photo est au premier rang sur le mur au-dessus de mon bureau, entre Sautet et Frédéric Dard. Serrault que je regarde d'habitude quand je n'ai pas d'idée... Et ce matin, rien, votre photo n'a pas voulu m'aider, j'ai même eu l'impression qu'elle ricanait...

Huit heures, j'arrive au bureau, je parcours la presse. Soupçons de vache folle dans les Buffalo Grill. Je ne sais pas si vous avez déjà vu ce genre de restau. Comment peut-on aller déjeuner dans un truc aussi laid ? En plus, ils sont toujours situés dans des zones industrielles, entre une rocade autoroutière et des lignes à haute tension ! Mesdames, si un type qui veut vous séduire vous invite au Buffalo Grill, quittez-le !

Neuf heures. Je n'ai toujours pas d'idée de chronique. « Putain, et dire que l'invité est Michel Serrault. » Je ne vais quand même pas parler de la télé…

Pourtant y avait de quoi, ces jours-ci, sur TF1. Lundi, chez Tapie, le sujet était la chirurgie esthétique. Hier, dans *Le Droit de savoir*, le sujet était la chirurgie esthétique – plus précisément le rallongement du zizi avec un prénommé Guillaume qui nous le montrait en gros plan, tandis que le chirurgien le lui mesurait avec un mètre de couturière – on aurait cru un tailleur : la longueur, la circonférence et pour l'érection il lui a tiré trois fois dessus très fort ! Là, je pensais que notre ami Guillaume se prépare des journées difficiles. À partir d'aujourd'hui, il va se faire appeler « p'tite bite » par toutes ses connaissances… Non, ça, c'est pas digne de Michel Serrault…

Dix heures. Je parcours mon courrier. Et là, la stupeur puis la colère m'envahissent à la lecture de la lettre d'une auditrice qui me reproche d'avoir plaisanté la semaine dernière sur les vieux, et qui conclut en disant : « Mes parents sont en maison de retraite, laissez-les finir leurs jours tranquilles… » Je crois que c'est la phrase la plus terrible que j'ai lue depuis longtemps. C'est à cet instant que j'ai décidé que c'est à vous, chère madame, que j'allais écrire aujourd'hui. Je voudrais d'abord vous dire que je reçois beaucoup de lettres de gens âgés, qui s'amusent avec nous parce qu'ils ont compris qu'ajouter la résignation à la souffrance était l'apanage des médiocres. Je voudrais vous dire, chère madame, que dans cette émission on rit des vieux, on rit des gros, on rit des gays, on rit des cons et que seuls les vieux cons, les gros cons et les gays cons protestent. Aujourd'hui, je voudrais dire aux parents que cette dame si convenable a foutus en maison de retraite, je voudrais dire à tous les gens âgés qui nous écoutent, lâchez-vous ! Devenez des vieux indignes, comme Claude Sarraute ou Tatie Danielle ! Toute votre vie on vous a demandé de la fermer, on vous a interdit des trucs au nom des convenances, toute votre vie on vous a imposé l'autorité… D'abord les parents, puis les profs, les chefs, les flics, les toubibs… Mais aujourd'hui, vous êtes intouchables, on ne peut plus vous coller, on ne peut plus vous licencier ! Alors, allez-y ! Tiens, vous les papys, foutez la main au cul des aides-soignantes, ou bien dimanche prochain laissez traîner vos béquilles dans le passage pour faire trébucher les visiteurs pressés, vos enfants et vos petits-enfants qui viennent vous voir comme une corvée, vous demandent si ça va sans écouter la réponse, répriment des bâillements en regardant par la fenêtre, et qui après une demi-heure de quasi-silence font juste « Ah ! bon ? » quand vous leur dites que Marinette est morte – ils s'en foutent complètement ! Vous, vous l'aimiez bien, Marinette, le soir après le dîner – à 17 h 30 – elle chantait dans le réfectoire. Elle chantait *Le chaland qui passe* et elle pleurait… Et vous, vous l'aimiez bien, Marinette, quand elle chantait : « Ne pensons à rien, le courant fait de nous toujours des errants… » Et le dimanche, quand vous racontez ça à vos enfants, ils font « Ah !

bon ?… », et puis ils vous disent : « C'est pas tout ça, mais si on veut rentrer avant qu'il y ait du monde, il faut qu'on parte maintenant. Tiens, pépé, on va t'emmener à la salle de télé, c'est l'heure de *Vidéo Gag* !… »

Ah ! qui dira la détresse des anciens, le dimanche en fin d'après-midi, quand, par la fenêtre de la salle de télé, ils voient repartir leurs enfants qui marchent très vite sur le gravier de l'allée avant de monter dans leur Xantia diesel, tandis que sur l'écran de leur télé Bernard Montiel montre des images de mariés qui trébuchent…

Alors, amusez-vous. Tiens, cet après-midi, à l'heure de *Derrick*, allez dans la salle de télé, installez-vous derrière les trois mamies qui font « Chhutt ! » dès qu'il y a le moindre bruit et pétez très fort ! Et puis sortez en rigolant aussi vite que votre déambulateur le permettra ! Souvenez-vous du film *Les Vieux de la vieille*, qui foutaient le souk à Gouillette…

L'autre jour, j'ai rencontré Claude Sarraute. Elle venait de boire une vodka, et elle plaisantait sur son âge. Chez Ruquier, elle balance des horreurs, des trucs politiquement incorrects : on lui pardonne tout, c'est une vieille dame indigne…

Dépensez vos comptes d'épargne pour ne rien laisser à ceux qui viennent le dimanche… Dans le coffret à bijoux où votre belle-fille va aller directement fouiller à votre mort, laissez un mot avec écrit : « Merde à celui qui le lira ! »

Quant à vous, chère madame qui venez de m'écrire, je voudrais rappeler que l'humour est la politesse du désespoir. Et je suis au regret de vous dire que vous n'avez aucune éducation.

SHEILA

Mai 2003

Sheila est là, si proche que je la sens frémir de désir. Vous savez, Sheila, moi j'ai réclamé votre venue depuis des mois, et je ne trouvais autour de moi que ricanements. Alors que moi, je me souviens de tout, je me souviens qu'à Argenteuil il y avait une boutique Sheila, et que le jour de l'ouverture on diffusait dans les hauts-parleurs votre duo avec Akim, devant le juke-box… Près de chez moi, l'autre soir, je me trouvais par hasard devant le juke-box…

Il s'appelait Bourgeois. Je ne me rappelle plus son prénom, mais je me souviens que dans cette classe de 5e du collège Paul-Vaillant-Couturier, il vous aimait comme un fou, chère Sheila… À cette époque, celles qu'on appelait les chanteuses yé-yé constituaient nos symboles sexuels, et dans cette classe nous supportions notre puberté grâce à un hit-parade basé, non sur les ventes de disques, mais sur les… comment dire… les fantasmes de nos plaisirs solitaires. Et ce garçon, Bourgeois, ne se livrait à ces plaisirs qu'en pensant à vous. Il s'aidait pour cela, je m'en souviens encore – c'est idiot comme la mémoire se charge de choses inutiles –, il s'aidait pour cela d'une photo de vous en maillot de bain prise à Sainte-Maxime. Bourgeois est quinquagénaire aujourd'hui… Je ne sais pas ce qu'il est devenu, mais je suis sûr qu'il a gardé au fond de lui le souvenir de ces moments de grâce qu'il vous devait. Aussi si tu nous écoutes, Bourgeois, je partage avec l'enfant que tu étais ce moment passé aux côtés de Sheila…

60 JOURS 60 NUITS

Janvier 2003

Je vais vous donner les dernières nouvelles de notre ami Francis Lalanne, qui a emmené sa famille à la recherche du père Noël. Oui, parce qu'il faut que je vous dise que pour l'émission de Canal *60 jours 60 nuits*, outre le cachet faramineux octroyé aux deux vedettes Joey Starr et Francis Lalanne, Canal a dû refaire intégralement la déco intérieure de la maison de Lalanne, construire un nouveau studio d'enregistrement à Joey Starr et leur offrir des voyages — au Japon, en Jamaïque ou au Canada. Ben oui, parce que sinon deux mois de Lalanne chez lui qui cherche le bison pour sa collection de figurines, ça fait long !

Donc hier soir, nous avons eu droit aux aventures de Francis Lalanne au Canada. Pour les fêtes, il avait décidé d'emmener toute sa famille à la recherche du père Noël. Je vous explique : toute la famille se promène dans une forêt au Québec, et les gens de l'agence de voyage ont semé des indices dans les arbres pour retrouver le père Noël. En bas de l'écran, il est écrit : « Quelque part dans le Grand Nord canadien… » Bon, ne vous inquiétez pas, il s'agit de circuits organisés par des agences de voyages, dans les bois à 20 kilomètres de Québec. Mais ça n'empêche pas Lalanne de se prendre pour le capitaine Cook dans une expédition polaire. La nuit, ils couchent dans des soi-disant refuges… Y a tout le confort… Et dans la nuit québécoise, on voit Lalanne se lever et, s'éclairant avec une lampe torche, aller sur la mare gelée à côté du refuge avec sa tasse. Le caméraman de Canal lui demande ce qu'il va faire, alors, avec ce regard vers l'horizon qu'il aime à prendre pour montrer qu'il communique avec l'infini, Lalanne répond : « Je vais prendre mon petit déjeuner : l'eau pure. » Et là, on le voit creuser avec une pelle, faire un trou dans la glace et tremper sa tasse. On s'aperçoit que l'eau est de couleur marron, et on voit en arrière-plan les planches d'un appentis dont on comprend qu'il s'agit des cabinets des trappeurs locaux, de la cabane au fond du jardin… Donc, on comprend la raison de la couleur de l'eau. Mais Lalanne n'en a cure puisqu'il a fermé les yeux pour bien montrer à quel point il est habité, et il savoure un concentré d'urines des bûcherons du coin, et il fait : « Ahhh… » Et il a cette conclusion fantastique : « C'est beau, le contact avec la matière… »

Mais comme il était encore tôt, il réveille les chiens de traîneau qui se mettent à hurler et dit au caméraman : « Écoute, les loups… » Le caméraman lui explique qu'il s'agit des chiens, qu'il n'y a pas de loups dans la région, alors Lalanne : « Oui, c'est les chiens, mais au fond, dans chaque chien, y a un loup ! » Et devant les dénégations insistantes du cadreur, il finit par dire : « C'est parce que moi, j'ai le sentiment d'être un loup… » Il avait vu le film avec Nicholson…

Ensuite il rentre au chalet, tous les autres bossent, font la vaisselle… mais lui fait sécher ses gants sur le poêle… Et il en profite pour glander… En bas de l'écran s'inscrit : « Francis Lalanne cherche le dentifrice. » Et là, il demande à sa femme : « Tu peux me donner le dentifrice ? » Et l'autre, excédée : « Mais tu vois bien que je fais la vaisselle, j'ai pas trois bras ! » Du coup, le voilà qui se met à expliquer à l'une de ses filles qu'il a entendu un loup. La gamine : « J'ai peur des loups », et Lalanne : « Les loups sont nos amis… »

Là, c'était coupé. On imagine le Québécois qui disait : « Oh ! ben, ça fait bien longtemps qu'il y a plus d'loups par ici… » Mais ça n'a pas découragé Francis qui expliqua à sa fille que c'était le loup qui allait les mener au père Noël. Et il a eu cette phrase : « Il faut bien réfléchir à ce que veut nous dire ce loup. » La gamine, qui avait vu le guide dessiner les traces : « Bon, ben, va demander à maman ! »

Voilà, vous l'avez compris, l'histoire du père Noël fait rêver tous les enfants de la terre, stimule leur imaginaire, mais Lalanne emmène les siens se geler dans un circuit grotesque où les bûcherons mettent des indices dans les arbres pendant que leur père se tape des tasses de pisse !

FÉVRIER 2003

À propos de cuisine éthiopienne, est-ce la visite au restaurant éthiopien qui en est la cause ? Nul ne le sait, toujours est-il qu'hier soir, dans *60 jours 60 nuits*, l'émission de Canal, notre ami Francis Lalanne était malade. Pour tout dire, il avait la diarrhée…

Enfin, pas au début de l'émission. Là, c'est lui qui faisait chier ses filles en vérifiant leurs devoirs de calcul. Vous ne pouvez pas imaginer… Pourtant la fillette, qui connaît son père, l'avait prévenu, elle lui avait dit : « Bon, d'accord, tu corriges mon devoir, mais surtout pas d'explications ! » Ça n'a pas empêché l'autre de la saouler avec la retenue, du genre : « Il faut toujours noter la retenue, parce que tu comprends, la retenue tu la notes, comme ça tu peux partir faire autre chose et quand tu reviens, tu retrouves ta retenue… » Quelques instants plus tard, c'est lui qui n'en avait plus, de retenue, puisqu'il était malade. On a su à la fin que c'était une gastro. Ce type est hallucinant : quoi qu'il fasse dans la vie, quoi qu'il lui arrive, il y met une symbolique cucul la praline et un lyrisme de pacotille… Donc là, d'une voix blanche, il dit à sa femme : « Je t'en prie, appelle un médecin, j'ai pas la force. » Sa femme, qui le connaît : « On va peut-être pas déranger l'docteur, on va juste lui parler au téléphone. » Lalanne : « Tu crois pas que ça peut être une crise de paludisme ? » Sa femme : « Mais non, tu as trop bu hier soir ! » Lalanne : « Ah ! ce s'rait la Marie Brizard, alors ? » Du coup, son chauffeur qui est un garçon simple, lui dit : « Ben, va t'coucher, allez viens j't'amène ! » Et l'autre prenait des poses façon Sarah Bernhardt comme s'il allait décéder… Bref, son chauffeur l'allonge, et Francis Lalanne, comme si c'était son dernier souffle : « J'me sens mal… » Son chauffeur : « Ben oui, mais t'as bu hier. » Lalanne allongé, les yeux fermés, murmure dans un souffle : « Oui, peut-être, mais tu crois que si j'avais eu un jumeau mort, est-ce que ma mère l'aurait su ?… Parce qu'à l'époque, les toubibs ne disaient rien… » Vous imaginez le médecin accoucheur : « Ça y est ! », et il s'aperçoit que c'est Francis Lalanne et qu'il y en a un deuxième qui se pointe ! Le toubib, en son âme et conscience, refuse d'infliger à l'humanité un deuxième Francis Lalanne !…

Il réitère sa question au chauffeur : « Est-ce que tu crois que ma mère aurait su si j'avais eu un jumeau mort ?… » Le chauffeur : « Ah ! ben, j'en sais rien… » Et là, on devinait qu'il pensait que quand Lalanne a la diarrhée, ça fait pareil dans son cerveau…

Février 2003 (II)

Quelqu'un dont le cœur bat toujours et qui nous ravit, c'est Francis Lalanne. Lui, c'est Jean Néplin-les-Bottes. Pourquoi le cacher ? Francis

Lalanne est en train de devenir le Jean-Claude Van Damme français. Il y a aussi du Julien Lepers chez Lalanne, avec ces enthousiasmes enfantins, avec ces phrases qu'il commence sans avoir la moindre idée de leur conclusion, avec cette suffisance, cette fatuité des imbéciles... Il suffisait de le voir samedi chez Thierry Ardisson, décidé à en découdre avec l'animateur. Mais l'autre, faux-cul, comme toujours, l'a joué profil bas et balancé un *best of* terrible de *60 jours 60 nuits*, l'émission de Canal. On voyait Lalanne dans toute sa splendeur, Lalanne ne s'est rendu compte de rien... Ensuite, il a annoncé qu'il n'excluait pas de se rendre en Irak en qualité de bouclier humain... C'est comme Danièle Évenou qui veut tuer Saddam Hussein, on n'y croit pas...

Lalanne, dont je vous conseille l'interview réalisée par Bertrand Rocher pour le magazine *FHM*, dans laquelle on apprend notamment que notre ami a de gros besoins sexuels, au point qu'il fatigue sa femme. Remarquez, il n'y a pas que sexuellement qu'il fatigue sa femme... Mais dans l'interview à *FHM*, Francis explique : « Quand je vais au lit, c'est rarement pour dormir. Alors, oui, j'épuise ma femme avec ma tendresse. » Vous aurez perçu que le mot tendresse est un euphémisme... Francis poursuit : « Manque de chance, ma femme est une grosse dormeuse, et rien ne m'excite tant que son sommeil, d'où ma tendance à la réveiller... » Bon, alors là, vous aurez perçu la contradiction. Imaginez la scène : sa femme s'endort, lui, rien ne l'excite plus que son sommeil, alors il la réveille. Mais une fois sa femme éveillée, elle ne l'excite plus ! Alors elle lui demande : « Qu'est-ce qu'il y a, pourquoi tu me réveilles ? » Lalanne : « Non, non, rien, rendors-toi ! » Là, elle se rendort, et hop ! ça provoque l'excitation de Lalanne qui la réveille de nouveau… Et c'est comme ça toute la nuit !… On comprend pourquoi sa femme affirme qu'elle est épuisée !…

Ensuite, le journaliste lui demande pourquoi il porte les cheveux longs. « C'est pour me sentir en phase avec les animaux. » C'est idiot, il n'a pas besoin de ça. Il possède déjà le cerveau d'un animal… « Les cuissardes à longueur d'année, ça doit être gonflant ? » « Détrompez-vous, leur particularité c'est d'être isothermique… » Puis le journaliste lui demande : « Vous qui détestez les uniformes, vous en portez un ! » Lalanne répond : « Et vous, vous mettez un slip, est-ce que vous vous sentez en uniforme ? » Et c'est là qu'intervient la Vandammerie, écoutez bien : « C'est la répétition de l'image qui génère dans l'esprit des gens l'idée que vous souhaitez la répétez. Vous comprenez ?… » Et le journaliste lui répond : « À chaud, là, non… » À froid, moi non plus, j'ai pas compris !

Mars 2003 (III)

Hier, Francis Lalanne était en studio et il explique qu'il lui manque la deuxième phrase de son refrain. En bas de l'écran s'inscrit : « Francis cherche la deuxième phrase de son refrain. » Oui, parce que maintenant, de plus en plus, on nous écrit ce qui se passe à l'écran, des fois qu'on comprenne pas un truc aussi compliqué que Lalanne cherchant une rime à : « Aime-moi. »

Remarquez, une fois que tout sera sous-titré, on n'aura plus besoin des images ! Il n'y aura plus que l'écriture en bas de l'écran et la télé aura réinventé la littérature !

Donc Lalanne cherchait une rime à « Aime-moi », et après des heures de cogitation il dit à l'ingénieur du son : « Attends, je crois que ça vient... Aime-moi... Aime-moi... Ne m'oublie pas... » Ah ! la vache !... Ça valait le coup d'attendre !... Mais écoutez la suite, il dit : « Aime-moi, aime-moi... Ne m'oublie pas... » L'ingénieur du son, qui n'en pouvait plus : « Ouais, super, Francis... — Aime-moi, ne m'oublie pas... Excusez-moi, mais c'est tellement beau que ça me fait monter les larmes... » Nous aussi, Francis Lalanne, tu nous fais monter les larmes... de rire !

Mars 2003 (IV)

Il faut que je vous raconte une scène hallucinante vécue par notre ami Francis Lalanne, dans le feuilleton *60 jours 60 nuits* sur Canal. Y a des moments, on se dit « C'est pas possible, il fait ça au second degré pour nous amuser... » Eh bien non, pas du tout...

Samedi, particulièrement en forme, Francis Lalanne avait décidé de manger africain... Ah ! me direz-vous, un plat sénégalais, un mafé... Non : il avait décidé de manger éthiopien... Moi, au début, quand il a dit : « Tiens, si on allait dans un restaurant éthiopien ? », j'ai cru qu'il sortait une blague de mauvais goût, comme s'il disait « Tiens, si on se faisait un Biafrais ? » Mais non, il était sérieux ! Autant vous dire qu'il a eu du mal à le trouver, son restau éthiopien… En fait, c'était un restau chinois, repris par un sans-papiers éthiopien… Par manque de moyens, le type avait gardé la déco, avec au mur l'estampe représentant une jonque sur le Mékong, que Francis apprécia comme un exemple de l'art tribal en s'exclamant : « C'est super, on se croirait en Éthiopie ! » Il se frotte les mains et dit au serveur apeuré : « Allez, maintenant passons à la découverte de la gastronomie éthiopienne. Alors, qu'est-ce que vous avez à nous proposer ? » Bon, la gastronomie éthiopienne étant essentiellement constituée de blé concassé dont les sacs sont fournis par l'Unicef, le type avait gardé la carte du restau chinois, avec les numéros, et avait juste rajouté « blé concassé au piment ». Lalanne, en voyant ça, s'exclama : « Du blé concassé au piment ? Hum… Pas mal… Et comme boisson, vous avez quoi en Éthiopie ? » Le type lui montre dans un vieux frigo les canettes restant de l'ancien restau chinois : jus de lychees ou de goyaves, Pepsi-Cola… Et Lalanne, déçu, lui demande : « Mais vous n'avez rien d'éthiopien ? » Le serveur : « Euh… non… » Puis on le voit qui cherche désespérément du regard sur les étagères en se disant : « Je suis tombé sur un malade, il faut absolument que je lui trouve quelque chose. » Et soudain il aperçoit une bouteille et s'exclame : « Ah ! si, j'ai ça… ouzo. On boit ça en Éthiopie, ouzo… » Lalanne : « Ah ! ben voilà ! » Il prend la bouteille et, déchiffrant l'étiquette, s'exclame : « Mais c'est grec, ça ! » Le serveur : « Oui, c'est grec, mais on en trouve en Éthiopie… » Lalanne : « Ah ! super, alors goûtons… Hum, c'est très bon… » Bon, vu ce qu'il y avait à manger, il était pratiquement à jeun, ce qui fait qu'il devient très vite saoul et commence à vouloir danser avec l'Éthiopien… qui, pensant s'en tirer, dit : « Ah ! mais y a pas de musique ! — Mais si, dit Lalanne, là, sur l'étagère, y a des cassettes de musique éthiopienne ! » En fait, il s'agissait de musique traditionnelle asiatique laissée là par le précédent gérant. Et effectivement, dès que le serveur a mis la chaîne en marche, on a entendu une mélodie traditionnelle vietnamienne… Mais Francis avait tellement abusé de l'ouzo qu'il a cru à un chant éthiopien. Il est allé chercher la patronne tétanisée et s'est mis à danser devant elle !… Pour être poli, le patron a bougé un peu et Lalanne s'est exclamé : « Ah ! ça, ça doit être la danse de la séduction, c'est sûrement comme ça que l'homme éthiopien séduit la femme éthiopienne… » Là, le plan s'élargit et on n'est pas près d'oublier la vision de Francis Lalanne complètement bourré à l'ouzo dansant avec un couple d'Éthiopiens sur une mélodie chinoise…

À la fin de la cassette, Francis était affectueux, il embrassait tout le monde en disant : « Coutume française : on s'embrasse ! » Puis il demanda : « Comment on dit en éthiopien "nous reviendrons" ? » L'autre : « Ah ! oui… *Boungnagné*… » En fait, *boungnagné* ça signifie : « Tire-toi pauvre con !… »

Francis, en faisant la bise à la patronne : « Eh bien, *boungnagné,* madame, et surtout... » et là, il réfléchit en regardant l'horizon – donc on sait qu'on va avoir droit à une grosse connerie, et on n'a pas été déçu : « *Boungnagné*, et merci de nous avoir fait découvrir l'essence de vos... sens, car moi je crois qu'à travers le goût des hommes... [là, il se rend compte...] ... et des femmes, on appréhende mieux le sens de leur sens, enfin, vous voyez c' que j' veux dire !... — Oui, monsieur », répondit l'Éthiopienne...

Mars 2003 (V)

Notre ami Francis Lalanne s'est confié à *France Soir*. Comment vous dire... C'est comme s'il s'était dit : « Tiens, ils ont bien rigolé avec mes conneries dans *60 jours 60 nuits*, maintenant que l'émission est terminée, je vais continuer à dire des conneries pour les faire marrer. » Question du journaliste : « Vous sortez un nouveau disque après onze ans d'absence, c'est long. » Réponse : « Je suis resté sept ans en procès avec ma maison de disques et j'ai beaucoup souffert de cet exil musical. » Ah ! la vache ! Déjà, « exil », comme Victor Hugo... Sauf que Lalanne ajoute : « En plus, une paralysie de l'écriture m'est finalement tombée dessus. » Ça, la paralysie de l'écriture, c'est terrible comme maladie. En plus, vous voyez, ça arrive toujours en même temps qu'une paralysie de l'intelligence !

Question : « Dans un de vos titres, vous parlez de vos quarante ans, l'âge vous aurait-il métamorphosé ? » Réponse : « Non, je suis de plus en plus moi-même. » Et là, accrochez-vous, je vous demande un peu d'attention, c'est du brutal : « Non, je suis de plus en plus moi-même. Je suis comme la chenille, pour devenir papillon elle doit d'abord entrer dans un cocon. Mais dans sa coquille, elle est déjà papillon. Et elle ne le sait pas. Ce n'est que lorsqu'elle est papillon qu'elle sait qui elle est, vous voyez… »

Bon, ne vous fatiguez pas, moi je relis ça depuis ce matin, j'ai toujours pas compris. En tout cas, ce qui est sûr, c'est que Lalanne est un papillon qui est sorti d'un concon…

Mars 2003 (VI)

Je suis injuste avec Sophie Davant. Car quand elle dit : « Je ne suis pas plus bête qu'un autre ! », elle a raison. Si on prend Francis Lalanne… Je vous recommande l'interview qu'il vient de donner au magazine *Rolling Stone* de mars. Lisez-la dans son intégralité, on n'y croit pas ! On se dit, c'est pas possible, mais ce type-là ne prend pas de repos ! Il devrait respecter des paliers de décompression, sinon il va s'exploser les tympans ! Voici quelques morceaux choisis de cette interview magnifique :

Question du journaliste : « Vous vous extasiez devant un pain aux raisins, vous vous mettez des claques dans votre jardin, pourquoi toujours en faire des tonnes ? »

Réponse de Lalanne : « Avec la caméra, j'ai découvert l'extraversion du soliloque. »

L'extraversion du soliloque, on dirait le nom d'une opération chirurgicale. Un truc de proctologue. Il souffrait d'une fistule anale, on lui a fait une extraversion du soliloque… Mais attendez la suite : « Dans la vie, il y a en permanence un dialogue entre vous et vous-même pour analyser ce qui vous arrive. Une voix questionne, une autre voix répond… Là, la voix qui questionne venait du dehors, c'est celle du journaliste qui me filmait, j'ai donc vécu la présence d'une caméra comme une sorte de développement du corpus métaphysique de mon troisième œil. J'avais un organe supplémentaire, attaché à mon corps, qui évoluait de manière protonique et qui était l'argument de la vérité. L'œil de la vérité jaillissait de mon cerveau… »

Ah ! la vache ! Y a pas que l'œil de la vérité qui jaillissait de son cerveau !

Autre question du journaliste : « Quand vous dites : "Je prends des douches d'air en marchant", êtes-vous conscient d'égaler Jean-Claude Van Damme ? »

Réponse de Lalanne : « Ridicule ne veut rien dire pour moi. »

Et là, le journaliste conclut : « C'est peut-être ça, le problème. »

Et Lalanne assène cette phrase absconse : « Labyrinthe et palimpseste sont les deux mamelles de Lalanne. »

Alors le journaliste conclut : « Sur cette dernière fulgurance, je vous laisse, je suis épuisé. » Moi aussi...

STAR ACADEMY 2

DÉCEMBRE 2002

Samedi soir, j'ai regardé *Star Academy*, et croyez-moi pour faire ça, il faut être maso. Mais en fait, je regardais pas pour les candidats... Bon, pour information, sachez que c'est le grand con qui chante faux et qui fait tout le temps la gueule – Georges-Alain – qui s'est fait virer. Non, j'ai regardé parce que je suis fasciné par Nikos, le présentateur grec. Lui aussi doit être maso... Voilà un garçon intelligent, journaliste compétent, que j'ai connu personnellement lorsqu'il travaillait avec Christine Bravo... Je peux vous assurer que ce type-là déteste la *trash TV*. Pourtant il anime *Star Academy*... Bon, il est nul, il ne sait pas quoi dire aux interprètes après qu'ils ont chanté. L'autre jour, il interviewe Ophélie Winter qui venait dans *Star Ac'* essayer de faire oublier qu'elle est déjà *has been*, et à la fin de sa chanson Nikos s'approche d'elle et dit : « Alors, Ophélie... » Là, il ne savait plus quoi lui dire, il n'allait pas lui demander : « Alors, qu'est-ce que ça fait d'être déjà *has been* ? » Alors, après un long silence, Nikos enchaîne : « Alors, Ophélie... Euh... comment tu fais les han han ?... » L'autre : « Ben, je fais han han !... » Et là Nikos conclut : « Beaucoup de magie en tout cas ! » Oui, à la fin, il n'a que deux phrases de conclusion : « Beaucoup de magie en tout cas » ou bien : « Merci Jane Birkin, c'est que du bonheur ». Vous allez me dire, il a vendu son âme au diable, ça nous arrive à tous… Moi-même, la semaine dernière, je me suis retrouvé dans l'émission de Sophie Davant, dont j'avais dit que c'est le degré zéro de la télévision, pour faire la promo de mon bouquin ! Seulement, y a des limites à la compromission. Et samedi, Nikos les a franchies…

Y a plein de codes dans *Star Academy*. Par exemple, pendant les chansons rapides, Alexia Laroche-Joubert, la directrice aux dents jaunes – je sais pas si vous avez remarqué, on dirait qu'elle a du gruyère collé sur les incisives ! –, donc pendant les chansons rapides, Laroche-Joubert danse le twist ! Et pendant les chansons lentes, c'est Armande Altaï qui pleure. Elle a de plus en plus la peau violette, elle, elle devrait consulter en dermato… Remarquez, la peau violette ça s'assortit bien avec les dents rouges – qu'elle a à cause du rouge à lèvres. D'ailleurs, c'est une constante chez les profs, puisque Raphaëlle a, elle aussi, les dents écarlates… C'est bien simple, quand les deux profs avec la directrice au milieu sourient, on dirait le drapeau espagnol, rouge jaune rouge !… Donc, dans *Star Academy*, y a danse pendant les chansons rapides et larmes à la fin des chansons lentes…

À un moment, Lara Fabian chante en duo avec une élève. Comme d'hab', elle nous fait le coup de l'émotion frelatée, des larmes sur commande

– vous savez, l'histoire du poil de nez qu'on s'arrache ! Elle le fait bien, Lara Fabian ! Elle se retourne et hop ! elle arrache son poil de nez et elle regarde la caméra en disant : « Merci, merci pour tant d'amour... » Tandis que de grosses larmes perlent à ses yeux globuleux...

À cet instant, Houcine, l'un des deux candidats, celui qui est papa (et dont la production de *Star Academy* avait scénarisé le manque de son enfant – depuis, il n'en parle plus, de son fils. C'est comme David du Loft, ou comme dans toutes les *Star Academy* de toutes les télés : il doit y avoir un candidat papa qui s'ennuie de ses enfants et qui pleure), Houcine avait les larmes aux yeux, comme on le lui avait dit à la répétition. On lui avait dit : « Quand y aura Lara Fabian, il faut pleurer. » Bon, c'est pas dur, vu qu'elle est bête à pleurer... Et notre Houcine avait donc les larmes aux yeux. Et c'est là que Nikos a plongé dans l'immonde : « Alors, Houcine, j'ai vu des larmes dans vos yeux. Pourquoi ? » L'autre n'allait pas répondre : « Parce qu'on me l'a demandé à la répétition », donc il ne répond rien. Nikos : « Houcine, ces larmes dans vos yeux... je crois que je sais pourquoi... » Houcine : « Ben, parce que... » Nikos : « Vous pensez à quelqu'un... qui vous manque... à votre enfant... » À cet instant, c'était pas Nikos la dignité...

Octobre 2003

Ça s'est passé samedi soir, à la *Star Ac'*, juste au moment où Patxi, celui qui a une tête d'idiot du village, allait chanter du Dutronc. Déjà, rien qu'à écrire cette phrase, j'ai comme un étourdissement. À ce moment donc, on vit un groupe d'intermittents du spectacle envahir la scène et dérouler une banderole… Enfin, essayer de dérouler une banderole… Elle semblait pourtant avoir de la gueule, la banderole. Au bas mot, 25 mètres de long sur 1 m 50 de haut, et on avait hâte qu'ils aient fini de la déployer pour lire la phrase magnifique qui devait y être écrite. Malheureusement, en raison de la panique générale, ça a pris un temps interminable… Y avait même des intermittents coincés dans la banderole qui les enroulait…

Le premier moment de panique passé, notre ami Nikos revient sur scène en disant aux intermittents : « Bonsoir, vous êtes ici chez vous et on vous applaudit bien fort ! » Oui, ça c'est un réflexe chez Nikos, il voit arriver quelqu'un sur le plateau, il demande au public de l'applaudir bien fort. Quant au public, il fait comme le chauffeur de salle leur a dit aux répétitions : « Bon alors, quand Nikos demande d'applaudir, on fait un triomphe… » Alors quand Nikos a demandé d'applaudir les types en train d'essayer de dérouler une banderole, ils ont fait un triomphe aux intermittents, comme ils le font à Jenifer ! Et c'est là, pendant les applaudissements frénétiques, que la banderole finit par être enfin déroulée et qu'on peut y lire cette phrase définitive : « SÉLET SOV ZEINGIETTE. »

Là, les applaudissements se sont raréfiés, on sentait que le public flottait devant cette phrase ésotérique : « SÉLET SOV ZEINGIETTE. » Moi, au début, j'ai cru qu'il s'agissait d'une citation de Karl Marx, à cause de « SOV » qui donnait un air slave. Mais quand même, ZEINGIETTE, ça faisait pas idéologie socialiste… Une zeingiette, ça faisait plutôt penser à ces petits carrés de tissu humides pour tout nettoyer : « Madame, grâce à vos zeingiettes vous pourrez enlever la poussière même au-dessus des meubles !… » C'est à cet instant qu'un responsable des intermittents, un petit chauve nerveux, prenant quatre pas de recul pour voir la gueule qu'avait la phrase de la banderole, s'aperçut que la banderole était à l'envers… Alors, arrachant le drap à l'intermittent qui le tenait à un bout, il courut porter cette extrémité de banderole à l'autre bout en faisant signe à ceux du bout de venir au début. Seulement, les autres n'ont pas compris tout de suite, et pendant quelques instants plus personne ne savait trop quoi faire, donc on a vu la banderole se rétrécir comme si on repassait la bande à l'envers, et se redéployer à l'endroit ! Là, ceux qui étaient coincés dedans depuis le début sont tombés par terre en hurlant : « On vous l'avait bien dit que c'était à l'envers ! »

Nikos, genre grand seigneur : « Soyez les bienvenus ici… Ah ! mettez-la du bon côté… » Et là, il déchiffre tout fort le texte de la banderole : « Étei… gnez vos télés… » Et il ajoute : « Éteignez vos télés, ben oui, mais éteignez pas la nôtre quand même, on va pas quand même gâcher notre télé, même si on pense à vous et on vous donne la parole… » Et de fait, il tendit le micro au petit chauve nerveux qui déclara : « Non, non, je n'ai rien à dire. » Puis finalement, à contrecœur, un type commence à bredouiller un texte, s'interrompt et là, Nikos : « Vous allez vous exprimer juste après la pub ! » Les autres : « Ah ! bon, d'accord… » Et là, TF1 envoie la pub. Après la pub, on voit apparaître sur nos écrans Véronique Genest. Sur le coup, j'ai pensé « Tiens, ils avaient oublié une pub du jambon Madrange. » Pas du tout, c'était un épisode de Julie Lescaut qui datait de 1980 avec des rayures sur le film, des couleurs passées à dominante orange, un peu comme les pubs pour restau chinois des cinémas de province dans les années 1970… « Dans un cadre accueillant et raffiné, Catherine et Michel seront heureux de vous offrir un kir de bienvenue ! » Après la pub, conformément à ce que leur avait promis Nikos, les intermittents ont pu s'exprimer autant qu'ils le voulaient… au commissariat du XIXe arrondissement. On les aidait même à s'exprimer à coups de bottin !

STAR ACADEMY 3

Décembre 2003

Cette nuit, j'ai regardé la diffusion de *Star Ac'*… C'était le tout début de l'émission avec le panneau du partenaire qui disait : « Kiabi présente *Star Ac'* »… à bien y réfléchir, l'association est logique, Kiabi est à la couture ce que *Star Ac'* est à la chanson, un produit de masse, standardisé, sans aucune ambition esthétique, et on peut dire que la prof de chant Raphaëlle Ricci est à la chanson ce qu'une styliste de Kiabi est à la haute couture, pas une seule fulgurance, pas une audace, rien, ça ratisse les bas-fonds de la médiocrité avec des filets dérivants.

Le présentateur Nikos, lui ne s'habille pas en Kiabi pour présenter l'émission, pourquoi pas en Pantashop pendant que vous y êtes.

Hier soir, Nikos portait un blouson de cuir façon motard californien à 3 000 euros, un truc de *Hell's Angel* vieilli artificiellement. Malheureusement il faudrait lui dire que c'est typiquement le genre de vêtement qui ne lui va pas. Je vous explique : Pour porter un blouson comme ça qui doit peser 12 kilos faut mesurer 1 m 90, être mince et porter les cheveux longs. Comme Nikos ressemble plutôt à un marchand d'olives corinthien, c'est à dire petit et adipeux, le look Harley, faut qu'il oublie Nikos.

Y en a un autre comme ça, qui veut s'habiller rock'n'roll c'est Camus, le producteur de Hallyday, le type a une tête de notable, ce qu'il est, avec lunettes attaché-case et tête à claques, on imagine bien qu'à l'école, c'était celui qui se prenait des claques, et bien, malgré ça, monsieur Camus porte des blousons de motard américain. Remarquez en dessous, c'est moins rock'n'roll, avec le pantalon de costume sous les aisselles façon Chirac…

Mais revenons à *Star Ac'*. Une des filles finalistes rendait visite à Johnny dans sa loge avant un concert. Seulement, vous l'avez peut-être lu dans la presse, il y a cinq jours, Johnny est tombé en sortant de voiture, mais non il n'avait pas picolé, il a glissé, a voulu se rattraper au blouson de *Hell's* de son producteur, mais l'autre a les jambes flageolantes sous le jean 501, et ils sont tombés lourdement tous les deux sur la chaussée glissante.

Du coup ils ont annulé les concerts de l'idole et hier dans le reportage de *Star Ac'*, Johnny se tenait debout mais il ne pouvait pas marcher, mais bon la rencontre était prévue par contrat par Universal.

Johnny voulant se débarrasser au plus vite de la candidate de *Star Ac*' cherchait deux banalités à lui balancer, mais probablement sous antalgiques, il n'avait plus sa tête, du coup, on eut droit à un grand moment, Johnny embrassa la fille en lui disant : « Et surtout n'oublie jamais que » en n'ayant aucune idée de ce qu'elle ne devait jamais oublier,…

« Euh… surtout n'oublie jamais que… » Bon comme la fin de la phrase n'arrivait pas, il finit par renoncer et repartit sur une piste nouvelle en disant, « Et puis tu vois, dans le rock'n'roll » et là pareil, silence. Au moment où l'on se demandait, s'il allait de nouveau renoncer à finir sa phrase, on vit soudain son visage s'illuminer et il finit par dire : « Et puis tu vois dans le rock'n'roll… quand il faut y aller faut y aller ! »…

Là, c'était terrible, on se rendait compte que Johnny était devenu une sorte de caricature, pire que sa marionnette des Guignols, avec Laetitia qui parle de lui en disant : « mon mari », et qui lui a acheté un chien d'antiquaire, on devine qu'elle rêve de lui offrir une poussette pour faire le marché. Laetitia qui voyant la catastrophe hier s'approcha de la candidate et lui dit : « Avec mon mari, quand on regard *Star Academy*, on vote pour vous », et là on imaginait les samedi soir de Johnny sur le canapé devant la table basse en merisier teinté, *Télé 7 jours* à portée de main avec un crayon et une gomme pour faire les mots flêchés de maître Capello appeler pour voter à *Star Ac'*...

Voilà ce que les Camus, les Nègre et les Laetitia ont fait de Johnny, tout ça pour pouvoir se payer des blousons de cuir qui ne leur vont pas du tout.

Décembre 2003 (II)

Ça y est, *Star Ac'* n° 3, c'est fini, et vous le savez sûrement, samedi soir lors de la finale, Élodie a battu Michal.

Michal va pouvoir aller passer tranquillement les fêtes à Mýkonos, quant à Élodie... vous voyez qui c'est Élodie ? C'est la blonde indisposée qui louche, au point que *Libé* l'a surnommée Daktari, ce qui est finalement assez injuste car le lion de la vieille série américaine était doté d'un strabisme horizontal alors qu'Élodie louche verticalement, c'est-à-dire que son œil droit est plus haut que le gauche ; bon au maquillage ils essaient tant bien que mal de donner le change en épaississant le contour des yeux, un coup en haut, un autre en bas, on dirait deux roues de bicyclette dont une est crevée…

Mais surtout, je vous disais que ce qui est frappant avec Élodie, je ne sais pas si vous avez remarqué, c'est qu'elle a toujours l'air d'être indisposée.

En la voyant, on imagine la pub, avec la bonne copine qui lui dit : « Tiens salut Élodie qu'est-ce qui t'arrive ?

— Oh rien de grave, ce sont mes petits ennuis de femme ?

— Ah bon, as-tu essayé Ténia de Libbra ?

— Oh tu sais, non, moi avec mon flux abondant, je n'utilise qu'Always. »

On imagine que samedi soir tous les gens de chez Always avaient été réquisitionnés en heures supplémentaires pour téléphoner pour elle, tant cette fille est une publicité vivante pour leurs produits.

Samedi, c'était donc la dernière de cette *Star Ac' 3*, qui n'a pas marché terriblement, et déjà, c'est fou à quelle vitesse les visages des candiats s'estompent dans nos mémoires, on a pu s'en rendre compte en les revoyant samedi, parce qu'à part Amina, qu'on n'est pas prêt d'oublier puisqu'elle a sortie le plus belle connerie de *Star Ac' 3*… vous vous souvenez, un jour… excédée, elle s'est écriée :

« J'en ai marre d'être le bouquet mystère »… Tiens puisqu'on parle de conne, vous n'allez pas le croire, savez-vous d'où est native Élodie ? Et bien, elle vient de Cosne, Cosne sur Loire, en duplex samedi soir avec TF1, on a vu monsieur le maire qui est raccord avec le nom de sa ville puisque pendant que le commentateur présentait sa ville, il faisait coucou de la main, un peu comme lorsque les mémés prennent le train.

À côté du maire, les gens de Cosne qui connaissaient Élodie, ses anciens profs, et Nikos leur donnait la parole à chaque fois qu'il fallait meubler pour un changement de décor, lorsqu'on amenait un piano pour Elton John, mais là, manque de pot, le duplex n'a pas fonctionné, du coup Nikos a improvisé et ça a donné ça… Je vous jure que c'est vrai, Nikos : « Décidément, cette émission est merveilleuse, regardez ce piano qui arrive sur le plateau comme par magie… »

Comme par magie faut pas exagérer non plus, vu qu'il était poussé par quatre intermittents du spectacle… mais Nikos troublé par le problème de liaison enchaîna avec une autre bourde en lançant : « Voici la plus grosse vedette du monde, monsieur Elton John… ! »

Ça me rappelle que le *Canard Enchaîné* qui avait écrit, après le recensement que la plus grosse commune de France n'était pas Paris, mais Régine…

En regardant jouer Elton on se disait que Nikos avait raison puisqu'en ces temps de Noël on ne pouvait s'empêcher en voyant les doigts du chanteur sur le clavier de penser aux boudins blancs du réveillon.

Après la chanson, Nikos rappela qu'Elton faisait partie de la famille de *Star Ac'*, c'est la tante. Mais Nikos n'était décidément pas en très grande forme puisqu'au moment de lancer Élodie qui devait chanter : « *Can you feel the love tonight* », Nikos a traduit ça par : « Est-ce que tu la sens ce soir ? »

STARS INTIMES

Septembre 2003

Avouez que l'affiche était alléchante. Mon programme télé indiquait en effet hier soir : « M6, 20 h 30, *Stars intimes*, l'émission qui vous fait partager l'intimité des plus grandes stars en vacances ! » Bon, le mot « star » était sans doute excessif, puisque participaient à cette émission Loana, Évelyne Thomas, Stéphane Bern et Christine Bravo.

Le logo de l'émission représentait un trou de serrure. Au moins, ils annonçaient la couleur.

Avouez que l'affiche était alléchante, disais-je… Le début du reportage sur Stéphane Bern combla notre attente. Déjà, on a enfin pu voir cette modeste cabane de pêcheur dont il nous parle souvent ici même. En fait de cabane, ça ressemble à la propriété de Luc Besson à Saint-Trop', c'est immense avec plein de terrasses… Si Stéphane avait fait construire ça sur la Côte d'Azur, on la lui faisait démolir pour non-respect du plan d'occupation des sols !

Le reportage commence par Stéphane dans sa cuisine, qui prépare le repas pour des amis qu'il a invités à déjeuner. On le voit confectionner une salade grecque en chantant *Les Enfants du Pirée*. Puis Stéphane nous explique ce qu'il fait : « Là, je coupe des tomates, là, je coupe des oignons, et là, dit-il, on a tous nos petits trucs, moi je mets un peu d'huile d'olive. » Quelle audace ! De l'huile d'olive dans une salade grecque ! Enfin, toujours est-il que Stéphane s'écrie : « À table ! » et qu'on voit ses invités qui visiblement mouraient de faim à cause du retard engendré par le tournage… On voit les invités s'installer rapidement autour d'une table en terrasse en s'écriant : « Je meurs de faim. » Et là, ils voient Stéphane débarquer avec un minisaladier où deux tomates et trois oignons baignent dans l'huile d'olive… On aurait cru les réceptions de l'ambassadeur d'Albanie où y a juste un plat de Ferrero Rocher, même pas un coup à boire !

Du coup, Stéphane décide d'aller faire ses courses. Il prend sa petite voiture et va au village le plus proche. Et là, la voix *off* de l'émission nous explique : « Stéphane profite des courses pour améliorer son grec. » Oui, au début, le grec de Stéphane était un peu fruste, mais il le travaille et l'améliore à chaque vacances... Et ça, posséder un grec parfait, c'est un petit peu le rêve secret de Stéphane...

On voit donc Stéphane arriver chez le boulanger, pour faire son intéressant il lance « Kalimérassas » – il avait répété le mot tout le trajet. Bon, dans la boulangerie, personne n'a répondu. Y avait le vieux qui continuait à enfourner ses pains et ses enfants, les enfants que le boulanger a eus avec sa sœur, regardaient Stéphane l'air hébété... Et là, on attendait la suite en grec. Alors Stéphane fait : « Euh... chocolat... » Les gens dans la boutique continuaient à le regarder la bouche ouverte, sans comprendre ce qu'il voulait dire. Alors, je vous jure que c'est vrai, t'as le vieux boulanger qui lui a tendu un sac en papier pour que Stéphane se serve lui-même !... On devinait qu'il pensait : « Vas-y, sers-toi, nous on comprend pas le turc !... »

Ensuite, Stéphane va acheter des fruits et légumes. Là, le type a tout compris : il parlait français...

Puis Stéphane revient dans sa villa, s'installe sur la terrasse et nous confie : « Normalement, quand je suis ici en Grèce, je suis nu toute la journée. Vous voyez, je m'installe ici, je me déshabille et je travaille mon grec. »

Eh bien au moins, on aura appris une chose, c'est qu'il est préférable d'être nu pour travailler le grec !...

Après Stéphane en Grèce, vint le tour de Christine Bravo au Mexique. On imaginait bien qu'en allant filmer Bravo en vacances à 10 000 kilomètres, on allait atteindre des sommets. Effectivement, ça démarra très fort, puisqu'on voyait Christine en paréo, prenant des poses sur un bateau façon *Le Titanic*, en riant trop fort avec sa voix d'Annie Girardot... Et puis, peu à peu, s'installa comme un malaise. On était gêné de la voir plonger lourdement dans l'eau et puis chercher l'agrafe de son soutien-gorge... On se disait : « Non, elle va pas oser... » Mais si, Christine ose tout. Et la voilà qui fait tourner son soutien-gorge façon Thierry la Fronde, en hurlant de sa voix cassée : « Et alors ? Emmanuelle Béart le fait bien !... »

À partir de là, on n'avait plus du tout envie de rire, en la voyant sortir de l'eau avec ses deux petites cannes blanchâtres d'alcoolo... On la vit faire la fête comme chaque soir, se péter la gueule, et on comprenait, avec sa voix brisée plus forte que les autres qui chantaient des traditionnels mariachis, et avec ce bar quasi désert dans lequel elle braillait en titubant : « Quand il me prend dans ses bras, qu'il me parle tout bas, je vois la vie en rose... »

La vie en rose, c'est merveilleux. Mais la vie en rosé, ça donne envie de pleurer.

SULITZER Paul-Loup

Janvier 2003

Permettez-moi tout d'abord d'effectuer une mise au point. Je n'étais pas parmi vous hier pour des raisons personnelles et je le regrette, car j'aurais aimé m'asseoir à côté de ce couple merveilleux que vous avez accueilli, Stéphane, ce couple qui nous réconcilie avec l'amour fou, l'amour vrai, constitué de Paul-Loup Sulitzer et de sa jolie fiancée venue du froid. Dorénavant, lorsqu'on me demandera : « C'est quoi l'amour ? », je les citerai en exemple. Tout n'est que pureté et romantisme dans cette histoire… Et dans votre magnifique émission *Sagas*, Stéphane, lorsqu'on les voyait dans cet hôtel de luxe de Biarritz dont vous avez cité le nom à trois reprises hier – j'espère qu'ils vous en seront reconnaissants lors de vos prochains séjours –, on voyait nos tourtereaux passer la soirée du Nouvel An. À un moment, la promise s'est levée pour danser, alors Paul-Loup s'est levé à son tour pour danser face à elle. Paul-Loup dansait et en voyant cette grâce infinie, on pensait à Noureïev bien sûr, et on comprenait alors pourquoi elle l'aimait… À la fin de la danse, il approcha la bouche des lèvres de sa promise et il lui embrassa le plexus. Bon, c'est vrai, il est un peu plus petit qu'elle, mais qu'est-ce qu'un mètre vingt de différence ? Il est également un peu plus âgé, mais que sont quarante ans d'écart puisqu'elle l'aime ? Les différences n'existent pas ! La preuve, c'est qu'elle est pauvre et lui très riche, et ça ne la gêne absolument pas !…

Et cette magnifique chanson dont Paul-Loup est l'auteur. Comme nous sommes fiers, à France Inter, d'être les premiers à vous l'avoir fait écouter ! Les premiers et les seuls, car ça, c'est sûr que vous n'êtes pas près de l'entendre ailleurs, cette chanson qui est à la musique ce que leur romance est à l'amour... Il y a tout dans cette histoire, de l'amour, de l'art, mais aussi de la culture... Puisque Paul-Loup nous a affirmé que sa dulcinée était, je cite : « plusieurs fois polyglotte » !...

Enfin voilà, tout ça pour vous dire à quel point j'ai regretté de ne pas avoir été là hier. Mais j'avais des raisons personnelles. En fait, j'étais dans les bras d'une pute...

SYLVESTRE Jean-Marc

Juin 2003

Si je suis morose, c'est que ça fait quatre jours maintenant que des grévistes barbus me privent de la chronique matinale de Jean-Marc Sylvestre. Eh oui, déjà quatre jours sans chronique économique de Jean-Marc Sylvestre. Autrement dit, quatrième jour sans communiqué officiel du Medef ! Certes, Jean-Marc Sylvestre peut à loisir s'exprimer sur TF1 et il ne s'en prive pas. Par exemple, avant-hier, il est venu nous expliquer à quel point les grévistes étaient de grosses feignasses qui mettaient en danger l'économie française et prenaient les usagers en otage pour une histoire de retraite à la con. Mais la télé, c'est pas pareil. Moi, ce que j'aime, c'est écouter Sylvestre. Le matin en prenant mon café, c'est le grand moment comique du *7/9*. C'est pour ça que j'ai arrêté ma chronique matinale, car il y avait doublon… Il n'y a pas de place pour deux humoristes le matin !

Alors je voudrais lancer un appel à la CGT : continuez la grève, mais rendez-nous Jean-Marc Sylvestre. Ou alors, à la place de sa chronique, comme chanson mettez « Merci patron ! »…

TF1

Mars 2003

Le Parisien nous apprend ce matin qu'un vent de panique a soufflé au siège de TF1 la semaine dernière, car une enveloppe suspecte a été reçue au siège de la chaîne. Une enveloppe contenant une petite quantité de poudre blanchâtre. Bon, après avoir pensé que le facteur s'était gouré et qu'il s'agissait du courrier de Delarue, ils ont ouvert : il s'agissait d'une substance inconnue… Bataille et Fontaine ont eu très peur, ils pensaient que cette substance inconnue pouvait être de la dignité. Ben oui, comme ils ne savent pas comment c'était, forcément ils étaient inquiets à l'idée d'être contaminés par la dignité. Bernard Montiel, lui, a cru que c'était de la cervelle lyophilisée. Et une animatrice connue, après avoir goûté, a conclu que ce n'était pas du sperme lyophilisé – en tout cas qu'il n'appartenait à personne de TF1 !

TÉLÉMATIN

Octobre 2003

La conne du jour, c'est la chroniqueuse de *Télématin* qui aujourd'hui, au sujet d'une expo sur la Renaissance, nous explique : « Vous pourrez y voir des œuvres de la *dream team* de la Renaissance : Botticelli, Léonard de Vinci, Michael Ange… » Je ne sais pas si Michael Ange faisait partie d'une *dream team*, mais ce qui est sûr, c'est que la demoiselle pourrait prétendre à une place de titulaire dans la *dream team* de la connerie !

TESSIER Élisabeth

Février 2003

J'avais d'abord décidé d'écrire aujourd'hui à Bernard Montiel, qui a pété les plombs sur une radio locale en disant que les gens de télévision étaient tous des cons et des incultes sauf lui. Et c'est vrai que lorsqu'on pense à Bernard Montiel, le premier mot qui vient à l'esprit, c'est « intelligence ». Puis juste après, « culture ». Surtout quand on se souvient qu'un jour où il présentait le jeu *Une famille en or*, il a quand même sorti : « Et comme disait Jean-Paul Sartre, l'enfer… c'est nous ! »

Mais j'ai finalement décidé aujourd'hui d'écrire à madame Élisabeth Tessier, pythie des temps modernes, que j'ai vue hier soir interrogée par Karl Zéro sur Canal+. Oh mais dites donc, Stéphane, à propos de pythie, on peut vous voir dans le numéro de *Match* d'aujourd'hui, page 113 ! Sur une photo où vous semblez très intime avec la voyante Yaguel Didier… Et à votre air ravi et reconnaissant, on devine que la voyante s'est penchée attentivement sur votre avenir et qu'à la lecture attentive de vos boules elle vous a prédit du bonheur !… Dans le même article, il est écrit que vous avez tenté de comprendre la signification des tarots de Marseille que la voyante avait étalés sur la table devant elle. Vous déclarez, je cite : « J'adorerais savoir tirer. » Et là, on se demande à quoi servent tous ces stages à Mýkonos si vous en êtes encore là !

Mais revenons à Élisabeth Tessier. Hier soir sur Canal+, elle était interrogée par Karl Zéro qui lui a demandé ce qu'elle pensait de l'éventualité d'une nouvelle guerre du Golfe. Déjà, que Karl Zéro demande à l'astrologue énucléée qui, rappelons-le, avait annoncé en 1987 la découverte du vaccin contre le sida pour l'année suivante – à chaque fois que je la vois, je ne peux m'empêcher de penser aux malades qui l'ont entendue dire cette connerie et qui sont morts l'année suivante –, bref, que Karl Zéro demande à la vieille rousse si la guerre va avoir lieu nous donne une idée assez précise du gouffre dans lequel est tombé Canal+… En tout cas, la sorcière a répondu qu'on arrive en pleine lune du 15 au 21 février et que pendant cette période, un attentat aux États-Unis déclenchera la guerre, parce que la conjoncture résonne « par rapport au thème de l'Irak ». Et là, elle se fout vraiment du monde. Il est quoi, l'Irak ? Bélier ascendant Balance ? Il est né quel jour à quelle heure, l'Irak ?... Mais c'est pas tout : elle a expliqué que la guerre était souhaitable, car à la tête de l'Irak il y a Saddam Hussein qui est du signe du Taureau, comme Hitler et Pétain. Et que pour cette raison, il fallait absolument s'en débarrasser. Mais pauvre conne ! Comme autres Taureau, y a eu aussi Albert Camus, la reine d'Angleterre, Yehudi Menuhin, Golda Meir, Sigmund Freud et Pierre Curie ! Bon, c'est vrai qu'il y a aussi Édouard Balladur, mais quand même !...

Quand on pense que Mitterrand consultait une andouille pareille qui prévoit les guerres en fonction de la pleine lune... Mais c'est vrai que justement, ce qui l'intéressait, Tonton, c'était la pleine lune d'Élisabeth... Elle aurait été mécanicienne, il se serait mis à la mécanique ondulatoire... Et puis, sur la fin, il n'avait plus sa tête, il passait ses journées à écouter les conversations téléphoniques de Marthe Mercadier à son proctologue, c'est vous dire s'il était devenu tordu !

THALASSA

Avril 2003

Thalassa. Je ne sais pas pourquoi, cette émission me déprime. Imaginez un couple qui se retrouve après une semaine de boulot : « Allez, tiens, c'est le week-end, on va regarder *Thalassa.* »

Télé 7 Jours nous annonce plusieurs sujets : « La pêche à la crevette en Belgique. » Je vous lis le pitch : « Pour les Belges, la crevette flamande est l'une des meilleures au monde. Fraîchement pêchée, elle est aussitôt triée et congelée dans le chalutier. » Et le reportage passionnant de ce soir nous montre une journée de Raymond Van Hassen, patron de chalutier. « Quatre heures du matin, Raymond Van Hassen se lève dans la maison endormie d'un faubourg de Knokke-le-Zoute. » On le voit prendre son café accompagné d'un hareng saur, puis avant de partir dans la nuit flamande, il va embrasser la Raymonde qui dort encore… Un baiser très doux qui, en rassurant inconsciemment la Raymonde, déclenche chez cette dernière un chapelet de petits pets chargés de miasmes nocturnes… Raymond Van Hassen n'aime pas ça, car les marins sont superstitieux. En effet, un proverbe maritime affirme : « Au lit, femme qui pète te prédit la tempête ! »

Ensuite, je vous jure que c'est vrai, *Thalassa* diffuse un deuxième sujet consacré à la moule. Je ne tomberai pas dans la vulgarité, sachez simplement qu'un autre proverbe impliquant « l'épouse » indique si la moule sera de qualité.

Ensuite, *Thalassa* nous apprend que, contrairement à ce qu'on pense, la moule belge est pêchée en Hollande. Vous saviez ça, vous, Stéphane ? Bon, je sais, vous ne vous êtes jamais vraiment penché sur ce sujet, vous avez décidé un beau jour que vous n'aimiez pas les moules, mais comment pouvez-vous savoir puisque vous n'avez jamais goûté ? Ou alors peut-être avez-vous été déçu la première fois parce que vous êtes tombé sur une pas fraîche ?...

Tiens Stéphane, promettez-moi une chose : si le 4 avril on n'a pas eu la guerre, on se fait un restau de poissons ! Tiens, on va à La Criée, par exemple, et vous prenez la formule « Moules en entrée et morue ensuite » !

USHUAIA

Mars 2003

Hier soir, j'ai regardé *Ushuaia* sur TF1. Nicolas Hulot était parti pour l'Inde emmerder les rhinocéros et les pélicans... Je vous ai déjà parlé ici de la délicatesse de Nicolas Hulot qui chuchote pour ne pas déranger l'écosystème... Hier, ça donnait : « Voici les rhinocéros qui s'approchent du bord de la rivière... Regardez, on voit sur leur dos les petits oiseaux qui les débarrassent des parasites... » Alors qu'il est venu sur place avec deux biréacteurs de matériel, soixante-dix techniciens, trois hélicos pour repérer les rhinocéros qui, terrorisés, ont pris la fuite au cours de laquelle vingt-quatre sont morts de crise cardiaque ! Mais après, pendant l'émission, c'est : « Voici les rhinocéros qui s'approchent de la rive… » Et hier c'était surréaliste, car son guide parlait anglais – bon, il chuchotait comme Nicolas Hulot, alors qu'ils avaient enregistré leurs voix dans un studio à Bombay –, mais le pire, c'est que le traducteur en français, aux studios de Boulogne-Billancourt, parlait aussi comme ça — probablement pour ne pas effrayer les rhinocéros qui pourraient paître du côté de Boulogne-Billancourt ! En fait, Hulot chuchotait parce que le guide chuchotait, mais lui c'est juste parce qu'il avait été opéré de la thyroïde… Il ne pouvait pas parler autrement. Ça, c'est le problème de Nicolas Hulot. À chaque fois qu'il rencontre un type qui a une angine, il croit que c'est pour pas affoler des animaux, et il lui répond sur le même ton. L'autre se dit : « Mais il se fout de moi, ce con ! », et il lui casse la gueule.

Après les rhinos, hier Nicolas Hulot décida d'aller voir de près les pélicans qui nagent au milieu du fleuve. Pour ça, il construit un faux pélican. Franchement, ça doit être les enfants de la maternelle locale qui l'avaient construit en cours d'éveil. Ça ressemblait pas beaucoup, le truc n'avait qu'un œil, et surtout Nicolas Hulot nageait en poussant le truc devant lui et en battant des pieds… Et puis de chaque côté de Hulot avec son oiseau en coton hydrophile, y a quand même deux caméramen qui nagent, alors tu penses bien que les autres pélicans se sont tirés vite fait en se marrant ! Et Nicolas Hulot qui murmure : « Malgré notre stratagème, quelque chose d'indéfinissable a alerté les pélicans… Peut-être le faux pélican est-il trop blanc ? » Ben y a surtout qu'il bat des pieds, le pélican, et qu'il est encadré de deux hommes-grenouilles avec des caméras !

Un autre truc rigolo avec Nicolas Hulot, c'est qu'il arrive toujours à trouver des tribus d'indigènes vivant nus avec un étui pelvien. Bon, en regardant bien, sur les herbes derrière on voit les Nike et les tee-shirts Hard Rock Café qu'ils ont enlevés pour l'occasion…

UN LIVRE, UN JOUR

SEPTEMBRE 2003

Commençons par un peu de culture et une émission dont je ne vous ai jamais parlé, *Un livre, un jour*, diffusée quotidiennement sur France 3 et présentée par Olivier Barrot, à 18 heures – juste avant Julien Lepers. Et c'est pour ça, sans doute, que je n'ai jamais évoqué cette émission, tant elle souffrait de la concurrence de *Questions pour un champion*.

Je ne sais pas si vous connaissez Olivier Barrot. Si ce n'est pas le cas, il faut absolument que vous le regardiez, car ce type est en train de disputer à Stéphane Bern le championnat du monde de la coupe de cheveux la plus ridicule. Bon, attention, les deux coiffures n'ont rien à voir. Vous avez d'un côté une espèce de salade de pissenlit, ou bien une belle frisée… Et Olivier Barrot, lui, nous la joue dandy à la mèche romantique… Mais j'ai jamais vu une mèche pareille ! Elle est constituée de la moitié de ses cheveux rejetée sur le côté !

Olivier Barrot est habillé en Bernard Pivot ou en Michel Polac. Oui, je ne sais pas si vous avez remarqué, les présentateurs littéraires portent toujours des vestes laine et mohair sur des chemises rayées au col à boutons ouvert sur un carré de soie…

L'émission d'Olivier Barrot se déroule toujours dans des cafés littéraires, ou bien on le voit assis sur un banc de pierre au parc Monceau… Ou bien encore à la proue d'un bateau-mouche qui passe devant la conciergerie… Bref, vous l'avez compris, des lieux où traînent des feignasses, parce que pour bouquiner sur un banc de pierre au parc Monceau à 3 heures de l'après-midi, faut vraiment être un glandeur !

C'est bien, ça va inciter à lire dans les cités. Les mômes vont croire que pour accéder à la littérature il faut porter des vestes en mohair, des écharpes de soie et une mèche d'un kilo et demi plaquée sur le côté du crâne sur un banc de pierre devant des statues antiques !… À mon avis, ça va encourager les vocations dans les banlieues !…

Parfois, l'auteur est présent. D'autres fois, Olivier Barrot présente seul. Hier, par exemple, l'auteur était là, et il s'agissait de Michel Winock. Olivier Barrot lui demande d'entrée : « Tout au début de votre livre, vous dites : “La mort était chez nous comme chez elle”... » Eh oui, vous l’avez compris, Olivier Barrot fait comme Jérôme Duhamel ou Patrice Carmouze : il ne lit que les trois premières pages du bouquin ! Et on voit bien d’ailleurs que seules les premières pages du livre qui est posé sur la table sont cassées. Il faudrait un jour qu’un auteur écrive dix premières pages sans aucun rapport avec le reste du bouquin qui commencerait en fait à la page 11. Vous imaginez Olivier Barrot ? « Bonjour monsieur Trucmuche, alors dans votre livre dès le début vous écrivez : “Ceci est un traité de mécanique ondulatoire, à la fin du livre vous saurez tout sur cette discipline passionnante”, et c’est vrai, à la fin de votre livre on a l’impression de tout savoir sur la mécanique ondulatoire... » Et l’autre : « Ben non pauvre pomme, tu l’as pas lu ! J’ai écrit cinq pages là-dessus pour te piéger, pour le reste c’est l’histoire d’un critique littéraire qui ne lit que le début des livres et qui un jour se fait piéger et passe pour un con... »

Avant-hier, Olivier Barrot était seul assis dans une brasserie située dans le VIe arrondissement de Paris. Tu crois quand même pas qu’il va aller à Aubervilliers ! Il tournait le dos à une baie vitrée qui donnait sur la rue, plus précisément sur un feu rouge auquel s’arrêtaient les voitures. Quand il est seul, Olivier Barrot raconte le bouquin grâce à une fiche que lui a préparée une assistante... Pour lire, Barrot fait comme Pivot, il chausse des lunettes demi-lunes qu’il enlève dès la fin de sa lecture. Bon, pour être franc, le bouquin dont il parlait était sans intérêt et on était plus intéressés par ce qui se passait dans la rue derrière lui. À un moment, on voit s'arrêter au feu rouge un camion vert de la ville de Paris, et par la fenêtre ouverte du camion, je vous jure que c'est vrai, on voit un ouvrier municipal entreprendre des fouilles nasales… À son air satisfait, on comprend très vite que ses recherches ont été fructueuses, et en effet, on le voit ressortir un magnifique relief nasal qu'il tient entre le pouce et l'index. Seulement si la première partie de sa pêche miraculeuse était solide, elle continuait par une sorte de queue de comète liquide qui surprit notre ami. Alors on le vit nettement se pencher par la fenêtre et, bouchant du plat du pouce la narine qui n'était pas concernée, souffler d'un coup sec de l'autre narine, ce qui expulsa l'intégralité du corps étranger. Après quoi, il se mit à siffloter en trifouillant son autoradio, afin d'augmenter le son pour bien entendre aux *Grosses Têtes* de Philippe Bouvard l'histoire de la pute à la jambe de bois. Au moment où le feu passa au vert, Olivier Barrot finissait la lecture de sa fiche. L'écran se divisa en deux, le visage méché et le livre en lévitation qui tournait sur lui-même, tandis qu'on entendait le géné-rique à l'accordéon jazz. Eh bien, je vais vous dire, ça donne vraiment envie de lire…

VENDREDI

Septembre 2002

Oui, j'écris au vendredi, à cette journée particulière empreinte d'une sorte d'euphorie. C'est vrai, tout le monde aime le vendredi. Autant on déteste le lundi cotonneux, on a du mal à retrouver ses marques, on s'est réveillés en ayant l'impression d'avoir dormi deux heures, on n'a pas vu passer le week-end... Faut dire qu'entre les courses du samedi et cette espèce de *no man's land* du dimanche, paf ! C'est déjà lundi, on est là sans y être... D'avance, on le déteste... D'ailleurs nous, lundi, l'invité est Bernard Kouchner. Déjà, on est énervés à l'avance ! Ah ! ça, pour porter un sac de riz devant les caméras on est là, mais pour résoudre les problèmes des infirmières... y a plus personne !... À l'étranger, on le surnomme le French Doctor... Le *french kiss*, c'est un baiser où on met la langue, le French Doctor c'est un médecin...

Et le vendredi, Stéphane Bern sur le planning du bureau a écrit : « Le vendredi, ne prendre que des invités qui nous prennent pas la tête. » Et la semaine prochaine, Amanda Lear, le vendredi suivant Miss France... Stéphane Bern a déjà l'esprit ailleurs... Ce matin, dans le bureau, il regarde le planning des invités, il voit écrit « M. Jobert » et il s'exclame : « Tiens, Michel Jobert ? Mais je croyais qu'il était mort ! »

Dans les entreprises, le vendredi est un jour spécial. C'est le jour des RTT, mais c'est aussi le jour des pots. Et qui dit pot dit quête. Ah ! les quêtes, vous savez, pour les départs à la retraite ! Les secrétaires passent dans les bureaux avec une enveloppe kraft... Nous-même, à France Inter, avons eu droit ce matin au passage d'une quête, une enveloppe destinée au cadeau de départ à la retraite de Macha Béranger, atteinte par la limite d'âge et qui termine ce soir. Eh oui, ce soir c'est la dernière de Macha. Et toi, le dépressif qui voulais appeler pour dire : « Bonsoir Macha, je suis seul dans la nuit et le monde me fait peur. Non, je n'ai plus de compagne, j'ai l'impression que les femmes ne peuvent pas me comprendre, sauf vous, Macha… » Et Macha le consolait en disant : « Ne vous inquiétez pas, il existe forcément sur cette terre quelqu'un qui saura vous comprendre… » Et après, pendant le flash, elle reposait son casque en disant à son assistante : « Bon, c'est fini, tu me passes plus les puceaux ou ceux qui ne baisent pas, ils n'ont qu'à aller aux putes !… » Vous imaginez Macha qui pète les plombs ? « J'en ai marre des dépressifs ! Mais allez aux putes, mon pauvre ami !… »

Ne la prévenez pas – elle dort à cette heure-ci –, mais les gens n'ont pas été très généreux… Non, la quête pour le départ de Macha n'a pas rapporté lourd. C'est une toute petite quête, une quéquette pour Macha… Déjà, Stéphane Bern a dit à la secrétaire qui passait ce matin avec l'enveloppe : « Ah ! il faut que je passe au distributeur, vous n'avez qu'à repasser cet après-midi. » Et vous pensez bien que le vendredi après-midi y a personne au bureau ! Enfin, je sais que cet après-midi, ce sera malgré tout une belle fête, car Jean-Marie Cavada prépare un très beau discours métaphorique dans lequel Macha Béranger, José Arthur et Claude Villers sont « les caravelles de Christophe Colomb », et que ça y est, Macha a crié : « Terre ! » la première et qu'il est temps de débarquer…

VIE PUBLIQUE, VIE PRIVÉE

Mai 2003

À propos d'idole, ce soir l'émission de Mireille Dumas a pour thème : « La célébrité, mais à quel prix ? » Effectivement, c'est un très beau sujet, sur lequel vous auriez beaucoup à dire, Sheila, car il est vrai que les stars paient souvent très cher l'adulation du public. On l'a vu avec Marilyn ou Brigitte Bardot : plus un instant de vie privée, une existence de bête traquée… Et pour illustrer cette émission, Mireille Dumas a invité une idole qui ne peut faire un pas sans susciter l'émeute : il s'agit de Marthe Villalonga…

Non, sérieusement, moi je l'aime beaucoup, Marthe Villalonga. Dans *Maguy*, vous vous souvenez ?… Mais quand même, de là à la prendre comme symbole de l'hystérie collective pour les stars, ça me paraît exagéré.

VIERGES

Mai 2003

On apprend dans *Le Monde* daté du 6 mai qu'un érudit allemand, spécialiste du Coran, a repris tous les textes sacrés et découvert une erreur de traduction du Coran qui a eu des conséquences néfastes, puisqu'il s'agit du passage où le Coran promettait soi-disant soixante-dix vierges aux martyrs pour peu qu'avant leur sacrifice ils entourent leur sexe d'Albuplast…

Moi, déjà, je ne suis pas un expert coranique, mais le mot Albuplast prononcé par Mahomet, je n'y aurais pas cru…

En fait, il s'agit de raisin. Les martyrs auront du raisin. T'imagines le type qui arrive au paradis : « Bon, alors, où est ma récompense de martyr ? » Et Dieu lui montre une épicerie… arabe !…

La télévision française, en revanche, ne doit posséder que les mauvaises traductions du Coran. Car c'est fou ce qu'elle s'intéresse aux vierges. Hier soir, deux magazines d'investigation sur TF1 et M6. Investigation, ça veut dire « trou du cul » en langage TF1 et M6. Hier soir au même moment, deux magazines d'investigation sur le tourisme sexuel. Et à un moment, un plan sur soixante-dix vierges attendant d'être vendues, filmées en style TF1 : « Coco, tu zoomes sur la petite culotte blanche ! » Au même moment sur M6, *Ça me révolte* : et allez, « Le scandale du tourisme sexuel » ! Avec ces pré-adolescentes : « Regardez comme leurs petits seins sont à peine formés… »

Charles Villeneuve n'est pas un islamiste, pourtant lui aussi est irrésistiblement attiré par soixante-dix vierges, celles du *Droit de savoir* hier sur le tourisme sexuel. On nous y montrait complaisamment des gamines cambodgiennes vendues comme vierges : « Oh ! regardez comme elles sont pures avec leurs petites culottes blanches et leurs seins d'adolescentes !... »

VILLENEUVE CHARLES

OCTOBRE 2003

Ce matin, Charles Villeneuve s'est rasé. Dans sa glace il a vu le visage d'un sexagénaire encore séduisant, en tout cas suffisamment attirant pour séduire des présentatrices entre deux âges et entre deux lignes de coke qui lui trouvent beaucoup de classe sous prétexte que sa teinture de cheveux est impeccable et qu'il porte un Armani à 20 000.

Ce matin, Charles Villeneuve s'est rasé. Dans sa glace, il a vu le visage d'un type qui n'avait aucun scrupule. D'un journaliste, car il doit avoir une carte de presse, d'un journaliste pour qui l'actualité se résume aux interventions de la Brigade antiterrorisme, et aux jeunes prostituées. Les interventions de la Brigade antiterrorisme, en montrant bien les visages zonés TF1, c'est-à-dire que la mosaïque a trois secondes de retard et permet ainsi de voir la tête des Blacks et des Beurs qui terrorisent nos banlieues... Les jeunes prostituées avec le visage et le sexe zonés TF1, c'est-à-dire avec le même retard...

À part ça, pour Villeneuve, il ne se passe rien dans le monde.

Alors ça commence par la patrouille d'une Brigade anticriminalité, trois cow-boys à l'amitié virile, bien balèzes, bien blonds… Et très vite, la poursuite avec un Arabe en scooter et le môme qui hurle : « Excusez-moi monsieur ! » au moment où ils le menottent. Le lendemain, pour se détendre, ils vont sur la plage. Eh oui, souvent les filles sont attirées, ça change des Noirs des banlieues…

Ils suivaient la Brigade anticriminalité du Cap-d'Agde… Tous les ingrédients… Les policiers, les nudistes… Et vu que c'est l'été, les délinquants des cités en vacances…

À un moment, deux bandes de jeunes s'affrontent, il y a un Noir de dix-neuf ans poignardé en plein cœur et ils ont fait des gros plans sur lui ! Qui peut oser faire ça ? Même pendant les guerres ou les génocides… C'est la première fois que je vois un gros plan pareil sur un mort !… dix-neuf ans, en plus !…

La forme du reportage était monstrueuse : c'était tout juste si la voix *off* ne disait pas : « Regardez ces sauvages s'entretuer. » Au couteau de chasse en plus… Bien mis en valeur dans les gros plans pour qu'on voie bien le sang sur la lame… Et le gamin à qui le flic annonce que l'autre jeune qu'il a planté sur la plage avec un couteau de chasse de 19 centimètres est mort, le gamin répond : « Chuis dans la merde… »

Et puis il y a eu ce détail effroyable : l'instant de détente des policiers de la Bac sur la plage. Là aussi, c'est dans la forme que c'était choquant. On voyait le policier blond, grand, musclé, attirant l'œil des filles sur la plage, le gars bien dans sa peau… Puis les commentaires de filles admirant son corps, et de son collègue flic admirant son sérieux, son côté « carré dans l'action »… Difficile de ne pas penser aux films de propagande nazie…

Après une série de pubs et une autopromo pour *Star Ac'*, retour au *Droit de savoir* où, nous apprend Villeneuve, une autre des missions de la Bac consiste à contrôler les naturistes. Nous y voilà. Et justement, ce jour-là, ils sont appelés sur la plage des nudistes, car l'un d'entre eux a été victime d'un malaise… Et là, je vous demande d'imaginer la scène : les flics arrivent sur la plage et font un périmètre de sécurité d'une quinzaine de mètres – non, ne poussez pas ! La caméra fait un tour, ce qui nous permet d'apercevoir cent cinquante-trois quéquettes et autant de foufounes… Soudain une femme brise le cordon de sécurité et arrive toute nue. Alors là, par pudeur, ils ont mosaïqué… la tête de la dame !… C'est-à-dire qu'elle a le cul à l'air, mais on ne voit pas son visage !… « C'est votre mari ? » dit le CRS. « Non, je suis médecin. » Ça tombait bien, il fallait quelqu'un pour tenir la perf. Oui, parce qu'il y avait un CRS qui la tenait, mais là, une fille à poil qui tient la perfusion, ça a de la gueule… Bon, le type n'avait pas grand-chose, mais ils décident quand même de l'emmener en hélico. Vous comprenez que ça permettait à Villeneuve de filmer deux cents nudistes sous le vent des pales de l'hélico, très artistique comme image… Ensuite, nous suivons les CRS qui patrouillent à vélo au milieu d'un camping de cinquante mille nudistes. Donc là, ça permet de filmer tout le camp à poil. Les CRS sont très courtois, ils arrivent près de joueurs de boules, ils leurs demandent : « Qui est-ce qui gagne ?… » Bon, ils auraient pu être observateurs, y avait une équipe avec le zizi en l'air ! Visiblement, c'étaient eux les gagnants !… Les CRS : « On surveille parce que le soir ça devient malsain avec les échangistes, le tourisme sexuel, les homosexuels et les pédophiles… » Cherchez l'erreur… C'est à ce moment-là que le reportage atteint un sommet de « faux-cuserie » : à un moment, les CRS attrapent un touriste allemand qui avait glissé une minicaméra dans un bouquin, et qui, tout en faisant semblant de lire, filmait les dames alentour. Et là, dans le bureau de police du camp, on voit les plaignantes qui viennent déposer, à poil ! C'est-à-dire que le touriste allemand est très con : au lieu de s'emmerder avec son système de caméra, il lui suffisait de regarder *Le Droit de savoir* ! Il aurait eu des images de meilleure qualité !

Mais c'est là que Villeneuve fait très fort : il annonce : « Pour pouvoir poursuivre le touriste allemand, les enquêteurs doivent démontrer qu'il a filmé des petites filles mineures. Il faut donc visionner la cassette… » Et on a droit au visionnage de la cassette avec ses commentaires. Il s'agissait surtout de femmes, et là, bizarrement, c'était plus du tout crypté ! Ben oui, c'était le film de cet enfoiré d'Allemand… « Vous voyez, il s'agit pour l'essentiel de femmes, à l'exception d'un seul plan d'une fillette complètement nue », et là, on voit le tronc d'une gamine…

« 18 h 30 : c'est l'heure de la fin du service des CRS. Nous nous laissons enfermer dans la cabane. Nous avons voulu vérifier si les échangistes profitaient du départ de la maréchaussée pour se livrer à leurs jeux pervers »… Ensuite, les boîtes à partouze. Là, carrément, on voyait le nom : ça s'appelle « Le Tantra ». Donc, comme ça…

Ce matin, Charles Villeneuve s'est rasé. Dans sa glace, il a vu le visage d'un homme heureux qui rapporte beaucoup d'argent à TF1. Nous, quand on regarde Villeneuve, on voit autre chose. Mais il est vrai que certains miroirs ne réfléchissent pas.

Y A QUE LA VÉRITÉ QUI COMPTE

Lundi soir, Bataille et Fontaine dans *Y a que la vérité qui compte*. Que vous dire sinon le plus abject. Lorsqu'une jeune fille est venue sur le plateau pour révéler à sa grande sœur qui la croit étudiante qu'elle fait des photos de cul. Elle explique que sa sœur est pudique et discrète et qu'elle n'a jamais osé le lui dire, tellement c'est personnel. On voit arriver la grande sœur. Belle, mais stricte, les traits durcis, le chignon façon veuve corse,

Colomba de Prosper Mérimée, bref une sévère, une rigoureuse, une implacable. Bataille et Fontaine accueillent la grande sœur visiblement contrariée d'être là : « Bonjour. Alors quelqu'un a quelque chose à vous dire. » Apparaît le visage de la petite sœur. L'austère a un serrement de mâchoire. « Bonsoir, dit sa sœur, j'ai quelque chose à t'avouer. Eh bien voilà, je fais des photos de charme. » Là, on voit l'aînée déglutir péniblement, les larmes lui montent aux yeux. Mais je vous l'ai dit, elle est forte et ne dit rien. Et c'est là que les deux ravis ont osé l'ignoble. Ils lui disent : « Afin que vous sachiez ce que c'est, nous allons vous montrer des photos de charme. » Et la grande sœur doit subir toute une série de clichés d'une vulgarité sans nom : on voyait sa sœur à quatre pattes, le cul relevé, un défilé de poses obscènes, et en dessous de chaque photo sa sœur avait inscrit d'une écriture maladroite : « Ne me juge pas, pardonne-moi. » Et son visage à elle, la grande sœur, en médaillon, impassible, juste les mâchoires serrées et les larmes aux yeux…

Et puis cette femme dont je vous ai parlé l'autre jour, qui lance un appel pour que son fils lui parle. Le fils n'est pas venu. Bataille et Fontaine ont conclu : « Ce n'est rien, nous sommes dans une émission de télé, heureusement que ce n'est pas la vie… »

Mai 2003

Hier soir, une dame de cinquante-cinq ans arrive sur le plateau et dit : « Voilà, je voudrais retrouver mon premier amour d'il y a trente-deux ans, je l'ai toujours attendu. Il était beau, rebelle et romantique, je ne l'ai jamais oublié. » À cet instant, l'écran se sépare en deux et on voit dans la loge un papy à la retraite, du genre « Amicale des boulistes ». Pour vous donner une idée, la pauvre femme avait aimé le Gabin de *Quai des brumes* et là, elle retrouvait celui qui jouait avec Simone Signoret dans *Le Chat*. Et lorsque Bataille et Fontaine demandent qu'on montre l'image de l'ancien amoureux, la dame pose sa main sur sa bouche, de terreur, et on l'entend nettement murmurer : « C'est pas possible... » Il faut dire qu'en le regardant bien, on s'apercevait que l'autre était un organique. Il respirait très fort, on lui devinait une insuffisance respiratoire, une vie pépère, son atelier dans le garage où il bricolait, des courses à Auchan et une galerie sur la voiture... Alors, forcément, elle avait laissé un jeune insoumis à la beauté sauvage... D'où le « C'est pas possible »...

Puis Bataille et Fontaine demandent au papy s'il a une idée sur la personne qui a pu le faire venir à la télé. Le type répond : « J'vois pas... » en cherchant des yeux s'il n'y avait pas une télé grand écran ou une cuisine Schmidt à gagner. Alors, pour l'aider, les animateurs lui demandent : « Que s'est-il passé dans votre vie il y a trente-deux ans ? » Le papy : « J'vois pas. — Eh bien, regardez ce visage. » Et là, il voit la dame blonde et il croit que c'est quelqu'un de l'émission : il se penche pour regarder s'il n'y a pas quelqu'un derrière, puis il finit par demander : « C'est qui ? »

Bataille et Fontaine : « Vous la reconnaissez ? » Le papy (énervé) : « Non, pourquoi, j'devrais ? » Les deux ravis : « C'est encore une très jolie femme... » Le papy : « Oh ! vous savez, chui venu avec la mienne, alors les femmes... » Là, panique, car tout le monde comprend que papy s'est marié il y a trente ans, qu'il est grand-père et que la pauvre dame s'est fait tout un cinéma pendant trente-deux ans ! Alors Fontaine et Bataille, pour essayer de limiter les dégâts : « Mais ça ne fait rien, vous allez pouvoir discuter en toute amitié. » Et le type leur donne le coup de pied de l'âne en répondant : « Si vous voulez, mais avec ma femme !... »

Mai 2003

Lundi, la bande-annonce de *Y a que la vérité qui compte* était un modèle de putasserie. On y voyait un extrait de l'émission qui nous montrait deux femmes. On comprenait qu'il s'agissait de deux lesbiennes dont l'une était partie avec une autre, et que l'autre voulait récupérer.

Évidemment, pendant toute la séquence, Bataille et Fontaine l'ont jouée très digne, alors qu'ils savaient pourquoi ils avaient choisi cette bande-annonce racoleuse. Parce que cette bande-annonce voulait dire : « Est-ce que les deux gouines vont se remettre ensemble ? » Mais évidemment, comme ce sont des tartuffes, ils écoutent avec cette compassion des animateurs putassiers dont j'ai déjà parlé pour Delarue lorsqu'il s'adresse à un enfant ou à une femme battue...

Tout se passa bien, beaucoup de dignité dans le discours de ces femmes, dans les questions des animateurs… Juste en arrière-plan la chanson de Meccano, « Une femme avec une femme », et là, paf ! Un instant de déconcentration, et le petit gros a dit « la » connerie. Je me souviens d'une BD de Claire Brétécher dans laquelle on voyait une maman angoissée à l'idée de recevoir son patron qui avait un nez énorme. Elle fait longuement la leçon à ses enfants, puis se répète : « Surtout ne pas regarder le nez », etc. Le type arrive, le repas se passe bien, les enfants ne disent pas de connerie, et à la fin, vous savez, le relâchement qui entraîne une seconde de déconcentration… En amenant le café, elle dit « Et vous voulez que je vous mette combien de sucres dans votre gros pif ? » Dans l'émission de Bataille et Fontaine, pareil : « Dans un monde où ce n'est pas toujours simple d'assumer son homosexualité, comment avez-vous vécu le regard des autres ?… Et vos parents ? — Ma mère, elle est au courant, mais elle ne veut surtout pas en entendre parler… » Remarquez, la mère, là, comme dirait Audiard, « elle se prépare des *nervous breakdown* à la boulangerie » : « Ah ! dites donc, madame Roumier, on a vu votre fille à la télé, mais alors, dites-moi, elle est… ? »

Juin 2003

Beaucoup de larmes hier soir à la télévision. Mais moi, je n'ai pas pleuré en regardant *L'Emmerdeuse* avec Marie-Anne Chazel, qui était notre invitée hier, vu que je me l'étais déjà tapée en cassette. Faut quand même pas abuser des bonnes choses. Et là, sérieusement, il y a un vrai problème. Doit-on dire aux invités que l'on n'a pas aimé l'œuvre pour laquelle ils viennent faire de la promo ?

Par exemple hier, on avait tous envie de dire à Marie-Anne Chazel qu'à part Hélène Vincent et elle, tout le reste de la série est à jeter, que les dialogues notamment sont écrits à la truelle, avec des aphorismes d'assiette de belle-mère du genre : « Quand la vie te fait trinquer, trinque à la vie… » Et puis, d'un autre côté, en ne disant rien, on incite nos auditeurs à regarder, et ensuite ils pensent : « Ah ! ben dis donc, ils ont un goût de chiottes au *Fou du roi !…* » Le pire, ça a été pour le film de Carole Laure – en plus elle n'est même pas sympa, Carole Laure, elle se la joue. Et les trois chroniqueurs ce jour-là ont été unanimes à trouver que son dernier film était une grosse daube, mais personne n'a osé le lui dire. Du coup, aujourd'hui, quand on dit aux auditeurs « Allez voir *Le Bison*, on les sent réticents : « Oui, ça va encore être une merde comme le film de Carole Laure… » Non, *Le Bison*, c'est bien, vraiment bien !

Je disais, beaucoup de larmes hier soir à la télévision. Tout d'abord des sanglots chez Isabelle Giordano, dont le *Fabuleux Destin* était diffusé en *prime time* sur France 3, une spéciale avec PPDA, Mimie Mathy et Adamo… Et beaucoup d'émotion, mais des larmes toujours dignes. Par exemple, lorsque Adamo a retrouvé sa première moumoute, une synthétique de mai 1972…

D'autres larmes chez Bataille et Fontaine, avec comme d'habitude le jeune homme humilié qui se prend un rateau devant la France entière, avec la fille qui lève les yeux au ciel et pousse un soupir de dégoût en voyant le visage de l'autre apparaître... Hier, c'est un dénommé Florent à qui la fille a dit : « Mais tu sais bien, on en a déjà parlé... » On le devine la harcelant depuis des mois... Mais ce que je voudrais vous raconter, c'est une belle histoire d'amour. Après que notre ami Florent s'est fait humilier devant la France entière, arrive sur le plateau un prénommé Philippe, un bellâtre fatigué, blazer croisé six boutons pelliculé, cheveux mi-longs, mi-sales... D'entrée, Bataille et Fontaine lui demandent ce qu'il fait dans la vie. Le plus naturellement du monde, le gars répond : « Mon métier est en deux parties, d'un côté je fais de l'hypnose, et de l'autre j'organise des défilés de mode chorégraphiés. » Bon, on comprend tout de suite que le type n'est pas Découflé, et qu'il travaille pas pour Chloé ou Yves Saint Laurent. Non, lui, son principal titre de gloire a été d'organiser un défilé Afibel à Luxeuil-les-Bains. « Belle belle belle en Afibel ! » Vous connaissez Afibel ? Ce sont des robes qui ressemblent à des rideaux pour les dames qui regardent *Derrick* et *Des chiffres et des lettres* l'après-midi sur France 2. Afibel, c'est pas pour les femmes Barbara Gould, c'est pour les femmes Suzanne Bouchardin ! Donc on devine à notre ami Philippe une R 25 fatiguée avec le portemanteau sur la vitre arrière qui porte un smoking élimé, le soir dans ses hôtels de VRP il enlève soigneusement au ciseau les petits fils qui pendent. Et surtout, la marque terrible du statut social de Philippe, c'est qu'il lui manque une dent, là, devant, laissant apparaître un trou noir. On ne voyait que ça… Au point que je me suis dit : « C'est avec ça qu'il pratique l'hypnose… » Et, je vous jure que c'est vrai, on était littéralement hypnotisés par sa dent manquante…

Philippe était venu chez Bataille et Fontaine car il vit depuis un mois avec Nathalie, qu'il souhaite épouser. Et comme c'est une décision intime, il pense qu'en la faisant venir à l'émission… « Qui est Nathalie pour vous ? », demandent les animateurs. « Au départ, c'est mon premier mannequin, et je suis venu lui faire ma déclaration. — D'impôts ? » demande Bataille. Et le public éclate de rire… Là, Fontaine dit : « Nous allons maintenant voir comment Nathalie a hypnotisé l'hypnotiseur. » Et là, grande nouveauté chez Bataille et Fontaine, sur un fond de musique Harlequin défilent des photos pendant qu'une voix *off* raconte la vie des invités. Mais c'est de l'écriture pseudo-romantique, de la littérature de roman-photo. Hier, pour Philippe, ça donnait ça : « Philippe s'était dit je saurai compter jusqu'à deux, deux pour aimer, deux comme deux enfants, mais à quarante-deux ans et deux enfants plus tard, il s'aperçoit qu'il n'est plus qu'un père, l'amour c'est comme une chanson, c'est comme une femme, elle choisit pas, elle s'impose et Philippe, qui cachait derrière une fausse assurance sa prudence à aimer de nouveau, est vaincu. Il est des promesses de jamais plus qu'un visage suffit à effacer, un nom à désavouer… Nathalie… Donner sans reprendre et apprendre à aimer, aujourd'hui Philippe le sait, c'est avec Nathalie qu'il veut faire sa vie... » Et là, le plus sérieusement du monde, celui qui ressemble à Mister Bean lui demande : « Mais pourquoi passer à la télé pour la demander en mariage ? Vous êtes hypnotiseur, vous auriez pu l'hypnotiser ! »

Septembre 2003

Hier, chez Bataille et Fontaine, il s'est passé quelque chose d'étonnant. C'est l'histoire de Sébastien, chauffeur de bus niçois, fou amoureux d'une passagère qui prend son bus chaque jour depuis un an et demi, une étudiante qui, pour gagner sa vie, travaille dans un tabac où Sébastien va acheter des carnets de tickets, juste pour la voir...

Bon, on sentait le type mal parti, vu que depuis un an, le seul mot qu'il avait réussi à tirer de la fille, c'était « merci » quand il lui rendait la monnaie de son ticket de bus... Il explique à Bataille et Fontaine : « Ça fait un peu plus d'un an que je la prends tous les jours. » Là, il se rend compte de l'ambiguïté de sa phrase, alors il essaie de se rattraper, et ça donne : « Euh... non... je veux dire que ça fait un an que je la monte... » Bref, il ramait sec, mais il était attachant. Et la fille arrive. Elle se prénomme Céline, une blonde à forte poitrine, comme dirait Élie. Elle s'installe et quand le rideau s'ouvre, laissant apparaître son amoureux transi, elle fait carrément la gueule. Du style : « Mais pauvre con, de quel droit tu me fais venir de Nice alors que je pensais que j'allais gagner quelque chose ! » Le type commence à balbutier son amour et Céline gardait cet air fermé et excédé qu'ont les filles quand un type qu'elles n'aiment pas leur pleurniche des mots d'amour… Elle n'a évidemment pas ouvert le rideau. Bataille et Fontaine sont allés consoler le garçon qui venait de comprendre que Céline ne serait jamais là, qu'elle n'avait jamais été là, qu'il s'était fait son cinéma et qu'à partir de ce matin il se prépare des jours difficiles quand la racaille va prendre son bus et le charrier, quand les mamies permanentées le montreront du front…

Mais au milieu de ces scènes pitoyables, hier soir il y a eu un vrai moment d'émotion. Bataille et Fontaine reçoivent deux sœurs jumelles de trente-deux ans recherchant leur père qui les avait abandonnées à leur naissance… On l'avait retrouvé, le type se prénommait Louis, et pour le convaincre de renouer le contact, Bataille lui dit : « Vous savez, Christian, c'est important de parler avec ses enfants avant qu'il ne soit trop tard… » Aussitôt, il se rend compte de son lapsus, on le sent bouleversé et il finit par expliquer : « Christian est le prénom de mon papa, il est parti pour toujours il y a deux ans, et je regrette qu'on n'ait pas assez parlé… » Soudain, devant cette émotion sincère, on avait envie de serrer le présentateur dans nos bras…

ZONE ROUGE

Janvier 2003

Il faut absolument que je vous dise un mot de *Zone rouge*, le nouveau jeu de TF1, qui ne marche pas et qui risque de bientôt disparaître. Et ça, c'est une bonne nouvelle de savoir que notre ami Julien Lepers est en train de gagner son combat contre TF1.

L'émission commence par un générique avec une musique ressemblant à celle de *X Files*, sur laquelle on a collé un battement de cœur, pendant qu'on nous montre les candidats en coulisse allongés avec une infirmière en blouse blanche qui prend leurs pulsations cardiaques. Pour faire plus vrai, les infirmières ont un badge accroché à leur blouse comme à l'hôpital.

Je vous rappelle le principe du jeu. Pendant deux heures, on mesure le rythme moyen auquel on ajoute 70 %, et on obtient un rythme au-delà duquel le candidat ne peut répondre.

La première candidate se prénommait Nathalie, et dans un coin de l'écran on voit le conjoint qui encourage le candidat en disant : « Respire bien, détends-toi » – ce qui généralement accélère les battements, vu que ça énerve plutôt qu'autre chose... Nathalie était accompagnée de son mari dont Foucault lit la fiche : « Eh bien, dites-moi, Éric, vous êtes champion de karaté ? » L'autre : « Hum... Euh, non, champion c'est beaucoup dire... J'ai pris deux leçons il y a quinze ans... » Foucault : « Ah ! bon ? Vous n'êtes pas champion de karaté ? » Le type : « Mais non, je ne comprends pas... » Tu parles, pendant que sa femme était allongée avec l'électrocardiogramme, une assistante lui faisait remplir sa fiche avec les jambes croisées très haut, alors quand elle lui a demandé ses hobbies, pour crâner il a répondu : « Je suis champion de karaté », il ne savait pas que Foucault allait en parler !…

Sinon, on a eu droit à un candidat dont le pouls moyen pendant les deux heures était de 130. Lui, il n'a même pas pu répondre à une seule question, vu qu'il était toujours au-dessus ! Il est ressorti très vite, on devinait que le type avait une forte douleur dans la poitrine.

À part détecter les arythmies et les extra-systoles, ce jeu est sans intérêt, et il se casse la gueule partout dans le monde. Donc pour essayer de rattraper le coup, TF1 mélange des stars aux candidats. Enfin, quand je dis des stars, ne vous affolez pas, ce sont des stars TF1. Hier, l'invité vedette n'était autre que Jean-Pascal, celui que Pascal Nègre, patron prognathe d'Universal, a qualifié de « nouveau Dutronc ». Je voudrais juste rappeler à monsieur Nègre que Dutronc est un super guitariste qui composait ses musiques et que ses textes étaient de Jacques Lanzmann. Et surtout que Dutronc était toujours au second degré, alors que Jean-Pascal…

Bon, évidemment, pour éviter le ridicule, ils avaient prévu des questions d'une facilité déconcertante. La première d'entre elles était : « Combien font 25 % de 100 » Et sans hésiter il répondit : « 75. » Là, on entend en arrière-plan un assistant qui hurle : « Non ! 25 ! » Et Jean-Pascal, sans se démonter : « Euh… 25 ! » Et comme Jean-Pierre

Foucault lui disait : « Prenez votre temps avant de répondre », il eut cette réplique fabuleuse : « Non, mais c'est parce que je compte pas pareil, moi… » Comme il est du Sud, les producteurs pensaient qu'il allait répondre à la question suivante : « Donnez trois départements de la région Provence-Côte-d'Azur. » On fut très vite inquiets lorsqu'il déclara d'entrée : « Je comprends rien à la question. » Puis, Foucault lui ayant patiemment expliqué ce qu'était un département, ce qu'étaient la Provence, la Côte d'Azur, il reposa la question et l'autre répondit : « Je sais pas… Marseille ?… » Foucault, commençant à être crispé : « Mais Marseille, c'est dans quel département ? » Et l'autre, superbe : « Par en bas, où y fait beau ! — Ah ! bon ? dit Foucault. Mais alors, enfin, Jean-Pascal va nous donner un département de la région Provence-Côte-d'Azur… » Et l'autre répond : « La Provence ! » Foucault le vira en lui disant à peine au revoir, et lui essayait de sauver la face en disant : « On m'a dit de contrôler mon rythme, j'ai contrôlé mon rythme !… » Eh oui mon gars, t'as même contrôlé le tracé de ton encéphalogramme. Il était complètement plat !

On a eu droit aussi à Jean-Michel, collectionneur de parfums, venu avec son ami Jean-Rémy. Ils étaient tout bronzés, on voyait tout de suite qu'ils rentraient à peine de Mýkonos. Foucault lui demande d'entrée : « Alors Jean-Michel, avez-vous un petit truc pour vous détendre ? » Et le type lui répond : « Oui, je vous imagine en *drag queen*, et franchement ça calme ! » Foucault demande à Jean-Rémy d'encourager son ami, et l'autre lui dit : « Je vais te parler avec ma voix de 3 615 Cochon, tu sais bien que ça te détend !… »

Remarquez, la question suivante les a tous détendus, puisque Foucault a demandé quel est le diamètre d'une boule de bowling : 13 cm, 22 ou 30 cm ?… Jean-Michel s'est exclamé : « 13 centimètres ! bouh, que c'est petit !… » Finalement, il l'était vraiment, détendu, puisqu'il a gagné !

Février 2003

Si j'écris ce matin aux cœurs qui battent, c'est que l'événement du week-end fut sans conteste la prestation lamentable de Stéphane Bern dans l'émission *Zone rouge* – car je vous ai regardé Stéphane, vendredi dernier. Ben oui, comme vous m'avez ruiné mon dîner, j'ai envoyé des fleurs à mes hôtes et je suis resté chez moi, donc je vous ai vu, allongé au milieu des flammes, incapable de répondre à une question de sciences nat de niveau CM2 ! Pour être plus précis, il s'agissait d'une question d'anatomie relative aux os du bras, il fallait trouver le cubitus. Stéphane ne connaissait pas et pourtant, de chez moi, j'entendais l'assistant qui soufflait : « Cubitus… » Mais comme vous ne l'entendiez pas, il s'est mis à scander les syllabes de la réponse. Il vous disait : «… cu… bite… » Et c'est là qu'un quiproquo s'est installé. Vous avez pensé qu'il s'agissait d'un stagiaire de Mýkonos qui vous faisait des propositions, et quand il a répété « cu… bite… », vous avez dit : « Non merci ! » Foucault : « Comment ? »

L'assistant : « Cul… bite… »

Stéphane : « Bon, maintenant, il faut me laisser me concentrer s'il vous plaît… »

Remarquez, vous aviez beau faire celui que ça n'intéressait pas, à chaque fois que l'autre disait « cul bite », on entendait votre rythme cardiaque qui s'affolait…

Non, sérieusement, le plus important dans cette émission, c'était de vous voir allongé, tandis que l'infirmière posait les électrodes de l'électrocardiogramme et écoutait les battements de votre cœur…

À cet instant, je me disais que, contrairement à ce que je pensais, *Zone rouge* est une bonne émission. C'est en tout cas la seule où l'on s'aperçoit que les participants ont un cœur. Alors peu m'importait que vous restiez muet devant une question à laquelle un enfant de onze ans aurait pu répondre. La seule chose qui m'importait, c'était d'entendre votre cœur qui battait, votre petit cœur dont nous, vos intimes, nous savons qu'il ne bat pour personne en ce moment, ce qui vous rend amer, aigri et taciturne… Bref, si quelqu'un pouvait se dévouer…

THE END

Juin 2003

J'ai jamais aimé les fins. Quand j'étais petit, même avant d'apprendre l'anglais, je détestais ces deux mots qu'on voyait quand le film s'achevait et que je prononçais « thé ande », tant j'aurais voulu retarder encore un peu le retour à la réalité.

Aujourd'hui, rien n'a changé. Au cinéma, je déteste les connards qui se lèvent quand ils pressentent que la fin arrive et quittent la salle d'un pas pressé pour faire croire qu'ils vivent à 100 à l'heure. Moi, je reste à ma place jusqu'à la toute dernière limite du générique, jusqu'au nom du labo qui développe la pellicule et le numéro du visa d'exploitation.

Même à l'école. Pourtant, Dieu sait si j'attendais les vacances, eh bien je n'aimais pas la fin, le moment des adieux où on frimait un peu devant les copains sur notre lieu de vacances… On disait : « Cette année, je pars en vacances avec mes parents », c'était pas vrai, on partait en colo… Et puis on se séparait en disant : « Hé, l'an prochain on f'ra encore chier Médzé. » Médzé, c'était mademoiselle Médzéniaire, la prof de musique… On pissait dans l'éponge, elle nous tapait avec le diapason et toute la classe faisait « la »…

Pourtant, on savait bien qu'à la rentrée tout aurait changé, qu'on serait plus tous ensemble, qu'il y aurait des nouveaux, qu'au début on les détesterait, les nouveaux, ceux qui viennent d'une autre école, d'une école privée, mais qu'après quelques jours ce seraient nos potes et que pour entretenir une stupide jalousie on rirait trop fort en passant près de nos copains de l'année d'avant.

C'est vrai que l'émission ressemble à une classe. Tiens, lui, là, Morel, regardez-le avec sa tête de premier de la classe. Vous vous souvenez quand les profs rendaient les copies, y en avait toujours un qui avait carrément cinq points de plus que la deuxième meilleure note !

Et Muriel. Comme les filles, elle bosse plus que les garçons. Comme les filles, elle s'applique, elle note des trucs au stylo quatre couleurs, elle souligne... Alors que des fois les garçons ont rien foutu, ils essaient de donner le change en disant : « Oh ! moi, mes poireaux ont beaucoup poussé... »

Et Bruno Masure... Voilà un garçon qui est tellement sensible à l'humanitaire, qui déteste tellement l'ostentatoire qu'il a totalement renoncé aux rimes riches – il trouve que ça fait parvenu. Non, lui, il se contente de rimes pauvres, de la rime d'en bas, de la rime exclue dont personne ne veut, de la rime en chômage longue durée...

Et dans la classe, y avait le prof. Il paraît que l'année prochaine, on va changer de prof. Je ne parle pas de vous, Stéphane, vous, vous êtes le chef, non, je veux parler de notre prof de radio, Jean-François Remonté, on va changer de prof et d'assistante sociale. Alors, Jean-François, j'aimerais que pour une fois tu donnes à tout le monde, au micro, l'heure de la fin de l'émission que tu donnes généralement dans l'oreillette à Stéphane. Oui, parce que là, un peu de technique s'impose. Nous ne rendons jamais l'antenne à la même heure, en fonction des pubs, enfin les promos puisqu'on n'a pas droit aux pubs – nous, on a des promos : le mémorial de Caen avec le petit garçon qui dit : « Oh ! Un Mig chinois !... », le poulet de Loué, Aucora qui annonce le Livre des morts tibétains... Alors, dis-nous, Jean-François, aujourd'hui on termine à quelle heure ?

[...]

Voilà, nous allons partir en vacances, Stéphane Bern comme d'habitude passera l'été à Mýkonos dans un village de toile – oui, parce qu'à cause du plan d'occupation des sols, ils n'ont plus le droit le construire en dur, donc c'est un camping. D'ailleurs, quand on arrive à Mýkonos, c'est impressionnant de voir ces tentes de toutes les couleurs avec leurs piquets astiqués prêts à servir... Qui a vécu ça une fois dans sa vie n'oublie jamais !

TABLE DES MATIÈRES

ULTIMES CHRONIQUES TÉLÉ

**LES NOUVEAUX BIJOUX
DE CHEZ CARLIER**

Composé par Nord Compo
à Villeneuve-d'Ascq

Achevé d'imprimer en février 2007
par Normandie Roto Impression s.a.s.
61250 Lonrai
N° d'imprimeur : 070341
Dépôt légal : mars 2007
Imprimé en France